踢走风险
电商
生存与维权
法则

舒　孚／著

法律出版社 | LAW PRESS

图书在版编目(CIP)数据

踢走风险：电商生存与维权法则 / 舒孚著. -- 北京：法律出版社，2020
ISBN 978-7-5197-4275-1

Ⅰ. ①踢… Ⅱ. ①舒… Ⅲ. ①电子商务-法规-案例-中国 Ⅳ. ①D922.294.5

中国版本图书馆 CIP 数据核字(2020)第 030155 号

踢走风险：电商生存与维权法则
TIZOU FENGXIAN：DIANSHANG SHENGCUN YU WEIQUAN FAZE

舒 孚 著

策划编辑 朱海波
责任编辑 朱海波
装帧设计 鲁 娟

出版 法律出版社
总发行 中国法律图书有限公司
经销 新华书店
印刷 三河市兴达印务有限公司
责任校对 马 丽
责任印制 吕亚莉

编辑统筹 法律应用出版分社
开本 710 毫米×1000 毫米 1/16
印张 27.75
字数 550 千
版本 2020 年 4 月第 1 版
印次 2020 年 4 月第 1 次印刷

法律出版社/北京市丰台区莲花池西里 7 号(100073)
网址/www.lawpress.com.cn
投稿邮箱/info@lawpress.com.cn
举报维权邮箱/jbwq@lawpress.com.cn
销售热线/400-660-8393
咨询电话/010-63939796

中国法律图书有限公司/北京市丰台区莲花池西里 7 号(100073)
全国各地中法图分、子公司销售电话：
统一销售客服/400-660-8393/6393
第一法律书店/010-83938432/8433　西安分公司/029-85330678　重庆分公司/023-67453036
上海分公司/021-62071639/1636　深圳分公司/0755-83072995

书号：ISBN 978-7-5197-4275-1　**定价**：80.00 元
(如有缺页或倒装，中国法律图书有限公司负责退换)

前·言

撰写本书的初衷源于一次咨询。2018年“双十一”过后,一位电商老刘通过朋友找到我,请教一起案件如何处理。案件很简单,甚至有点俗套。在“双十一”促销中,由于工作人员的失误,把一款高档包的价格少写了一个0,成了1折促销。等到发现时,这款包已经被拍下了1000多个。如果按照标价卖,老刘要损失几十万元;如果不按促销价卖,消费者又不答应,而且其中有不少职业打假人。本来这种案子,很少有职业打假人参与。但是老刘就那么背,当时有一个职业打假人发现了,然后通知其他同伴一起来买,所以有不少职业打假人参与进来。

这种案子没有什么能全身而退的好办法。我给老刘做了几种后果的推演,然后出了一套组合方案,最后这个案子还算圆满地解决了。老刘千恩万谢。

在和老刘的沟通中,我突然发现中小电商在维权上有两个致命弱点:

首先,法律知识一片空白。什么能做,什么不能做,许多电商并不十分清楚,日常经营中主要凭感觉。我曾经问过老刘,为什么不学点法律知识呢?老刘告知我,他也知道学习的重要性,但是学习法律知识有一堆的问题:一是法律太多,不知如何下手;二是有些法律也看了,字儿都认识,就是不理解其中的含义;三是法律规定太庞杂,甚至有些规定在“打架”——同样一件事,两部法律规定的不一样。结果,看了和没看一样——没记住、不理解、不知怎么办。在日常经营中,哪些事能做，哪些事不能做，根本就想不起来，更不要说规避风险、提防踩雷了。只能是遇到事儿了，根据人家投诉的依据再去查法律，结果往往是“嗯，他们说的对，还真有这一条”，于是就认了（实际上，这是被职业打假人牵着鼻子走了。只要投诉，一般都会有依据，但电商很少想过自己还有抗辩的理由）。

其次，应对技巧基本全无。老刘告诉我，以前遇到事儿时，真不知道怎么处理。找职业打假人商量吧，人家动辄要求几千元甚至上万元的赔偿，如果不赔，可能就要面临上万元的罚款，甚至还有牢狱之灾。说的言之凿凿，也不知是真是假。找律师咨询吧，十个律师有九个建议打官司，做好应诉准备。打官司旷日持久、耗时费钱的，就没有更好的解决方法吗？找执法人员询问吧，他们让我尽量协商处理，不然他们将依法办理。“看着他们有说有笑的，态度很和气，但是话里软中带硬，甚至有些话模棱两可，到底和职业打假人谈到什么地步，职业打假人敲诈，我们也得接受吗？他们也不交底。我们最需要就是能给我们指条道的，帮我们分析分析，处罚能罚多少，官司能赔多少，怎样能少罚甚至不罚，怎样能打赢官司，这样我们心里好有个底，选择一种损失最小的方案。”

老刘的现状基本上代表了广大中小电商的处境。尽管以前也处理过一些职业打假的案子，但感受却从没有这次如此强烈。电商太不容易了！一个小电商辛辛苦苦开了一家店，除了要面对同行的激烈竞争外，还要提防着职业打假人的暗箭。一个差评就能毁掉一个爆款，一起投诉就能吞噬几个月的收入。而反观职业打假人，有研究法律的，有专研漏洞的，有踩点实施的，有负责谈判的，每个工种已经专业化，各团队内部有分工、有配合、有协作，并在关键时刻能够发挥出有效的攻击力量。以有心算无心，在职业打假团队面前，中小电商就像柔弱的羔羊，基本上没有对抗的能力。因此，我决定为电商写一本书，针对电商的弱点和不足，教授电商合法规避风险，依法应对职业打假的生存和维权法则。

首先，告诉电商什么可以做，什么不可以做。正所谓苍蝇不叮无缝的蛋，电商要想不招来职业打假人，首先要独善其身。而要独善其身，就要知道何者可为，何者不可为。考虑到法律体系的庞杂、法律规定的重复、法律条文的冲突，为了便于电商理解，我对法律知识做了以下处理：

一是化简去繁。把实践中电商经常使用、容易违反的法律规定收录进来,做重点介绍;不常用、不常犯的,不收录或者简要介绍,以突出重点,减轻电商学习的负担。

二是归类整理。在前步的基础上,把重复的法律规定分类整理、同类合并,相同的规定放在相同的章节,同时对冲突的规定进行比较说明。这样,这本书就成为法律手册,每个章节就是相应专题,电商遇到相关问题时,直接查阅相应章节即可,不必再到庞杂的法律中去查找。

三是律例并用。针对法条规定比较抽象,许多电商不易理解、难以记忆的困难,本书除对法律条文进行解释外,还采取律例并用的体例,重要法条下面都会附有案例,用生动、具体的案例去加强电商对法条的理解和记忆。

其次,教授电商应对职业打假人的技巧。智者千虑,必有一失。即使电商认真学习了法律知识,在日常经营中谨慎注意,也难免有失误的时候。这时,就要学会并熟练运用应对技巧。应对技巧包括解决途径、证据证明和法律适用三个方面。解决途径主要用于识别风险来源并对风险程度评估;证据证明则是四两拨千斤式的反击,用的好,可以一招破敌;法律适用是在遇到高手时,争取大事化小、小事化无,把损失降到最低的具体策略。

最后,指导电商如何同执法人员打交道。在电商与职业打假人的博弈过程中,执法部门的作用至关重要——谁能够争取到执法部门的支持,谁就能在博弈中争取到有利的态势。但是在实践中,许多电商不知道如何争取执法部门支持,甚至有些电商将正常的关系庸俗化,以为请客送礼就能得到帮助,结果导致执法人员退避三舍。之所以造成这种局面,是因为电商不知道执法部门能为其做什么,执法人员在想什么,以及如何合法地维护关系。实际上,有不少商家通过长期的协作与配合,也能建立起亲情的政商关系,获得了执法人员的信任和支持。这方面的经验,广大电商也应该学习。

基于上述目的,本书分为四部分七章。第 1 章,说明电商学习相关的法律知识和应对技巧的必要性。第 2 章到第 5 章,从广告宣传、商品质量、市场竞争和消费维权四个方面,重点介绍电商常用的法律知识以及常见的误区。第 6 章主要介绍面对职业打假人的应对技巧。第7章主要介绍如何与执法部门建立并维护亲情的政商关系。

我的初衷是呵护电商，但尴尬的是，这本书可能会对职业打假人有所帮助。初稿写成后，我请一位朋友审读。看完后，他笑着对我说，“写得很好！不过我觉得，这本书电商会喜欢，职业打假人可能会更喜欢，两边都可以做培训教材！”我想了想，没错，这本书对职业打假人也会有帮助。为了突出实战性，书中介绍了不少职业打假人的套路，这对刚入行的职业打假人来讲，不啻为入门教材；书中提醒电商哪些地方是薄弱环节，这等于给职业打假人提供了指路明灯；书中讲解了应对职业打假的方法，有经验的职业打假人可以反其道而用之。可是有什么办法呢？这就好比一把宝刀。宝刀本身没有对错，关键是看掌握在谁的手中。但是，真没有办法了吗？答案是，有的。电商要想百毒不侵，就要加强学习，只有洁身自律，才能强身健体。

考虑到这本书职业打假人也会看，为了不给电商招来职业打假人，书中引用的案例、图片不再注明出处，案例和图片的当事人尽可能用“某某”代替。本书引用这些案例、图片的目的是说明问题、提示风险，如果因为注明这些案例、图片的出处，而给电商招来职业打假人，则违背了本书的初衷。所以，如果本书引用了部分电商朋友的案例、图片，请不要再向我主张版权了，我删除出处是对您的保护。当然如果有人认为版权比职业打假更重要。没问题，我可以公布案例、图片的出处，以及我提取的证据。请相信，我取证的水平绝对比职业打假人更专业。

还有一点必须说明，对于职业打假人，我是非常尊重的。由于我国经济发展水平的限制，客观上确实存在一些不良商家恶意侵害消费者权益的情况。职业打假人在弥补政府部门监管不足，发挥社会共治、遏制消费侵权等方面发挥了积极的作用。我从理智上是赞同、支持职业打假的。但是鉴于本书的立场，同时考虑到职业打假人的整体水平已经很专业了，相对于电商而言不是弱者，所以对职业打假人的咨询，我就敬谢不敏了。

最后声明，本书的初衷是帮助电商，帮助电商的目的是希望电商能依法诚信经营,善待消费者,合法规避风险,少走弯路,做大做强。因此,本书会介绍一些处理问题的技巧,但绝不会传授违法的方法。最后祝愿广大电商:诚信无欺,天下“无讼”。

由于水平有限,本书肯定存在许多错误和不足,欢迎广大方家不吝赐教。

联系邮箱:shufu2019@126.com。

舒　孚

2019年12月

目·录

1 电商必须学习法律知识

2 广告宣传

5 消费维权

6 应对纠纷

7 争取支持

1 电商必须学习法律知识

1.1 职业打假将成为新常态

1.1.1 电子商务是广阔的蓝海

随着互联网技术的快速发展,电子商务以其高效、便捷和开放的特性迅速在世界范围内蓬勃兴起,成为一股不可阻挡的力量。电子商务颠覆了传统销售的模式,为电商带来了丰厚的利益。据联合国贸发会分析,如果在全球贸易中使用电子商务,每年可以带来约1000亿美元的收益。

乘着互联网的东风,我国电子商务发展更为迅猛。资料表明,从2012年到2016年,我国网络购物用户人数从2.42亿人增长至4.67亿人,增长近1倍;电子商务交易额从8.1万亿元增长至26.1万亿元,年均增长为34%;网络零售交易额从1.31万亿元增长至5.16万亿元,年均增长为40%,对社会消费品零售总额增加值的贡献率从17%增长至30%;直接和间接带动的就业人数从1500万人增长至3700万人。2016年电子商务产生消费增量带动生产制造、批发、物流增量创造税收超过2000亿元。

2017年全国电子商务交易额达29.16万亿元,同比增长11.7%,交易额持续增长,增速进一步提高。其中商品、服务类电商交易额为21.83万亿元,同比增长24.0%,增速比2016年提高10.2个百分点。在商品、服务类电商中,商品类交易仍占主导地位,全年商品类电商交易额占77.3%,同比增长21.0%;服务类交易增长较快,同比增长35.1%,比上年提高13.2个百分点,延续上年快速增长的态势。

1.1.2 职业打假人看到“商机”

电子商务一方面给电商打开了广阔的市场,另一方面也让职业打假人看到了“商机”。

根据原国家工商总局发布的数据,2017年全国工商和市场监管部门共受理消费者投诉240.04万件,较上年同比增长44.0%。其中,商品类投诉120.63万件,占50.3%,服务类投诉119.41万件,占49.7%。引人注意的是网络购物类投诉,共68.57万件,占商品类投诉的56.8%,较上年同比增长184.4%,投诉量增幅较大。

这其中有多大比例是职业打假人的投诉举报,目前没有准确的统计,但是从各地的报道来看,职业打假的比重在逐年增加。

据《北京青年报》报道,2018年3月13日,通州区法院召开发布会,介绍了过去两年消费者维权案件情况。法院表示,消费者维权案件逐年递增,2017年受理消费者维权案件326件,较2016年同比增长61.4%。其中,职业打假团队3年提起61次诉讼。

《南方都市报》报道,2014年至2017年,广州市中级人民法院(以下简称广州中院)民事庭受理的消费者权益保护案件数量呈几何级数增长态势,近四年的消费者权益保护案件受理数量分别为147件、378件、866件、1122件。其中,2017年消费者权益保护案件占广州市中院民事庭受理案件总数的15.27%,其中97%的案件是由职业打假人发起的。

《上海法治报》报道,2014年至2017年9月,上海徐汇区法院受理消费者维权类案1190件,从年度收案量上来看,数量呈稳中有增态势。其中涉“职业打假人”的案件占比较大，在该院审理的消费者维权类案件中，涉及职业打假人的案件比例高达50%以上。徐汇区法院认为，因我国相关法律对商家侵犯消费者权益的行为规定了惩罚性赔偿，加上目前司法实践中司法机关对知假买假的行为并不否定，使一些人以此为业，成为“职业打假人”。

越来越多的执法部门和法院系统的信息表明，职业打假人的案件在逐年增长。从类型上看，职业打假案件主要集中在食品、药品、保健品领域。其中，食品领域涉案的主要为预包装食品，保健品领域涉案的主要是添加非食品原料的产品，药品领域主要涉及中药饮片类产品。化妆品、服饰、电子产品等领域也存在此类案件，但是数量上相对较少，涉及问题类型主要为产品外包装标签标识问题、产品虚假宣传问题。

职业打假已呈现产业化趋势，出现了越来越多的职业打假人、打假公司（团队），他们往往偏离产品质量本身问题，打假方向多为标签瑕疵，甚至采取栽赃陷害的方法（如将过期食品带入卖场）达到索赔目的。

1.1.3 “什么时候是个头？”

职业打假人令电商焦头烂额、不堪其扰。广大电商在呐喊，“这什么时候是个头啊？”非常遗憾，如果知道职业打假人是怎么产生的，为什么发展这么快，电商就会明白，职业打假将是新常态。

1994年，为了增大消费侵权行为违法成本，全国人大在《消费者权益保护法》第49条中规定，“经营者提供商品或者服务有欺诈行为的，应当按照消费者的要求增加赔偿其受到的损失，增加赔偿的金额为消费者购买商品的价款或者接受服务的费用的一倍。”这就是著名的惩罚性赔偿条款，也称为“退一赔一”条款。依据这条规定，催生了以王海为代表的第一代职业打假人。

地沟油、三聚氰胺奶粉、毒胶囊等重大食药安全事件频繁曝光，让全社会对假冒伪劣产品都忍无可忍。2009年全国人大颁布《食品安全法》，加大对假劣食品的打击力度，其中第96条规定，“违反本法规定，造成人身、财产或者其他损害的，依法承担赔偿责任。生产不符合食品安全标准的食品或者销售明知是不符合食品安全标准的食品，消费者除要求赔偿损失外，还可以向生产者或者销售者要求支付价款十倍的赔偿金。”这就是著名的“十倍赔偿”条款。

此后，立法、司法对惩罚性赔偿的支持力度不断加大。2013年《消费者权益保护法》进行了修订，将惩罚性赔偿额度提高为“退一赔三”“最低五百元”。2014年最高人民法院发布《关于审理食品药品纠纷案件适用法律若干问题的规定》，明确支持食品药品知假买假。2015年《食品安全法》进行了修订，规定惩罚性赔偿可以“退一赔十”“最低一千元”。

高额的赔偿让职业打假有利可图，为职业打假人群体的产生提供了温床。然而，让职业打假群体迅速发展壮大的，却是电子商务的发展和新《食品安全法》《广告法》的施行。

2008年以前，第一代职业打假人打假的对象主要是实体店。在实体店打假，有三个难题。一是搜寻成本太高，为了搜寻假货，需要到处“踩点”。二是技术含量高，打假的重点是假冒伪劣商品，这对识假、辨假的能力有较高的要求。三是人身危险高，在实体店打假需要直接面对经营者，打假人员的人身安全经常受到威胁，这是非常重要的因素。因此，这一时期职业打假群体虽然存在但发展并不迅速。

2008年以后，我国电子商务进入高速增长阶段。电子商务鱼龙混杂、假冒伪劣肆意横行，为职业打假提供了广阔的市场，但更重要的是，网络打假有效地解决了搜寻成本和人身威胁两个难题。因此，职业打假进入第二阶段，职业打假的重点由线下转到线上，职业打假群体快速发展起来。

2015年以新《广告法》的施行为标志，职业打假进入了高速发展的阶段。此前，虽然会有些职业打假人就食品标签标识做文章，但总体上，职业打假侧重于商品质量本身，还是有一定技术含量的。但2015年以后，新《广告法》的实施，让职业打假人看到了一个短、平、快发财的机会。新《广告法》针对当时虚假、夸大宣传，比如绝对化语言等问题，做了一套系统的规定，制定了明确的标准。由于标准明确，简单易行，直观就可以判断，不需要太多的技术含量，再加上职业打假人的“传帮带”，大量文化水平不高的职业打假人也进入了这个领域捞金，职业打假群体急剧膨胀。各地市场监管部门经常会收到这样一种投诉举报信——错字连篇、语句不通——但人家就是打假的,而且投诉举报的内容就是食品标签有错别字,“他”被误导了。

通过上述职业打假的发展历史可以看出,职业打假发展到今天并呈现出产业化、专业化、团体化的趋势,原因主要有三个:法律惩罚性赔偿的规定为其发展奠定了基础,电子商务的发展为其发展创造了条件,广大电商法律意识淡薄为其提供了机会。“什么时候是个头?”只要这三个条件存在,职业打假就没有头。

1.2 不要期望立法限制职业打假人

职业打假人偏离了打假的立法初衷,以发现商品瑕疵、广告用语纠错为目标,滥用权利,不仅严重地损害了广大电商的利益,也极大地增加了行政成本和司法成本。社会上和基层行政、司法部门限制职业打假的呼声不断响起。

2016 年下半年,国务院法制办、工商总局发布了《消费者权益保护法实施条例(征求意见稿)》并向社会公开征求意见。其中,第 2 条规定:“消费者为生活消费需要而购买、使用商品或者接受服务的,其权益受本条例保护。但是金融消费者以外的自然人、法人和其他组织以牟利为目的而购买、使用商品或者接受服务的行为不适用本条例。”社会普遍认为,职业打假行为将不再受《消费者权益保护法》保护,也就不会再获得惩罚性赔偿。于是,许多电商寄希望于这部法规能限制职业打假人。

对于这个问题,我劝电商朋友不要抱太大期望。

1.2.1 立法限制职业打假人,社会争议很大

尽管反对方认为,“职业打假人”的主观目的是以高额索赔来牟利,并非生活消费,也未构成误导,不应适用《消费者权益保护法》关于欺诈的惩罚性赔偿。

客观上,"职业打假"多数是针对广告用语、标签标识等不规范现象,真正打击假冒伪劣商品和经营者欺诈行为的作用很小。另外,"职业打假人"群体迅速扩大蔓延,极大地浪费了行政、司法等公共资源,扰乱了市场秩序,有必要及时加以遏制。

但是支持方认为,尽管职业打假存在一些问题,但其至少有三个方面的积极作用。一是职业打假净化市场的效果是客观存在的。对比一下现在的广告和五年前的,胡吹海侃明显的少了,敢说自己全国第一、世界独有的基本没有了,这说明什么?这不是商家自觉守法了,而是在职业打假人威胁下,确实不敢了。

二是职业打假有专业优势。由于信息不对称,加之时间、精力成本,一般消费者在商品信息上处于劣势,因而在维权上处于弱势。而职业打假人受利益驱使,在法律规定、国家标准的研究上是很深入的,比如有的职业打假人对甜味剂中的阿斯巴甜(含苯丙氨酸)标示的研究,体现出了较强的专业性,别说普通消费者不易了解该类问题,就是基层监管部门执法人员都不一定很熟悉。

三是职业打假人确实在弥补政府部门监管的不足。凡是职业打假人投诉举报的,恰恰是政府部门监管没有到位的(如果政府部门监管到位,职业打假人也不会有机会了)。有的执法人员以前选择性执法,遇见假冒伪劣行为,睁一只眼闭一只眼,现在也不行了,接到举报必须得处理了。职业打假人监督执法部门积极、依法、及时处置问题商品,迫使商家主动改正违法行为。所以,职业打假人起到了"鲶鱼效应",把政府部门和经营者都"搅动"起来。对于立法部门而言,立法者更关心社会效果,而不是部门利益,减少假冒伪劣才是他们最在意的。

我知道,上面说的这些,电商朋友可能不爱听。但这是事实,只有认清现实,才能做出正确判断。

1.2.2 上有立法,下有套路

立法限制职业打假还存在一个技术难题。在《消费者权益保护法实施条例(征求意见稿)》第2条中,有几个关键性的概念——"牟利""生活消费"。什么叫"牟利"?怎么判定"生活消费"?如果买100件叫牟利,那么买10件算不算生活消费?这都需要明确标准。这些问题不解决,限制职业打假就是一纸空谈。

而对这些概念加以界定又何其之难。

而实际上，2017 年以来，有的职业打假团体已经改变策略，研发出了化整为零的套路以适应可能的立法变化。

第一步，团队协作，分头搜寻。采取这种方式的，往往都有固定团队。每到一地，团队分成若干组，到各店铺或者到各电商平台搜寻问题商品，发现问题商品后，用拍照、录像或者截屏等手段收集证据，然后通知团队其他成员。

第二步，小额消费，单件购买。职业打假人充分利用《消费者权益保护法》和《食品安全法》的上限赔偿规定，以大型商超或大型电商为对象，专门挑选小额问题商品或者食品，以单件商品为单位交款，每件均要求上限赔偿 500 元或 1000 元，以最小的经济成本谋取最大的“利益”。

第三步，分头支付，伪装消费。团队成员选择好问题商品后，采取多种形式，各自付款。

第四步，抱团作战，分别投诉。分批购入问题商品后，职业打假人就会抱团作战，对商家穷追猛打，但是在形式上各自进行投诉、举报来获得赔偿。团队分成若干组，分头负责与若干商家谈判。某个商家一旦被单刀突破，其他成员就会轮番进攻。

第五步，羊毛不在一地薅。职业打假人流动在不同的区县打假，即使在平台上也选择不同区县的电商。在一个区县打假后就换到另外一个区县，过上一段时间才会再次回到前一个区县打假。如果商家是连锁店，职业打假人只在一个区县选其中一家分店，不会在同一区县同时选择若干分店同时下手。

现在有不少职业打假团队已经开始使用这个方法来规避行政和司法部门的质疑。这种战术就是“麻雀战”，选定目标后团队集中攻击，然后分散离开。每个人购买数量很少，但团队通过扩大量来增加利润。你说，这种战法，政府部门怎么认定是“牟利”，不是“生活消费”？所以即使立法通过了《消费者权益保护法实施条例（征求意见稿）》，其第 2 条对职业打假也不会有效遏制。

1.2.3 风险不是来自投诉，而是举报

“麻雀战”主要适用中小型商家或者是食品标识、虚假宣传等情况。对于大

型商家,尤其是涉及食品质量问题或者违法行为严重的问题,职业打假团队就不会那么客气了,而是提刀上阵、单刀直入。

第一步,职业打假人到商家店内搜寻,根据成分、价格,寻找有问题嫌疑的食品或者商品。

第二步,购买少量食品或者商品,送检验机构检验,确定有问题后,组织团队成员到商家大量买入。

第三步,与商家谈判索要惩罚性赔偿。

第四步,如果商家拒绝赔偿,就向有关部门投诉、举报。

实际上,到第三步大多数理智的商家都给赔了。按照《食品安全法》的规定,无证生产食品的,没收违法所得和违法生产经营的食品、食品添加剂以及用于违法生产经营的工具、设备、原料等物品,货值金额1万元以上的,并处货值金额10倍以上20倍以下罚款;食品原料有问题的,没收违法所得和违法生产经营的食品、食品添加剂以及用于违法生产经营的工具、设备、原料等物品,货值金额1万元以上的,并处货值金额15倍以上30倍以下罚款。如此等等,《食品安全法》对待食品违法行为,基本上都是没收财物并处以数倍以上罚款。

请注意,这里的货值金额包括问题食品存货加上销售额的总和,不只是职业打假人购买的那一点。一边是政府部门按照货值金额10倍以上的处罚,另一边是按照10倍支付价款的赔偿。孰轻孰重,一眼就看出来了。当然也有不信邪的,结果付出了沉痛的代价。

2013年曝出的狐狸肉冒充牛肉案件就是典型的例子。某“消费者”到一大型外企超市踩点,从价格和重量的比较发现,该超市中有一款牛肉制品,价格重量比远低于其他牛肉制品。于是购买了几袋送去检验。结果证实,该牛肉制品里面没有牛肉成分。于是这个“消费者”回到超市大量购买。超市没有那么多存货,又从厂家紧急调货。厂家很高兴,卖了1000多箱。付了钱,收了货,“消费者”摊牌了,要求按支付金额10倍赔偿。超市一脚把这个球踢给厂家,让厂家协商。厂家钱还没有捂热呢,突然来了当头一棒,当然不干了,于是报警了,说“消费者”讹诈。“消费者”就向食药监部门举报了。结果,厂子给关了,老板被刑拘了。

广大商家都把职业打假人看作威胁,都希望通过立法,不承认职业打假人的消费者身份,进而限制职业打假人。但是,我要提醒各位商家,职业打假的威胁,不是来自其投诉,而是来自举报。对于投诉,如果拒绝调解最差的结果,就是法院判决按10倍价款赔偿。但是举报就不同了,轻者脱层皮,重者伤筋动骨。

立法可以否定职业打假人"消费者"的身份,禁止其要求10倍赔偿,但是立法不能限制职业打假人举报的权利。尤其是对于食品等涉及人体健康的举报,有关部门还真不敢不查。超过规定的期限没有收到结果,职业打假人就可以把有关部门告上法院,或者举报到纪检监察部门。只要被认定为不作为,相关执法人员就要被追责。所以,对于举报案件,执法人员基本上有案必查,这关系到自己的前途,甚至身家性命。

此外,立法可以限制惩罚性赔偿,但不能限制损害赔偿。如果《消费者权益保护法实施条例》通过并禁止对职业打假人给予惩罚性赔偿,那么职业打假人索赔不成转而举报,仍然可以依据《民法总则》《合同法》《侵权责任法》《消费者权益保护法》要求退货、退款。从这个角度讲,职业打假人只是搭了工夫,但在金钱上并没有多少损失。

所以,如果立法可以限制职业打假,那么对职业打假的影响也不大。大家对此不要抱太大期望。

1.3 职业打假人是一个怎样的群体?

1.3.1 职业打假人的特点

职业打假目前已经形成团队化、专业化和产业化趋势。相对于早期独狼式的职业打假,现在更多的是团队作战。在许多团体内部,尤其是公司化的职业打假团队,分工是很细的,有专门研究法律法规和国家标准的,有利用技术手段筛选网络信息的,有负责线下踩点的,有负责文书起草、投递的,各工种之间既有分工更有配合。根据打假的实际情况，团队内部会经常交流，针对遇到的问题进行探讨。所以职业打假团队化趋势很明确。

在职业打假团队中，技术含量比较高的是研究法律法规和国家标准的。干这个活的基本上都是领头的，或者在团队内处于较高的地位。他们对法律法规比较了解，对打假流程比较熟悉，肩负着为团队拓展业务的重任。根据商家的经营情况，他们能敏锐地发现问题，进而找出法律依据，起草法律文书，向团队其他成员传授这些成果，然后组织团队发起狼群攻击。从这些年职业打假的材料来看，有些团队对法律法规把握之准确，对国家标准研究之深入，对违法行为说理之透彻，在一些方面不要说一般商家，就是基层执法人员，也难以望其项背。

最有意思的是职业打假还形成了产业。对于大的团队来讲，有人才、有实力，内部可以分工。对于小的团队，没有实力、没有人才的，就得请外援。于是职业打假形成了产业，有研究法律向外出售技术的，有提供培训咨询的，甚至还有提供线索的。整体产业内部有主业，有辅业，一派繁荣景象。

所以，这些年来，每每看到商家被打假，我就不住感叹，商家才是弱势群体！每个商家都是零落的个体，没有能力去研究法律法规，即使有些大的电商，有专门的法务，也没人力、财力、精力整天研究这些歪门邪道。偏偏电商又要面对的是剑走偏锋的群殴，你不是弱者谁是弱者？

1.3.2 职业打假人的弱点

职业打假虽然因为团体作战而有一定的优势，但是电商也不要气馁，因为职业打假人也有软肋。

一是战略上不占人和。这里的人和，不是指社会大众对职业打假的同情和支持，而是指行政部门和司法部门的支持。职业打假人有一个通病，为了让行政部门给其帮忙，往往急功近利采取强迫方式，对行政部门进行威胁，比如“请在多长时间内给我答复，如果不然，怎么怎么样……”职业打假人以为，只要威胁就能使执法人员就范。其实他们忽略了，威胁只能使人厌恶。谁都不想被人当枪使，尤其是“我干活、你收钱”这种事。所以威胁适得其反，本应中立的第三方力量心理上会向商家发生倾斜。倾斜的结果就是执法人员会对职业打假人提出严格的要求，增加其打假的难度。

二是战术上不具地利。这是职业打假人的死穴。职业打假没有几个是在自己老家打的，因为怕人报复，他们往往采取流动作战。流动作战的结果就是人生地不熟，人际上没有援助，地利上情况不熟，打假成本高企。所以职业打假人最喜欢的模式是速战、速决、速撤。

三是专业上不算精通。打假绝对是个技术活。从发现商家的违法商品、违法行为，到最后收到赔偿，中间需要经过多个环节，涉及多个法律规范。商品质量、虚假宣传属于经济法，赔偿退款属于民商法，投诉举报属于行政法，收集证据、提起诉讼属于程序法。打假就像一条项链把这些法律规范一个一个得穿起来，只要中间有一个环节断开，职业打假人就收不到赔偿。所以打假对法律规范的整合能力有很高的要求，必须精通多部门法律，而且还要能熟练运用。但是反观职业打假团队，除个别人对法律有所研究外，大部分都是外行。

特别声明，我绝没有瞧不起职业打假人士的意思，我对任何人都很尊重，在这里只说事实。从学历上看，在职业打假人士中肯定有学过法律的，但是到目前为止还没有见过研究生以上学历的。然而，即便是这些研究法律的人士，研究的领域也比较窄。职业打假从根上就带有功利性，用什么就学什么。这种“头痛医头，脚痛医脚”、现学现卖的学习方法使职业打假团队法律知识体现不出系统性，由此引起了普遍的“偏科”问题——重视证据的客观性，而忽视证据的关联性；重视研究民商法、经济法，而对行政法研究严重不足，尤其是对行政机关内部的运行惯例，基本上是一窍不通。这就决定了，只要碰上高手，一招就可以破敌。

1.4 电商必须学习法律知识

看到职业打假人也有软肋，电商朋友是不是松了口气？但是我仍要提醒你，千万不可掉以轻心。电商只有在战略上藐视敌人,在战术上重视敌人,才可以长期立于不败之地。

正所谓苍蝇不叮无缝的蛋,要想不招职业打假人上门,电商首先要站的直、行的正,尽量不要让人抓到把柄。因此,电商应该学习一些法律知识,自觉主动的避开一些陷阱,不给职业打假人以可乘之机。一旦发现中招,也要学会一些应对技巧,以尽可能的降低损失。

截至2018年3月14日,我国现行有效法律有263部,行政法规755部,地方性法规超过12000部,此外还有数千部规章。法律法规如此浩瀚,那么电商应该学习哪些呢?不用着急,其实思路很简单,职业打假人用什么,你们就学什么。

从实际应用来看,主要学习两大类法律。第一类是规范经营行为的法律,如规定什么可以做,什么不能做等。这是职业打假人最关注的法律,也是职业打假人"找茬"的依据。这些法律很多,但可以归结为四类。

一是广告宣传类,是关于规范广告宣传行为的法律规范。这其中有大家知道的禁止使用绝对化语言、禁止虚假宣传等。

二是商品质量类,规定食品、药品、医疗器械、化妆品等商品质量、标签要求的法律规范。

三是商业竞争类,包括禁止假冒仿冒、商业诋毁、商业贿赂、网络强迫和规范有奖销售等行为的法律规范。

四是消费维权类,包括规定"三包"责任、无理由退货、惩罚性赔偿,规范格式合同,禁止各类欺诈行为的。

这些法律是职业打假人常用的法律,电商要认真的学习。

此外,还有一些其他法律也关系到商家的经营行为,如《消防法》《循环经济促进法》《未成年人保护法》,等等。这些法律往往太偏,建议电商有时间去学习,没有时间可以不用考虑。一旦真有问题,或者问题太专业,可交给专业人士,聘请律师进行解决,或者按照下面的应对措施进行化解,大家没有必要花费太多的时间和精力,用在学习这些偏门的法律上。

第二类是规定纠纷处理的法律知识。最主要的是消费者权益保护法,其次是其他法律中关于纠纷处理的规定。按照这些法律的规定,一旦发生纠纷,有五种渠道进行解决。第一,和解,商家与消费者协商和解。第二,通过消费者协会或者依法成立的其他调解组织调解。第三,向有关行政部门投诉。第四,根据达成的仲裁协议提请仲裁机构仲裁,仲裁是收费的,且需要事先双方同意,所以这种方式很少见。第五,向人民法院提起诉讼。

学习这类法律知识的目的,是要学会应对技巧。这五种方式中,每种都有一定的适用范围、优缺点。熟练掌握法律知识,结合不同的案情,灵活地运用应对技巧,就能正确地应对职业打假人了。

2 广告宣传

广告宣传是最重要的销售手段。传统意义上“酒香不怕巷子深”的时代已经一去不复返了，现在再好的生意也得吆喝。市场就这么大，竞争就这么激烈，你不宣传，自有别家宣传，稍一松懈，生意就跑了。

既然吆喝，就应当实事求是。但是，为了抓住消费者的“眼球”，有些商家有意、无意地就越界了，曾经一时之间，虚假广告满天飞，“全国第一”“世界领先”层出不穷，宣传本身也形成恶性竞争。商品的真实状况无法识别，市场秩序一片混乱，消费者和经营者都受到伤害，没有谁是赢家。

市场需要公平、透明的环境。1994 年 10 月 27 日全国人大常委会首次审议通过《广告法》，以此为标志，国家对广告宣传进行规范。目前规范广告宣传的法律、法规和规章较多，最主要是《广告法》。《广告法》规定了广告的内容准则、行为规范、法律责任等，是通用的广告规范。此外，《反不正当竞争法》《消费者权益保护法》《食品安全法》等法律从竞争行为、消费者权益保护、食品安全等角度对宣传进行也进行了规范。此外，还有一些配套规章，对这些法律规定进行细化落实。

本章的主要内容是将有关广告宣传的法律规范进行整合，按照先通用、后特别的顺序，介绍广告宣传的相关规定。

2.1 虚假广告

虚假广告是被职业打假人利用最多的法律条款。电商为了扩大销售,普遍都做广告。自己的产品如何的好、价格如何低,并且通过适当的艺术手段美化自己产品的功能,以抓住消费者的眼球。在这个过程中,电商往往无意地夸过了头,结果被职业打假人抓住了把柄。那么,什么是虚假广告呢?又怎么界定广告虚假呢?

2.1.1 虚假广告的一般情形

解释虚假广告前,需要从广告的基本要求说起。

一、广告的三条底线

任何广告和宣传的内容都不得逾越以下三条底线:

一是真实,即产品及其功效是客观存在的,不是杜撰或捏造的。比如,明明是国内生产的产品,做广告宣传是进口产品。这种无中生有的宣传,即为虚假。

二是全面,提供的信息应当是完整的,不是片面的。比如,某些电商为了销售维生素 E,宣传女孩子要想美白护肤,从 20 岁就要开始补充维生素 E。实际上,维生素 E 的适用人群是缺乏维生素 E 的人群。而缺乏维生素 E 的人群主要是老人,一般年轻女生并不缺乏维生素 E,因而不是必须补充。但是电商故意掩盖了这个信息,只强调维生素 E 的护肤功效,从而误导消费者。

三是准确,提供的信息应当是清晰、无误的,而不是模糊,甚至是错误的。比如,某保健食品中特定物质的含量是 1.1%,但某电商在宣传时,称该食品特定物质含量接近 2%。要知道,这种特定物质含量每增加 0.1 个百分点,价格就会大幅提高 100 元,接近 2% 的含量,价格应当翻一番了。再如,"瑞士进口全机械机芯手表",究竟机芯是瑞士的,还是手表整个都是瑞士的,这种表述都不准确。

二、虚假广告的两个特征

上面是《广告法》对广告的基本要求。与此相对应,《广告法》第 28 条对虚假广告做了一般性界定,“广告以虚假或者引人误解的内容欺骗、误导消费者的,构成虚假广告”。据此,广告只要同时具有两个特征即可认定为虚假广告:

一是形式特征,即广告的内容虚假或者引人误解。其中,虚假即为不真实,引人误解即为信息不全面、不准确。

二是结果特征,即虚假或引人误解的内容欺骗、误导了消费者。仅仅具有前一个特征,还不一定认定为虚假。生活中经常遇到运用艺术手段美化功效的广告,比如某广告中演员宣称,“使用了某某护肤品,我的皮肤就像婴儿的肌肤更有弹性了。”现实中消费者都知道这是夸张的手法,皮肤再怎么呵护也不可能再回到婴儿的状态,因此不会被欺骗或者误导。这种夸张就不属于虚假。

除一般性的规定外,《广告法》第 28 条还有一些特别的规定,只要符合这些特定情形的,直接认定为虚假广告。具体包括以下四种情形。

2.1.2 商品或者服务不存在

根本就没有产品,或者不具有提供服务的能力,却打广告宣传能够提供商品或者服务,这是严重违反广告真实性要求的,会被直接认定为虚假广告。

2016 年 1 月,无锡某超市微信公众号对外发布了“微信集赞礼品到家”活动,活动内容宣称“任何顾客只需转发本店活动及本店二维码至微信朋友圈,集满 28 个赞送毛巾一条,集满 58 个赞送枕头一个,集满 78 个赞送棉被一条,凭微信截图到门店服务台领取”,未做其他相关限制性规定。但当消费者按要求集够相关赞,凭截图至服务台领取相应奖品时,商家却告知由于数量有限,商品已发放完毕。于是多位消费者向工商部门投诉。工商部门认为,超市通过微信公众号发布集赞活动属于合同要约,一经发布,就应当按活动细则履行约定。最终超市为集满 78 个赞的消费者赠送了棉被。

广告商品或者服务不存在的,多数是无意的,且与促销有关。有的商家在促销前没有做好充足的准备，促销活动开始后，没有想到来了那么多人，备货不足，无法再提供商品或者服务。有的商家计划拿出10万元进行打折促销，但是购买的商品或者服务太多，超出促销预算，于是停止了促销活动。还有一种情况是失误，如在输入价格时，少写了一个0，成了1折销售，导致消费者蜂拥而至。商家每卖一单，就要赔一大笔钱，于是想停止销售。无论是什么情况，也无论有什么可以理解的原因，这种停止提供商品或者服务的行为都要承担法律责任。要避免出现这种被动局面，在做广告时，一是要仔细，避免出现低级错误。二是要加上限定词，如“前100名消费者”或者“10点前”可以得到赠品、参加活动等，以此缩小责任范围，避免不必要的纠纷。

广告的商品或者服务不存在的，还有一种极端情况——恶意的。这种商家根本就没打算提供商品或者服务，之所以打广告，主要目的是吸引消费者前来增加交易机会，俗称“骗流量”。对于恶意的，执法部门一般不会手软。

宁波某公司主要从事二手车经纪业务。2015年下半年，该公司从网络上搜索一些二手车图片和二手车的上牌年份、里程等车辆信息，然后编造一个大幅低于市场价的价格附在车辆图片后，在易车网、58同城、汽车之家、赶集网等二手车交易平台上发布广告，以吸引消费者前来。消费者根据上述信息来购买二手车时，该公司业务员就以车子今天出交通事故了、车子坏了、公司发现车子是泡水车或曾经出过重大交通事故等种种理由，降低消费者购买意愿。然后业务员再给消费者推荐现有的二手车车辆（这些二手车的价格要比虚假报价高），以此来开展二手车经纪业务。2016年，市场监管部门根据举报将该公司查获，责令该公司停止发布广告，在相应范围内消除影响，并处罚款60万元。

2.1.3 重要信息与实际情况不符

虚假广告的第二种形式是重要信息与实际情况不符，也是最常见的形式。广告宣传应当真实无欺，商品或者服务的信息应当与实际情况相符，如果不一致，并且对购买行为又产生实质性影响，则将被认定为虚假广告。比如，某笔记本电脑CPU明明是i5的，广告却宣称是i7的。某蚕丝被只是使用了一种特殊的纺织材料,却宣传具有提高免疫力功能。某橄榄油明明是国产的,却宣称是意大利进口的。某保健食品本来没有什么荣誉,却宣称获得某国际奖项,如此等等。这种对商品重要信息无中生有的宣传,都是虚假广告。

一、发布的信息要与实际情况相符

南通某A美容美发公司在其官方网站上宣称,该公司是"国内美容业最持续盈利的经营模式""拥有世界上最先进的企业管理模式的顾问队伍""中国最大的厂家直销平台""和中国科学院共同研发的品牌产品""某A集团创立于1995年,至今已有20余年历史;现有员工2000余名,其中技师职称105人;公司科学,完善,高效的美容美发经营管理模式产生的'××效应',使国内500多家大型美容美发门店起死回生,使加盟连锁企业大受裨益",等等。经市场监管部门调查认定,该公司发布的广告内容含有虚假不实信息,违反了《广告法》第28条第2款第2、5项的规定,市场监管部门对其罚款20万元。

盐城某整形美容医院自办3个网站,自行制作、维护、发布广告,并在网站的"首页""合作关系""专家介绍""医院荣誉""医院简介"等栏目中,宣称"是按国际最高等级整形美容医院标准筹建的苏北规模最大、品质最为出众的专业整形医院",获得"中国眼部整形金奖",是"亚太国际整形美容联盟理事单位""亚洲高端医疗美容会所行业典范""中国医疗整形美容协会会员""美国整形外科医师协会会员""江苏十佳整形医院"等内容。2017年,经工商部门查证,该医院对自身主体信息、执业人员的荣誉、合作关系、疗效等进行的宣传为虚假宣传,违反了《广告法》第28条第2款第2项的规定,工商部门对其罚款8万元。

二、重要信息必须与实际情况相符

商品或者服务的信息应当与实际情况相符,主要是指商品或者服务的重要信息,即能影响消费者决策的信息。商品的重要信息包括商品的性能、功能、产地、用途、质量、规格、成分、价格、生产者、有效期限、销售状况、曾获荣誉等信息。服务的重要信息包括服务的内容、提供者、形式、质量、价格、销售状况、曾获荣誉等信息。这些信息如果不真实,则会被认定为虚假广告。

2015年,温州某食品公司在天猫商城网店发布了酱味鸭掌食品广告。广告宣称该产品“含有丰富的胶原蛋白,低糖低脂肪,可谓绝佳的减肥食品”。根据《食品营养声称和营养成分功能声称准则》的规定,“低脂肪”的标准为每100g中所含脂肪量小于或等于3g,而上述鸭掌产品的营养成分表中标注其脂肪含量为11.3g/100g,该公司不能提供其产品为减肥食品的相关依据。执法部门最后认定,该公司通过网络发布广告,夸大产品性能,欺骗、误导消费者,违反了《广告法》第4条第1款的规定,依据该法第55条第1款的规定,责令该公司停止发布上述网络广告,并处罚款5000元。

上海某电子商务公司通过其旗下网站销售商品。2016年1月至3月该公司陆续发布了不同品类商品打折促销活动信息。经工商部门调查,发现在该公司发布的信息中,生活家电打折活动“生活家电5折疯抢区”中所罗列的部分商品并非5折销售;三洋家电打折活动宣传“三洋帝度年货节三洋制造　精工品质　全场7折开抢”,但是在打折活动相关页面内的商品并非全部7折销售;服饰类商品打折活动宣传“新年新衣暖心特惠活动　三折暖心价”,其中有一款棉衣并非按照宣传的3折进行销售;在开学季配件9.9元起打折活动的5折专区,有一款蓝牙耳机并非按照5折价格销售;在1元风暴手机配件1元购活动中,有一款移动电源并非按照1元的价格销售;在“新年焕新机”好货低至1元活动中有个1元专区,其中有一款手机贴膜并非按照1元价格销售;在儿童家纺3折优惠活动中,有多款商品没有按照3折价格销售。2016年4月,工商部门认定该公司打折促销价格与网页宣传不符的行为,属于《广告法》第28条第2款第2项规定的虚假广告。根据《广告法》第55条的规定,同时鉴于该公司案发后积极配合承办人员的调查,并及时下架相关产品,消除影响,符合《行政处罚法》第27条第1项:“主动消除或者减轻违法行为危害后果的”的规定,对该公司处2万元的罚款。

当然如果商品或者服务信息与实际不一致,但不对购买行为产生实质性影响,则可以不认定为本项的虚假宣传。比如某巧克力广告,女演员品尝了一口巧克力,那么美妙的滋味感觉好像飞起来一样,这是艺术夸张,正常人不会认为这种巧克力有飞翔功能,所以不是虚假宣传。

2.1.4 使用虚假的证明材料

使用虚假的证明材料是虚假广告的第三种形式。有些产品的内在特性直观性不强,优点特点不容易表现出来,这时候一些科研成果、统计资料、调查结果、文摘、引用语等信息如果能够对商品或者服务的性能、功效等加以证明,那么将增大广告的可信度,进而影响消费者购买决策。因此,一些化妆品、药品、家用电器等商品喜欢在广告中使用证明材料来佐证商品质量。

使用证明材料没有问题,但应当真实、全面、准确。如果证明材料本身是虚假、伪造或者无法验证,则将会欺骗或误导消费者,构成虚假广告。2015 年,某公司宣称其研发了一种新型保健食品,并经世界卫生组织证实,具有改善睡眠、增加免疫力的功能,安全高效云云。实际上,世界卫生组织没有对此作出任何证实。该电商在网站上放置的世界卫生组织证书是假的。这个广告显然就是虚假广告。

2.1.5 虚构使用商品或者接受服务的效果

虚构使用效果是虚假广告的第四种形式。商品或者服务的效果是消费者购买的主要目的。电商为了扩大销售,可以宣传产品或者服务的特性和效果,但是应当客观真实,不能无中生有,否则即构成虚假广告。

2016 年 4 月,张某委托台州温岭市一广告公司印刷了一批招募兼职人员广告宣传单,内容含有“没有资金门槛,零风险,无须囤货,无须找货源”“吴小姐:生于 1995 年,原为工厂普工,看好‘互联网 +’云商的前景,通过几个月的努力,现已脱离上班一族”等内容的广告宣传单。印刷完后,张某即开始分发宣传单。经执法部门调查,张某在广告中提到的 11 位受益人及赚钱的事例均为虚构,其发布广告的主要目的是招募兼职人员来推销其所经营的商品。该公司的行为违反了《广告法》第 4 条第 1 款、第 25 条第 1 款、第 28 条第 2 款第 4 项的规定,根据该法第 55 条第 1 款、第 58 条第 1 款第 7 项的规定,执法部门责令该公司停止发布上述广告,并处罚款 1.2 万元。

总之,电商做广告,对商品或者服务的介绍应当真实、全面、准确,与实际情况相符。如果为了突出商品或者服务的特性或者效果,可以运用艺术手法进行适度的夸张,但不可以肆意夸大,尤其不要欺骗或者误导消费者。

2.2 虚假宣传

除了虚假广告外,广大电商还经常听到一个词——虚假宣传。什么是虚假宣传?虚假宣传与虚假广告是什么关系?

2.2.1 广告和宣传的区别

除《广告法》外,《反不正当竞争法》《消费者权益保护法》《食品安全法》等法律法规对虚假宣传也做出了规定。《反不正当竞争法》第 8 条规定,“经营者不得对其商品的性能、功能、质量、销售状况、用户评价、曾获荣誉等作虚假或者引人误解的商业宣传,欺骗、误导消费者。”《消费者权益保护法》第 20 条第 1 款规定,“经营者向消费者提供有关商品或者服务的质量、性能、用途、有效期限等信息,应当真实、全面,不得作虚假或者引人误解的宣传。”

许多电商朋友就迷糊了,这不和《广告法》规定的差不多吗?没错,规定的是差不多。但这恰恰是最迷惑人的,许多电商朋友都碰到这样一个困惑,同样是一种宣传,今天可能依据《广告法》被处罚了,明天就可能依据《反不正当竞争法》被责令改正,最后搞的电商防不胜防,到底这是广告,还是宣传?

关于广告和宣传的界定,别说是广大电商,就是基层执法人员也没有几人能说清楚。从词义学上理解,广告是宣传的特殊形式。宣传分为面向不特定对象的宣传或面向特定对象的宣传。面向不特定对象的宣传就是广告,比如在电视发布的信息就是广告,其受众是不特定的。而上门销售、电话销售就不是广告,因为宣传的对象是一对一的,是特定的。但有时这种区分又不是很清晰,比如在门店里张贴的海报、在电商网页上发布的信息算广告,还是算宣传?我告诉大家,都算。

从根本上讲,广告和宣传就是一回事,如果有差别也是细微的和个别的,电商不需要像做学问那样研究那么透彻,如果认真遵守了《广告法》上的要求,基本上也不会违反《反不正当竞争法》《消费者权益保护法》的规定。但是从防身避害角度讲,电商要知道二者处理的后果是不同的,这是重点。一旦违法了,如果认定为虚假宣传,依据《反不正当竞争法》处 20 万元以上 100 万元以下的罚款;情节严重的,处 100 万元以上 200 万元以下的罚款,可以吊销营业执照。依据《消费者权益保护法》则是单处或者并处警告、没收违法所得、处以违法所得 1 倍以上 10 倍以下的罚款,没有违法所得的,处以 50 万元以下的罚款。如果认定为虚假广告,依据《广告法》则是处广告费用 3 倍以上 5 倍以下的罚款,广告费用无法计算或者明显偏低的,处 20 万元以上 100 万元以下的罚款。三部法律认定的基准不同,会导致认定虚假广告和虚假宣传的处理后果有很大差异。

举例说明一下,假如有甲乙两个电商做广告宣传,涉嫌虚假了,甲电商广告宣传费用 1 万元,经营收入扣除直接费用后所得 100 万元;乙电商请的是明星,广告宣传费用 100 万元,经营收入扣除直接费用后所得 1 万元。二者态度都很好。在不考虑特殊情况下,依据不同的法律,二者受到的罚没款情况可能如下:

电商	认定虚假广告	认定虚假宣传	
	依据《广告法》	依据《反不正当竞争法》	依据《消费者权益保护法》
电商甲	罚款 3 万 ~5 万元	罚款 20 万 ~100 万元	罚没款 200 万 ~1000 万元
电商乙	罚款 300 万 ~500 万元	罚款 20 万 ~100 万元	罚没款 2 万 ~10 万元

正是因为后果不同,执法部门在不同时期适用的法律也各有侧重。现行《广告法》的主要内容是2015 年4 月修订的。因为2015 年版《广告法》处罚的较重,所以执法部门在查处虚假广告时,往往会认定为虚假宣传,适用当时的《反不正当竞争法》。2017 年 11 月《反不正当竞争法》通过修订。因为 2017 年版《反不正当竞争法》也加重了虚假宣传的责任,所以执法部门现在又倾向于适用《广告法》。至于《消费者权益保护法》,因为是 2013 年 10 月修正,责任加重的最早,所以自 2014 年以后就没有怎么用了。

还一个细节电商需要知道,认定为广告还是宣传与适用的法律有关。而适用什么法律却与执法部门的具体执法机构有关。同样是查处虚假宣传行为,如果是市场监管部门的广告监管机构办理,则广告监管机构极可能适用《广告法》;如果是消费者权益保护机构办理,则可能适用《消费者权益保护法》;如果是公平交易机构办理,则可能适用《反不正当竞争法》。基本上是这么个惯例,当然也有例外的情况。给电商介绍这个细节,主要是告诉大家,如果涉及虚假广告宣传,在与执法部门打交道时可以提前预判案件的走向。

因为前面介绍原因,现在虚假广告的案例不多,主要是虚假宣传的案例。下面向电商介绍一些常见的误区,希望电商能引以为戒。我再强调一遍,这些案例虽然是虚假宣传的,但也适用于虚假广告。广告和宣传是一回事,不要忘记。

2.2.2 优惠活动

优惠活动是促销的手段,每逢节庆、店庆,电商普遍通过提供优惠进行促销。大部分电商都能兑现承诺,但也有少数电商不重视信用,结果被人抓住把柄,被执法部门认定为虚假宣传。从目前的案例来看,虚假宣传优惠活动主要有以下几种类型。

一是宣称满减、满返(券),实际上并不满减、满返,或者是宣称全店满减,实际上有部分商品不参加满减,但没有标明。

二是宣称×折、×元起,但是实际上没有一种商品的折扣或者价格达到宣称的×折、×元水平,或者宣称某商品是×折价,但消费者下单后仍然是原价。

三是宣称优惠活动"最后一天""仅此一天""明天涨价""活动截至×月×日",但实际上连续几天仍有优惠,或者优惠活动超过×月×日也没有停止。

四是宣称优惠活动将有×人可中奖,但是实际中奖人数未达到宣称的人数。

五是宣称在××时前拍下可抽奖,实际过了×时间点仍然可以抽奖。

六是宣称满足商家的××条件,即可赠送商品或者服务。消费者满足了商家的要求,但商家不赠送宣称的商品或者服务。

2015 年 1 月,西宁某火锅店开展圣诞元旦惠动全城活动,该店宣传"每桌均赠送价值50元午餐券,50万话费免费赠送(送完为止)”。实际上,该店以每张10元的价格购得面值50元的第三方网络电话卡20张对外发放。至案发时,该店向就餐的消费者实际只发放了18张网络电话卡,价值180元,剩余2张已自行销毁。工商部门认定,该店在附赠式销售活动中虚假夸大附赠商品的数额价值,误导了消费者的选择意愿,构成欺诈消费者的违法行为。责令该公司停止违法行为,罚款1万元人民币。

对于优惠活动的虚假宣传,一般不会招来职业打假人。因为电商兑不兑现承诺,职业打假人事先也不会知道。但是会招来兼职打假人。现在消费者维权意识都很强,没有几个不知道“假一赔三”的,之所以不打假,主要没有机会,所以对打假事业只能是“身不能至而心向往之”。但是,当这些消费者一旦发现商家不兑现承诺时,多数会抓住这个机会,顺手干干兼职。

2016年,阜新某美容院在微信发布“转微信,送大礼活动”信息,宣称“参加活动者可于4月9日至11日到美容院领取韩肤雪补水礼盒一套”。某消费者按广告要求转发并截图后到美容院领取礼品,被美容院告知领取礼品必须在美容院购买美容商品做美容,否则礼品不予兑现。于是该消费者打电话向当地消费者协会投诉。经消费者协会调查,该消费者投诉情况属实,于是告知美容院马上取消该活动,给消费者造成的误导予以赔礼道歉。经消费者协会调解,美容院给消费者兑现了价值800元的美容商品。

2.2.3 性能成分

性能是商品或者服务的功效,也是消费的目的。成分则是决定商品或者服务性能的关键。所以性能、成分是消费者关注的重点。既然是消费者关注的重点,所有的电商都会将宣传的重心放在性能和成分上。但是有的电商为了抓眼球,宣传脱离了事实,宣称商品或者服务的性能、成分超出了实际的功能。

一、性能、成分虚假宣传重灾区的几个领域

1. 虚假宣称有治疗、保健功能

突出表现在食品、保健食品、化妆品、男士用品、床上用品、理疗仪等商品上,

没有治疗、保健功能却宣称有治疗、保健功能。如某普通食品宣称含有某种特殊成分,具有疏肝理气的功效。某蛋白质粉没有进行保健食品注册和备案,却宣称具有增强免疫力的效果。有些普通化妆品宣称具有养颜、祛斑、丰胸、美乳的功效。某男士内裤宣称具有固精养肾之功效。某蚕丝被宣称具有安神、促眠、调理五脏血气的功效,等等。还有的养生茶、胶囊宣称具有减肥、瘦身、增高功能,等等。这些宣传或者超出了商品应有的性能,或者无法提供依据,都属于虚假宣传。

2015年,某医疗美容门诊部为扩大其社会影响力,增加人气,发布了“女人一白遮百丑40天体验‘黑小鸭’变成‘白天鹅’”“紧致美白、快速淡斑、改善肤质、提高免疫力”“水光注射一次相当于8000贴面膜,韩国明星最爱的靓肤除皱神器”等宣传广告,并在店内悬挂了内容为中国十大标志性品牌推举组委会颁发“中国最佳整形机构标志性品牌”。经工商部门调查,上述服务效果为该门诊部杜撰,无参考出处及事实依据,依据《反不正当竞争法》的规定,认定该公司已构成了利用广告或其他方法进行虚假宣传的行为,依法对其罚款1万元。

医疗美容不能随意夸大治疗效果,普通产品更不能虚假宣称养生保健功能。2015年,某电子商务公司在其网站上对其销售的水星家纺、春雨江南、ELLEDECO三个品牌的蚕丝被的功能进行虚假宣传。使用“全棉面料、柔软透气、100%桑蚕丝填充、柔软舒适、尊贵高档,还具美容效果,御寒、恒温,预防风湿,关节病,防螨抗菌”“恒源丝绸荣誉出品蚕丝被能够促进睡眠,具有良好的御寒力的恒温性,具有防螨、抗菌、抗过敏及亲肤的天性,能够预防风湿、关节炎及皮肤病”“100%纯天然桑蚕丝填充富含有人体所必需氨基酸,由其制成的蚕丝被是一款能有效滋润肌肤,保持皮肤水分、舒适、健康、美容的被芯”的用语。经工商部门调查,上述宣传均无依据。工商部门认定该公司的行为违反了《反不正当竞争法》第9条第1款的规定,构成虚假宣传,依据《反不正当竞争法》第24条第1款的规定,责令该公司停止虚假宣传的违法行为,罚款1.9万元。

2016年5月,某健康咨询中心以1500元/台的价格从广东省深圳市购进某品牌饮水机10台,总货款为15000元。该中心在销售该批次净水器过程中,以该商品获得国家批件，具有养生保健等内容为卖点，向消费者进行宣传。经执法人员登录国家卫生部官方网站查验，发现该中心宣传内容不实，认定该公司的上述行为造成了消费者对该款产品的质量及许可批件等情况的误解，构成了引人误解的虚假宣传行为。依据《反不正当竞争法》的有关规定，工商部门依法对其罚款 1 万元。

2. 夸大产品性能

这类问题多发生在家用电器、设备仪器等领域。如某空气净化器宣称有除甲醛(CADR)、氨的功能，等等。

2016 年 1 月，无锡某贸易公司在其开设的天猫网店销售一款价值 19 元的潜水泵，宣传具有"静音省电"等功能。某消费者从该公司天猫网店购买了该款潜水泵。收到货后，发现该款潜水泵与商家网店页面的宣传不符，商家宣传夸大了产品性能，于是向工商部门投诉。经工商部门调查，该公司承认其在天猫网店所售潜水泵"静音省电"等宣传内容复制了德国某型号水泵的相关技术数据，并无其他有效事实依据。工商部门依据《侵害消费者权益行为处罚办法》《消费者权益保护法》相关规定，责令该公司改正虚假宣传的行为，并处罚款 3000 元。

2017 年 9 月，桐乡某开发公司取得商品房预售证，类别为"写字楼""商贸"，用途性质为"办公、商业服务、酒店"。为达到推销楼盘和提高销量的目的，该公司在其售楼中心和举办的营销活动中，通过现场讲解及散发宣传页的形式，擅自更改房屋使用性质，故意模糊房屋功能效果、无依据扩大房屋保值效果，以"买房可以迁户口""所购房屋为学区房、住宅房""房屋面积 $36m^2$ 秒变 $80m^2$、买一层赚两层""9 字头房价意味着未来至少有 1 万元/m^2 的升值空间"等为噱头对外宣传和销售。市场监管部门认定，该公司的行为违反《反不正当竞争法》第 8 条第 1 款的规定，构成虚假宣传行为。根据《反不正当竞争法》第 20 条第 1 款的规定，市场监管部门对该公司罚款 31 万元。

济南某房地产开发公司在规划局建设工程规划许可证中备案的该楼盘 6 号楼的楼层为 18 层，但制作的该楼盘 6 号楼沙盘却是 14 层。2016 年 4 月该公司在签售该楼盘的一期 5 号楼期间，将该楼盘一期实为 18 层的 6 号楼向消费者介绍为14层。市场监管部门根据消费者举报进行调查，认定该公司利用制作的楼盘沙盘对消费者作引人误解的虚假宣传，违反了《消费者权益保护法》第20条第1款的规定，根据《消费者权益保护法》第56条的规定，监管部门责令该公司立即改正违法行为，同时罚款10万元。

夸大产品性能还有一种表现形式，即使用绝对化语言，如全网最低价、史上第一、顶级、最高级、最舒适、最亲肤、最标准、最完美，等等。

3. 虚假宣传商品成分

对于这类问题，服装、首饰、食品领域是重灾区。如某羊绒衫宣称羊绒含量达90%以上，但实际含量30%都不到；某衬衣宣称是纯棉的，经检验棉含量只有80%；某蚕丝被宣称是100%桑蚕丝的，但实际上是柞蚕丝的，含量也只有70%；某项链宣称是足金的，经检验含量为95%；某食品宣称为“零添加”，但其配料表上就标明了添加防腐剂，等等。

2016年6月至2017年1月，某A贸易公司在其淘宝网店销售黑糖，宣称“选用广西海拔1100米以上特有的黑甘蔗经过十八道工序精心炼制、现榨现砍，够新鲜”。此后有消费者向“12315”举报该宣传涉嫌虚假宣传。经工商部门调查，A公司所销售黑糖是由A公司提供包装盒，委托柳州B食品公司加工的。生产黑糖使用的主要原料赤砂糖（亦称红糖粉）是普通食用食糖，均从当地农贸市场购进，是本地区的产品；生产工序是将赤砂糖高温熬制添加红枣、生姜、各种花得到成品黑糖，其所宣称具有的各种特殊食用功效无从考证。工商部门认定，A公司通过淘宝网销售黑糖，在网页宣传中虚构生产黑糖的使用原料、原料产地、制作方法及夸大产品的食用功效并在印制的产品说明书和标签贴上夸大黑糖的性能、食用功效等，违反了《反不正当竞争法》第9条第1款的规定，是对商品质量作引人误解的虚假宣传，属不正当竞争行为。依据《反不正当竞争法》第24条第1款的规定，责令A公司立即停止上述违法行为，并罚款3万元。

2011年4月，林州市工商部门执法人员在市场巡查时发现，林州某面粉公司生产销售的低糖营养小麦粉包装袋上印有“本品采用目前国际最先进的剖流制粉工艺，提取小麦中最富含营养成分且含糖量较低的部分，经南京大学粮食经济研究所及其他粮食科研部门检测，本品中含有丰富粗蛋白质、粗脂肪和大量的膳食纤维及人体必须的天然微量元素；铁、锌、钙、镁、钾及维生素；B1、B2、B6、E、烟酸、叶酸、肌醇、赖氨酸、抗氧化剂等大量营养成分，可预防抑制乳腺癌、结肠癌、前列腺癌、冠心病等的天然保护剂，有利于防止动脉硬化和胆结石，特别对糖尿病及身体肥胖症有特殊的食疗效果”等内容。经调查核实，2010 年该公司从网上引用了有关面粉文章中的上述内容作为其生产、销售低糖营养小麦粉产品说明内容。南京大学证实该校无“南京大学粮食经济研究所”机构，该公司也未经其他粮食科研部门检测，不能提供面粉中相关成分的检测报告。2011 年 7 月，工商部门认定该公司构成了虚假宣传行为，依据《反不正当竞争法》第 24 条的规定，责令该公司停止违法行为，并罚款 12000 元。

二、职业打假人的套路

对于性能虚假宣传，是一定会招来职业打假人的。一般情况下，职业打假人会通过关键词进行筛选，比如看到化妆品宣称有“美白”“祛斑”等功效，他们首先会浏览化妆品网页，查找这款化妆品的批准文号，如国妆特字 G2013××××。如果没有找到批准文号，或者批准文号中没有“特”字，说明这款产品很可能是非特殊用途化妆品（普通化妆品）。然后他们登录原国家食药监总局网站（http://samr.sfda.gov.cn/WS01/CL0001/），选择“化妆品”，进入“企业查询”，输入产品名称进行查询。这款产品是不是属于“祛斑”类别，一查就知道。只要不是“祛斑”类化妆品，如果宣传具有“美白”功效，就是虚假宣传，职业打假人就开始组织人员买入。

同样，食品宣称具有保健功能，也是采用这个方法，到原国家食药监总局网站进行查询、确认。原国家食药监总局网站很好用，食品、保健食品、药品、医疗器械、化妆品等都能查。许多电商宣传的文案、图片等都是厂家或者上级供货商提供的，宣传的内容是否违法，自己心里也没有底。电商朋友可以把这个网址收藏起来，自查一下，有问题就及时改正。

通过上面的例子，我还要强调一点。如果电商销售的是保健食品、药品、医疗器械、特殊用途化妆品、农药等需要注册的特殊产品，一定要把批准文号或者批准文件公示在网页的显著位置。因为职业打假人的套路就是看到特殊商品，先找批准文号。如果特殊产品有批准文号，电商没有在网页显著公示，那么职业打假人很可能会浏览网页向下查找，再进一步确认。虽然最后职业打假人找到了这款产品的批准文号，但保不齐在网页来回查找、到确认的过程中，再查出其他问题。所以电商要防患于未然，尽量避免节外生枝，既然有批准文件，就规规矩矩地将其放在网页的前端。这样职业打假人到网店一看，手续齐全，经营规范，估计没有什么问题，扭头就走，也就不在你的店里浪费时间了。

对于成分虚假，职业打假人一般会区分两种情况处理。对于主要成分，职业打假人主要对比价格和含量。毕竟一分钱一分货，成本摆在那里了。如果是真货，便宜不到哪儿去。1 斤桑蚕丝和 1 斤柞蚕的价格肯定不一样，100% 的羊绒和 50% 的羊绒价钱也不会相同。如果一款商品的价格远远低于市场价，标示的主要成分却和其他商品差不多，职业打假人就要怀疑这里面有水分了，先买上一件，送到检验机构检测。一旦发现主要成分真的达不到标准，职业打假人就开始大量采购。我在第一章里举的那个狐狸肉冒充牛肉案件就是典型的例子。当时某“消费者”到一大型外企超市踩点，发现该超市中有一款牛肉食品价格远低于其他牛肉制品，于是购买了几袋送去检验。结果表明，牛肉制品里面没有牛肉成分。于是这个“消费者”回到超市大量购买。

对于辅助成分，职业打假人一般会将宣传内容与标签进行比对，看看宣传内容与标签是否相符。最典型的就是“零添加”，职业打假人一定会看配料表里有没有添加剂、防腐剂。

2.2.4 荣誉认证

自己的产品比别人的好，才能吸引消费者。但是自己夸自己，远不如别人夸自己更让人信服。所以商家很重视第三方，尤其是有公信力的国家机关、社会组织给予的荣誉和认证，并通过这些评价来提高自己的声誉。但是有些商家没有这些荣誉和认证，为了提高声誉，就自己“吹”。

一、荣誉认证虚假宣传主要类型

1. 虚假宣称获得奖项

2001 年，保定某公司在产品简介中宣称其某牌手表在 ×× 评比获得“金桥奖”、颁奖单位是 ×× 著名机构及据 ×× 单位统计该手表“全国销售量第一”。经工商部门调查，该公司在产品在简介中的上述宣传不真实，认定该公司的行为违反了《反不正当竞争法》，对该公司作出行政处罚。该公司不服，向法院提起诉讼。2002 年 7 月，保定市中级人民法院作出终审判决，驳回该公司上诉，维持原判。

2. 吹嘘自己是著名名牌

2015 年 11 月 8 日至 9 日，权某先后在滁州 A 公司购买某牌红外线苹果按摩枕 61 个，单价 289 元，合计人民币 17629 元。2015 年 12 月，权某诉至法院，认为该产品包装上标注“央视广告品牌”“中国著名品牌”存在消费欺诈，同时使用说明书中标注“调整内脏功能，增强人体免疫力”等治疗疾病的宣传，违反了中国保健协会《保健功能纺织品行业规范宣传用语》的规定，故要求返还货款 17629 元并支付赔偿金 52887 元。经查，评定涉案产品为“中国著名品牌”的“中国名牌产品培育委员会”“中国品牌调查统计中心”不具备“中国著名品牌”法定评定资格；中国中央电视台广告经营管理中心于 2015 年 7 月 29 日声明未颁发过“央视广告品牌”的名称。

基层人民法院审理认为，中央电视台并没有发布过“央视广告品牌”的称号，即使涉案产品在央视做过广告，也不宜在产品外包装上标注“央视广告品牌”等标识，且生产厂家瑞安 B 公司提交的在央视投放广告的证据系复印件，真实性无法核实，故认定涉案产品标注“央视广告品牌”构成欺诈消费者；“中国名牌产品培育委员会”“中国品牌调查统计中心”不具备“中国著名品牌”法定评定资格，其认定的中国著名品牌结果应为无效结果，且证书的有效期截至 2014 年 12 月，涉案产品生产日期为 2015 年 6 月，故涉案产品标注“中国著名品牌”亦构成欺诈消费者；至于产品说明书中标注该产品“缓解疲劳、酸痛、改善血液循环，加快新陈代谢；理气养血，调整内脏功能，增强人体免疫力”等功能，因上述标注内容并非治疗疾病的宣传，故不属于违规。由于权某在本案中仅要求销售者滁州A公司承担，未要求生产者瑞安B公司承担责任，遂判决滁州A公司退还权某货款17629元，并支付3倍赔偿金。滁州A公司、瑞安B公司不服，提出上诉，主张其不存在欺诈，且权某不是消费者。滁州市中级人民法院审理认为，瑞安B公司的行为构成虚假宣传，对消费者存在欺诈行为；通常购物者应当认定为消费者，购买数量多、是否明知产品存在问题并不影响权利的主张。遂判决驳回上诉，维持原判。

3. 虚假宣传资历

2011年10月，安阳某纸业公司建立网站，在网站"公司介绍"中宣称："安阳某A公司(原安阳某B静电复印纸厂)，创建于1995年，是一个有着十多年生产复印纸、电脑打印纸的老企业""并在2007年顺利通过ISO 9001:2000质量管理体系认证"等内容。经工商部门调查，该公司是由两个自然人投资或控股，于2010年8月26日成立的有限责任公司。安阳某B静电复印纸厂是1996年5月9日成立的集体所有制企业。两个企业的法定代表人是同一个人，但是两个企业都在营业，一个是有限责任公司，一个是集体所有制企业，不存在该公司承继原安阳某B静电复印纸厂一说。ISO 9001:2000质量管理体系认证是安阳市某B静电复印纸厂于2007年6月22日取得的，而非该公司取得的，并已于2010年6月21日到期。该公司在网上用安阳某B静电复印纸厂的名义和取得的ISO 9001:2000质量管理体系认证(已过期)为自己宣传，构成了引人误解的虚假宣传行为。2011年11月，工商部门依法责令该公司停止违法行为，消除影响，并罚款1万元。

山东某电子商务公司为吸引客户、宣传商品、提升经营效益，通过公司微信公众号发布信息，宣称含有"与位居全国首位的省级地面频道某电视台开展深度战略合作……提供优质服务"的内容。但实际上该公司并未与其在公众号上宣称的某电视台签署战略合作协议，也未开展深度合作。最终，工商部门责令该公司停止违法行为，并处罚款3万元。

4. 假冒质量认证

北京某公司在其网站上销售"山泽(SAMZHE)YL－510高速超五类网线10

米(黄色)”,网页宣称该产品通过3C国家强制认证。经核实,该商品并未获得3C国家强制认证。工商部门认定该公司的行为违反了《反不正当竞争法》第9条第1款的规定,构成虚假宣传的违法行为,依据《反不正当竞争法》第24条第1款的规定,责令该公司停止违法行为、消除影响,并罚款5万元。

2015年6月,上海某公司在其网站发布K牌家用电热油汀信息,宣称“安全无辐射”。10月,该公司又在其网站发布牛蒡茶信息,宣称“绿色有机茶叶”,并且有有机产品认证证书的图片。2015年12月,某消费者向工商部门举报,反映该公司销售的牛蒡茶、K牌家用电热油汀涉嫌虚假宣传。经工商部门调查,该牛蒡茶并没有获得过绿色有机产品的认证,网页显示的认证证书图片为虚假。该K牌家用电热油汀网页宣称的“安全无辐射”没有相关依据,与事实不符。工商部门认定该公司行为构成虚假宣传,根据《反不正当竞争法》第24条第1款的规定,责令该公司停止违法行为,并罚款1.6万元。

二、职业打假人的套路

对于荣誉、认证等信息是否虚假,职业打假人确认的方式主要是核查。对于获得某某奖励、证书,职业打假人就去查出处。越是大的第三方机构,越会对颁发的奖项、授予的荣誉进行公示。商家是否获得奖励、证书,一查就查出来。对于企业资历的宣传,尤其是成立于××年,成立了多少年,有多少车间,年产多少件等,职业打假人非常敏感。成立年份可以查询国家企业信用信息公示系统(http://www.gsxt.gov.cn/index.html),对于多少车间、多少人员有时会到企业所在地去实地看看。对于获得认证,职业打假人主要是去各认证机构官网查询。

对于电商来讲,许多宣传文稿是生产企业或者上级供货商提供的,是否真实有时自己也不知道。下面提供一些政府部门和认证机构的官方网址,建议电商像职业打假人一样查询一下,以便心中有数。至于获得的奖励和声誉,电商可以根据具体内容到相关官方网站查询:

有机认证查询(国家认监委)

http://ogasearch.food.cnca.cn/oga/query/index.jsp;

认证认可查询(国家认监委)

http://cx.cnca.cn/;

绿色食品查询(国家绿色食品发展中心)

http://www.ofcc.org.cn/index.php?com=com_interface&method=search;

保健食品查询

http://app2.sfda.gov.cn/datasearchp/gzcxSearch.do?formRender=cx&optionType=V1;

中国质量认证中心-证书查询

http://www.cqc.com.cn/www/chinese/zscx/。

2.2.5 名称产地

对于手表、相机、红酒、水果、粮食等产品,产地非常重要。对于首饰、工艺品等手工产品,企业的名称就是招牌。有些企业规模、实力比较小,为了吸引眼球,就从名称、产地方面进行虚假宣传。主要有以下几种形式。

一、假冒他人企业名称

2016年6月,无锡某饰品店在未取得中国黄金集团黄金珠宝公司授权的情况下,购进没有吊牌标签的千足金饰品,并擅自印制标有"G中国黄金香港-zhong guo huang jin-"字样的标签,将品名、质量、重量、价格等内容打印在上述标签后悬挂在相应的饰品上。消费者购买饰品后,该店将饰品放入印制有"中国黄金Zhong guo huang jin"字样的包装盒内,并开具标有"中国黄金"文字收据,使消费者误认为该店销售的贵金属及玉器饰品为中国黄金集团公司出品,进而达到提高销量的目的。市场监管部门根据《江苏省实施〈中华人民共和国反不正当竞争法〉办法》的相关规定,责令该店改正违法行为,没收违法所得60397元,罚款120794元。

二、假冒产地

2018年4月,绍兴几家火锅店为吸引消费者购买其产品,通过点菜单或者服务员当场介绍的方式,将无任何牛肉成分的"濑尿肉丸"宣称为"牛肉丸",将原产地为哈尔滨市的羊肉宣称为"新西兰羊肉",将调制饮料宣称为"鲜榨""现榨”饮料等。市场监管部门认定,此类行为已违反《反不正当竞争法》第 8 条第 1 款的规定,构成对菜品成分、产地作引人误解的虚假宣传。根据《反不正当竞争法》的有关规定,市场监管部门对这些火锅店依法予以行政处罚。

2017 年 12 月,金华市徐某等 6 名水果经销商分别从陕西、甘肃、山西等地收购当地产的苹果,装进印有“阿克苏糖心苹果”和“产地:新疆阿克苏”等字样的纸箱,运往金华,存放在不同冷库,准备春节前旺季销售。2018 年春节前,当地市场监管部门从 4 个冷库查获此类苹果 9100 余箱,计 5 万余公斤,案值 30 万元。经新疆阿克苏地区的商标权利人鉴定,查获的苹果均为假冒“阿克苏糖心苹果”。经市场监管部门认定,徐某等 6 人的行为违反《反不正当竞争法》关于“经营者不得对其商品的性能、功能、质量、销售状况、用户评价、曾获荣誉等作虚假或者引人误解的商业宣传”的规定,涉嫌虚假宣传。

2.2.6 商标专利

商标是品牌的标志,专利代表了技术领先。商标和专利都是提升商品或者服务品质的标志,因此受到广大商家的重视。但是有些商家,为了吸引眼球,夸大宣传,没有商标宣称是注册商标,普通商标宣称是弛名商标,没有专利宣称获得专利,由此构成虚假宣传。

2015 年某电子商务公司在其网站上销售“××美容祛痘仪”,宣称是“美国专利且具有治痘、消炎、修复、两天见效”等功效。经工商部门调查,“××美容祛痘仪”获得的不是美国专利而是中国《外观设计专利证书》,且该产品宣传的功效没有合法有效的依据。此外,该公司销售的“××荞麦枕头”宣称“护颈枕、保健枕”功效,销售“××回弹太空记忆枕”宣称具有“修复颈椎”功效,“××单人压花枕头芯”宣称具有“颈椎病护颈、失眠患者、中老年人保健”功效,实际上述商品均为普通商品。工商部门认定,该公司的上述行为,违反了《反不正当竞争法》第 9 条第 1 款之规定,已构成虚假宣传的违法行为。依据《反不正当竞争法》第 24 条第 1 款的规定,责令该公司停止违法行为、消除影响,并罚款 5 万元。

2.2.7 虚假交易

经济学中有一个词叫"羊群效应",说的是消费者具有从众跟风心理。如果消费者不了解商品或者服务的品质,往往受到多数人影响,会跟从多数人的选择而选择。"羊群效应"一般情况下是正确的,一款商品受到多数人的选择,从侧面可以说明其品质受到多数人的认可。但是有些商家就利用这种效应,人为增加交易量,虚假好评,制造虚假热销现象。为此,《反不正当竞争法》规定,经营者不得通过组织虚假交易等方式,帮助其他经营者进行虚假或者引人误解的商业宣传。《侵害消费者权益行为处罚办法》第 6 条规定,经营者不得采用虚构交易、虚标成交量、虚假评论或者雇佣他人等方式进行欺骗性销售诱导。

2015 年 11 月起,陈某为了吸引买家,争取交易机会,在其经营的网店页面中,虚构交易记录、物流凭证、产品宣传内容。2016 年 3 月,当地工商部门接到杭州市市场监管局提供的案件线索告知函,反映陈某经营的网店中涉嫌发布虚假信息。经调查,陈某虚构信息包括累计评论 42 条、交易成功 125 条、标注其为金牌卖家等不实信息。工商部门最后认定,陈某违反了《反不正当竞争法》的规定,被责令立即停止违法行为,并处罚款 1 万元。

金华某网络科技公司通过自建服务器,使用 PO 工作室刷单平台系统,利用计算机模拟手机客户端操作的方式虚假下单采购商品,使用网络采购的空包物流单号或商家自行联系的物流发送空包裹,欺骗第三方交易平台取得交易记录,完成刷单炒信全部流程。经统计,自 2017 年 12 月至 2018 年 3 月案发时共有刷单记录 18.9 万单,涉及刷单商品金额为 2015.8119 万元,获取佣金 209.5 万元。该公司从事刷单行为以来,其流水超 3.2 亿元。该公司通过组织虚假交易,帮助其他经营者提升网店的信誉,提高产品销量,获取佣金,其行为违反《反不正当竞争法》第 8 条第 2 款的规定,属于组织虚假交易行为。由于该公司组织虚假交易金额及刷单交易笔数特别巨大,根据《反不正当竞争法》第 20 条第 1 款规定,市场监管部门对该公司顶格处以罚款 200 万元。

2.2.8 制造恐慌

宣传产品和服务,尤其是在医疗、保健、美容等领域,应当事实求是。但是,有些商家为了让客户购买产品、接受服务,往往把无事说成有事,小问题说成大毛病,造成消费者恐慌。这种行为也是虚假宣传。

2017年7月,温州某美容公司为使客户接受其服务和购买其产品,将客户身体方面的小问题夸大化、严重化,造成客户心理恐慌,进而借机向客户虚构和夸大其美容美体服务及相关产品的功效,以达到让客户接受服务和购买产品的目的。截至2018年1月案发,该公司以这种夸大问题的虚假宣传方式获取经营额940.1万元。此外,该公司为达到交易目的,在经营过程中不考虑消费者的经济承受能力,甚至诱导消费者采用信用卡套现和网贷方式支付消费,使消费者经济状况陷入困境,社会影响极其恶劣。2018年3月,市场监管部门对该公司的虚假宣传违法行为作出高达90万元的行政处罚。

对于制造恐慌的,一般按照《反不正当竞争法》和《消费者权益保护法》中的虚假宣传处理,但是如果涉及药品和医疗器械的,则按照《药品广告审查发布标准》《医疗器械广告审查发布标准》处理,《药品广告审查发布标准》《医疗器械广告审查发布标准》对这种制造恐慌的行为有专门的规定。

《药品广告审查发布标准》第12条规定,药品广告应当宣传和引导合理用药,不得直接或者间接怂恿任意、过量地购买和使用药品,不得含有以下内容:(一)含有不科学的表述或者使用不恰当的表现形式,引起公众对所处健康状况和所患疾病产生不必要的担忧和恐惧,或者使公众误解不使用该药品会患某种疾病或加重病情的……(三)含有"家庭必备"或者类似内容的……

《医疗器械广告审查发布标准》第11条规定,医疗器械广告应当宣传和引导合理使用医疗器械,不得直接或间接怂恿公众购买使用,不得含有以下内容:(一)含有不科学的表述或者通过渲染、夸大某种健康状况或者疾病所导致的危害,引起公众对所处健康状况或所患疾病产生担忧和恐惧,或使公众误解不使用该产品会患某种疾病或加重病情的;(二)含有"家庭必备"或者类似内容的……

2.2.9 其他虚假宣传

除上述虚假宣传外,原工商总局制定的《侵害消费者权益行为处罚办法》第6条以列举的方式,明确了9种行为,这些行为也是虚假或者引人误解的宣传行为:(1)不以真实名称和标记提供商品或者服务;(2)以虚假或者引人误解的商品说明、商品标准、实物样品等方式销售商品或者服务;(3)作虚假或者引人误解的现场说明和演示;(4)采用虚构交易、虚标成交量、虚假评论或者雇佣他人等方式进行欺骗性销售诱导;(5)以虚假的"清仓价""甩卖价""最低价""优惠价"或者其他欺骗性价格表示销售商品或者服务;(6)以虚假的"有奖销售""还本销售""体验销售"等方式销售商品或者服务;(7)谎称正品销售"处理品""残次品""等外品"等商品;(8)夸大或隐瞒所提供的商品或者服务的数量、质量、性能等与消费者有重大利害关系的信息误导消费者;(9)以其他虚假或者引人误解的宣传方式误导消费者。

2.3 内容禁忌

内容禁忌就是广告宣传的底线。出于国家利益、社会公益的需要,《广告法》划定了一条红线,任何逾越这条红线的广告宣传都将受到严厉的惩罚。

2.3.1 禁止使用国家军队象征和标志

中华人民共和国的国旗、国歌、国徽、军旗、军歌、军徽是国家和人民军队的象征和标志。在广告中使用这些标志容易引人产生与政府和军队有关的暗示。所以在《广告法》施行以前,有些商家很喜欢在广告中使用这些标志,如在电视画面中,先是一面国旗的特写,然后国旗拉远,某产品冉冉升起,同时响起画外音,"某某产品,品质保证"。这种使用国家标志做广告的做法,一方面不严肃,玷污了国旗、国徽、军旗的神圣;另一方面,非常容易误导消费者。因此,1994 年《广告法》明确禁止使用国家标志做广告。

一、禁止使用国家标志

2008 年 10 月,某娱乐会所在西安大街发布街头广告。广告中,红旗形象占据面积超过 1/3,上面写着“K 歌畅饮　纵情奥运　为中国加油,抢座电话……”这幅背景印有红旗形象的某娱乐场所巨幅广告引发争议,有市民认为用国旗做商业宣传不严肃,违反国家规定。工商部门根据举报进行调查,认定该娱乐会所违反《广告法》,责令其停止发布广告,并罚款 25 万元。

二、禁止变相使用国家象征和标志

现在明目张胆用国家标志做广告的基本没有了,但是还有一些想打擦边球的,毕竟国家标志的公信力太强了,用国家标志做广告的效果太诱人了。主要有两种方式,一是不对国旗这些标志进行特写,而是将其作为一个背景,在画面的远处。对于这种方式,我建议商家一定要慎重。因为《广告法》禁止使用国家标志的规定里,使用了一句话:“不得有下列情形。”无论是特定,还是背景,都属于“情形”。因此,将国家标志作为广告的背景,也是违法的。当然,有一个情况,就是在电视等广告里,根据故事情节的需要,有国旗等国家标志画面的。这种情况是否违规，各地监管把握的尺度不一样，建议在播放广告向先向当地市场监管部门广告监管机构确认一下。

二是对国家标志做艺术处理。比如，国旗是长方形的吧，广告将红底黄五星的图案做成圆形或五角形，国徽是圆形的，广告将国徽中的五星、天安门、谷穗和齿轮放在长方形的图案里。对于这种方式，建议商家朋友不要这样做，这叫变相使用，在《广告法》里是明确禁止的。

2005 年 10 月 1 日，南宁古城路某家电商场部分员工左脸贴有一面微型五星红旗，右脸则是商场标志。见到记者欲拍照，员工们纷纷扭头，甚至有人干脆把脸上的国旗扯下，握在手中。这种形式宣传也是变相用国旗广告。

三、禁止使用军队象征和标志

1994 年《广告法》明确规定不得使用国旗、国歌、国徽做广告，现行的 2015 年版《广告法》又增加了军旗、军歌、军徽，军队的标志也不得用于广告。不仅如此，原国家工商局、中国人民解放军总后勤部《关于严禁利用军队、武警部队名义从事经营活动的通知》(工商企字〔1999〕第 88 号)规定：各类企业，包括军队、武警部队移交和保留企业，其名称中一律不准带有军队、武警部队番号、代号和“国防”“八一”等特定含义字样。由军队授予代号的企业，其代号名称可在军品生产及相关领域使用，其他商贸开发经营活动一律使用依法登记注册的企业名称。已经以代号名称登记注册的，应变更为带有行业特征且不涉及军事秘密的规范名称(如第××××机械厂)。企业商品(服务)商标，一律不得冒用军队、武警、部队、国防、八一等特义字样和军旗、军(警)徽等标志。严禁以军队、武警部队名义发布商业广告。商业广告中不得出现上述军用番号、代号、字样和标志图案，不得使用“军品专营”“军品代销”等用语。严禁在民用商品上印刷、刻制、铸造军旗、军(警)徽、八一、勋章等军用标志物。非军工定点企业不准擅自制造此类标志物，更不准销售军品。军、警服装、鞋、帽、被装等产品，凡是作为民品上市销售的，不得使用军、警图文标志；沿街店铺一律不准打出“军需品”“军用品”及类似招牌。

2017 年，无锡某汽车销售服务公司在其公司外立面透明玻璃上发布含有

“东风风神　军工品质　为中国车代言　八一军徽标记”等内容的广告图片。工商部门认定,该公司发布的广告,违反了《广告法》第9条第1项的规定,对其罚款10万元。

四、谨慎用于公益

有些商家问,“国旗做广告太醒目了,可我就是想用国旗做广告,怎么办?”我告诉他,“你这是玩火,最好别这么干。但是你非要吸引人,也不是一点都不可行。”《广告法》禁止国旗用于商业广告,但是没有禁止国旗用于公益。所以商家首先要端正态度,怀着无比崇敬的心态悬挂、摆置国旗。其次,在这一心态下,要坚决与商业广告、怠慢轻视国旗的行为划清界限,比如在与国旗的同一画面上不要印有企业的名称、商品的名称或者商业宣传语,不要在国旗上写字,画面的布局上不要将国旗置于人或动物的下方等。

有商家又问,“你这也不让画,那也不让画,那怎么用国旗做广告呢?”对,我就没打算让你用国旗做广告。国旗就是国旗,国旗是崇高的、受万人敬仰的,怎么能降低品格做广告呢!你们用国旗做广告,是为了吸引消费者注意,但是吸引消费者注意的不都是广告。比如,国庆期间,一个商家在店门口插上一面小国旗,违法吗?不违法。如果换成一面大国旗,违法吗?还是不违法。如果再换成一面巨幅国旗,14.4米×9.6米的国旗,从商厦10楼一直垂到5楼。违法吗?不违法。醒目吗?太醒目了。喜庆吗?真喜庆。这么大的一幅国旗垂挂在那,相信没有人不振奋,没有人不自豪,也没有人不会注意。目光吸引来了。如果商家在离国旗较远的楼边不巧有两个条幅,“欢度国庆”“特惠酬宾”,很难讲这是利用国旗在做广告。但是,我还是要说这一招慎用。请记住,永远不要用国旗做广告!!!

还有一点需要说明,现行《广告法》明确禁止使用中国的国家标志和军队标志做广告,但没有限制使用或变相使用外国的标志做广告。比如,在牛仔裤、T恤衫上使用美国国旗的星条图案、英国国旗的米字图案等,一般情况下都不违法。当然,如果使用外国的标志进行质量承诺,或者进行有关的暗示,虽然不违反《广告法》第9条的禁止性规定,但有可能违反其他规定,构成虚假宣传。虚假宣传是个“筐”。

2.3.2 禁止使用国家机关及其工作人员的名义或者形象

国家机关及其工作人员的名义或者形象也具有公信力。《广告法》禁止使用或者变相使用国家机关及其工作人员的名义或者形象，目的也是维护国家机关及其工作人员的名义或者形象，防止不法经营者借用国家机关及其工作人员的名义或者形象误导消费者。

一、国家领导人的形象和名义一定不要使用

2016年9月，中国联合网络通信公司某市分公司通过转载的形式在其公司微信公众号上发布一篇“联通‘史上’最强代言出现了”的宣传内容。该宣传内容中出现一位当今国家领导人的图像，并在国家领导人图像上方标注“联通最强代言词出现了”字样。该公司支付腾讯公司平台使用费只有300元，但工商部门认定该公司的行为违反《广告法》第9条第2项的规定。根据《广告法》第57条第1项之规定，工商部门责令该公司立即停止发布违法广告，并罚款20万元。

2016年，丽水某挖机配件经营部在其经营部建筑物发布内容为“你去问问×××，三一挖机强不强；你去问问×××，三一挖机行不行”的户外广告（其中，×××为当今一位国家领导人），同时使用了“全国销量第一”的绝对化用语。当地市场监管部门认定，该行为违反了《广告法》第9条规定，使用了国家机关工作人员的名义。根据《广告法》第57条的规定，对该公司作出责令停止发布、罚款20万元人民币的处罚。

这两个案子罚的都很重，无论是广告费用、还是违法所得，起点就是20万元。执法部门都很讲政治，只要使用国家领导人形象、名义的，执法部门绝对不会手软。

二、离职或已故的党和国家领导人的形象和名义也不得使用

早在2007年原工商总局曾经下发《关于禁止利用党和国家领导人的形象作商业促销宣传的通知》（工商广字〔2007〕122号），禁止在商品及其包装物上使用和出现党和国家领导人（包括已离职或已故党和国家领导人）的形象、题词，以及任何涉及党和国家领导人名义的表现形式。禁止企业利用党和国家领导人的名义和形象进行任何形式的商业宣传促销活动，不得使用党和国家领导人（包括已离职或已故党和国家领导人）的形象、题词，或使用特型演员以领导人形象推销产品或者服务。违反上述规定者，按照《广告法》第39条的规定处罚。因此，离职或已故党和国家领导人的形象和名义，以及特型演员都不得用于推销产品或者服务。

2017年，广州某贸易公司在其定制销售的“叶剑英纪念酒”外包装上擅自使用已故党和国家领导人叶剑英元帅的名义和形象进行宣传。工商部门认定，该公司违反了《广告法》第9条第2项的规定。2017年8月，工商部门作出行政处罚，责令该公司停止发布违法广告，并处罚款20万元。

此外，使用特型演员模仿党和国家领导人做广告也是违法的。2007年湖南某酒厂邀请了一个特型演员模仿成毛泽东的形象来为其做形象代言；西安一自动麻将机销售商请来特型演员扮成毛泽东的形象为商店开业做宣传等，都是违法的。

三、一般国家机关和工作人员的形象和名义也不能使用

这里的国家机关，从种类上说，包括各级人大、政府及其政府部门、法院、检察院、监察委和军队。

这里的名义是指做某事时用来依据的名称或称号。根据原工商总局发布的《关于严禁以国家机关名义发布广告有关问题的通知》（工商广字〔2008〕212号）规定，广告中出现“×××（国家机关）专供”“专供×××（国家机关）”内容的，均属于违反《广告法》第7条第2款第2项规定，各级工商机关应依照《广告法》第39条的规定从重处罚。对于捏造事实，发布虚假广告或者进行虚假宣传的，依照《广告法》或者《反不正当竞争法》有关规定从重处罚；涉嫌构成犯罪的，应当依法移送司法机关处理。

举个例子，某商家做广告，说“我们公司某某白酒，是县政府指定招待用酒，价格低、口感好”。姑且先不说这款酒是不是县政府指定用酒，仅在广告中提到了“县政府”就构成了违法，这属于使用了国家机关的名义。再如下图，甘肃某小吃打出广告,“湖南省委招待外宾的金牌小吃”。这个广告有两处涉嫌违法,一是使用了“湖南省委”,二是犯了表述不清的错误。湖南省委招待外宾的金牌小吃究竟是指臭豆腐,还是指这家店的臭豆腐?表述不清。当然,不论所指为何,使用“湖南省委”的名义是严重违法,这个广告应当撤销。

专供不行,指定不行,推荐也不行,下面这些图片说某某政府推荐等于让政府背书。

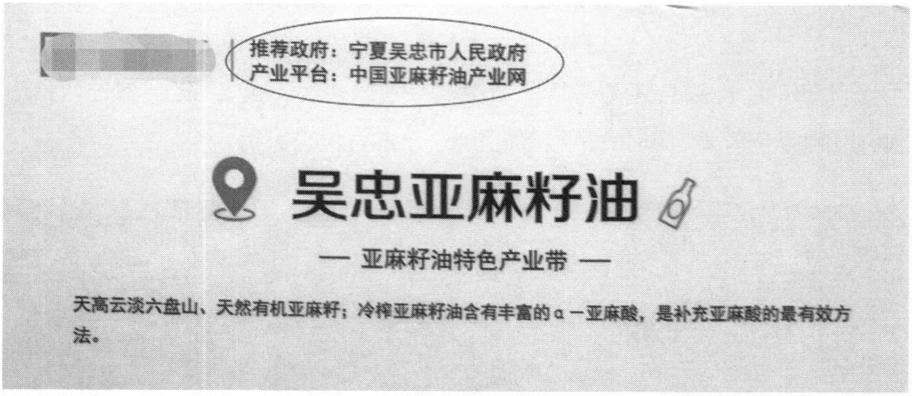

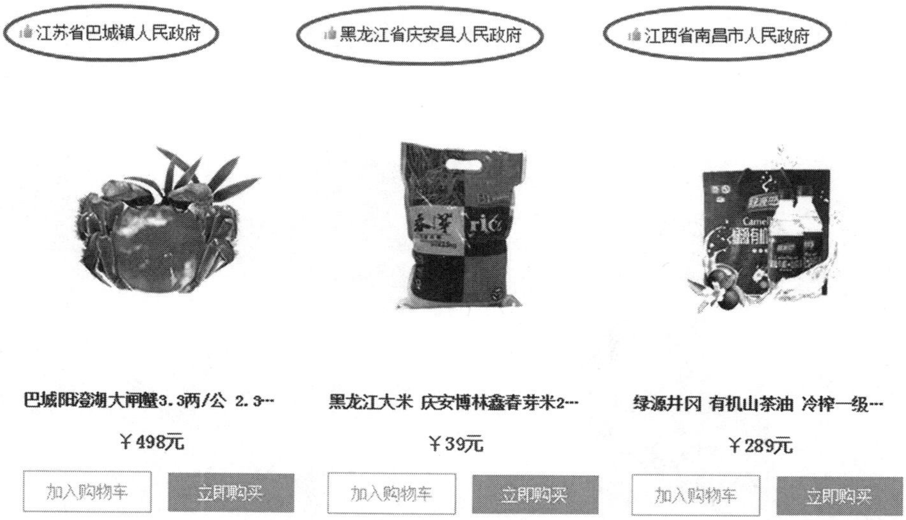

这里的形象是指图形、影像。如某蜂蜜电视广告，商家在前面介绍了蜂蜜的特点和功效，如何好、如何纯，“本店地址：某某路68号市食药监局旁边”，镜头一转，将商家的门头和市食药监局的大门拍入一个镜头，大门上挂一牌子“某某市食品药品监管局”。没错，商家与市食药监局是隔壁，但这个广告是违法的，因为使用了国家机关的形象。而实际上，商家故意拍了这么一个镜头，目的就是让消费者将其与食药监局产生联系，“在食药监局眼皮子底下，质量肯定不差”。

国家机关工作人员主要是指领导人。比如,某电商做广告,在介绍完产品后,镜头里有省、市领导到公司视察的图像。这就是使用了国家机关工作人员的形象。还有的商家在广告中,放入一张人大、政府领导到公司调研时合影照片,这也是使用了国家机关工作人员的形象。如下图,某戒毒机构在网页首页广告,宣称“山东省禁毒委、政府部门领导多次莅临我院指导工作,并对我院戒毒方面的成绩表示认可”,并使用了政府工作人员的图像,以增强信服力。宣传的内容可能是真的,但是在这个广告中,使用了国家机关工作人员的形象,就涉嫌违法了。

商家使用国家机关工作人员名义或者形象的对象主要是各级领导,普通工作人员没有影响力,一般很少使用。但是再普通,工作人员的名义或者形象也不能使用。比如,某苹果广告镜头中一个男士介绍,“我是某县农业局技术员李某某,我向大家推荐某某的苹果,他们的苹果怎么怎么好”。这是不允许的,这是使用了国家机关工作人员的名义。如果这个男士在广告中说,“我是某县农业局原技术员李某某……”这是使用了国家机关的名义,也是违法的。

四、三点补充说明

一是《广告法》限制的是使用中国国家机关及其工作人员的名义和形象,但不限制外国国家机关及其工作人员名义和形象。假设有一个广告,说“我是美国白宫工作人员,我推荐……”这条广告不违反《广告法》第9条第2项的禁令,但如果推荐人不是美国白宫工作人员,那么就违反了《广告法》第28条的规定,构成虚假广告。

二是使用党和国家领导人的名义或者形象做广告是违法的,但是作为历史记录或者是激励员工,则不受《广告法》的限制。比如,有不少优秀的企业和员工受到党和国家领导人的接见、考察、调研等,由此留下了一下珍贵的影像。这些资料是企业宝贵的财富,对于见证历史、激励后人具有重要的意义,因此企业可以将其放在荣誉室、陈列室、纪念馆中,充分展示。只要这些领导人影像不直接对外宣传,则可以不受《广告法》的调整。

三是有电商朋友发现了一个漏洞,“既然《广告法》规定,不得使用国家机关或者国家机关工作人员的名义。党委、政协和民主党派不算国家机关吧?”党委、政协和民主党派不算国家机关,但是建议电商别玩火。虽然党委、政协和民主党派不算国家机关,但是你要是使用了他们的名义,十有八九会按虚假广告进行重罚。别忘了,虚假广告是个“筐”,没事别抖那个机灵。

2.3.3 禁止使用绝对化用语

在激烈的市场竞争中,“最好”“最佳”的商品总是能获得消费者更多的青睐,商家也有动力宣传自家的商品在市场的地位。但是,任何事物都是不断发展的,今天的最好,不一定是明天最好。更何况,有些商家宣传的产品还不一定真好。所以,在广告中使用绝对化语言,容易误导消费者,引起商家的恶性竞争。因此,《广告法》禁止使用绝对化语言。

一、绝对化语言主要有三种形式

在《广告法》中,绝对化语言仅列举了“国家级”“最高级”“最佳”三个词语,但是请广大商家注意,绝对化语言绝不限于这三个词。结合原国家工商总局在个案中批复,绝对化语言主要有三种形式:

一是对产品或者服务的质量、性能、功效等使用“最××”的表述。如“最高级”“最佳”“最新科学”“最新技术”“最先进加工工艺”等，如下图。

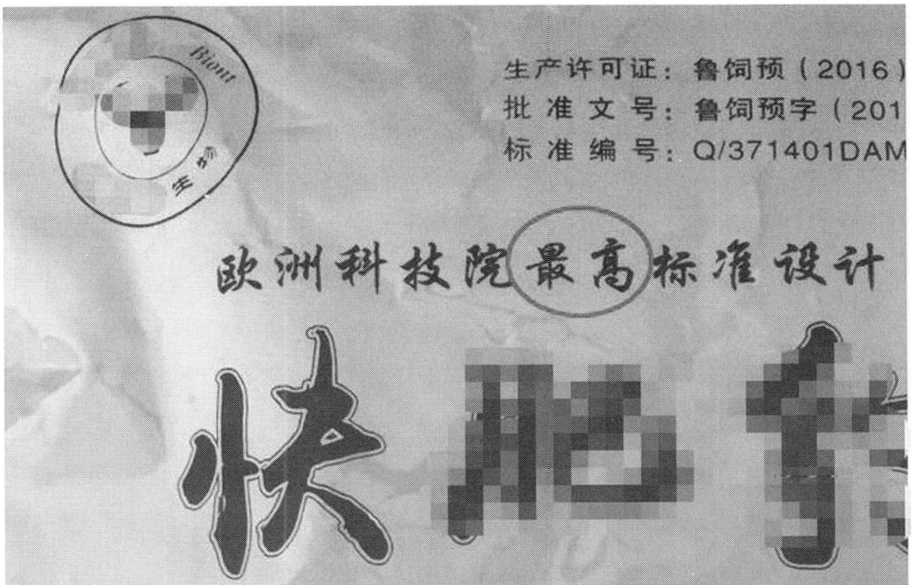

2017 年 6 月，淄博市某医疗公司通过互联网媒介发布医疗服务广告，在广告中使用“国家级”“最大”“最先进”“最好最安全”“最早”等最高级用语。工商部门认定，其行为违反了《广告法》的规定，构成广告中使用“最高级”“最佳”用语的违法行为，责令该公司停止发布违法广告，罚款 8 万元。

2017 年，东莞某房产经纪公司发布网络广告，内容含有“最畅销的项目”“本土最喜爱”“最无敌的地段”“最便利的交通”“最完善的配套”“最成熟的大社区”“最稀缺的户型”“5 分钟可以到黄江镇中心”“30 分钟到达福田和东莞 CBD”“轻轨 R1、R4 与深圳 4 号地铁三线交汇”“双轨物业”“3 轻轨物业”“楼下地铁口”“坐拥轻轨 R3”“轻轨口开通在即”等内容，违反了《广告法》第 9 条第 3 项、第 26 条第 2 项和第 4 项的规定。2017 年 7 月，当地工商部门依据《广告法》，责令该公司停止发布违法广告，在相应范围内消除影响，并处罚款 39 万元。

二是效果等同于最高级表述。如“顶级”“极品”“第一”“唯一”“指定”“消费者首选”等用语，如下图。

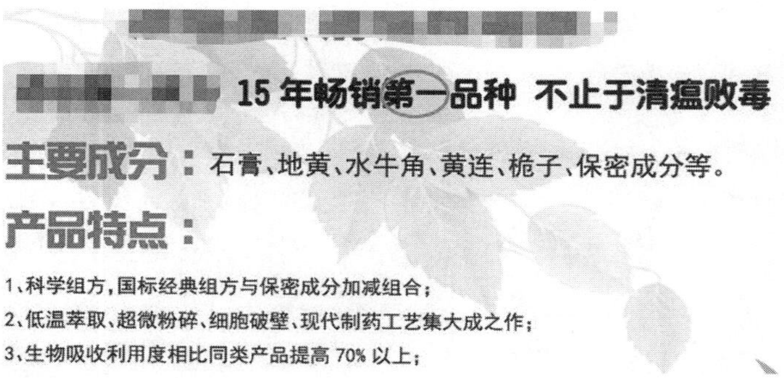

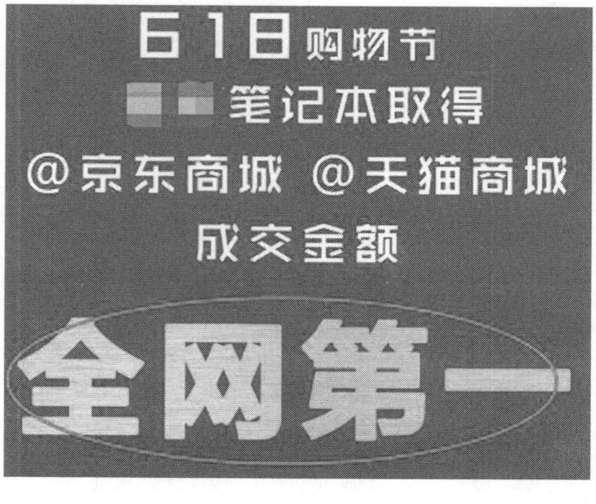

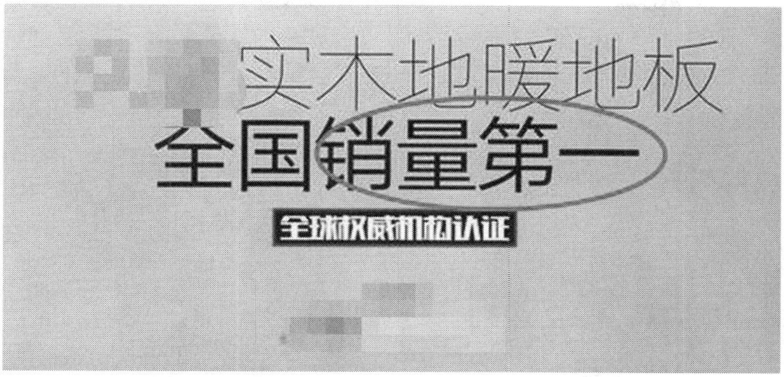

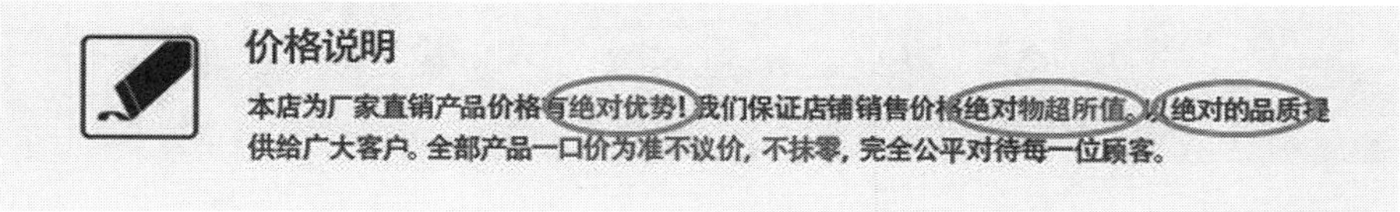

长江银行某地分行发行的长江卡属于银联借记卡，仅在全球标有银联的ATM上取款免费，但该分行在宣传时却称“长江卡ATM取款机全球免费”。该行在对其他业务进行宣传时，使用了金钱包存款是“家庭长期理财的最佳存款方式”“金钱包存款是一款创新型储蓄存款产品……是家庭长期储蓄的首选存款产品”等含有“最佳、首选”字样的广告用语。市场监管部门认定，该行违反了《广告法》第8条第1款、第9条第3项的相关规定，对其罚款5万元。

三是以地域、整体来形容商品或者服务级别，如“国家级”“世界级”等，见下图。

南京某 A 医院有限公司在自设网站上发布广告，宣传“独创国际领先‘隧道吸脂’技术”“多年来，百万例整形手术 0 事故、0 投诉、0 风险”“全南京没有一家医院有韩国员工，能提供纯正韩国服务，只有某 A（公司）”“国家级专家亲自手术，确保手术安全和效果”“韩国专利脂肪提纯技术”“注射玻尿酸‘非常安全，无任何副作用’”等内容。广告内容多处虚假、使用“国家级”广告用语，含有安全性的保证以及与其他医疗机构相比较等。工商部门认定，该广告违反了《广告法》多项条款，对其罚款 60 万元。

下面两个案例是犯错集锦，基本涵盖了上面提到的全部类型：极致、顶级、国内最顶级、最佳、最丰富、最强、最新，供广大电商引以为戒。

自 2015 年 10 月 1 日起，某电子商务公司通过其旗下网站发布了 Think pads1 笔记本、戴尔灵越笔记本、飞利浦 23 寸液晶显示器和驰球防盗保险箱广告，分别宣传“极致的触控体验、极致视觉、顶级音效认证、顶级服务”“顶配移动炮台　顶级奢侈珍藏”“顶级安全规格认证保障、可实时获得最佳显示效果”“驰球防盗保险箱　品质保障　国内最顶级高品质保险箱　双重锁控　完美切割工艺”等内容，其中顶级用语是被原国家工商总局认定禁止使用的绝对化用语。自 2015 年 6 月 1 日起该公司通过其旗下网站上发布了美的煎烤机和苏泊尔煤气灶广告，分别宣传“亿万消费者共同见证、同等价位、最佳选择”“距离产生美 14cm 最佳距离，永不烫手、苏泊尔创造出最懂锅的燃气灶”等内容，其中最佳用语是广告法中禁止使用的最高级用语。自 2015 年 12 月 1 日起通过其旗下网站发布了七匹狼钱包、港德按摩靠垫和海信 58 寸液晶电视广告，宣传“上乘工艺方能打造极致品质、顶级优质休眠牛皮、精选意大利进口顶级牧场出品”“顶级皮料”“行业内最丰富的 App 平台、最强网络互联方式、内置最新的蓝牙 4.0 模块、0.59cm 黑色最窄边框、顶级配置”等内容，其中顶级用语是被国家工商总局认定禁止使用的绝对化用语。2016 年工商部门认定该公司发布的网页宣传中使用顶级、最佳等用语的行为，属于《广告法》第 9 条第 3 项“使用‘国家级’‘最高级’‘最佳’等用语”规定禁止的情形。根据《广告法》第 57 条第 1 款第 1 项规定，工商部门对该公司处以罚款 20 万元。

2015 年 8 月，北京某电子商务公司通过其旗下网站销售商品，其中“华帝（VATTI）H-CS0014 – B1D. W 豪华淋浴花洒套装”网页有“晶钻工艺顶级电镀”宣传用语；“哈药六牌蜂胶软胶囊 110 粒”网页有“顶级蜂胶”宣传用语；“远行客 TOPSKY 新品专业户外男女款登山鞋”网页有“顶级头层牛皮”宣传用语；“皮尔卡丹（pierre cardin）203322 微弹休闲直角舒弹丝牛仔长裤”网页有“全球最顶级拉链”宣传用语；“亚狮龙牛仔裤”网页有“选用世界顶级品牌”的宣传用语；“华硕（ASUS）Strix7.1 猛禽 7.1 多声道电竞耳机”网页有“Strix7.1 是一款顶级真正的 7.1 环绕电竞游戏耳机”宣传用语；“禾然 500ML 淡盐有机酱油”网页有“最佳选择”宣传用语；“美德乐（Medala）牌飞韵双侧电动吸乳器”网页有“顶级奢华装备”宣传用语；“隐士极品鲤 3.6 米超硬调碳素台钓竿”网页有“极品、顶级品质”宣传用语；“康萃乐 Culturelle 儿童益生菌咀嚼片”网页有“第一品牌益生菌”宣传用语；“安佳（Anchor）成人奶粉（全脂）1KG/袋”网页内容有“乳制品第一品牌”宣传用语。该公司自 2015 年 9 月 2 日至 10 月 21 日对上述宣传内容进行了改正。工商部门认定该公司的上述行为违反了《广告法》（2015 年修订）第 9 条第 3 项的规定，构成使用国家级、最高级、最佳等用语的违法行为。依据《广告法》（2015 年修订）第 57 条第 1 项的规定，对该公司罚款35万元。

二、几种擦边球的风险评估

使用第一、顶级有风险，有人就想打擦边球，那么擦边球安全吗？我们分析一下。

一是使用“第二”的安全性。由于对极限用语的误读，2015年新《广告法》施行后，有些商家推出了一些奇葩的广告方案，如“全球分辨率第二高的电视”。更有甚者，某纸媒广告“叫板”新《广告法》，“亲爱的范××女士：我们非常抱歉地通知您，您是第二位万亩芦荟基地的代言人。因为，呃，据朋友圈说，新广告法里并没有‘第一’……所以，您也是第二优雅的女人，第二美丽的女星，第二霸气的女王。嗯，其实，排名第二也蛮靠前了。挺你。9月24日见。第二爱你的×××”。

“第一”有风险，那么“第二”能不能用呢？《广告法》规范的核心在于广告内容的客观、准确、全面。要是真的第二，该怎么宣传就怎么宣传。但要不是第二，最好别玩火。自从上面的广告之后，全国市场监管部门都知道“第二”是在“调戏”新《广告法》了，他们对这个词很敏感。商家要不想当靶子，最好不要去刺激他们的神经。有人问了，刺激他们又怎么样？反正不是绝对化用语。没错，使用“第二”不是绝对化用语，执法部门是不能按照《广告法》第57条定性处罚，但是别忘了，《广告法》第55条虚假宣传还在等着呢。如果不能证明真是第二，大家觉得市场监管部门会开玩笑吗？

二是使用隐性绝对化用语的安全性。隐性绝对化用语通常表述方式是“舍我其谁？”“我是第二，没有第一”。如下面这个广告。

选择[redacted]的十一大理由

√ 在中国，从事素质教育的机构中，有哪家的办学历史真正超过18年，并且学员基数超过30万人的？是我们！

√ 在中国，从事素质教育的机构中，有哪家的规模可以做到在全国开设超过40家分子公司，并且在新三板挂牌上市的？是我们！

√ 在中国，从事素质教育的机构中，有哪家有资格被国家教育部及团中央授予“演讲与口才能力指定培训考级中心”的？是我们！

√ 在中国，从事素质教育的机构中，有哪家被评为“国家高新技术企业”并获得多项专利，成为国家认证和重点扶持的文化服务企业的？是我们！

√ 在中国，从事素质教育的机构中，有哪家有实力获得“全国优秀演讲口才培训机构”及“全国演讲事业先进集体”称号的？是我们！

√ 在中国，从事素质教育的机构中，有哪家有能力编写和出版属于自己的系列书籍及杂志的？是我们！

√ 在中国，从事素质教育的机构中，与中国CBA篮球俱乐部建立战略合作关系，并且为CBA球员、教练及俱乐部各层级人员开展培训辅导的？是我们！

√ 在中国，从事素质教育的机构中，有哪家因为诚信经营而获得“广东省守合同重信用企业”称号的？是我们！

√ 在中国，从事素质教育的机构中，有哪家敢于成立大学并且免费的，毫无保留地向志同道合，甚至同行业奋斗者奉献自己所有成功的经营理念和策略的？是我们！

√ 在中国，从事素质教育的机构中，有哪家有实力联合羊城晚报举办“年见·南粤新时代跨年盛典”，邀请到政治、科技、商业、文化、教育、医疗等多个领域的风云人物做分享。并且获得“2017岭南教育金鼎大奖”的？是我们！

√ 在中国，从事素质教育的机构中，有哪家真正拥有自己高端客户的专属组织，并且定期邀请各行业的专家来帮助企业解决战略规划、商业模式转型、团队建设、个人发展等问题的？是我们！

这家培训机构在广告中列了11大优势，非常自信，“舍我其谁”？对于这些优势，我没有核实，所以只能选择先相信。但是，我要说一句，这种宣传方法，列的优势多，固然是一件好事，但是也有一定的风险，只要其中一项被执法部门证伪，无论其他项是多么真，执法部门都会按照虚假宣传进行处罚。

三是使用“最好之一”的安全性。这种方法争议较大，建议慎用，典型模式是说自己的企业、产品是最好的之一，如“本企业是某某技术最先进企业之一”“某某产品是市场最畅销的产品之一”。这种表述虽然没有说自己是最先进的，但是也隐含了将其他企业、产品进行对比，从《广告法》的立法精神来讲，是不允许的。基层执法人员对此的理解和把握不同，有较大的不确定性，建议大家慎用。

三、不算顶级语言的顶级语言

当然，最××、第一、世界级等一般情况下会认定为绝对化用语，但有时也有例外。市场监管部门在执法中依据广告内容、具体语境综合判断是否属于禁止使用的绝对化用语。那么，哪些情况下不是呢？主要有以下六种情况：

一是自己的产品之间比较。例如，某款产品是某系列产品中科技含量最高的，最新型的，销售量第一的，这些都不是绝对化用语。请注意，这里的某款产品和某系列产品都是本企业自己的产品。

二是对自己产品使用方法的介绍。例如，最佳品尝期限、最佳使用方法等。

三是对自己产品品质的保证。如下图，使用了“100%”。

四是对客观事实的表述。如青海某电商宣传自己的产品，“某某牦牛肉干

源产自世界上最高的高原”。青藏高原就是世界上最高的高原。《广告法》禁止使用绝对化用语主要限于对商品或者服务的质量、性能、功效、销量、荣誉等的宣传，因此，如果绝对化用语不是用于商品或者服务质量、性能、功效等的宣传，则不属于禁止范围。

五是对既定事实的描述。如“某企业是国内某产品首批定点生产企业”。再如，“据某某网统计，截至某日某时，某某产品在某某网销量排名第一”。这种方法适用已经经过时间检验的事实，但是正在进行的，不可以使用，比如“最新科技”。需要强调的是，即使如此，这个方法有风险，必须要有相关的证据加以佐证，否则会被认定为使用绝对化用语。

六是提出企业的目标和方向。如“竭诚提供最优服务”，这里关键词是“竭诚”，没有“竭诚”，则这个广告语就违法了。再如下图，接近国际一流，没有说自己是一流。

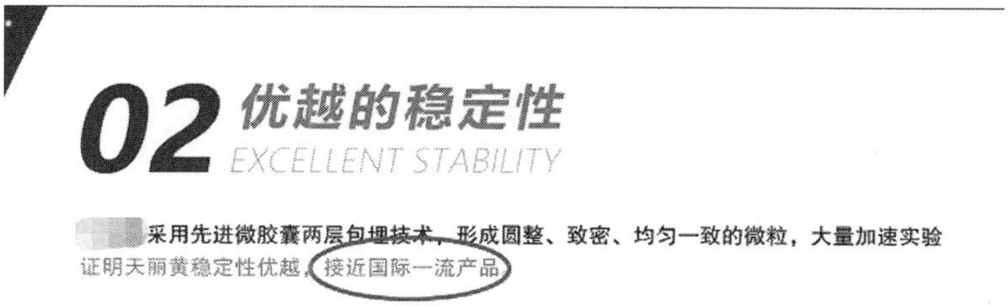

四、比较安全的宣传

一是使用“较××”的表述，既低调又谦虚，如下图某餐饮公司的招商广告。

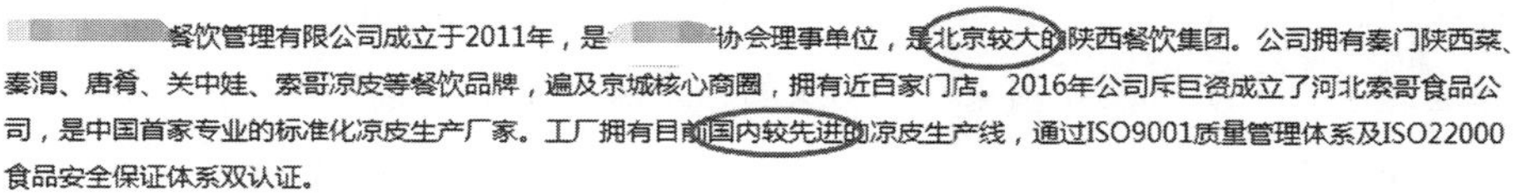
餐饮管理有限公司成立于2011年，是协会理事单位，是北京较大的陕西餐饮集团。公司拥有秦门陕西菜、秦渭、唐肴、关中娃、索哥凉皮等餐饮品牌，遍及京城核心商圈，拥有近百家门店。2016年公司斥巨资成立了河北索哥食品公司，是中国首家专业的标准化凉皮生产厂家。工厂拥有目前国内较先进的凉皮生产线，通过ISO9001质量管理体系及ISO22000食品安全保证体系双认证。

没有说自己规模最大、生产线最先进，但通过“较大”“较先进”的表述，依然能感受到这个公司的规模和技术实力。还有一种更谦虚、更积极的表述，如“向全球一流企业学习”“努力进入国际一流企业行业”“争做某某技术的引领者”。这些表述没有说自己是第一、国家级、世界级，但通过表述向先进学习、看齐、努力，展现出一种积极进取的精神，反而让人觉得企业务实，品质可靠。

二是话不要说满。如下图：

这是某84消毒液的标签。99.999%与100%有什么区别？从消毒效果看基本没有区别，但从宣传效果看，99.999%就很谦虚、低调，还显得事实求是，不是100%就不是100%。

2.3.4　禁止生产、销售的产品或者提供的服务广告

为了维护正常的社会秩序，保护人民群众人身财产安全，我国法律、行政法规规定，某些产品或者服务是禁止生产、销售或者提供的，具体包括三种情况。一是禁止生产的产品，如国家明令淘汰的产品、假劣商品、淫秽物品等；二是允许生产或者已经生产，但禁止公开销售的产品，如枪支、弹药、炸药、过期变质的食品、失效的药品等；三是禁止提供的服务，如赌博、色情服务等。

对于这些禁止生产、销售的产品或者提供的服务，任何单位或者个人不得设计、制作、代理、发布广告。

2.3.5 其他禁止的广告

除前述广告外,《广告法》还规定了一些其他禁止情形的广告。主要有:含有淫秽、色情、赌博、迷信、恐怖、暴力的内容;损害国家的尊严或者利益,泄露国家秘密;妨碍社会安定,损害社会公共利益;危害人身、财产安全,泄露个人隐私;妨碍社会公共秩序或者违背社会良好风尚;含有民族、种族、宗教、性别歧视的内容;妨碍环境、自然资源或者文化遗产保护;损害未成年人和残疾人身心健康;法律、行政法规规定禁止的其他情形。

这其中有二种情形是重灾区,经常有商家犯错,也经常受到执法部门查处,我重点介绍一下,其他的因为不常见,大家知道即可,不再展开介绍。

一、宣传迷信内容

2017 年,扬州某房地产公司通过展板、公司微信公众号、印刷品等媒介发布房地产广告,广告内容含有"××首府将建造在古运河北岸……这里一直被视作龙脉聚气之地"等迷信内容,使用了"即开即旺场,无论投资和经营者都能高枕无忧,坐收金银"等含有升值和投资回报的承诺。因此,工商部门认定发布的广告违反《广告法》多项条款的规定,对该公司处以罚款 22 万元。

2017 年,珠海某电子商务公司利用其自有网站"×氏风水阁"发布广告,内容含有"教您布局文昌风水　改变您孩子的学习　操作五部曲……第二步:把三个文昌塔分别摆在本命文昌位、流年文昌位、住宅文昌位上,助旺孩子的文昌运……第三步:把相关文昌吉祥物摆放在孩子的书包里,助旺孩子平安健康""×氏风水阁吉祥物都是根据缘主的生辰八字经过某大师亲自开光,具有祈福辟邪、招财保平安等功效"等文字内容。工商部门认定,该公司的行为违反了《广告法》第 9 条第 8 项的规定,广告含有迷信内容,责令该公司停止发布违法广告,并处罚款 10 万元。

二、违背社会良好风尚

上海某餐饮公司为了吸引消费者,在其官方微信公众号上发布广告,含有"一个女人裸露两腿张开跷在窗台上"的图案,且结合文字表述"老娘腿都张开了,你还墨迹啥?"。工商部门认定,该公司广告内容低俗不雅,有违社会良好风尚,违反了《广告法》的规定,依法对该公司处以罚款20万元。

南京某文化传媒公司在其注册的微信号"某百事通总站"中为"××印度黄金油"产品发布广告,内容含有"防老婆出轨神器,印度黄金油激情来袭,大牌技术、正品保证,效果突出,无任何副作用和依赖性。拒绝实体店的尴尬,解决男人根本问题!你懂的,扫码加微信,尽享男人魅力,强劲不在话下!!不硬、不持久、尺寸大小、请咨询美女专家。要想床上功夫强,长按二维码加专家微信×××""××男性延时喷剂,做爱不超过半小时都是强奸,不让老娘爽就不让你好过,遇到这样的人就要报警;××男性增大膏,挑逗,没有18厘米都不如黄瓜;××印度神油,疲倦,说好一夜七次,结果一次就软,不吹牛逼我还少收点钱"等。市场监管部门认定,该公司发布的广告违反了《广告法》第3条、第9条第7项的规定,违背社会良好风尚,没收该公司广告费用0.015万元,并对其处以罚款20万元。

违背社会良好风尚是个"筐",至于什么是社会良好风俗,法律没有明确界定。一般情况下,市场监管部门会把进行性暗示、性挑逗但达不到色情的性宣传以及语言低俗的广告往这个筐里装。此外,歧视女性、特殊群体的广告也会往这个筐里装。

镇江某软件公司在其网站发布广告,内容为"租房!租车!租女友!"等,其中"租女友!"宣传内容,被市场监管部门认定违反了《广告法》第9条第7项妨碍社会公共秩序或者违背社会良好风尚的规定。据此,该公司被市场监管部门处以罚款2万元。

下面两张图分别是海口某商场作的店庆广告和合肥某开发商作的楼盘广告,都涉嫌对女性的歧视和侮辱,市场监管部门都已介入调查。

违背社会良好风尚的重灾区是养生、保健、丰臀、美乳、减肥、情趣等用品，在网上很容易搜到。下图是某五宝茶广告，建议尽快修改。

2.3.6 触犯广告禁忌的责任

对违反前述广告禁忌的行为,根据《广告法》的规定,由工商部门责令停止发布广告,对广告主处20万元以上100万元以下的罚款,情节严重的,并可以吊销营业执照,由广告审查机关撤销广告审查批准文件、一年内不受理其广告审查申请;对广告经营者、广告发布者,由工商部门没收广告费用,处20万元以上100万元以下的罚款,情节严重的,并可以吊销营业执照、吊销广告发布登记证件。

2.4 内容准确

广告宣传的信息应当准确、清楚、明白,引用的数据、统计资料、调查结果、文摘、引用语等引证内容的，应当表明出处、应用范围和期限。如果广告宣传的信息达不到这些要求，将会对消费者购买产生影响，虽然不构成虚假宣传，但仍构成广告违法。

2.4.1 广告内容准确

《广告法》第8条第1款规定，广告中对商品的性能、功能、产地、用途、质量、成分、价格、生产者、有效期限、允诺等或者对服务的内容、提供者、形式、质量、价格、允诺等有表示的，应当准确、清楚、明白。这些都是广告的重要信息，直接影响到消费者决策的。如果这些重要信息如果不准确、清楚，则要承担相应的法律责任。

一、广告法的一般规定

北京某商贸公司自2014年6月起，通过电视投放广告销售贵州茅台酒厂（集团）保健酒业公司生产的茅乡牌贵宾用酒。广告突出宣传“茅台集团改革，让消费者买得起名酒”“茅台集团及其贵宾用酒”等内容，但未明示茅乡牌贵宾用酒；广告画面多次出现茅台商标，虽然也出现茅乡商标，但字体小，很难看清。工商部门认定，该广告违反了《广告法》（1995年版）第9条第1款的规定，对产品特征的表述不清楚、不明白，导致消费者误解和投诉，据此对其罚款5.04万元。

2015年6月，北京某电子商务公司在其网站“蒙牛谷粒早餐奶（红豆+红米+红高粱+小米）250ml×12整箱装”的宣传页面宣称“促销信息：限购　每件可享受优惠价¥27.5，且购买两件时享受优惠”。实际消费者在购买两件该商品时第一件售价为45元，第二件售价为10元，两件商品的平均销售单价为27.5元。工商部门认为，该公司违反了《广告法》（1995年版）第9条第1款的规定，已构成广告中对商品的价格表示不清楚的违法行为。依据《广告法》（1995年版）第40条第1款的规定，责令该公司停止发布违法广告、公开更正，并罚款6000元。

这两个案例适用的《广告法》是1995年版，当时的《广告法》对广告内容不准确处罚的相对较轻。目前适用的《广告法》是2015年版，现行的《广告法》对广告内容失实，处罚力度加大，一般是处10万元以下的罚款。

2015年9月,北京某电子商务公司在其网络平台上举办"白拿iphone6s专享活动",活动举办日期为2015年9月21日17时至2015年9月24日24时。在活动期间消费者购买一份199000元的理财产品,每天购买成功的前50名消费者除可享受一年4%的收益外,还可获得iphone6s手机一部(实际上是理财收益的一部分)。由于该公司在网上宣传时使用"白拿"一词,没有清楚、准确的表明活动相关情况,易使消费者误认为iphone6s手机是免费获得。工商部门认定,该公司的行为违反了《广告法》第8条第1款的规定,已构成发布违法广告行为。依据《广告法》第59条第1款第1项的规定,对该公司罚款3万元。

二、网络食品的特别规定

除《广告法》外,《网络食品安全违法行为查处办法》对网络食品信息不准确也有规定。《网络食品安全违法行为查处办法》第17条规定,入网食品生产经营者不得从事下列行为:(一)网上刊载的食品名称、成分或者配料表、产地、保质期、贮存条件,生产者名称、地址等信息与食品标签或者标识不一致……(四)对在贮存、运输、食用等方面有特殊要求的食品,未在网上刊载的食品信息中予以说明和提示……不过,相对于《广告法》,《网络食品安全违法行为查处办法》处罚的要轻。第39条规定,入网食品生产经营者违反本办法第17条禁止性规定的,由县级以上地方食品药品监管部门责令改正,给予警告;拒不改正的,处5000元以上3万元以下罚款。换句话说,网络食品信息与标签、标识不一致,最多只罚3万元。

2018年4月,食药监执法人员根据举报,对象州某商店及其"××红糖"淘宝网店进行检查,检查发现"××红糖"淘宝网店刊载的红糖食品信息与实际经营的红糖食品信息不一致。经调查,该网店销售给投诉举报者的红糖食品包装是生产厂家包装,其袋装外包装袋正面标示有"广西手工老红糖,手工制作,古法熬制",背面标示有"品名:广西老红糖,保质期:12个月,执行标准:Q/YGF0001S-2017,生产许可证:SC1214××××,生产地址:武宣县××××"等字样,无生产厂家名称。而该网店网上刊载的红糖产品的信息为"生产许可证编号:SC10645××××;厂名:柳州市××××;厂址:柳江县××××;保质期:360 天”等信息,其网上刊载的产品红糖信息与销售的产品红糖的外包装标识不一致。据此,食药监部门认定,该网站违反了《网络食品安全违法行为查处办法》第 17 条第 1 项的规定,根据《网络食品安全违法行为查处办法》第 39 条的规定,对该网站给予罚款 4000 元的行政处罚。

2.4.2 引证内容准确

广告使用数据、统计资料、调查结果、文摘、引用语等引证内容的,应当真实、准确,并表明出处。引证内容有适用范围和有效期限的,应当明确表示。否则要承担法律责任。

一、引证内容要准确并表明出处

2015 年 8 月至 9 月,上海某网络科技公司在其销售场所宣传某品牌笔记本电脑,其广告含有“创新与服务品质 No. 1——华尔街日报”“中国笔记本品牌口碑第一——国家统计局中国统计信息服务中心”等内容。经查,上述广告内容中,“创新与服务品质 No. 1”应有适用范围“亚洲”和有效期限“2009 年”,“中国笔记本品牌口碑第一”应有有效期限“2014 年第二季度”。该公司未在广告中明确表示上述适用范围和有效期限,违反了新《广告法》第 11 条第 2 款的规定,被工商部门依法处以罚款 5 万元。

浙江某电子商务公司在某品牌官方旗舰店页面发布广告,含有“专注口腔护理 66 年”“专注电动牙刷工艺 66 年;给儿童贴心呵护”“送孩子一个无蛀牙的欢乐童年”“5600 次/分钟带来更高洁净力,清洁菌斑不留死角”“快速洁净,5600 次/分转速”等内容,有关数据未表明出处,并且无法提供有效证明材料加以证实,该行为违反了《广告法》第 11 条第 2 款、第 28 条第 2 款之规定。市场监管部门根据《广告法》第 55 条、第 59 条规定,责令该店停止发布,并对其罚款 9.7 万元。

实际上,经过近几年的职业打假,电商夸大功效、虚假宣传的行为基本收敛了,但是不注明数据出处,甚至随意编造数据的问题仍然普遍存在。下图是在网络上搜的广告,请相关商家尽快注明“在法国 10 个医生 9 个推荐”的准确出处。如果没有出处,就尽快修改吧。

再看以下面两个图片，是分别在两个网店销售的同一个品牌的两款不同生血剂产品，上图是旗舰店的宣传，引用语注明出处，没有任何问题。下图是其他网站的宣传，引用语与下面的出处没有任何关系，这种出处和没有一样，很容易招来职业打假人。建议店家尽快修正。

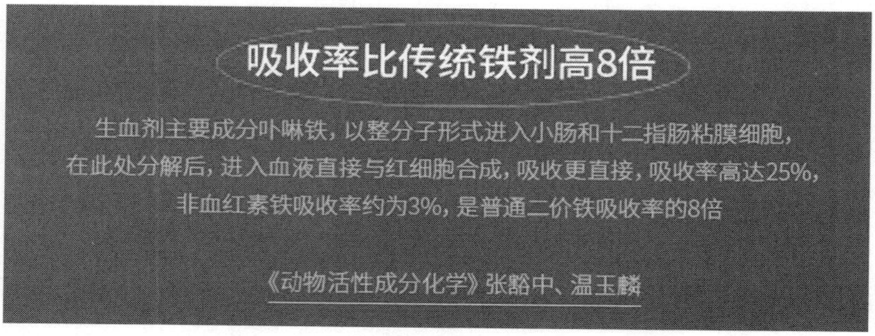

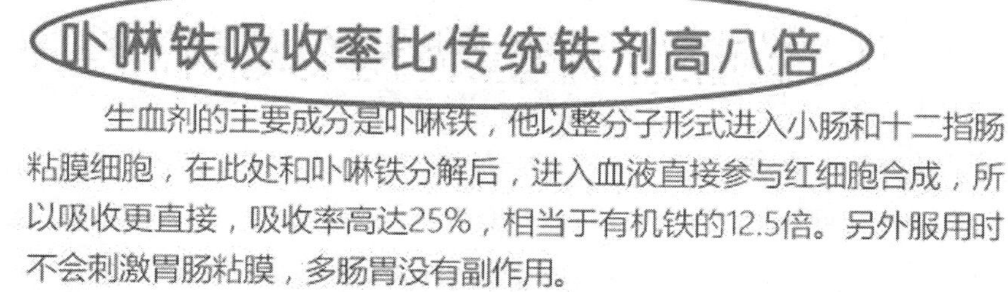

二、什么样的数据可以不注明出处

有个问题需要说明一下。许多产品尤其是食品都有营养成分表，营养成分表一般都会这样标示，“每 100 克(ml)营养素参考值%”，第二行以下是“能量 1365 千焦 16%……”这里的 16%，要不要注明出处？许多电商对这个问题很关注，因为这个问题引申出另外一个问题，即什么样的数据可以不注明出处。

实际上，2005 年原国家工商总局曾经有一个通知，对这个问题已经做了说明。这个通知现在已经失效，但它对标注的解释，仍可以供电商参供。原国家工商总局《关于商品包装物广告监管有关问题的通知》(工商广字〔2005〕第 173 号)的规定：“一、商品包装中，除该类商品国家标准要求必须标注的事项以外的文字、图形、画面等，符合商业广告特征的，可以适用《广告法》规定进行规范和监管。”根据《GB 7718－2011 预包装食品标签通则》4.1.4.1 的规定，“如果在食品标签或食品说明书上特别强调添加了或含有一种或多种有价值、有特性的配料或成分，应标示所强调配料或成分的添加量或在成品中的含量”。《GB 28050－2011 预包装食品营养标签通则》4.1 规定，“所有预包装食品营养标签强制标示的内容包括能量、核心营养素的含量值及其占营养素参考值(NRV)的百分比。当标示其他成分时，应采取适当形式使能量和核心营养素的标示更加醒目。”因此，根据国家标准必须标注的数据可以不注明出处，其他数据信息应当注明引证出处。当然这也不是说不注明出处的数据可以随便写，如果数据不属实可能会按照质量不合格或者虚假宣传进行处理。

2.4.3 广告内容要与许可一致

《广告法》第 11 条第 1 款规定，广告内容涉及的事项需要取得行政许可的，应当与许可的内容相符合。广告内容与许可不一致的，要承担相应责任。

下图是网络某电商销售某血红素铁胶囊发布的信息，请注意一下适宜人群：

主要原料	血红素铁、淀粉、硬脂酸镁
功效成分含量	每粒含铁5.4mg
保健功能	补充铁
适宜人群	需要补充铁的4-10岁儿童
14-17岁少年、孕中期妇女、乳母及成人	
不适宜人群	无
食用方法	4-10岁儿童：每日1次、每次1粒
14-17岁少年、孕中期妇女、乳母及成人：	
每日2次、每次1粒	

下图是从原国家食药监总局网站查询该血红素铁胶囊的信息，请再注意一下原国家食药监总局对这款产品核准的适宜人群范围。一个顿号和一个换行之差，就让这款产品的适宜人群产生了歧义。按照核准的适宜人群，无论是4～10岁儿童，还是14～17岁少年、孕中期妇女、乳母及成人，适用这款产品的前提是需要补充铁的。而在上述网页，适宜人群是需要补充铁的4～10岁儿童，14～17岁少年、孕中期妇女、乳母及成人。我希望这是店家的无意之举。他也可能会解释：14～17岁少年、孕中期妇女、乳母及成人也指的是缺铁的。但是，无论怎么解释，这款产品宣传的内容与许可的内容不一致。

批准文号	国食健字G2011[redacted]3
有效期至	2016-06-29
申请人地址	[redacted]大厦B座2单元10层1005
功效成分/标志性成分含量	每粒含：铁 5.4mg
适宜人群	需要补充铁的4-10岁儿童、14-17岁少年、孕中期妇女、乳母及成人
食用方法及食用量	4-10岁儿童：每日1次，每次1粒；14-17岁少年、孕中期妇女、乳母及成人：每日2次，每次1粒

下图是网络某电商销售某血红素铁胶囊发布的信息。

原国家食药监总局给该款产品核定的功能是补铁,如下图。虽然补铁是补血的手段,但补铁与补血毕竟还是不同,广告宣传必须与许可的内容一致。这种宣传等于授人以柄。

产品名称: [redacted]血红素铁胶囊

申请人中文名称: 山东[redacted]药业有限公司

申请人地址: 济南市[redacted]2单元10层1005

功能: 补充铁

功效成分/标志性成分含量: 每粒含 铁 5.4mg

2.4.4 涉及专利广告的内容

专利代表技术先进。许多商家喜欢在广告中宣称自己的产品有专利,以此区别其他商品。产品有专利是好事,但有的商家即以专利为噱头,无中生有、夸大其词,蒙骗消费者。因此,《广告法》第 12 条对涉及专利广告的内容作出特别规定。

一、专利应当标明专利号和种类

《广告法》第 12 条第 1 款规定，广告中涉及专利产品或者专利方法的，应当标明专利号和专利种类。这条规定和前面的要求一样，广告的内容应当准确、清楚、明白，如下图标注的很规范：

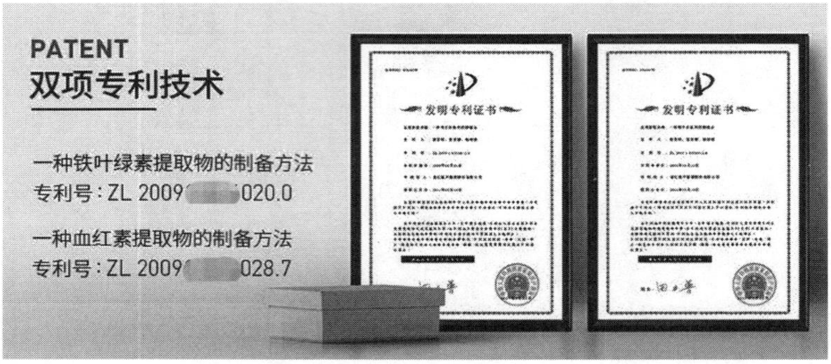

现实中，有的商家宣称自己的产品是专利产品，但是不标明专利号和专利种类，让人不知真假。尤其是专利种类，有的商家获得的是外观设计专利，与产品内在质量没有什么直接联系，对外宣称获得专利，却不注明是外观设计专利，以此蒙骗了不少消费者。

2017 年，深圳某实业公司在其“天猫 × ×旗舰店”和“京东 × ×旗舰店”发布胎教仪商品广告，其中含有“安全 0 辐射”“辐射值 00.00%”“无辐射”“绝对 0 辐射”“0 辐射”等内容，此外利用“其他胎教仪产品无防辐射专利、无防辐射保护措施”等文字贬低其他生产经营者的商品。市场监管部门认定，该广告未标明专利号和专利种类，同时存在贬低其他生产经营者商品的行为，该公司违反了《广告法》第 4 条、第 12 条、第 13 条、第 28 条的规定，责令该公司停止发布违法广告，在相应范围内消除影响，并处罚款 50 万元。

北京某信息技术公司在其网站上销售 T 牌定位器(型号 t15400)，宣传内容含有“磁吸专利结构设计”“室内准确定位专利技术”“防跌落报警，设备与车体分离，短信报警提醒，有效避免设备被摘落或强烈震动脱落却不知道的情况，专利技术”文字内容。经查，上述宣传广告中涉及专利产品或者专利方法，未标明专利号和专利种类，违反了《广告法》第 12 条第 1 款的规定，属于在商品宣传广告中涉及专利产品或者专利方法的，未标明专利号和专利种类的行为。工商部门依据《广告法》第 59 条第 1 款第 3 项的规定，责令该公司停止发布广告，并罚款 1 万元。

二、未取得专利权的，不得在广告中谎称取得专利权

2017 年，淄博某磨料公司在网络平台上发布不锈钢制品广告，含有“不锈钢专利产品”等内容。经工商部门调查，广告中所称的“专利产品”实际并没有取得相关专利证书，其行为违反了《广告法》有关规定，构成发布广告中涉及产品未获得专利权而谎称取得专利权的违法行为。因此，工商部门责令该公司停止发布违法广告，并处以罚款 8 万元。

2017 年 6 月，永嘉县某婴儿用品公司在其天猫店网页发布含有“婴儿沐浴床产品已取得专利（专利号：201720577774x），全新升级国家专利双固定扣设计不摇晃宝宝更具安全感”等内容的广告，广告费 800 元。经调查，该产品未取得专利证书，其行为已违反了《广告法》第 12 条第 2 款之规定。市场监管部门依据《广告法》第 59 条第 1 款第 3 项之规定，责令该公司停止发布广告，罚款 1 万元。

三、禁止使用未授予专利权的专利申请和已经终止、撤销、无效的专利做广告

2016 年 4 月，北京某信息技术公司通过其租赁的网站上销售“科密（comet）办公碎纸机”，在网页中宣称该款商品取得了下列专利证明：（1）光电式纸满感应专利，专利号：CN200520068142. 8；（2）水冷技术专利，专利号：CN201320138831. 6；（3）防震静音专利，专利号：CN200520067293. 1；（4）专利刀口，专利号：200520062431. 7。经查光电式纸满感应专利、水冷技术专利、防震静音专利、刀口专利已于 2016 年 4 月 2 日前失效。该公司的行为违反了《广告法》第 12 条第 3 款的规定，属发布违法广告的行为。工商部门依据《广告法》第 59 条第 1 款第 3 项的规定，责令该公司停止违法行为，消除影响，并罚款 10 万元。

专利产品不标明专利号和专利种类,属于广告失准。但是没有取得专利权,谎称取得专利权做广告,使用未授予专利权的专利申请做广告,以及使用已经终止、撤销、无效的专利做广告,严格来讲,就不是失准的问题了,而是虚假广告。认定广告失准,处10万元以下的罚款;认定虚假广告,要处广告费用3倍以上5倍以下的罚款,如果广告费用无法计算或者明显偏低,处20万元以上100万元以下的罚款。所以认定广告失准和虚假广告的后果是不一样的。但是《广告法》第59条就这么定了,只要是专利违法,就处10万元以下的罚款。大家要留意这一点,具体怎么用,我在后面应对技巧中还要详细讲解。

2.5 行为禁止

《广告法》除对广告的内容作出规定外,对广告的行为也作出规范,商业诋毁等六种行为是禁止的。

2.5.1 不得商业诋毁

商业竞争应当公平、公正,广告宣传应当客观真实,但是有些商家在商业竞争中,为了增加销量,采取编造、传播虚假信息或者误导性信息,诋毁竞争对手。为了维护公平的竞争环境,多部法律法规禁止商业诋毁行为。《广告法》第13条规定,广告不得贬低其他生产经营者的商品或者服务。《反不正当竞争法》第11条规定,经营者不得编造、传播虚假信息或者误导性信息,损害竞争对手的商业信誉、商品声誉。

一、不得诋毁竞争对手的商业信誉

山东A电器有限公司利用微信公众号发布促销宣传信息,在该促销宣传内容的前面为公司旗舰店内各类商品的促销信息,后面是公司门店和竞争对手B电器有限公司门店内的客流对比图,对比图显示:A公司门店人流量较大,而竞争对手B公司门店顾客稀少，其中有的图片显示竞争对手门店内没有顾客。市场监管部门调查认定，A公司故意利用不同时段客流量不同，拍摄照片，歪曲实事，该行为损害了其他经营者的合法权益，违反了《反不正当竞争法》。最终，A公司被依法责令停止违法宣传行为，消除影响，并处以10万元罚款。

二、不得诋毁竞争对手商品或者服务的声誉

自2017年5月25日起，台州某塑业有限公司分别在其公司官网、微信公众号、微博认证账号发表标题为《自动浇灌花盆的历程》的文章。该文章在没有事实依据的情况下，片面描述与该公司有竞争关系的4家企业产品的缺点和自己产品的优点，导致其他4家企业订单流失，企业商誉、商品声誉受到损害，造成较为严重的社会影响。市场监管部门认定，该公司通过编造、传播虚假的误导性信息，损害了竞争对手企业的商誉和声誉，扰乱了竞争对手企业的正常经营，其行为违反《反不正当竞争法》第11条的规定，属于损害竞争对手的商业信誉、商品声誉的商业诋毁行为。根据《反不正当竞争法》第23条的规定，责令该公司停止违法行为、消除影响，并处罚款10万元。

三、诋毁其他生产经营者是泛指的也不行

商家指名道姓诋毁其他生产经营者，是违法的；不指名道姓，用泛指的方式贬低其他生产经营者，也不行。

台州某商贸公司在天猫商城开设的“南极人××专卖店”中，利用图片等形式将自身产品与其他品牌同款产品进行对比，通过具体描述产品质量的优劣，达到宣传销售产品的目的。市场监管部门认定：该公司无事实依据证明其产品质量优于其他同类产品，其行为违反了《广告法》相关规定。市场监管部门责令该公司改正，并处以罚款。

下图是某电商发布的鸟类饲料广告，利用图片与其他鸟粮进行比较，涉嫌商业诋毁。

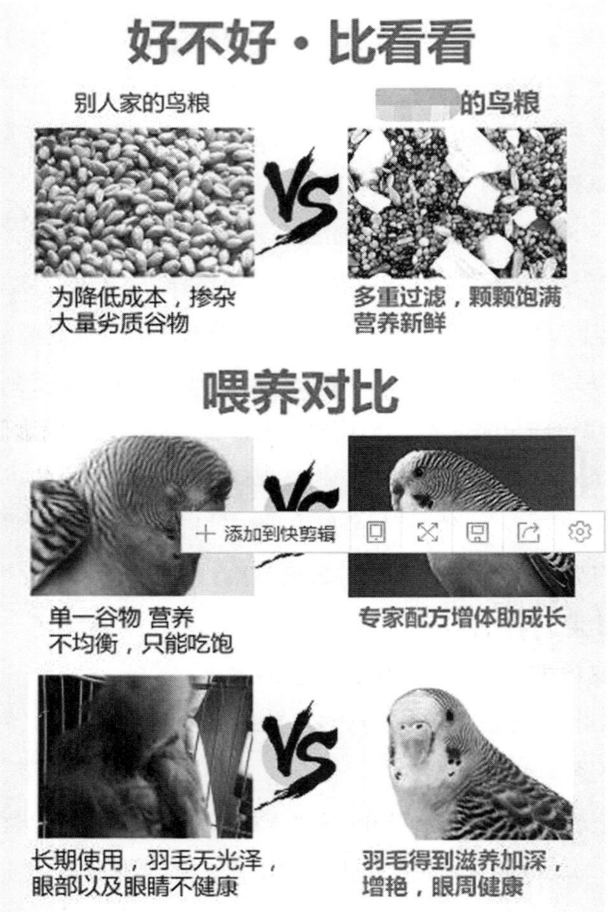

将自己的商品与不点名道姓的其他商品进行比较，是许多商家喜欢采取的方法。这些商家以为其他商品不点名道姓不会引起争议。其实，这些商家不知，恰恰是这种泛指反倒容易被职业打假人抓住把柄。以上图为例，只要不能证明别人家的鸟粮都是如宣传那样，这个图片就是歪曲事实，构成商业诋毁了。所以少和别人家的商品进行比较，无论是实比还是虚比，反正是有百害而无一利。

需要说明的是，贬低其他生产经营者的商品或者服务，是以编造、传播虚假信息或者误导性信息为前提。如果只是泛泛地夸赞自家商品好,不构成商业诋毁。

2.5.2 不得以新闻报道形式变相发布广告

新闻报道具有客观公正的特点,其发布的信息更让人接受和相信。广告具有劝诱的特点,受众对其发布的信息比较谨慎。因此,信息的受众对信息的接受度和信任度会依据信息来源的不同而不同。为了避免消费者被误导,《广告法》第14条规定,广告应当具有可识别性,能够使消费者辨明其为广告。大众传播媒介不得以新闻报道形式变相发布广告。通过大众传播媒介发布的广告应当显著标明"广告",与其他非广告信息相区别,不得使消费者产生误解。

山西某红木家具公司以《公共视界》电视栏目形式发布"消费体验板块"广告。广告中含有"有保值增值意义""在12日前有一个优惠活动,如果你家里还需要购置一套家具,请到××新闻中心一楼大厅"等用语。同时,电视屏幕右下角标有家具销售地点及联系方式。监管部门认定,该广告通过大众传播媒介发布,但未显著标明"广告"字样,属于以新闻报道形式变相发布广告、含有对未来收益情况作出保证性承诺的违法广告。该公司依法被监管部门处罚没款49520元。

2.5.3 不得违反广告代言人的规定

广告代言人是指广告主以外的,在广告中以自己的名义或者形象对商品、服务作推荐、证明的自然人、法人或者其他组织。近年来,名人代言已成为非常普遍的广告现象。名人利用其良好的形象、火爆的人气,拉近商品与消费者的距离,往往能收到良好的宣传效果。然而,有些名人在代言中信口开河、夸大虚假宣传商品的现象也有时发生。一些消费者出于对名人的信任购买了问题商品造成了严重的损失,引起社会关注。为了保护消费者合法权益,《广告法》用多个条款对广告代言人进行规范。这些规定比较散乱,我在这里集中梳理一下。

一、不得代言的广告

有些广告是不能代言的。不得代言的广告共有4种。一是医疗、药品、医疗器械广告不得利用广告代言人作推荐、证明。二是保健食品广告不得利用广告代言人作推荐、证明。三是广告代言人在广告中对商品、服务作推荐、证明应当依据事实,符合《广告法》和有关法律、行政法规规定,并不得为其未使用过的商品或者未接受过的服务作推荐、证明。四是明知或者应知广告虚假的,不得对商品、服务作推荐、证明。

广告代言人违反上述规定,违法代言,工商部门可以没收违法所得,并处违法所得1倍以上2倍以下的罚款。

此外,广告代言人为虚假广告代言还要承担民事责任。如果是普通商品或者服务的虚假广告,造成消费者损害的,广告代言人明知或者应知广告虚假仍作推荐、证明的,应当与广告主承担连带责任。如果关系消费者生命健康的商品或者服务的虚假广告,造成消费者损害的,广告代言人即使不知道广告虚假,也应当与广告主承担连带责任。这里的民事责任主要是赔偿责任。

二、不能担任广告代言人的人

有些人是不能当代言人的。不能担任广告代言人的人,有3类。一是不满10周岁的未成年人不能作为广告代言人。二是在虚假广告中作推荐、证明受到行政处罚未满3年的自然人、法人或者其他组织,不得作为广告代言人。三是未使用过广告涉及的商品或者未接受过广告涉及的服务的人不得作推荐、证明。

违反上述规定,工商部门将会责令广告主停止发布广告,在相应范围内消除影响,对广告主处广告费用1倍以上3倍以下的罚款,广告费用无法计算或者明显偏低的,处10万元以上20万元以下的罚款;情节严重的,处广告费用3倍以上5倍以下的罚款,广告费用无法计算或者明显偏低的,处20万元以上100万元以下的罚款,可以吊销营业执照,并由广告审查机关撤销广告审查批准文件、一年内不受理其广告审查申请。

下图是某中小学生培训机构的广告,该广告请某明星代言,并宣称“明星学员×××”。依据《广告法》第38条第1款的规定:广告代言人在广告中对商品、服务作推荐、证明，应当依据事实，符合本法和有关法律、行政法规规定，并不得为其未使用过的商品或者未接受过的服务作推荐、证明。从年龄看，这位明星肯定不是中小学生了。不知以前是否在该培训机构学习过，如果没有，可能涉嫌违反《广告法》了。

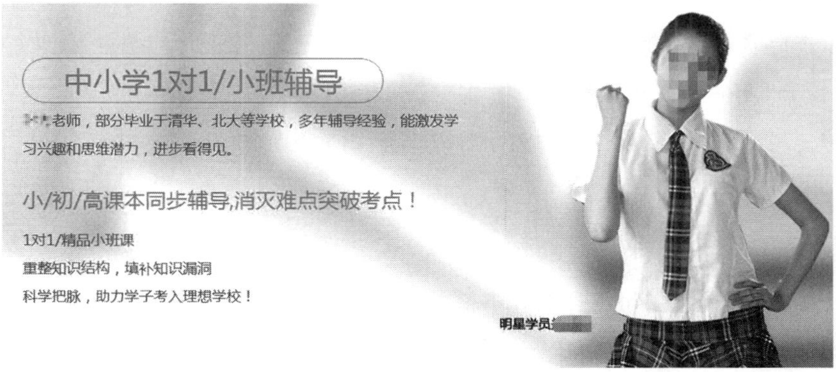

2.5.4 不得发布未经审查的广告

医疗、药品、医疗器械、农药、兽药和保健食品都是特殊商品，涉及消费者人身健康安全，在实际生活中容易出现问题，国家对其质量严格监管的同时，对其广告也要审查把关。因此，《广告法》第46条规定，发布医疗、药品、医疗器械、农药、兽药和保健食品广告，以及法律、行政法规规定应当进行审查的其他广告，应当在发布前由有关部门（以下称广告审查机关）对广告内容进行审查；未经审查，不得发布。

2017年，南京某医院在电视、自设网站和微信公众号等多处发布医疗广告，广告内容超出批准范围，未标注《医疗广告审查证明》文号。广告中，该公司称自己为“荣获国家工商总局注册的‘南京某医院龙凤胎基地’”，并使用了“南京最好的不孕不育医院——南京某医院”“规模最大、设备最先进、技术最领先”等广告用语。该公司发布的广告违反了《广告法》多项条款，被工商部门处以罚款60万元。

2017年7月7日，市场监管执法人员根据群众举报对湖州某医疗器械公司进行了现场检查，发现该公司现场向消费者发放“锦潼高电位治疗机大型试用活动”的宣传单页；现场宣传场所内，投影屏幕上播放题为“五大作用”的幻灯片；该公司现场向消费者发放印有题为“五大作用”的宣传纸条，上述医疗广告中并未注明医疗器械广告批准文号。该公司现场无法向执法人员提供上述医疗器械广告的审查批准文件。市场监管部门认定，该公司的行为违法了《广告法》的相关规定，属于未经审查发布广告的行为，根据《广告法》第58条第14项的规定，责令立即该公司停止发布未经审查的医疗器械广告，罚款105000元。

2.5.5 不得宣传驰名商标

除以上内容，《广告法》明确不得做广告外，《商标法》也有一条规定。《商标法》第14条第5款规定，“生产、经营者不得将‘驰名商标’字样用于商品、商品包装或者容器上，或者用于广告宣传、展览以及其他商业活动中。”违反这条规定，将被处以10万元罚款。这是2014年前后知名企业或者广大电商销售知名商品犯错误较多的一条规定。

2015年，北京某电子商务公司在其网站上销售“艾兰得关节活素氨基葡萄糖硫酸软骨素片”，宣传页面发布使用“驰名商标”的文字内容。经核实，2010年10月8日，根据《国家工商总局商标评审委员会在商标异议复审、争议案件中认定的68件驰名商标》显示，“艾兰得”为驰名商标，注册人/所有人为江苏江山制药公司，类别为5，使用商品/服务为维生素C。该公司的行为违反《商标法》第14条第5款的规定，构成经营者将“驰名商标”字样用于广告宣传的违法行为。工商部门依据《商标法》第53条的规定，责令该公司于15日内改正违法行为，并对其罚款10万元。

2017年，还是上面的这家公司，在其网站销售“云南白药千草堂螺旋藻片”，宣传页面的“品牌介绍”栏目内使用“云南白药、百年品牌、值得信赖”“云南白药商标被评为中国驰名商标”等内容表述。销售“鸭溪窖酒”，宣传页面的“诸多获奖荣誉”栏目内使用“‘鸭溪’被评定为‘中国驰名商标’”等内容表述。经核实，原国家工商总局商标局2002年在《关于"云南白药"商标认定为驰名商标的批复》(商标监〔2002〕56号)文件中认定"云南白药"商标为驰名商标。原国家工商总局商标局2012年在《国家工商总局商标局关于认定"鸭溪"商标为驰名商标的批复》(商标驰字〔2012〕494号)文件认定"鸭溪"商标为驰名商标。工商部门认定:该公司的行为违反《商标法》第14条第5款的规定,构成经营者将"驰名商标"字样用于广告宣传的违法行为。依据《商标法》第53条的规定,责令该公司于15日内改正违法行为,并对其罚款10万元。

好不容易被认定为"驰名商标",却不能宣传,为什么呢?从新《商标法》相关规定来看,驰名商标是对知名品牌的保护,主要目的是制止他人对驰名商标进行复制、模仿和翻译,避免造成市场混淆或损害驰名商标持有人利益。因此,"驰名商标"是保护知名品牌的一种手段,不是产品的荣誉标志,所以不能用于企业宣传。

2.5.6 不得夹杂或单独使用外国文字

许多商家为了时尚,体现个性,喜欢中外文混合使用。这种混用在即时交流工具或其他场合是可以的,但是用在广告宣传上不行。《广告语言文字管理暂行规定》第8条规定:"广告中不得单独使用外国语言文字。广告中如因特殊需要配合使用外国语言文字时,应当采用以普通话和规范汉字为主、外国语言文字为辅的形式,不得在同一广告语句中夹杂使用外国语言文字。广告中的外国语言文字所表达的意思,与中文意思不一致的,以中文意思为准。"

2014年12月,上海某信息技术公司通过其旗下网站对外发布了JUFIT居康超薄塑身机的广告,含有"使用居康塑身机10分钟相当于游泳40分钟,相当于慢跑1小时,相当于瑜伽30分钟,相当于震动39248次,相当于仰卧起坐560个,相当于燃烧卡路里32000卡路里""SHOW身材　减腰　减肚　减大腿""使用两个月后,甩掉臃肿身材""使用两个月后,啤酒肚,多于脂肪,统统给我消失""使用两个月后,腹部赘肉,明显消失消失"且含有使用前、使用后的对比图片等内容。该广告中宣传的部分内容缺乏相应的依据,且在同一句广告语中夹杂使用了外文。工商部门认定:该广告中宣传的“SHOW 身材　减腰　减肚　减大腿”等内容在同一广告语中夹杂使用了外国语言文字,违反了《广告语言文字管理暂行规定》第 8 条第 2 款的规定,依据《广告语言文字管理暂行规定》第 15 条的规定,责令该公司立即停止发布上述违法广告。

下图是某电商作的代餐饼干的广告,“吃出 SO”涉嫌夹杂使用外国语言文字。

当然也有例外,下列两种情况使用外国文字不受上面规定的限制。一是商品、服务通用名称,已注册的商标,经国家有关部门认可的国际通用标志、专业技术标准等;二是经国家有关部门批准,以外国语言文字为主的媒介中的广告所使用的外国语言文字。

既然提到广告文字,再多说一句,请大家注意。按照《广告语言文字管理暂行规定》第 10 条规定,广告用语用字,不得出现下列五种情形:使用错别字;违反国家法律、法规规定使用繁体字;使用国家已废止的异体字和简化字;使用国家已废止的印刷字形;其他不规范使用的语言文字。这条规定不是特别显眼,但是这五种错误还经常有商家在犯。所以请广大商家一定注意,没必要在这些小事上授人以柄。

广告中单独使用或夹杂使用外文以及违反上述规定的,依据《广告语言文字管理暂行规定》第 15 条的规定:“违反本规定其他条款的,由广告监管机关责令限期改正,逾期未能改正的,对负有责任的广告主、广告经营者、广告发布者处以 1 万元以下罚款。”

以上是广告宣传的通用规则,下面将分别介绍不同商品或行业的专用规则。

在介绍前，我再谈一点体会。从目前来看，相比装修简单的网店，装潢考究的网店往往是职业打假的重灾区。主要有两个原因，一是装修简单的网店，一般是把产品的信息原封不动的搬到网页上，发挥的空间不大，职业打假人基本上无机会可寻；而装潢考究的网店，为了突出产品，往往采取突出效果、原料、成分、历史、对比、夸张多种手法，正所谓言多有失，不定哪个地方就越线了，所以反而容易被抓到把柄。二是装潢考究的店一般都实力强、流量大，就是有钱。同样是索赔1万元，对于销售额一天上万元的店和一个月数千元的店，前者可能更容易些。所以职业打假人更青睐装潢考究的网店。因此，越是装潢考究，越要注意，不要让人抓住把柄。

2.6 医疗广告

医疗、药品、医疗器械广告是指利用媒介发布，介绍医疗、药品、医疗器械的广告，包括介绍医疗机构的名称、医疗服务、诊疗科目等，药品、医疗器械的名称、功能主治、适应症等。健康是人的基本需求之一，药品、医疗器械和治疗方法作为防治疾病、促进健康的手段，日益走入行家万户。但是，药品、医疗器械和治疗方法具有特殊性，国家对其销售和使用作出特别的规定。相应地，《广告法》第15条、第16条对药品、医疗器械和治疗方法广告也有特别的要求。

2.6.1 特殊药疗不得做广告

国家规定对于麻醉药品、精神药品、医疗用毒性药品、放射性药品等特殊药品，药品类易制毒化学品，以及戒毒治疗的药品、医疗器械和治疗方法，不得做广告。其中，麻醉药品是指连续使用后容易产生身体依赖性、能成瘾癖的药品，如大麻、可卡因、吗啡、海洛因等。精神药品是指直接作用于中枢神经系统，使之兴奋或抑制，连续使用能产生依赖性的药品，如布苯丙胺、咖啡因等。医疗用毒性药品是指毒性剧烈,治疗剂量与中毒剂量相近,使用不当会致人中毒或者死亡的药品,如砒霜、生马钱子、生巴豆等。放射性药品是指用于临床诊断或者治疗的放射性术素制剂或者其标记药物。药品类易制毒化学品是指容易制造毒品的化合物,如麦角酸、麦角胺等化合物。戒毒治疗的药品、医疗器械和治疗方法是指控制并消除滥用阿片类药物成瘾者的积聚戒断症状与体症的药品、医疗器械和治疗方法,以及能减轻、消除稽延性症状的戒毒治疗辅助药品、医疗器械和治疗方法,如美沙酮等。这类药品有一个共同特点,危险性大,国家对其销售都进行严格的限制,更不要说宣传了,因此《广告法》第 15 条第 1 款禁止此类药品做广告。

下图是某戒毒药品 2000 年在某杂志上刊登的广告,广告宣称该口服液“对海洛因、吗啡、杜冷丁等阿片类产品中毒者具有排毒、解毒、壮身强体,解除毒瘾之功效”。1994 年版的《广告法》规定,“麻醉药品、精神药品、毒性药品、放射性药品等特殊药品,不得做广告”,没有禁止戒毒治疗的药品不得做广告。因此,这个广告在当时是合法的。但是 2007 年全国人大常委会颁布《禁毒法》规定,“戒毒治疗的药品、医疗器械和治疗方法不得做广告”。于是 2015 年全国人大常委会在修订《广告法》时也规定:“戒毒治疗的药品、医疗器械和治疗方法不得做广告。”现在再做这类广告,就是违法的了。

[redacted] 2000年11期 [redacted]

戒除心瘾重塑人生——“[redacted]”口服液让你轻松戒毒

【摘要】:正“[redacted]”口服液是一种全新纯中药的戒毒良药。由广州[redacted]医院研究人员经过多年的临床及药学实践,从中医角度出发,结合毒品成瘾的受体学说,并采用现代生物工程技术,将二十多种名贵中药材配以其它药物及辅料,应用现代技术提炼碎取而成的一种高效超浓缩口服液。本口服液对海洛因,吗啡,杜冷丁等阿片类产品中毒者,具有排毒,解毒,壮身强体,解除毒瘾之功效。“[redacted]”口服液特别针对吸毒者在戒除毒瘾过程中所带来的痛苦这一症状,具有相对抗的作用,以口服液代替毒品,与受体结合,从而解除戒毒给身心带来的巨大痛苦,而且此口服液本身为纯中药制剂,没有成瘾性。

下图是某戒毒中心的宣传信息。这个宣传涉嫌有多处违法,使用“山东省禁毒委、政府部门领导多次莅临我院指导工作并对我院戒毒方面的成绩表示认可”,涉嫌使用“国家机关的名义”;图片中使用某领导的图像,涉嫌使用国家机关工作人员的名义；在网页的正文中，该戒毒中心详细介绍了自然戒断法（又称冷火鸡法或干戒法）、药物戒断法（又称药物脱毒法）、非药物戒断法（包括用针灸、理疗仪）等多种方法以及治疗药物的名称、特点和使用方法，涉嫌以介绍相关知识为形式的戒毒方法广告。戒毒治疗是项公益事业，应当鼓励，但是这样做广告就是违法的。

需要强调的是，麻醉药品、精神药品、医疗用毒性药品、放射性药品等特殊药品，药品类易制毒化学品，以及戒毒治疗的药品、医疗器械和治疗方法，不得做广告，是指绝对不得做广告，包括在专业医学、药学刊物上做广告。这一点一定要与一般的处方药区别开。

2.6.2 一般处方药有条件地可以做广告

根据《广告法》第15条第2款的规定，除前面特殊药品以外的一般处方药，可以做广告，但只能在国务院卫生行政部门和国务院药品监管部门共同指定的医学、药学专业刊物上做广告。

一、一般处方药不得做户外广告

2017年3月，河南某大药房健康管理公司将印刷有“2017年3月24日至26日　约惠春天　好礼惠全城”主题活动字样的印刷品广告发放给下属各部（分公司），要求分公司针对社区住户，通过插在门缝或者门把手的方式发送广告。该广告中含有青岛黄海制药有限责任公司生产的“硝苯地平缓释片（Ⅱ）”和辉瑞制药有限公司生产的“苯磺酸氨氯地平片”两种药品宣传内容。上述两种药品经食药监部门认定为处方药。工商部门认为：该公司以发送印刷品广告的方式发布处方药广告的行为，已违反了《广告法》第15条第2款之规定，构成以印刷品广告形式发布处方药广告的违法行为。依据《广告法》第57条第2项之规定，责令该公司停止发布违法广告，罚款3万元。

二、一般处方药也不得做室内广告

2016年，市场监管部门发现，有些药品零售商在当地某大药房经营场所内张贴有万艾可、Viagra、伟哥字样的印刷品广告。经查，上述万艾可、Viagra、伟哥是大药房正在对外销售的处方药，该药通用名为万艾可枸橼酸西地那非片，商品名称为万艾可/伟哥。根据《广告法》第15条第2款的规定，万艾可/伟哥处方药只能在国务院卫生行政部门和国务院药品监管部门共同指定的医学药学专业刊物上做广告，据此认定张贴在当事人药店内的上述广告属于违法广告。大药房的管理者在知道相关药品零售代表利用其经营场所发布上述万科违法广告的情况下，没有予以制止。据此，市场监管部门依法对该大药房立案查处。

三、网络等也不能发布处方药广告

除了线下外，网络、广播、电视等虚拟空间也不能发布处方药广告。河北某县广播电视台发布“唐兴通5.0”“好身板暖甲”“康谷丹舒筋活络丸”“古霸王大风丸”“追骨宁舒筋活络丸”等广告。其中，“唐兴通5.0”为处方药。此外，广告利用专家、患者名义对产品的疗效、治愈率、有效性、安全性作出保证，违反了《广告法》第4条、第15条、第16条、第17条等规定。2017年7月，市场监管部门对其作出行政处罚，罚款20.5万元。“唐兴通5.0”现在还有做广告的。这是在某宝网站上发布的广告，而且还搞促销，这也是违法的。

实际上，在网络上做处方药广告的问题还挺普遍的，这个问题没有引起药商和监管部门的重视。下图是在网络发布的处方药广告：

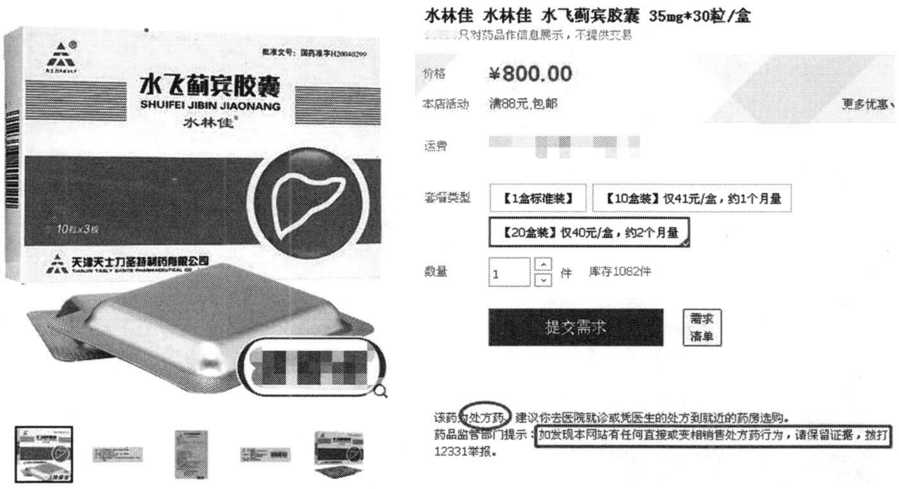

网页上已经标明是处方药，但是网页上标注“××只对药品作信息展示，不提供交易”，同时标明，“药品监管部门提示：如发现本网站有任何直接或变相销售处方药行为，请保留证据，拨打‘12331’举报”。这种掩耳盗铃、自欺欺人的方

式实在让人可笑，处方药不仅禁止在网络上销售，而且也禁止做广告。

四、网络处方药广告的表现形式

随着医药分家、取消药品加成等改革实施，药店销售药品已成为主流趋势。但由于处方药的特殊性，关系到生命安全，处方药在网上销售并没有发展起来。2014年，国家食药监总局发布了《互联网食品药品经营监管办法（征求意见稿）》，提出“互联网药品经营者应当按照药品分类管理规定的要求，凭处方销售处方药”，该意见稿似乎对网络销售处方药有所松绑，由此吸引了一大批药商在互联网上布局。但是，这个意见稿最后并没有变成正式稿。

2017年11月，处方药解禁风向发生转折。国家食药监总局发布了《网络药品经营监管办法（征求意见稿）》，明确“网络药品销售者为药品零售连锁企业的，不得通过网络销售处方药、国家有专门管理要求的药品等”“向个人消费者销售药品的网站不得通过网络发布处方药信息”。这表明此前多方期待的“处方药网售”并未松绑，相反管理更为严苛，除了不能网售，也不能展示处方药信息。

由于不能在网络上销售处方药，网络药商各显神通，采取多种方法规避监管。一种是采取网上展示处方药信息，由线上导流到线下的模式，即“网上展示药品信息—消费者提交需求—药师联系并处方—发货”形式。这是网络药商普遍采取的方式。

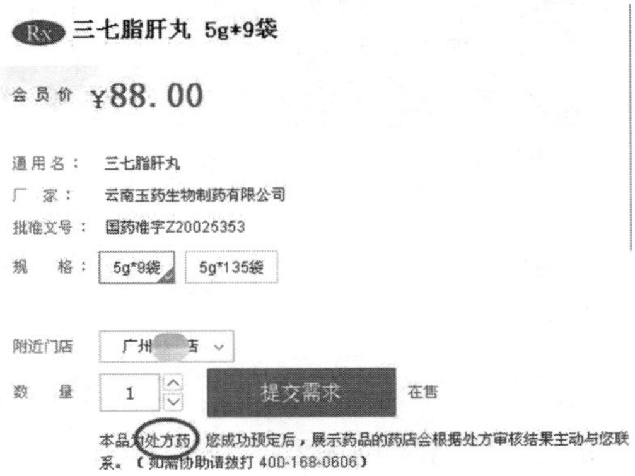

另一种是电商在处方药广告中，标明“建议你去医院就诊或凭医生的处方到就近的药房选购”。但是，仍然可以通过该网页，购买处方药。采用这种方式的也不少。

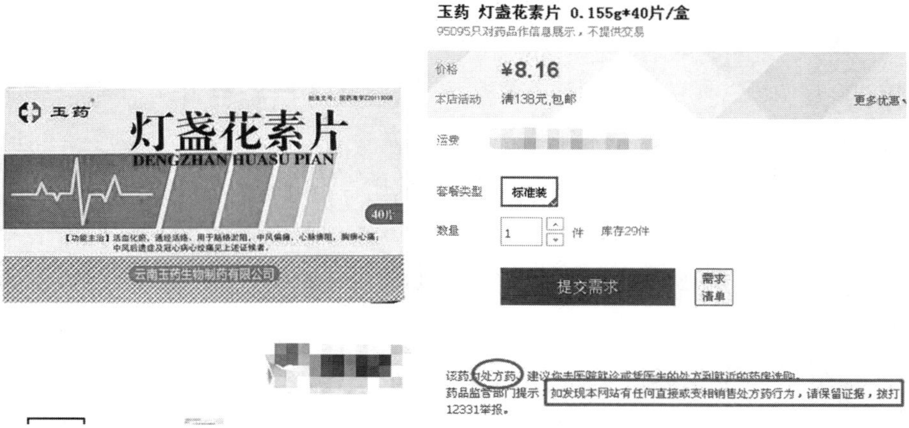

还有一种也是我遇到最奇特的，网络药商在网页上标明，“本品暂时缺货中，可联系药师添加联系方式，到货通知”等。我不知道这是真缺货，还是以缺货为由表明没有销售。

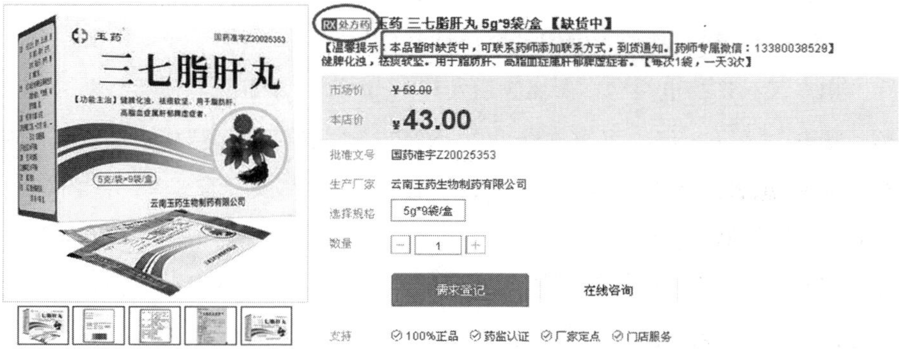

无论销不销售，药商都必须认清这样一个问题，《广告法》已经明确规定一般处方药“只能在国务院卫生行政部门和国务院药品监管部门共同指定的医

学、药学专业刊物上做广告”，所以在网络上做广告是违法的。建议以上网页赶快删掉。

2.6.3 不得对功效、安全性作断言或者保证

医疗、药品、医疗器械存在不确定性，患者存在个体差异，医疗、药品、医疗器械的诊疗效果也具有不确定性，在医疗、药品、医疗器械广告中作出功效、安全性的断言或者保证是没有科学依据的，反而会误导消费者。因此，《广告法》第 16 条第 1 款第 1 项规定了医疗、药品、医疗器械广告不得表示功效、安全性的断言或者保证，如保证治愈、药到病除、安全可靠、三个疗程见效、无效退款等。

海门市某医疗器械经营部通过微信公众号发布广告，宣称“鼻舒堂”牌鼻腔喷雾器“试过的大人、小孩都说效果好！甚至一些痊愈孩子，已经学业有成”，违反了《广告法》第 16 条第 1 款第 2 项“医疗、药品、医疗器械广告不得含有说明治愈率或者有效率”的规定；宣称“‘宾康牌抑菌膏、抑菌净等消毒产品可治愈鼻炎”，与药品、医疗器械相混淆，涉及疾病治疗功能，违反了《广告法》第 17 条的规定；宣称其为海门一家治疗鼻炎的非物质文化遗产百年老店，而“ × × 鼻炎药膏制作工艺”实为山东省非物质文化遗产，内容涉及虚假宣传，误导消费者，构成《广告法》第 28 条所指的虚假广告。因发布的广告违反《广告法》多项条款的规定，该经营部被市场监管部门处以罚款 1.5 万元。

山东某县广播电视台在所属频道发布“金沐方”“康谷丹舒筋活络丸”“张药师壮腰丸”“鑫乐宝清心沉香八味丸”“铁古投”“关通舒胶囊”等广告。广告中利用专家、患者的名义和形象作证明，说明药品治愈率或者有效率，并含有表示功效、安全性的断言或者保证，且未经食药监部门审查取得药品广告批准文号，违反了《广告法》第 16 条等规定。2017 年 7 月，工商部门责令该广播电视台改正违法行为，罚没款 20.4 万元。

下图是某机构做的美容医疗招商广告，对美容效果作出了断言保证，涉嫌违反《广告法》第 16 条第 1 款第 1 项的规定。

特色内容：

1、斑：雀斑、真皮斑、老年斑、色素斑等1-3次，即可彻底祛除干净！！！
黄褐斑采用活血化瘀提取法，不用内调，可彻底治愈不复发！！！
2、痘：1次消痘，无需内调，彻底治愈不复发！！！
3、皮肤暗黄中医皮膜透析美颜术，1次见效！！！
4、红血丝1到3次，即可祛除！！！
5、2-3个月祛除90%的黄褐斑！！！
6、激素大红脸1次见效，3次治愈！！！
7、3到5次彻底祛除中毒斑！！！
8、1到2次消除痘坑！！！！
9、1次治愈扁平疣！！！
10、3到5次祛除汗管瘤！！！
11、1到3次祛除黄脸疣！！！
12、1到2次祛除各种痣，不留疤！！！

2.6.4 不得说明治愈率或者有效率

医疗、药品、医疗器械的治愈率或者有效率是根据以往病例数据统计形成的，由于存在医疗、药品、医疗器械和患者等多方面的不确定性，无法保证医疗、药品、医疗器械的治愈率或者有效率能够维持不变。此外，这些数据对个别患者而言，没有实际意义，根据以往病例统计的数据也不能作为对治疗个体效果的有效保证，使用治愈率或者有效率将误导患者。因此《广告法》第16条第1款第2项规定了医疗、药品、医疗器械广告不得说明治愈率或者有效率，如治愈率达到95%，或有效率超过80%等。在宣传治愈率方面，医院是犯错的常见群体。

济宁某医院在其官方网站上发布广告进行宣传，广告中含有“……已成功为全国24个省市自治区的900余名先心病患儿免费实施了爱心手术，成功率100%”“……关节置换手术成功率100%，关节镜手术成功率99%……”等内容，该院的行为违反了《广告法》第16条之规定的行为，工商部门根据《广告法》的有关规定，依法责令该院停止发布违法广告，并罚款30万元。

合肥某医院在其自家网站以及其他医院网站发布宣传信息，宣称“中国口腔病免疫协会大力推广技术COR－中西医口腔黏膜康复体系中西结合、治愈率高达98.6%，杜绝复发和癌变”等内容，广告中医疗服务主体、医疗服务内容、医院医师信息、曾获荣誉、康复患者数据材料等多项内容无事实依据，以及利用未登记的中国口腔病免疫协会和“肝泰一生基金会”名义，假借公益活动宣传，误导患者就医，违反了《广告法》第9条、第16条、第28条等规定。2017年3月，工商部门责令该院停止发布虚假违法广告，在相应范围内消除影响，罚款40万元。

2.6.5 不得与其他医药的功效和安全性比较

由于患者之间存在个体差异，不同的患者适用不同的诊疗方案、药品和医疗器械，千人千方。仅仅从功效和安全性角度，对药品、医疗器材和医疗服务比较没有科学道理。因此，《广告法》第16条第1款第3项禁止就医疗服务、药品和医疗器械对功效和安全性进行比较。

2.6.6 不得推荐、证明

道理和前面一样，医疗、药品、医疗器械存在不确定性，患者个体之间也存在差异。即使医疗、药品、医疗器械对广告代言人适用，也不意味着对所有患者都适用。因此，《广告法》第16条第1款第4项禁止医疗、药品、医疗器械使用广告代言人推荐、证明。《药品广告审查发布标准》《医疗器械广告审查发布标准》规定，药品、医疗器械广告不得含有利用医药科研单位、学术机构、医疗机构或者专家、医生、患者的名义和形象作证明的内容。但是实际上这个问题在医疗、药品领域比较突出。

2017年，南京某医院公司在自设网站上多处使用丁小姐、杜女士等患者的名义和形象进行广告宣传，并使用某电视台著名主持人张某的形象为该医院作推荐及证明。工商部门认定，该院发布的广告违反了《广告法》第16条第1款第4项和《医疗广告管理办法》第7条第6项的规定，对该院处以罚款10万元。

下图是某款性用品的网络广告，宣称是伟哥的替代品。伟哥属于药品，替代品应当也是药品，否则即为非药品宣称具有治疗功能。按照《药品广告审查发布标准》的规定，药品广告不得含有利用医药科研单位、学术机构、医疗机构或者专家、医生、患者的名义和形象作证明的内容。所以协会推荐也是违法的。

中国性保健协会推荐产品

作者：ruishiaoluna123 提交日期：2010-7-3 14:38:00 | 分类: 未分类 | 访问量：2487

本产品是香港[redacted]生物科技（国际）集团公司医药研究中心经过多年精心研究，2003年经临床试验成功后推出市场的最新美国伟哥替代品，最佳西力士挑战者，能促进阴茎快速增长、增粗、增大、能有效解决性爱短暂，防止阳痿早泄、延长性爱时间、对坚而不硬均有良好的疗效。而且能在人体内留存120小时，不会产生任何副作用及依赖性。没有脸红、心跳加快、恶心头痛等反应，而且对心脏病、高血压、糖尿病不会产生任何影响，对前列腺患者有良好的疗效，酒后服用不影响效果。

2.6.7 显著标明相关提示

《广告法》对药品、医疗器械广告还有一些特别的要求，整理如下：

一是药品广告的内容应当与国务院药品监管部门批准的说明书一致，并应当显著标明禁忌、不良反应。

二是处方药广告应当显著标明“本广告仅供医学药学专业人士阅读”。再强调一遍，处方药做广告只能在国务院卫生行政部门和国务院药品监管部门共同指定的医学、药学专业刊物上做广告，不能在互联网上发布。

三是非处方药不受上述限制，但非处方药广告应当显著标明“请按药品说明书或者在药师指导下购买和使用”。

四是医疗器械产品注册证明文件中有禁忌内容、注意事项的，广告中应当显著标明“禁忌内容或者注意事项详见说明书”。

五是推荐给个人自用的医疗器械的广告，应当显著标明“请仔细阅读产品说明书或者在医务人员的指导下购买和使用”。

六是广告的内容必须审查，并且要与审查的内容保持一致。《广告法》第46条规定：发布医疗、药品、医疗器械、农药、兽药和保健食品广告，以及法律、行政法规规定应当进行审查的其他广告，应当在发布前由有关部门（以下称广告审查机关）对广告内容进行审查；未经审查，不得发布。

金华某医疗器械公司何宅分公司为增加产品销量，通过在经营场所召集消费者体验、发放宣传册和现场讲解等方式,对其销售的高压电位治疗仪进行宣传。其中,宣传册中使用了“高压电位治疗仪使用100%安全”等广告用语,广告表述与相关部门审查内容不一致。此外,该宣传册广告未标注“请仔细阅读产品说明书或者在医务人员的指导下购买和使用”等字样。金华市市场监管部门认定,该公司的行为违反了《广告法》第58条第1款第1项、第14项的规定,责令其停止违法行为,在相应范围内消除影响,并处以罚款520元。

2.6.8 药品医疗器械不得促销

药品不是普通食品,便宜就多买点,好吃就多吃点。药品是以治病为目的的特殊商品,滥用药物反而有害。因此,《药品广告审查发布标准》第12条规定:药品广告应当宣传和引导合理用药,不得直接或者间接怂恿任意、过量地购买和使用药品,不得含有以下内容:……(二)含有免费治疗、免费赠送、有奖销售、以药品作为礼品或者奖品等促销药品内容的……

同理,《医疗器械广告审查发布标准》第11条规定:医疗器械广告应当宣传和引导合理使用医疗器械,不得直接或间接怂恿公众购买使用,不得含有以下内容:……(四)含有表述该产品处于“热销”“抢购”“试用”等的内容。

2016年6月,新兴县工商执法人员检查发现,部分药店的药品货架上方赫然摆放着“妇科止痒胶囊(广西神通)买三送复方石韦胶囊”“5件减1件钱　苯磺酸氨氯地平片促销价”“6件减1件钱　银杏叶片(浙江康恩贝)”等广告宣传卡片;在医疗器械的货架上摆放有“舜师热疗贴买二送一”“可可康远外磁疗贴买二得三”等广告宣传卡片,且在价格标签旁还标有“热卖”“热卖中”的字条。药店利用广告宣传促销药品及医疗器械的行为违反了《药品广告审查发布标准》第12条第2项的规定,以及《医疗器械广告审查发布标准》第11条第4项的规定,属于发布违法药品广告行为。因此,工商部门依法对上述违法广告行为进行了查处。

上面是个实体店案例,网络药商对打折促销的问题也没有重视。为迎合消费者购物讲求“划算”的心理,一些网络药商也像商场店铺一样,对部分药品打起了促销广告。这是很危险的。下面图片存在打折促销,怂恿任意、过量地购买,请尽快改正。

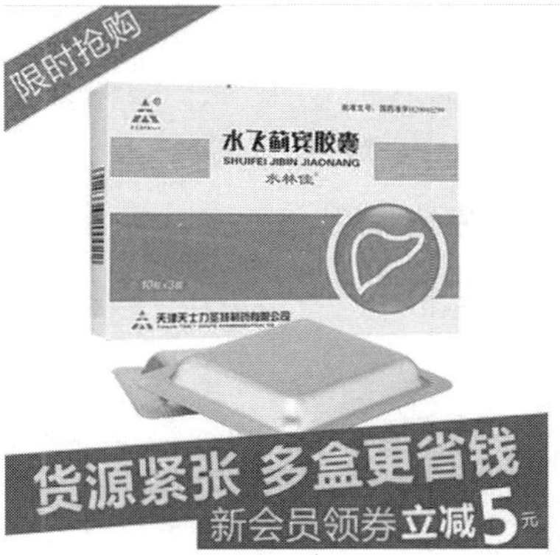

2.6.9 普通商品或者服务广告不得涉及疾病治疗功能

医疗、药品、医疗器械具有很强的专业性,与其相关的医疗用语都有特定含义。医疗、药品、医疗器械以外的商品或者服务(以下简称普通商品或者服务)本身就没有治疗功能,这些商品广告涉及疾病治疗或使用医疗用语,很容易误导患者。因此,《广告法》第17条规定,除医疗、药品、医疗器械以外的商品或者服务，在广告中禁止涉及疾病治疗功能，并不得使用医疗用语或者易使推销的商品与药品、医疗器械相混淆的用语。

一、普通商品或者服务广告不得涉及疾病治疗功能的具体要求

1. 普通商品或者服务广告禁止涉及疾病治疗功能

2017年，江苏某食品公司在淘宝网销售大麦若叶青汁，使用宣传语“大麦若叶青汁可以有效阻断癌细胞的转型与恶化，控制癌细胞转移，增强免疫力，促进细胞代谢，维持酸碱平衡、润肠通便，排毒健体，净化血液，消炎杀菌除臭，消除毒素，延缓衰老等功效”。市场监管部门认定，该广告违反了《广告法》第17条“除医疗、药品、医疗器械广告外，禁止其他任何广告涉及疾病治疗功能，并不得使用医疗用语或者易使推销的商品与药品、医疗器械相混淆的用语”的规定，市场监管部门对该公司罚款10万元。

2017年4月，长沙某广告文化传播公司通过湖南教育电视台发布“祝眠晚餐”（酸枣仁植物蛋白固体饮料）食品广告，含有“吃祝眠晚餐，告别失眠”“我们这个祝眠晚餐可不一样，要说快，轻的三天就解决失眠”“而我们的祝眠晚餐，它是多方合一，包括调肝方、宁心方、安神方、促眠方、解郁方、定志方，多方合一。不仅入睡快、睡得香，还能告别失眠引起的多种毛病”“调心养肝、安神助眠、安志化郁”等内容。工商部门认为，该公司代理的祝眠晚餐食品广告内容违反了《广告法》第17条的规定，属于食品广告涉及疾病治疗功能的违法行为。根据《广告法》第58条第1款第2项和第3款的规定责令该公司改正，罚款5万元。

2. 普通商品或者服务广告不得使用医疗用语或者易使推销的商品与药品、医疗器械相混淆的用语

2017年3月，湖南某广告传播公司与某电视台签订广告合同，并分19次播放了八宝强肾汤（帝皇八宝五珍汤）食品的广告。该广告内容含有“电视机前的男性朋友们，如果您还在为肾虚导致的脱发、白发而烦恼，为身体无力、尿频尿急、夜尿频多、身体上各种不适而痛苦，却找不到好的解决办法，请立即联系本栏目特约嘉宾，补肾专家高主任热线，专家团队将根据情况给您一个科学的解决方案”“辩证施治、阴阳同补，八宝强肾汤好在两个方面，第一个补肾快、第二个补

肾持久”等涉及疾病治疗功能和使用医疗用语或者易使推销的商品与药品、医疗器械相混淆的用语。工商部门认为，该公司代理的八宝强肾汤食品广告，违反了《广告法》第17条的规定，属于广告内容含有易使推销的商品与药品、医疗器械相混淆的用语的违法行为。根据《广告法》第61条第1款的规定，责令该公司改正，没收广告费用30400元，处罚款152000元。

北京某信息技术公司在其网站上宣传销售依泉舒缓保湿喷雾，内容含有“高矿物含量”“锰：抗自由基，帮助延缓衰老；钙：缓解过敏现象；锌：帮助伤口愈合（痘痘、溃疡）”文字内容。工商部门认定，上述宣传含有涉及疾病治疗功能和医疗用语的广告内容，该公司的上述行为违反了《广告法》第17条的规定，属于宣传含有涉及疾病治疗功能和医疗用语的广告行为。依据《广告法》第58条第1款第2项的规定，对该公司进行了查处。

除食品外，化妆品广告也容易出现宣传医疗作用或者使用医疗术语。

2015年7月至12月，某电子商务公司在其网站上对其销售的商品进行宣传。其中“同仁堂伊妆燕窝美白面贴6片×25g”“同仁堂伊妆珍珠嫩肤面贴6片×25g”在商品介绍栏的功效中有“美白淡斑”的宣传内容；“美肤宝美白保湿面膜套装30片”在商品名称中有“美白”的宣传内容；“同仁堂伊妆映彩清透修颜霜50g（绿色BB霜）”和“同仁堂伊妆映彩清透修颜霜50g（紫色BB霜）”有“防晒”的宣传内容；“英国AA网身体紧致按摩油100ml”在商品名称后的括号内有“瘦身清油”的宣传内容；“五羊纹效奇迹修护霜修复产后妊娠纹100g”宣传能淡化消除妊娠纹；“御泥坊奢宠美白面膜护肤套装24件套”在商品名称中使用“美白”，在商品介绍栏的功效项中有“美白淡斑”表述，有“美白补水”“5大天然原材料美白嫩肤”的宣传内容；“御泥坊美白嫩肤睡眠面膜四件套装”在名称中使用“美白”，在商品介绍栏的功效项中有“美白淡斑”表述，有“美白嫩肤，润白美肤四步”“美白配方，帮助缓解暗沉，带来白嫩效果”的宣传内容；“御泥坊清洁美白蚕丝面膜贴套装28片装”在商品名称中使用“美白”在商品介绍栏的功效项中有“美白淡斑”表述，有“美白补水”“帮助美白提亮肌肤，提升肌肤白皙度”的宣传内容；“玛丽黛佳黄金美白新颜乳液40ml”在商品名称中有“美白”的宣传内容;“御泥坊美白亮肤矿物蚕丝套装(面膜贴28片+眼膜6对)”有“一套改善以上肌肤问题,暗黄无光泽,眼角细纹”“更白、更水、更亮”“美白补水”的宣传内容;“好孩子孕妇雪绒花腿脚舒缓按摩霜100g”在商品介绍栏的用途项中有“美白”的宣传内容。以上商品宣传以上内容时均为普通化妆品,却宣传了需取得特殊用途化妆品行政许可批件的特殊类化妆品才具有的“美白”“祛斑”“淡斑”“瘦身”“防晒”等用途的内容。其广告内容涉及的事项需要取得行政许可,宣传内容与其许可情况不相符。

2015年8月至12月,还是上面这家公司在其网站上对其销售的商品进行宣传。其中“同仁堂中国红珍珠嫩白面贴20片×25g”宣传中有“美白补水、排毒养颜”“淡斑”的广告内容;“同仁堂伊妆当归嫩白面贴6片×25g”宣传中有“抗老、消斑、美白、健肤的功效”“清热解毒,凉血清热,排解深层污垢,并清除毛细血管于淋巴系统中的毒素”的广告内容;“同仁堂伊妆人参活肤面贴6片×25g”宣传中有“祛斑嫩肤”“能扩张皮肤的毛细血管,促进皮肤血液循环,增强皮肤营养”的广告内容;“同仁堂中国红珍珠嫩白面贴20片×25g”宣传中有“排毒养颜”“淡化色斑”的广告内容;“同仁堂中国红燕窝美白面贴10片×25g(10片装)”宣传中有“排毒养颜”“淡化黑色素”的广告内容;“同仁堂中国红燕窝美白面贴20片×25g(20片装)”宣传中有“排毒养颜”“淡化黑色素”的广告内容;“同仁堂伊妆灵芝润白面贴6片×25g”宣传中有“消除面部雀斑、色斑、粉刺及调理内分泌失调”的广告内容;“锐度黑钻系列身体力行精油沐浴露450ml”宣传中有“可以消炎症、激活细胞、抗过敏”“排毒”“美白”“无副作用”的广告内容;“宝拉珍选补水修护面膜118ml”在介绍栏的功效项中有“美白淡斑”表述,宣传中有“最新科技配方”“植物与维生素基质的抗氧化精华消炎杀菌,解除皮肤所有隐患”的广告内容;“比度克拔毒膏20g”在介绍栏的功效项中有“美白淡斑”的内容,宣传了“快速拔毒祛痘”的广告内容;“本草婴缘滇紫草7效修护膏”宣传“汉方紫草7大功效:止痒、祛湿疹、活血消肿、消炎”的广告内容;“密葳特摩洛哥坚果润肤霜175ml”有“消炎”的宣传内容;“贝亲婴儿手口湿巾70片装”有“消毒”的宣传内容;“杰威尔男士火山泥深层净化调理面膜140g”有“男士排毒面膜”的宣传内容。2015 年 11 月至 12 月，该公司对以上商品宣传内容进行了修改或商品下架处理。经工商部门调查，认定该公司违反了《化妆品广告管理办法》第 14 条：“广告客户或者广告经营者违反本办法第八条第（一）（二）（三）（七）项规定的，依据《细则》第二十三条规定予以处罚；违反本办法第八条第（四）项规定的，依据《细则》第二十条规定予以处罚。”违反了《广告管理条例施行细则》第 21 条：“违反《条例》第八条第（一）（二）（三）（四）项规定的，对广告经营者予以通报批评、没收非法所得、处一万元以下罚款；对广告客户视其情节予以通报批评、处一万元以下罚款。”工商部门对其罚款 10 万元。

3. 普通商品广告涉及疾病治疗功能和使用医疗用语的区别

普通商品广告涉及疾病治疗功能和使用医疗用语或者易使推销的商品与药品、医疗器械相混淆的用语，有什么区别？实际没有明显区别。一般来讲，如果广告中使用了能够“治疗 × × 病症”或者“使 × × 愈合”等表述的，执法部门会认定该广告涉及病症治疗功能。如果广告中列出各种病症，然后广告宣称 × × 产品能够有效改善或缓解 × × 病症，执法部门会认定该广告使用了医疗用语。如果广告中列出各病症和产品信息，但就是不说 × × 产品能够改善或缓解 × × 病症的话，执法部门会认定该广告使用了易使推销的商品与药品、医疗器械相混淆的用语。当然多数时候执法部门不会分的那么细，只要广告中出现了病症，无论广告中是使用治疗、愈合、改善、缓解，还是什么其他的表述，统统认定为违反了《广告法》第 17 条的规定。

二、食品广告的特别规定

上面两条规定是通用的，适用于所有商品。但是对于食品而言，广告还有特殊规定。《食品广告发布暂行规定》第 7 条规定，食品广告不得出现与药品相混淆的用语，不得直接或者间接地宣传治疗作用，也不得借助宣传某些成分的作用明示或者暗示该食品的治疗作用。尤其是最后半句，许多食品广告常犯。

自 2014 年 11 月起，上海某电子商务公司在其旗下网站发布了天颜蜜语土蜂蜜宣传介绍网页，其中含有“减少皱纹等皮肤疾患，改善便秘，促进肠道排毒……抗疲劳、抗过敏、润肺止咳”等宣传内容。经核实，上述商品为普通食品，由平台第三方商家宿松县某公司负责销售和配送，上述宣传内容均由宿松县某公司提供，该公司作为广告发布者，只收取保证金和交易佣金，并无广告费用。工商部门认定，该公司的上述行为违反了《食品广告发布暂行规定》第7条，食品广告不得出现与药品相混淆的用语，不得直接或间接的宣传治疗作用，也不得借助宣传某些成分的作用，明示或者暗示该食品的治疗作用之规定。该公司广告内容有与药品相混淆的用语，直接宣传治疗作用，构成了违规发布食品广告的行为。根据《食品广告发布暂行规定》第15条规定，责令该公司停止违法行为，并罚款5000元。

三、职业打假人的套路

普通商品宣传治疗功能是个比较突出的问题。不同的商品在宣传上有不同的特点。在食品领域，黑蚂蚁、蜂蜜、蜂巢、糖浆、营养液、海参、大麦、阿胶、左旋肉碱、松子、黑米、燕窝、葡萄籽、花草茶、人参、海狗丸、叶酸等商品容易越界宣传治疗功能。在化妆品领域，精油、蛇脂软膏、肉桂、面膜、按摩膏、丰胸、减肥、凝胶、洗发水露、护肤水霜等商品是重点，容易宣传治疗功能。

职业打假人喜欢根据不同商品，搜索下列关键词，来寻找商家破绽：一是各类炎症，如胆囊炎、乙型肝炎、肩周炎、强直性脊柱炎、前列腺炎等。二是各类病症、病痛，如风湿、类风湿秘、半身不遂、颈椎病、坐骨神经痛、痛风、骨痛、股骨头坏死、肾积水、冠心病、Ⅱ型糖尿病、肺结核、慢性哮喘、痔疮、酒精肝、脂肪肝、阳萎、遗精、月经不调、子宫寒冷、产后风、产后缺乳、红斑狼疮、病后脱发等。三是各类疗效，如活血、抗血栓、抗炎、抗菌杀毒；各类保健功能，如滋阴壮阳、填精固髓、增强性功能、调节免疫功能、抗衰老、调整血压、软化血管、改善动脉硬化等。只要发现有以上关键词，职业打假人就会仔细浏览网页，查找这款商品的批准文号。如果没有批准文号，就到国家食品药品监督管理机构的网站检索，如果还没有，基本可以认定违法了，然后就开始买入。

下图是某网店发布的祛痘仪广告。包含“杀菌消炎、消除青春痘”“祛痘仅需3步”等用语。我第一反应，这是推荐给个人自用的医疗器械，但是反复查找网页，也没有找到应当显著标明的“请仔细阅读产品说明书或者在医务人员的指导下购买和使用”和批准文号。然后，我又查了一下原国家食品药品监督管理总局网站,也没有找到该产品信息。希望是商家忘记标明了,如果这款产品不是医疗器械,那么宣传祛痘功能,可就是普通商品宣传治疗功能了,请尽快修正。

> 紫蓝光：1、杀菌消炎　　　2、消除青痘
> 红光：1、淡化色素沉淀　2 、修复受损皮肤
> 3 、淡化痘印
> 黄光：1 、抑制油脂分泌　　2 、预防青春痘爆发　　3 、防止复发适光照射大面积痘痘肌肤　换新肌底　平滑肌肤，收缩毛孔，细肤嫩肤，美白淡斑。

2.7 保健食品广告

保健食品是指声称具有特定保健功能或者以补充维生素、矿物质为目的的食品。保健食品具有调节机体功能,不以治疗疾病为目的,仅适宜于特定人群食用。但在实践中,有些商家就夸大保健食品功效,欺诈、误导消费者。因此,《广告法》等法律法规对保健食品广告作出特别规定。

2.7.1 不得表示功效、安全性的断言或者保证

这条规定和医疗、药品、医疗器械广告不得作出功效、安全性的断言或者保证一样,保健食品的保健效果具有不确定性,使用者之间也存在个体差异,保健食品作出功效、安全性的断言或者保证没有科学依据。因此《广告法》第 18 条第 1 项规定,保健食品广告不得表示功效、安全性的断言或者保证。

下面两张图是两个网店宣传同一款儿童补铁口服液的广告。这两个广告都涉嫌对产品的功效做出保证。最搞笑的是,这两个广告是同一个品牌、同一款产品、同一规格型号(125ml)广告,一个表示 1 瓶见效,另一个表示 2 瓶见效。到底几瓶见效？这从侧面充分说明了保健食品宣传功效有多么不可靠。

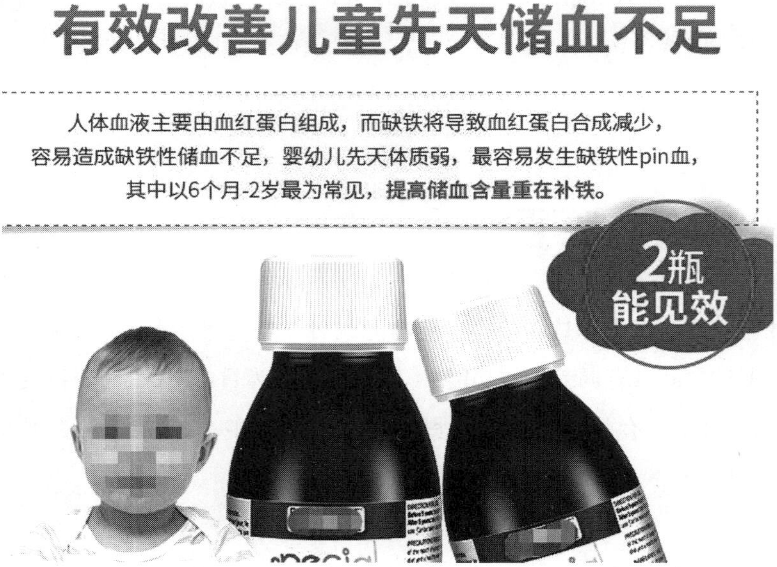

随便说一句，上面第二张图片，为了避免职业打假人检索，将“贫血”写成“pin 血”。这种掩耳盗铃的做法，能不能躲过职业打假人先不说，违法是肯定的了。《广告语言文字管理暂行规定》第 8 条明确规定，广告中不得单独或者夹杂使用外国语言文字。本书第 2.5.6 节对此已作介绍，此处不再赘述。

宣传功效的目的是推销商品，如果不宣传功效，怎么推销商品呢？参见下面的广告。下面的广告作的很有技巧，同样是想卖两瓶，人家就没有使用功效断言，而是采用了在商言商的方式。“一瓶不够？两瓶装更实惠”，既让人感受到有效果，又让人感受到需要再加强，还让人感受到商家的体贴。

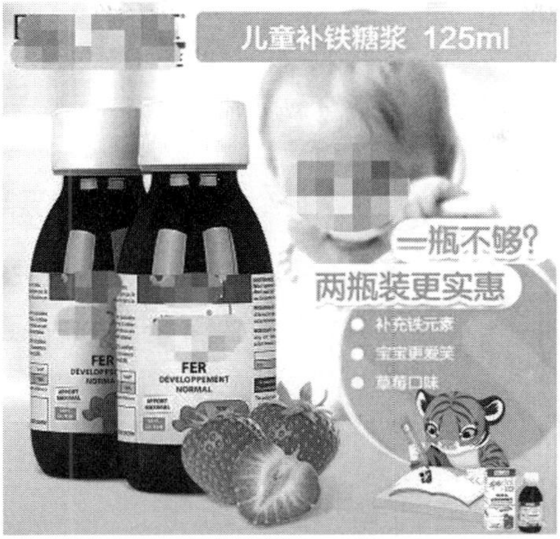

2.7.2 不得涉及疾病预防、治疗功能

《广告法》第 17 条规定,除医疗、药品、医疗器械以外的商品或者服务,在广告中禁止涉及疾病治疗功能。保健食品广告不得涉及疾病预防、治疗功能,是对《广告法》第 17 条的重申和强调。

保健食品广告不得涉及疾病预防、治疗功能,主要原因是保健食品与药品功能和使用目的不同。保健食品是用于调节机体机能,提高人体抵御疾病的能力,改善亚健康状态,降低疾病发生的风险,不以预防、治疗疾病为目的。药品的功效就是预防、治疗、诊断人的疾病,有目的地调节人的生理机能。正是因为功效和目的不同,保健食品生产的初衷就没打算治疗疾病,因此宣传疾病预防和治疗功能显然缺少科学依据。此外,药品基于治疗疾病的目的,可以有毒副作用。而保健食品基于保健的目的,要求按照规定的食用量食用,不能给人体带来任何急性、亚急性和慢性危害,不得使用有毒有害物质作为原料。药品质量要求高,保健食品要求低。禁止保健食品广告涉及治疗功能,也是防止保健食品添加有毒有害物质。

2017 年 7 月,陕西某实业公司在陕西卫视频道发布“活古态舒筋定痛片”(活骨王)保健食品广告,广告含有易使推销的商品与药品、医疗器械相混淆的用语,违反了《广告法》第 17 条等规定。工商部门责令该公司消除影响,罚款 20 万元。

保健食品不得涉及疾病预防和治疗功能，既包括不得直接表述可以预防××疾病、治疗××疾病、消除××炎症等；也不得进行暗示，如下图，通过描述××病症、病痛，间接表述可以进行疾病的预防和治疗。

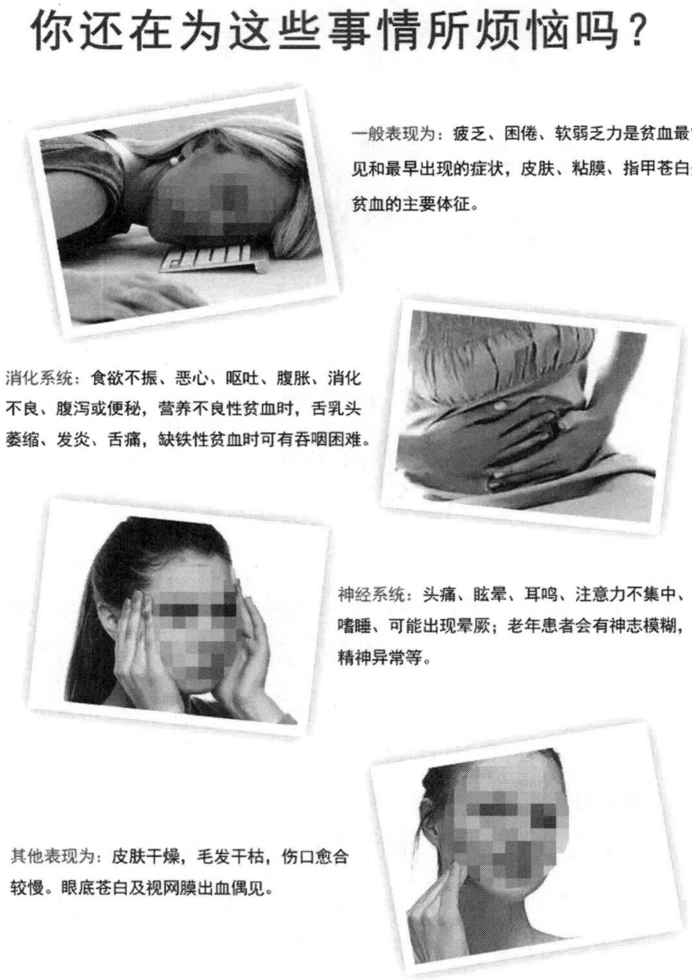

除此之外，保健食品还不得通过宣传某些成分的作用明示或者暗示商品具有治疗功能。

2016年2月，上海某药店印制并在店内放置宣传材料，宣传“汤臣保健铬酵母片”。宣传材料含有“可以有效调节缓解糖尿病症状”“铬的作用:1、调节血糖,有助于控制糖尿病……2、降血脂……”等内容。而铬酵母片产品核定的保健功能为“补充铬”。市场监管部门认定,该店的行为违反了《广告法》第 18 条第 1 款第 2 项的规定,责令该店停止发布广告,并给予罚款处罚。

2.7.3 不得声称或者暗示广告商品为保障健康所必需

保健食品是指不以治疗疾病为目的,适宜于特定人群,具有特定保健和调节机体功能的食品。保健食品的特定功能只适用于特定人群,并非适用所有人,不是所有人保障健康所必需的。实现特定保健和调节机体功能的途径很多,保健食品只是提供特定保健和调节机体功能的一种手段,因此保健食品即使适用于特定人群,也不是特定人群保障健康所必需的。《广告法》第 18 条第 3 项规定,保健食品广告不得含有下列内容:声称或者暗示广告商品为保障健康所必需。《保健食品广告审查暂行规定》第 8 条第 2 款第 15 项规定,保健食品广告不得出现下列情形和内容:声称或者暗示保健食品为正常生活或者治疗病症所必需。

声称或者暗示保健食品为保障健康所必需的,主要有四种表现形式。

一、直接声称为保障健康所必需

2015 年 12 月至 2016 年 4 月,某电视台在若干频道发布“第五元素免疫球蛋白”广告,内容含有“免疫球蛋白是消灭疾病的战士,所有凡是患有老慢病的朋友,都应该尽快尽早地补足免疫球蛋白,喝第五元素,补足免疫球蛋白”。经查,第五元素免疫球蛋白为保健食品。工商部门认定,该电视台发布的广告违反了《广告法》第 18 条第 1 款第 3 项的规定。依据《广告法》第 58 条第 3 款的规定,责令该电视台改正违法发布广告行为,没收广告费用,并给予罚款处罚。

二、扩大适用人群范围

扩大适用人群范围在补铁、锌、钙、维生素等保健食品领域问题最突出。要不要使用保健食品,取决于人体缺不缺某种特定元素。如果不缺乏特定元素,即使是保健食品描述的适宜人群,也不需要使用保健食品。实际上,到原国家食品药品监督管理总机构的网站一查就会发现基本上补充营养素类保健食品的适宜人群都有一个限定词——“需要补充××的”人群。

三、夸大某种健康问题

主要表现为，通过渲染、夸大某种健康状况或者疾病，或者通过描述某种疾病容易导致的身体危害，使公众对自身健康产生担忧、恐惧，误以为不使用广告宣传的保健食品会患某种疾病或者导致身体健康状况恶化如下图，某电商宣称“再不补铁就迟了”，不知依据何在？

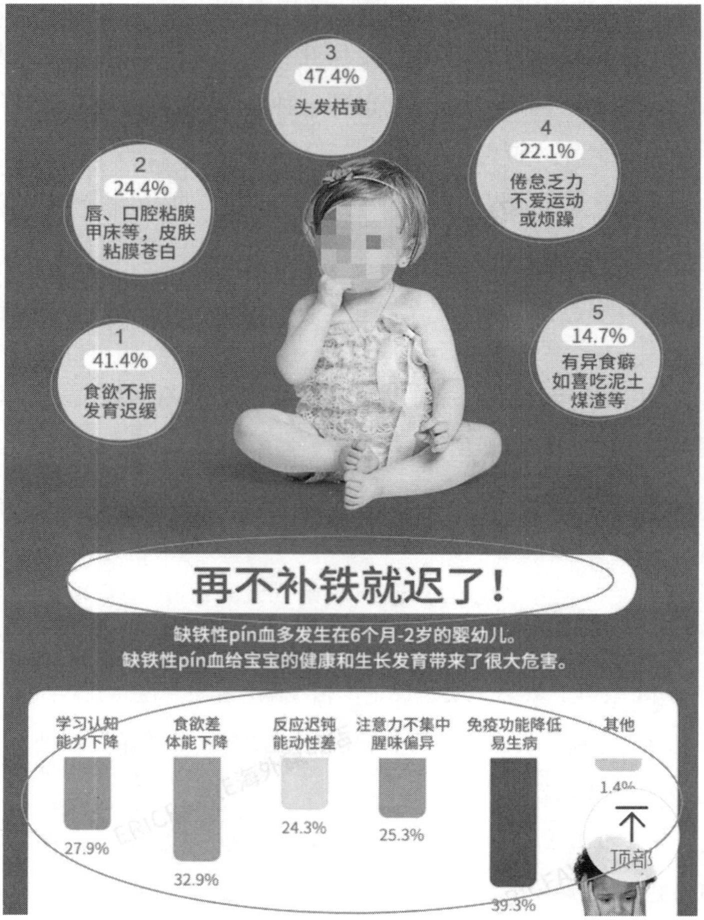

四、鼓励长期使用

保健食品是适用于特定人群调节特定机体功能的食品，如果机体功能正常，或者恢复正常，就没有必要再使用保健食品，但有些电商出于销售的目的，却鼓励“长期使用”，如下图。

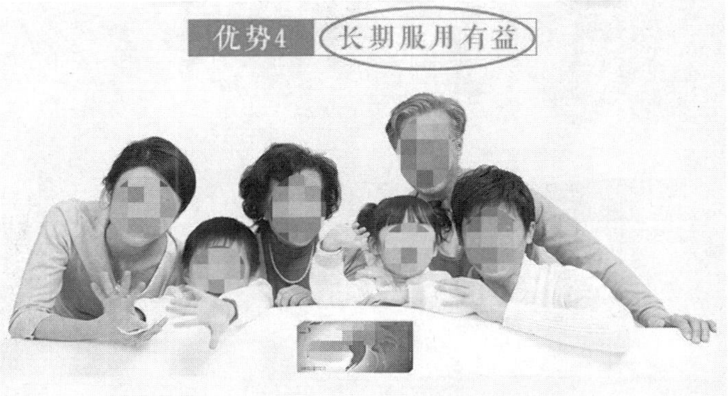

2.7.4　不得与药品、其他保健食品进行比较

保健食品是以保健和调节机体功能为目的，药品以预防和治疗疾病为目的，两者本就不具有可比性。保健食品非要和药品比较，那么目的只有一个，宣传治疗效果，忽悠、误导消费者。因此，《广告法》规定，保健食品不得与药品进行比较。

保健食品和其他保健食品之间比较，一般不会有好结果。原因很简单，如果比较之后，两款产品差不多，商家肯定不干，花了钱、费了事，没有达到宣传效果。所以产品之间比较一定要有结果，或者夸大自己，或者歪曲、贬低对手。而这两种结果都涉嫌违法。此外，使用保健食品的消费者存在个体差异，保健食品适用范围也不相同，因此在保健食品之间进行比较也没有科学依据。所以，《广告法》规定，保健食品不得与其他保健食品进行比较。《保健食品广告审查暂行规定》第 8 条第 2 款第 9 项规定，保健食品不得与其他保健食品或者药品、医疗器械等产品进行对比，贬低其他产品。

保健食品与药品比较的不多，比较多的是保健食品与其他保健食品比较。其他保健食品无论是明指，还是泛指，都不允许比较。如下图，涉嫌保健食品与其他保健食品比较。

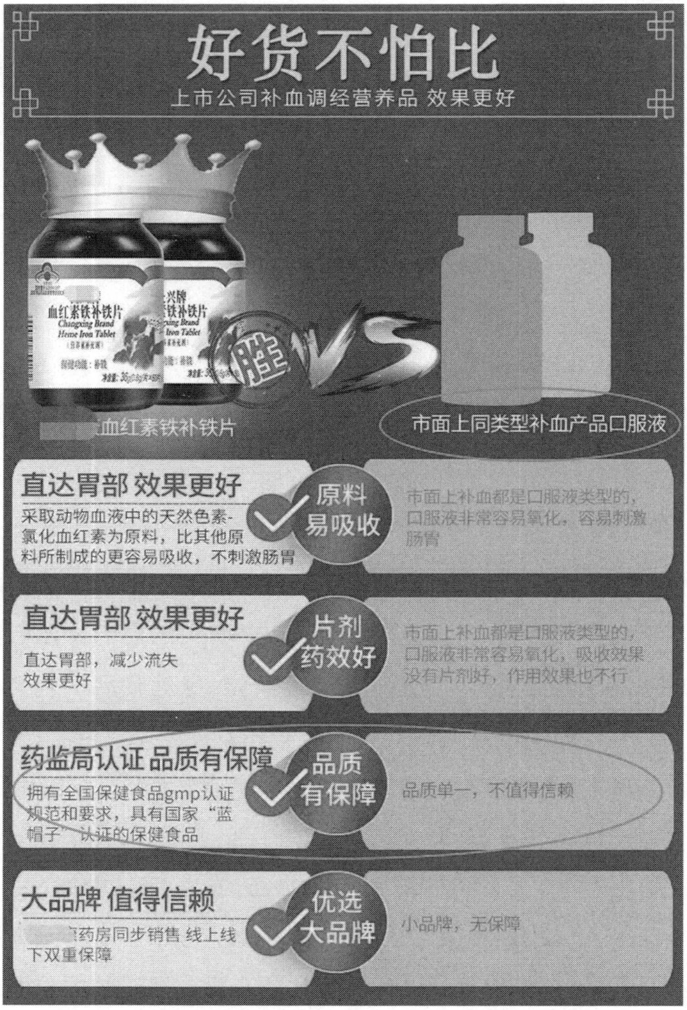

2.7.5 不得推荐、证明

保健食品存在不确定性,消费者之间也存在差异。即使保健食品对广告代言人适用,也不意味着对所有消费者都适用。因此,《广告法》禁止保健食品使用广告代言人推荐、证明。《食品广告发布暂行规定》第9条规定,食品广告中不得使用医疗机构、医生的名义或者形象。食品广告中涉及特定功效的,不得利用专家、消费者的名义或者形象做证明。《保健食品广告审查暂行规定》第8条第2款第5项规定,保健食品不得利用和出现国家机关及其事业单位、医疗机构、学术机构、行业组织的名义和形象,或者以专家、医务人员和消费者的名义和形象为产品功效做证明。

自2015年6月起,上海某电子商务公司在其网站上发布了佳莱福福洋参淫羊胶囊、希夫牌氨糖维D钙片、汤臣倍健左旋肉碱茶多酚+维C片、美国阿克索玛咖粉胶囊、禾博士氨糖软骨素加钙片等五款商品的宣传。其中,佳莱福福洋参淫羊胶囊、希夫牌氨糖维D钙片、汤臣倍健左旋肉碱茶多酚+维C片、禾博士氨糖软骨素加钙片这四款商品都用到了专家、消费者的名义或者形象为商品功效做证明;美国阿克索玛咖粉胶囊由于是性保健食品,宣传中使用了一些违背社会良好风尚的图片,以及宣传"一粒顶两粒"没有依据,易误导消费者。经核实,上述商品均由第三方商家负责销售和提供售后服务,故该公司无违法所得。网页宣传介绍是由第三方商家提供图片给该公司,由该公司审核后通过其旗下网站发布。工商部门认定,该公司的上述行为违反了《食品广告发布暂行规定》第3条:"食品广告必须真实、合法、科学、准确,符合社会主义精神文明建设的要求,不得欺骗和误导消费者"和第9条:"食品广告中不得使用医疗机构、医生的名义或者形象。食品广告中涉及特定功效的,不得利用专家、消费者的名义或者形象做证明"的规定,构成了违规发布食品广告的行为。根据《食品广告发布暂行规定》第15条的规定,责令该公司停止发布广告,并对该公司罚款1万元。

下面三张图片是网络上三家电商为同一品牌、同一厂家、同一规格的儿童补铁口服液所作的宣传。三个广告都使用了医生的名义,违反了《广告法》等规定。问题是到底有多少医生推荐,三家说法不一。这说明推荐有多不靠谱了吧。

下面这张图是某胶囊广告，宣称“中国营养保健学会指定推荐”。通过检索，只找到中国营养学会，没有找到中国营养保健学会。不知中国营养保健学会是否真实存在。如果存在，广告宣称协会指定推荐保健食品也是违法的。

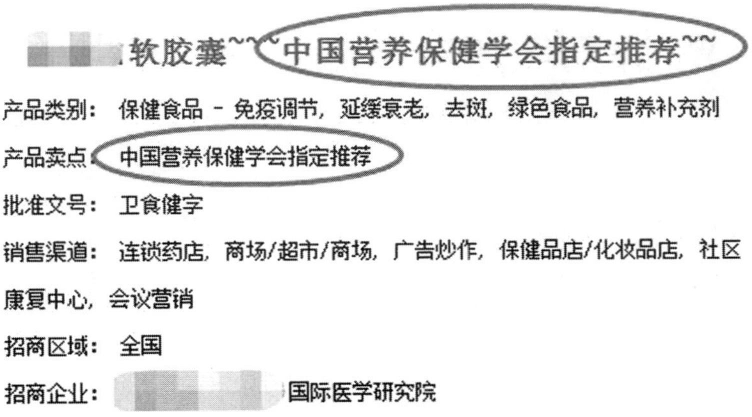

2.7.6 应当显著标明“本品不能代替药物”等

《广告法》第 18 条第 2 款明确规定，保健食品广告应当显著标明“本品不能代替药物”。《保健食品广告审查暂行规定》第 11 条规定，保健食品广告中必须说明或者标明“本品不能代替药物”的忠告语；电视广告中保健食品标识和忠告语必须始终出现。《网络食品安全违法行为查处办法》第 19 条规定，保健食品还应当显著标明“本品不能代替药物”，如下图。《广告法》作出这样规定，说到底还是防止有人把保健食品当作药品。

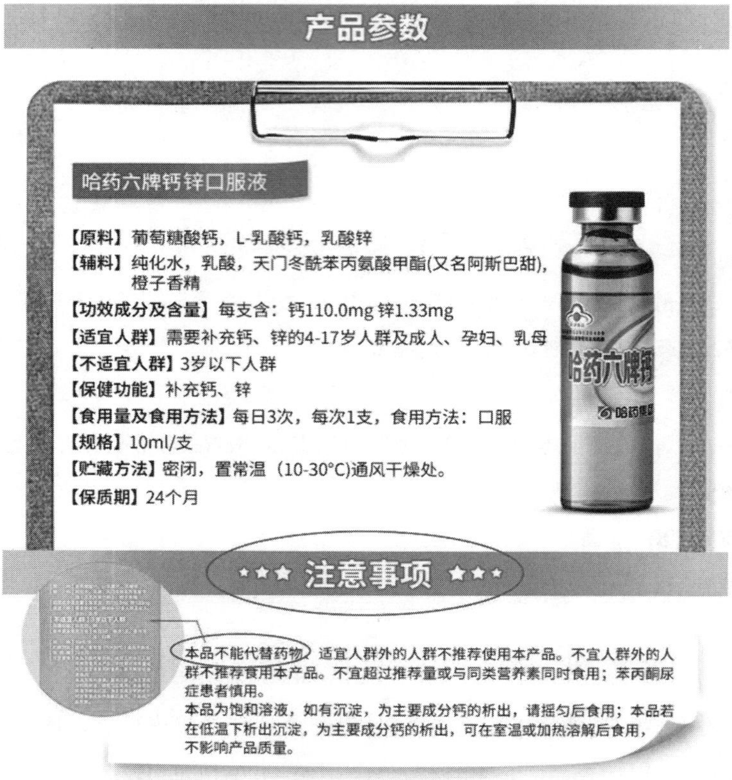

除了应当显著标明“本品不能代替药物”外，保健食品还有一些其他公示要求。《食品广告发布暂行规定》第 12 条规定，保健食品、新资源食品、特殊营养食品的批准文号应当在其广告中同时发布。《保健食品广告审查暂行规定》要求标明的更多，第 10 条规定，保健食品广告必须标明保健食品产品名称、保健食品批准文号、保健食品广告批准文号、保健食品标识、保健食品不适宜人群。《网络食品安全违法行为查处办法》第 19 条规定，入网销售保健食品、特殊医学用途配方食品、婴幼儿配方乳粉的食品生产经营者，除依照本办法第 18 条的规定公示相关信息外，还应当依法公示产品注册证书或者备案凭证，持有广告审查批准文号的还应当公示广告审查批准文号，并链接至食品药品监管部门网站对应的数据查询页面。

这些是电商常犯的错误，经常有不标明的，或者标明但不显著的。实际上，这往往是职业打假人初步筛查的内容。职业打假人发现某款食品涉及保健功能，但没有保健食品批准文号、本品不能代替药物的表述，就会怀疑是普通食品宣传保健功能，进行更深入的调查。所以，商家一定要把这些信息显著地公示出来。不要因为没有标明，引来职业打假人的的深入调查，结果节外生枝，又发现了其他问题，引起无妄之灾。

2.7.7 不得变相发布医疗、药品、医疗器械、保健食品广告

相比于商业广告，公益性质的知识讲座更令人信服。于是，有些商家就采取介绍健康、养生知识的形式推销医疗、药品、医疗器械、保健食品，误导消费者。因此，《广告法》第19条规定，广播电台、电视台、报刊音像出版单位、互联网信息服务提供者不得以介绍健康、养生知识等形式变相发布医疗、药品、医疗器械、保健食品广告。

2017年8月，威海某广播电视台在所辖频道利用《国医话心脑》《医行天下》健康讲座等栏目变相发布广告，发布的“千菌方”“阳气肽”“爱体养心口服液”等广告存在涉及疾病治疗功能、未经食品药品监管部门审查等违法行为，其行为违反了《广告法》有关规定，构成以介绍健康养生知识的形式变相发布食品、保健食品广告行为。工商部门责令该电视台改正违法行为，处以罚没款78.8万元。

宁波某传媒公司利用其制作的栏目，通过多家电视台播放“××双宝”节目。该节目通过主持人宋某某以介绍健康养生知识的方式变相发布广告，推销某保健滋补液，且含有“治疗心脏及预防房颤”等医疗用语，违反了《广告法》第18条的规定。2017年1月，市场监管部门责令其在相应范围内消除影响，并罚款50万元。

2.7.8 不得任意扩大范围

保健食品是具有特定保健和调节机体功能的特殊食品，国家对保健食品进行严格管理。其中一个重要手段就是严把说明书和标签，防止虚假宣传。因此，《食品广告发布暂行规定》第10条规定，保健食品的广告内容应当以国务院卫

生行政部门批准的说明书和标签为准,不得任意扩大范围。

任意扩大范围主要有两种形式:一是扩大适宜人群。这个问题在前面已经介绍,不再赘述。二是扩大功能范围,如宣传疾病预防、治疗功能,宣传其他保健功能。疾病预防、治疗功能前面也有介绍,下面重点介绍一下保健功能。

目前,我国批准的保健食品主要分为两类:第一类是补充维生素、矿物质的营养素补充剂类保健食品。营养素补充剂保健功能包括补充:钙、镁、钾、锰、铁、锌、硒、铜、维生素 A、维生素 D、维生素 B1、维生素 B2、维生素 B6、维生素 B12、烟酸(尼克酸)、叶酸、生物素、胆碱、维生素 C、维生素 K、泛酸、维生素 E。

第二类是具有特定的保健功能的保健食品,保健功能分为 27 项,包括增强免疫力、辅助降血脂、辅助降血糖、抗氧化、辅助改善记忆、缓解视疲劳、促进排铅、清咽、辅助降血压、改善睡眠、促进泌乳、缓解体力疲劳、提高缺氧耐受力、对辐射危害有辅助保护功能、减肥、改善生长发育、增加骨密度、改善营养性贫血、对化学性肝损伤的辅助保护作用、祛痤疮、祛黄褐斑、改善皮肤水分、改善皮肤油份、调节肠道菌群、促进消化、通便、对胃黏膜损伤有辅助保护功能。

只要保健食品宣称保健的范围和适宜人群的范围超出了核定的说明书和标签的范围,就构成任意扩大范围。

2.8 普通食品广告

普通食品不像特殊食品有那么多的限制,可以对食品的口感、质量、价格等多方面进行宣传。虽然普通食品广告受到的限制较少,但还是有一些特别规定,主要有三个方面。

2.8.1 婴儿食品广告不得声称替代母乳

母乳含有多种营养成分,是婴儿健康生长和发育的最佳食品。母乳喂养对婴儿发育和母亲健康具有重要意义。国际社会和我国都鼓励和推行母乳喂养。因此,《广告法》规定,禁止在大众传播媒介或者公共场所发布声称全部或者部分替代母乳的婴儿乳制品、饮料和其他食品广告。这里需要注意五点:

一是可以在大众传播媒介或者公共场所发布婴儿乳制品、饮料和其他食品广告。

二是发布的广告不得声称全部或者部分替代母乳。直接声称可以替代母乳,如"可以替代母乳",或者说婴儿食品人乳化、母乳化,都是违法的。间接暗示可以替代母乳也不行,比如宣称"和母乳的成分一样""优于母乳的成分"等都不行。

2016年3月起,上海某公司在其App销售"德国爱他美Aptamil Pre初段奶粉"。商品说明中使用了"Aptamil Pre适合初生婴儿,营养成分和母乳无限接近,可与母乳混合喂养""只含有乳清蛋白,不含蔗糖和淀粉,成分酷似母乳"等产品宣传用语。工商部门认为,广告中所使用的"Aptamil Pre适合初生婴儿,营养成分和母乳无限接近,可与母乳混合喂养""只含有乳清蛋白,不含蔗糖和淀粉,成分酷似母乳"的宣用用语暗示该奶粉可以全部或部分替代母乳,误导了消费者,违反了《广告法》第20条"禁止在大众传播媒介或者公共场所发布声称全部或者部分替代母乳的婴儿乳制品、饮料和其他食品广告"之规定,构成发布违法广告的行为。根据《广告法》第57条第3项的规定,责令该公司停止发布违法广告,罚款20万元。

三是电商在宣传婴儿乳制品、饮料和其他食品时,尽管不要和母乳成分比较。原因在于,如果比较后营养成分不如母乳,则达不到宣传的效果,甚至很丢面子;如果营养成分优于母乳,则有声称替代母乳的嫌疑。

如果不能宣传替代母乳,还想宣传,那么宣传什么最保险?可以宣传一下婴儿食品的成分,可以宣传食品原产地、生产环节、安全卫生等。比如,婴儿乳粉广告可以拍拍大草原,蓝天、白云、碧水、青草,你看环境那么好,原产地肯定没有污染。最关键的是再拍拍牛儿,牛儿那么壮,营养就不用说。总之别与母乳相联系就行。

四是在大众传播媒介或者公共场所发布广告不得声称全部或者部分替代母

乳的,不仅仅是婴儿乳制品,饮料和其他食品,诸如米粉、米糊等婴儿辅食统统都不行。

五是禁止发布母乳代用品广告仅指人类婴儿的,如果是家养宠物幼仔的母乳代用品不受此限制,该怎么发就怎么发,如下图。

2.8.2 普通食品不得宣传保健功能

保健食品是因为含有特殊成分,所以才具有保健和调节机体的功能。普通食品不含有特殊成分,且没有经过注册或者备案,所以不得宣传保健功能。《食品广告发布暂行规定》第13条规定,普通食品、新资源食品、特殊营养食品广告不得宣传保健功能,也不得借助宣传某些成分的作用明示或者暗示其保健作用。《网络食品安全违法行为查处办法》第17条规定,入网食品生产经营者不得从事下列行为:……(二)网上刊载的非保健食品信息明示或者暗示具有保健功能;网上刊载的保健食品的注册证书或者备案凭证等信息与注册或者备案信息不一致;(三)网上刊载的婴幼儿配方乳粉产品信息明示或者暗示具有益智、增加抵抗力、提高免疫力、保护肠道等功能或者保健作用……

从近年来的案例来看,胶囊、蛋白粉、片剂、奶粉、玛卡、苹果醋、猴菇、胶原蛋白、左旋肉碱、袋鼠精、东革阿里、福音茶、阿胶、维生素C、番茄红素、核桃油、木瓜素、苦瓜、生化汤、金牡蛎、荷叶茶、牛蒡茶、钙液体、鱼油、异黄酮、酵素、蜂蜜、蜂王浆、麻茶等食品容易越界宣传保健功能。下面这些关键词则是职业打假人初筛案源的重点:性能力、精子、减肥、丰胸、大脑发育、肠道、胆固醇、抗肿瘤防癌、造血、美腿、免疫力、缓解疲劳、补肾壮阳、前列腺、抗疟疾、降血脂血压血糖、肌肉生长、荷尔蒙。

下图是某电商对某代餐饼干的宣传。这款饼干的主要功能是减肥,但是通过介绍饼干成分,间接宣传其他保健和疾病治疗功能。前面介绍过,减肥是保健功能的一种,但是这款产品没有查到进行过保健食品注册或者备案。建议电商尽快修改,免得把职业打假人招来。

[redacted]主要成分之【藜麦】

零胆固醇、高膳食纤维、营养元素全、纯天然、易吸收消,富含矿物质等微量元素、不含麸质

功效:改善体内酸碱平衡,均衡营养,调节血糖,降低胆固醇,保护心脏,缓解血管压力是二型糖尿病及高血压病人的福音。修复体质、调节免疫和内分泌、提高机体应激能力。

[redacted]主要成分之【白芸豆】

营养丰富,每百克白芸豆含蛋白质23.1g、脂肪1.3g、碳水化合物56.9g、胡萝卜素0.24mg、钙160mg、磷410mg、铁7.3mg及丰富的B、C族维生素。膳食纤维丰富。

功效:淀粉吸收阻断剂”,能有效阻断高淀粉类食物中淀粉的分解,阻断大部分淀粉热量的摄取,减少人体较大的脂肪来源。餐前食用,可阻断80%的热量摄取(不影响其它营养物质的吸收)

[redacted]主要成分之【小麦粉】

小麦面粉富含蛋白质、碳水化合物、维生素和钙、铁、磷、钾、镁等矿物质,能够预防肥胖、便秘、糖尿病有养心益肾、健脾厚肠、除热止渴的功效。

功效:小麦不仅是供人营养的食物,也是给予人治病的药物。长期食用小麦,可以健脾和胃,和中止泻、养心除躁,还能清洁肠道、消除肠道刺激因素。进食全麦还可以降低血液循环中的雌激素的含量,从而达到预防乳腺癌的目的。对于更年期妇女,食用未精制的小麦还能缓解更年期综合征。

[redacted]主要成分之【膳食纤维粉】

不溶性膳食纤维与可溶性膳食纤维总称

不溶性膳食纤维:有很高的吸水力、持水力,具有疏松的空间网络结构。

可溶性膳食纤维:增加饱腹感,防止进食过量。

功效:增强免疫力,降低胰岛素和三酸甘油脂,降低胆固醇与血压,保持消化系统健康,润肠通便、利尿、清肠健胃,防治便秘,防癌防三高,平衡体内的荷尔蒙及降低与荷尔蒙相关的癌症

2.8.3 普通食品广告不得宣传特殊营养成分

除不得宣传保健功能外,普通食品也不得宣传特殊营养成分。《食品广告发布暂行规定》第14条规定,普通食品广告不得宣传该食品含有新资源食品中的成分或者特殊营养成分。

新资源食品是指符合食品基本属性,但在我国无食用习惯的食品原料,包括在我国无食用习惯的动物、植物和微生物;从动物、植物、微生物中分离的在我国无食用习惯的食品原料;在食品加工过程中使用的微生物新品种;因采用新工艺生产导致原有成分或者结构发生改变的食品原料等四种类别。如低聚木糖、低聚半乳糖、蛹虫草、茶叶籽油、鱼油及提取物、乳矿物盐、蛋白核小球藻、盐藻及提取物、螺旋藻等。

《新资源食品管理办法》规定,新资源食品在首次上市前应当报卫生部审核批准。国家对新资源食品之所以严格监管是为了保障消费者身体健康。普通食品是不需获得审核批准的非新资源食品,因此不得宣传该食品含有新资源食品中的成分或者特殊营养成分。

2.9 农资广告

农业的涉及面很广,从前期投入的种苗、仔畜,到促进生长的饲料、肥料,治病、驱虫的农药、兽药,再到最后进入市场的粮食、水果、蔬菜和肉类等,这些农产品的广告都属于农业广告,都应当遵守《广告法》等法律法规的规定。除此之外,《广告法》第21条、第27条对农药、兽药、饲料和饲料添加剂广告和农作物种子、林木种子、草种子、种畜禽、水产苗种和种养殖广告作了特别规定。下面,重点介绍一下农药、兽药、饲料和饲料添加剂广告,最后再简要介绍一下种子等广告。

2.9.1 不得表示功效、安全性的断言或者保证

农药是指用于预防、控制危害农业、林业的病、虫、草、鼠和其他有害生物以及有目的地调节植物、昆虫生长的化学合成物或者来源于生物、其他天然物质的一种物质或者几种物质的混合物及其制剂。

兽药是指用于预防、治疗、诊断动物疾病或者有目的地调节动物生理机能的物质(含药物饲料添加剂),主要包括血清制品、疫苗、诊断制品、微生态制品、中药材、中成药、化学药品、抗生素、生化药品、放射性药品及外用杀虫剂、消毒剂等。

饲料是指经工业化加工、制作的供动物食用的产品,包括单一饲料、添加剂预混合饲料、浓缩饲料、配合饲料和精料补充料。

饲料添加剂是指在饲料加工、制作、使用过程中添加的少量或者微量物质,包括营养性饲料添加剂和一般饲料添加剂。

农药、兽药、饲料和饲料添加剂都是通过作用于动植物达到祛除病害、调节机能、提产增量的目的。但是这种效果受到多种因素的影响,动植物品种、周边环境、施用者的水平等都将使农药、兽药、饲料和饲料添加剂效果产生不确定性。此外,有些农药、兽药、饲料和饲料添加剂带有一定的毒副作用,长期使用或者不当使用也可能造成危害。因此,农药、兽药、饲料和饲料添加剂广告表示功效、安全性的断言或者保证是没有科学依据的,而且容易误导消费者。《广告法》第21条第1项规定,农药、兽药、饲料和饲料添加剂广告不得表示功效、安全性的断言或者保证。

下图是某电商在宣传阿维菌素的页面,其中“用来防止几乎所有害虫”“效果很理想”的表述就是对功效的断言。实际上,阿维菌素是一种抗生素类杀虫、杀螨、杀线虫剂,具有广谱、高效、低残留和对人畜及环境安全等特点,尤其是对昆虫和螨类具有触杀和胃毒作用,效果明显。但是,法律规定不得宣传,农药广告就不得宣传。因为,阿维菌素效果好是一回事,使用方法是另一回事。

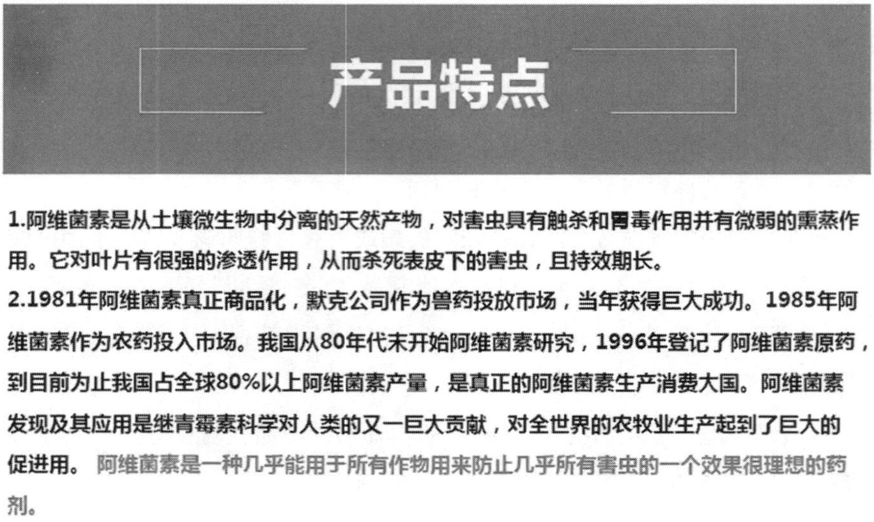

从近年来的案例来看，农药、兽药、饲料和饲料添加剂广告出现断言违法主要有三种表现形式。一是农药、兽药广告往往宣传杀虫彻底。“彻底”本身是对功效的一种断言。

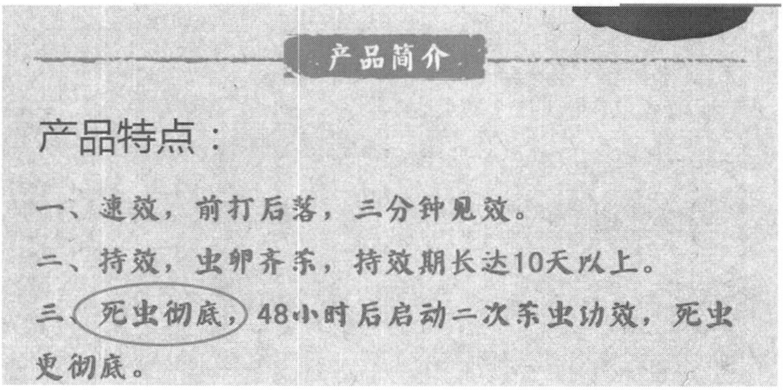

二是饲料广告往往宣传饲养的动物增肥、增重。如下图，“日增 4 ~ 5 斤”就涉嫌是对功效的断言。

三是兽药广告容易宣传安全性。下图某电商发布的喹乙醇广告,宣称“本品使用方便,安全高效”。“安全高效”是一种断言。实际上,喹乙醇有蓄积毒性,后面我会详细介绍。

2.9.2 不得推荐、证明

农药、兽药、饲料和饲料添加剂效果具有不确定性，动植物个体之间也有差异，因此即使科研单位、学术机构、技术推广机构、行业协会或者专业人士、用户作推荐、证明，不一定能够产生预期的效果。为了避免误导农资使用者。《广告法》第21条规定，农药、兽药、饲料和饲料添加剂广告不得利用科研单位、学术机构、技术推广机构、行业协会或者专业人士、用户的名义或者形象作推荐、证明。

在实际中，作推荐、证明的主要有二种情形：一是利用科研单位、学术机构、技术推广机构、行业协会的名义推荐、证明。如下图某兽药的宣传，其中包含“中国畜牧兽医学会常务理事单位特别推荐”。中国畜牧兽医学会是学术机构，这就涉嫌违法了。

二是利用专业人士、用户的名义或者形象作推荐、证明。最典型的是客户案例。许多商家用客户使用产品的情况来说明产品受欢迎和功效。但是，客户案例在法律上的含义就是用户的名义作推荐和证明。因此，也涉嫌违法。

科研单位、学术机构、技术推广机构、行业协会或者专业人士是宝贵的资源，代表着专业、技术。《广告法》禁止利用这些资源作推荐、证明，必须要遵守，但并不意味着这些资源不可利用。请再读一遍《广告法》第21条第2项的规定："农药、兽药、饲料和饲料添加剂广告不得含有下列内容：利用科研单位、学术机构、技术推广机构、行业协会或者专业人士、用户的名义或者形象作推荐、证明。”这里《广告法》禁止的是在广告中利用科研单位、学术机构、技术推广机构、行业协会或者专业人士、用户的名义或者形象推荐、证明农药、兽药、饲料和饲料添加剂的内容。换句话说，只要不是推荐、证明农药、兽药、饲料和饲料添加剂，科研单位、学术机构、技术推广机构、行业协会或者专业人士、用户的名义或者形象仍然可以使用。比如，表明本企业是某农业院校教学基地、试验基础，本企业是某兽医学会理事单位、某行业协会理事单位。再者如宣传本单位的专家团队都是可以的。

《广告法》第21条的立法宗旨是避免误导农资使用人。只要是事实求是的宣传，不误导农资使用人，应当是允许的。我始终认为好企业就是好企业，应当与一般企业区别开来。不能因为个别企业夸大宣传，法律就因噎废食，让所有的企业都闭嘴，好的也不能说好。

2.9.3 不得说明有效率

所谓有效率实际上是某些研究机构对过往一定时期、一定条件下、某些动植物品种的案例统计得到的结果。由于受到时期、条件、品种等多重影响，在特定时期、条件下有效的结果不代表在其他时期、条件下都有效。因此，基于以往有效的案例计算出的“有效率”不具有普遍性和适用性。《广告法》第21条第3项规定，农药、兽药、饲料和饲料添加剂广告不得说明有效率。

如下图兽药广告和饲料广告，宣称“提高70%”“11.5%以上”“33%以上”。首先，这些数据没有表明出处；其次，就是有出处，依据《广告法》第21条第3项的规定，也不能使用。

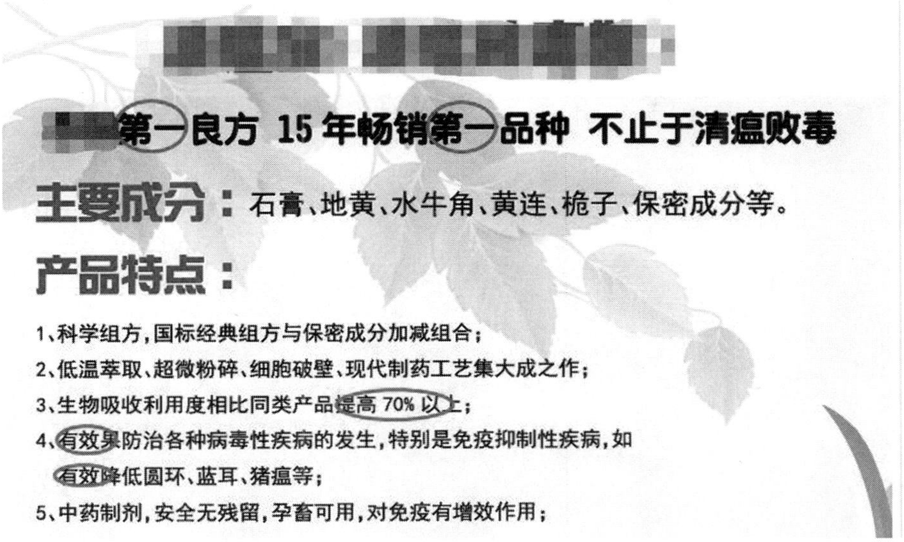

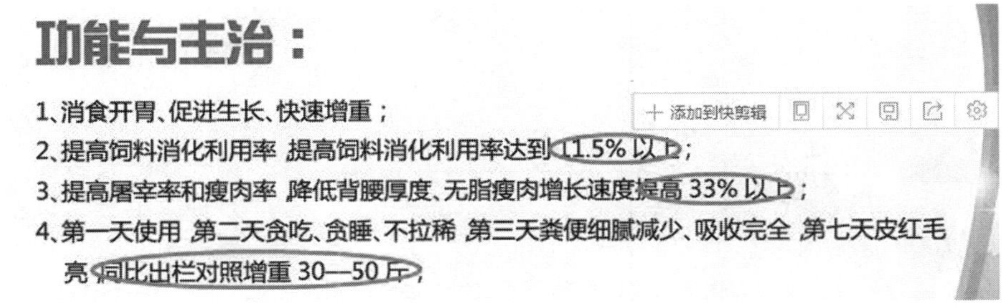

说明有效率的还有一种情形，直接用数值表示。如下面两张图，“不用一个月体重上升12克”“客户反馈打三场全赢”。是不是所有的鸟使用这种饲料后，不用一个月体重都能上升12克？所有的鸟打三场都能全赢？显然不能。所以这个广告也涉嫌违法，说明了有效率。

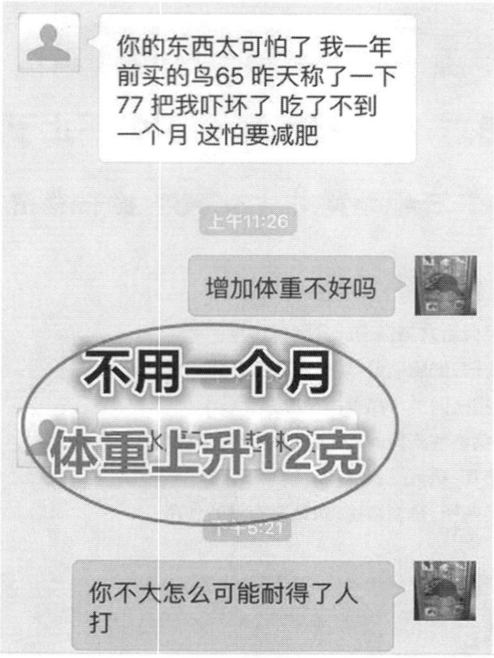

这里再说一下，许多电商喜欢使用客户评价说明商品的功能、质量多么好，

多么受欢迎，并认为这不是广告，不需要承担相应的责任。实践中，执法部门一一般会这么操作，如果客户评价是虚假的，按照组织虚假评论进行处理，属于虚假宣传的一种。如果电商使用客户评价的截图作证明，无论是否虚假，都属于电商自己的广告宣传，进一步又分为两种情况，如果评论是虚假的，按照虚假广告宣传处理；如果评论是真实的，要看被评论的这款商品或者服务是否有特别规定，如果是医疗服务、医药、医疗器械、农药、兽药、饲料、饲料添加剂、教育、培训等，按利用客户作推荐、证明处理。所以，不要刻意组织客户评论或者用客户评论的截图作证明。

2.9.4 不得违反安全使用规程

农药、兽药普遍带有毒副作用，有些饲料和饲料添加剂也有一定毒副作用。相关法规、国家标准对农药、兽药、饲料和饲料添加剂的用法、用量、操作规范、防护措施、注意事项都有严格的要求。违反安全规程使用，可能会对动植物、施用者、食用者以及生态环境造成损害。因此，《广告法》第 21 条第 4 项规定，农药、兽药、饲料和饲料添加剂广告不得含有违反安全使用规程的文字、语言或者画面。

下图是某电商发布的喹乙醇广告，宣称“用于促进畜禽生长”“对畜禽和鱼类的细菌性肠炎和痢疾有预防和治疗作用”“毒性小”“体重超过 55 公斤的猪和宰前停止给药”。喹乙醇又称喹酰胺醇，商品名为倍育诺、快育灵，是一种抗菌促进生长剂，具有促进蛋白同化作用，能提高饲料转化率，使动物增重加快。但是，喹乙醇有中度至明显的蓄积毒性，对大多数动物有明显致畸作用，对人也有潜在的致畸形、致突变、致癌性。因此喹乙醇在美国和欧盟都被禁止用作饲料添加剂。《中国兽药典》(2005 年版)也有明确规定，喹乙醇被禁止用于家禽及水产养殖。2001 年，原农业部在第 168 号公告中规定，喹乙醇只能用于体重低于 35 千克的猪，禁止用于家禽及水产养殖。2018 年 1 月，原农业部发布第 2638 号公告，停止在食品动物中使用喹乙醇、氨苯胂酸、洛克沙胂等 3 种兽药。所以这个广告宣称喹乙醇的使用方法违反了安全规程。

喹乙醇
规格：25kg

*产品名称：喹乙醇 [redacted]

*质量标准：中华人民共和国兽药典》90版一部

*化学名称：2-[N-（2-羟基-乙基）-氨基甲酰]-3-甲基-喹恶啉-1，4-二氧化物

*分子式：C12H13N3O□□

*分子量：263.25

*性状：本品为浅黄色结晶性粉末、无臭、味苦、溶于热水、微溶于冷水，几乎不溶于甲醇、乙醇和氯仿。

指标名称□□单位□指标
喹乙醇含量□%(m/m)□≥98
干燥失重□□%(m/m)□≤0.5
氯化物含量□%(m/m)□≤0.05
重金属含量□ppm□□□≤20
炽灼残渣□□%(m/m)□≤0.2
熔点□□□□℃□□207～213
砷盐□□□□ppm□□□≤2
酸碱度测试□□-□□□合格

*作用和用途：

抗菌药，用于促进畜禽生长。本品能促进蛋白质合成，生产更多瘦肉，可提高饲料转化率、畜禽成活率和生长速度，并可防治疾病，广泛用于猪、肉牛、兔、鸡、鸭、鹅、鱼、对虾、水貂等畜禽的养殖，对畜禽和鱼类的细菌性肠炎和痢疾有预防和治疗作用，本品在动物体内吸收和排泄迅速，毒性小，但仔猪和鸡超量使用易中毒。

*用法和用量：

混饲，猪每吨饲料加入50～100g，牛每吨饲料加入100g，家禽每吨饲料加入25～35g。

*注意事项：体重超过55kg的猪和宰前35天停止给药。

*贮藏：遮光、密闭，放干燥处。

下图是某电商销售盐酸金霉素的宣传，写的比较规范，尤其是注意事项“本品毒性在本类药品中较小，但亦不可长期大剂量使得”，让人觉得很严谨、信服，建议电商在作农兽药宣传时，采取下图体例。

【兽药名称】 通用名：盐酸金霉素

【主要成份】 含盐酸金霉素≥98.0%

【性 状】 本品为金黄色或黄色结晶；无臭，味苦；遇光色渐变暗.

【药理作用】抗生素类药对革兰氏阳性，阴性细菌球菌特是葡萄球菌的效果较强.多作饲料添加剂以预防疾病，促进生长.或提高饲料的报酬，也用于敏感菌引起的各种感染有郊.

【适 应 症】 本品主要用于禽畜的立克次体病.放线菌病.衣原体病.子宫内膜炎.乳腺炎.鹦鹉和鸽的鹦鹉热等.水产：白皮病.白头白嘴病.和打 病.鳗鱼赤鳍病.虹鳟弧菌病及疖疮.鱼香弧菌病等细菌性疾病.

【用法用量】混饮：家禽1克兑水10-20kg，家畜1g兑水8-12kg，连用3-5天.混饲：家禽1g拌料5-10kg，1次/日.家畜1g拌料4-8kg，1次/日.连用3-5天.水产：每克拌料4-8kg，1次/日.连用3-5天.

【注意事项】本品毒性在本类药中较小，但亦不可长期大剂量使用.

【包 装】1000克/罐×6罐/箱

【停 药 期】食用动物8天。

【贮 存】遮光，密封在阴凉处保存

【有 效 期】2年。

此外，农资还包括农作物种子、林木种子、草种子、种畜禽、水产苗种和种养殖等。《广告法》第27条对其广告作出规定，农作物种子、林木种子、草种子、种畜禽、水产苗种和种养殖广告关于品种名称、生产性能、生长量或者产量、品质、抗性、特殊使用价值、经济价值、适宜种植或者养殖的范围和条件等方面的表述应当真实、清楚、明白，并不得含有下列内容：（一）作科学上无法验证的断言；（二）表示功效的断言或者保证；（三）对经济效益进行分析、预测或者作保证性承诺；（四）利用科研单位、学术机构、技术推广机构、行业协会或者专业人士、用户的名义或者形象作推荐、证明。

这些规定主要是防止误导农民消费者。道理和前面一样，动植物的养殖与季节、地域、土壤、环境、管理水平等多种因素有关。同样的种苗因季节、地域、土壤、环境、管理水平等不同，生长周期、产量、质量、口感都可能不同。因此，作功效的断言、经济效益的保证、专家的推荐都是不科学、缺乏依据的。我在这里不再赘述。

2.10 烟酒广告

烟酒是特殊商品。烟草有害人体健康,过量饮酒对身体也会产生不良影响。为了体现禁烟限酒的政策导向,《广告法》对烟酒广告作了限制性规定。

2.10.1 禁止在公共场所发布烟草广告

烟草有害人体健康,已经是社会共识。国际社会和我国明确要控制烟草,因此《广告法》第22条第1款第1句规定,禁止在大众传播媒介或者公共场所、公共交通工具、户外发布烟草广告。其中,大众传播媒介主要是指广播、电影、电视、报纸、期刊、图书、音像制品、电子出版物、移动通讯网络或互联网等。公共场所泛指向不特定人开放的所有场所,包括且不限于通常所理解的各类等候室、体育比赛场馆、影剧院、图书馆、文化馆、博物馆、公园、商场、医院、学校、会议厅堂,甚至政府部门等人群聚集的场所。公共交通工具主要是指从事旅客运输的各类汽车、出租车、列车、船只、飞机等交通运输工具。户外是指户外的场所、空间、设施,如大楼外墙、路边展示牌、电子显示装置、灯箱、霓虹灯等。

1995年6月,××卷烟厂在《××日报》上发布"××卷烟厂祝贺""雄风再现,狮走天下"的广告。××卷烟厂、××日报社利用报纸这一大众传播媒介,发布烟草广告,违反了《广告法》第18条第1款的规定。工商部门根据《广告法》对××日报社和××卷烟厂进行了查处。

现在大家都知道了,在大众传播媒介上不能做广告,报刊、杂志、电视上的烟草广告没有了。但是,有些烟商和电商平台没有认识到网络属于大众传播媒介,也是不能做广告的,如下图则就涉嫌违法了。

白沙(和天下) 已有51462人关注

基本信息：

类型：	烤烟型	焦油量：	11mg	烟气烟碱量：	1.1mg
一氧化碳量：	13mg	烟长：	84mm	过滤嘴长：	25mm
包装形式：	条盒硬盒	单盒(包)支数：	20	包装主色调：	深紫
包装副色调：	紫	销售形式：	国产内销	产品状态：	已上市
单盒参考价：	¥100	条盒参考价：	¥1000	推荐指数：	★★★

2015年3月，泰安某文化传播公司向腾讯公司微信公众平台申请注册了公众号。此后一年多时间，该公司利用该微信传播媒介，陆续发布了某牌香烟系列产品的包装、装潢及文字广告。工商部门认定，该公司的行为违反了《广告法》第22条第1款第1句“禁止在大众传播媒介或者公共场所、公共交通工具、户外发布烟草广告”的规定，构成在大众传播媒介违法发布烟草广告的行为。工商部门责令该公司停止发布违法广告，并罚款20万元。

2.10.2 禁止向未成年人发送任何形式的烟草广告

为保护未成年人的身体健康，阻止青少年吸烟，《广告法》第22条规定，禁止向未成年人发送任何形式的烟草广告，包括印刷品、E-mail和短信等。

2.10.3 禁止利用其他广告宣传烟草制品

由于烟草广告受到严格的限制，实践中有些烟草生产经营者另辟蹊径，想办法变相发布烟草广告，其中方法之一就是利用其他商品服务广告、公益广告变相宣传烟草制品。因此，《广告法》第22条第2款规定，禁止利用其他商品或者服务的广告、公益广告，宣传烟草制品名称、商标、包装、装潢以及类似内容。

1997年1月，有群众举报，××市电视台播放“沧浪亭”烟草广告。经××市工商局查实，1997年1月7日至22日，××市烟草公司每天连续两次在××市电视台发布“姑苏沧浪亭，吴江最钟情”“××市烟草专卖局局长陈××携全体员工，向关心支持烟草事业的各级领导和社会各界，表示衷心感谢，并在春节来临之际,向大家致以诚挚问候”的广告。××市烟草公司、××市电视台利用电视这一大众传播媒介发布烟草广告,违反了《广告法》第18条的规定,××市工商局根据《广告法》,对××市电视台和××烟草公司进行了处罚。

有些烟草企业则利用公益,通过赞助、捐赠等手段进行企业社会形象宣传。比如,2009年某烟草企业赞助希望小学,被冠以“烟草希望小学”的名称,甚至打出标语称“天才出于勤奋,烟草助你成才”,以美化烟草以及企业形象。

这些将烟草制品的包装、装潢作为广告背景,在公益广告中展示烟草制品名称、图案、商标等,都是变相做烟草广告,应予禁止。

还有一个问题需要探讨一下,植入广告行不行?比如,在电视剧或者其他影视节目中,如果演员在吸烟,此时给烟盒一个特写。这样行不行?我可以明确地告诉大家,这是违法的!1995年原国家工商总局曾发布过《烟草广告管理暂行办法》,目前该办法已经失效,但研读该办法的规定,可以帮助理解烟草广告的边界。《烟草广告管理暂行办法》第9条规定,烟草经营者利用广播、电视、电影、报纸、期刊发布下列广告时,不得出现烟草制品名称、商标、包装、装潢……(四)广播、电影、电视节目首尾处出现的鸣谢单位或者赞助单位名称;(五)报纸、期刊报花、栏头上标明的协办单位名称。换句话说,可以在广播、电影、电视节目首尾处,报纸、期刊报花、栏头上,标明烟草企业名称,但不能出现烟草制品形象。否则,涉嫌发布烟草广告。

2.10.4 不得利用启事宣传烟草制品

变相发布烟草广告的另一种方式是利用迁址、更名、招聘等启事宣传烟草制品。因此,《广告法》第 22 条第 3 款规定,烟草制品生产者或者销售者发布的迁址、更名、招聘等启事中,不得含有烟草制品名称、商标、包装、装潢以及类似内容。《烟草广告管理暂行办法》(已失效)第 9 条也规定,烟草经营者利用广播、电视、电影、报纸、期刊发布迁址、换房、更名、招工、招聘、寻求合作、寻求服务等广告时,不得出现烟草制品名称、商标、包装、装潢。

2.10.5 不得诱导、怂恿饮酒或者宣传无节制饮酒

酒水是一种特殊食品,在中国传统文化中具有特殊的地位。过量饮酒不利于身体健康,甚至可能引发酗酒闹事、交通事故等社会问题。但是有些酒水广告为了促销,诱导、怂恿饮酒,明示或者暗示饮酒是身份、地位、成熟的象征,个性、友谊、喜庆的表现,或者把个人、商业、社会、体育、性生活或者其他方面的成功归因于饮酒。这些广告客观上增加了消费者酒水的饮用量,但影响了身体健康和社会风气。因此,《广告法》第 23 条规定,酒类广告不得含有诱导、怂恿饮酒或者宣传无节制饮酒内容。

2016 年 9 月,长治某公司在邮乐网"上党馆"店铺发布"42 度金杏王酒"广告,内容含有"饮酒就是一种享受,朋友们一定也喜欢"等宣传语和图片。工商部门认定,该广告违反了《广告法》第 23 条第 1 项的规定,属于诱导、怂恿饮酒或者宣传无节制饮酒的违法广告。据此,对该公司罚款 10 万元。

下图是某电商的啤酒广告。啤酒度数再低也是酒。其中"开怀畅饮喝起来""容易入口,不易上头""与朋友尽情举杯,忘怀畅饮""三五知己,忘怀欢聚",就涉嫌宣传无节制饮酒。什么叫忘怀,就是无拘无束。

下图也是某电商的酒水广告，其中“不涨肚　不头疼”不知是不是暗示多饮没事？

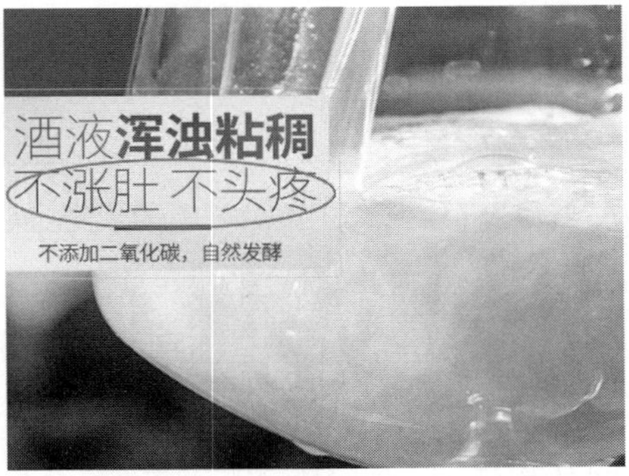

下图是两个电商的白酒广告，都使用了“越喝越好”的表述，涉嫌怂恿鼓励饮酒。

以上广告建议尽快修改。

食品广告的特点是通过宣传食品好吃、好喝，鼓励大家多吃、多喝，增加食用量，来促进销售。但是《广告法》禁止诱导、怂恿饮酒。那么宣传啤酒泡沫细腻、白酒甘醇，算不算诱导、怂恿饮酒。一般情况下执法部门遵循直接字面原则，不作过多推理。首先，广告内容不要有畅饮、痛饮、尽情等鼓励、提倡无拘束饮酒的词。只要字面上有这些词，基本上可以直接认定是诱导、怂恿饮酒。

其次，广告内容不要宣传没有副作用，比如喝多了不上头，不涨肚。甚至宣传长期饮用，有益健康。

2017 年春节期间，桂林市临桂区工商部门对辖区内酒类市场进行专项检查,发现有些酒厂使用具有诱导、怂恿性的词语打擦边球,钻法律空子:一家酒厂在其生产的"枸杞养生酒"标签上印有"适合不同人群随意饮用"字样;而另一酒厂在其生产的低度米酒标签上印有"常饮低度酒、精神抖擞、有益健康"醒目字样。这些广告语均违反了《广告法》关于酒类广告禁止有"诱导、怂恿饮酒或者宣传无节制饮酒"的规定。

再次,只要没有前两条,宣传酒水口感好、味道好,是可以接受的。广告就是要宣传产品好的,不宣传产品好还做广告干嘛?

最后,如果对广告的内容没有把握,不确定执法部门会否认定属于诱导、怂恿饮酒,建议增加这么一句,"×酒虽好,请不要贪杯或请适量饮用"之类的提示语。当然,前提是一定不要出现前两条的情况。

2.10.6 不得出现饮酒的动作

广告具有提倡、引导的功能,而酒类广告是属于限制范围,因此《广告法》第23条第2项中规定,酒类广告不得出现饮酒的动作,防止他人模仿、学习。

2017年9月,长沙某广告文化传播公司与客户签订了"茅台镇原浆酒"专题广告代理合同。2017年9月27日到29日,该公司通过湖南某电视台播放了六次"茅台镇原浆酒"专题广告,内容含有"饮酒动作"镜头。工商部门认为,该公司代理的"茅台镇原浆酒"专题广告出现"饮酒动作"镜头,违反了《广告法》第23条第2项的规定,属于在酒类广告中出现饮酒的动作的违法行为,依据《广告法》第58条第1款第5项和第3款的规定,没收该公司广告费用1320元,处罚款1380元,两项合计2700元。

2016年9月,北京某工商部门接到匿名申诉,称某啤酒(中国)公司的微信宣传中,有饮酒动作,违反《广告法》。执法人员及时截取微信广告图片作为证据,认定该广告违反《广告法》第23条第2项的规定。在证据确凿的情况下,工商部门对该公司处以罚款1200元。

有一个问题需要讨论一下,什么叫饮酒动作。饮酒即是喝酒,嘴唇接触酒水,或者表现想触碰酒水的意念,其有关动作都可以认定为饮酒动作。那么下图的碰杯算不算?

2015 年 9 月 23 日,北京某信息技术公司在其网站上宣传销售自营商品“蓝带”啤酒,宣传内容中含有饮酒碰杯的动作。2015 年 10 月 7 日,该公司在其网站上宣传销售自营商品德国黑啤酒,宣传内容中含有饮酒碰杯的动作。工商部门认定,两个广告内容违反了《广告法》第 23 条第 2 项的规定,对该公司进行了查处。

我没有看到这两个案例中“饮酒碰杯”相关图片,不知道这两个广告被查处是仅仅因为有“碰杯”的动作,还是因为“碰杯”后有“饮”的动作。这里之所以放上这个案例,是想提醒大家,碰杯在有些执法部门的眼里,会被视为饮酒动作的一个环节,有可能因此被认定为“饮酒动作”。

食品视频广告一般分为三个环节。一是食品特写,二是食用过程,三是表达很享受、味道好或者很愉快的表情或者画面。这三个环节是连贯的,没有第一个环节,观众不知吃的是什么。没有第二个环节,观众对第三个环节中的演员很享受、很愉快的表情就会觉得莫名其妙。第三个环节用来表达美好的感觉。这三个环节逻辑紧密、相互关联。但是,现在《广告法》就是要挖掉第二个环节,这对酒水视频广告提出了挑战。我觉得这方面处理比较好的是 RIO 的微醺广告。如下面关键的四张图。第一张图开启易拉罐,同时让消费者看清产品。第二张图不是饮酒的动作,而是用白桃与酒水的激荡表达这款产品的口味,画面清澈干净,看了就让人有食欲。第三张图,演员对这款产品很享受。第四张图,演员对这款产品很喜爱。整个视频一气呵成,没有饮酒的动作,但却把微醺的美味表达出来。这个广告是近年来我见到的酒水广告的上乘之作。

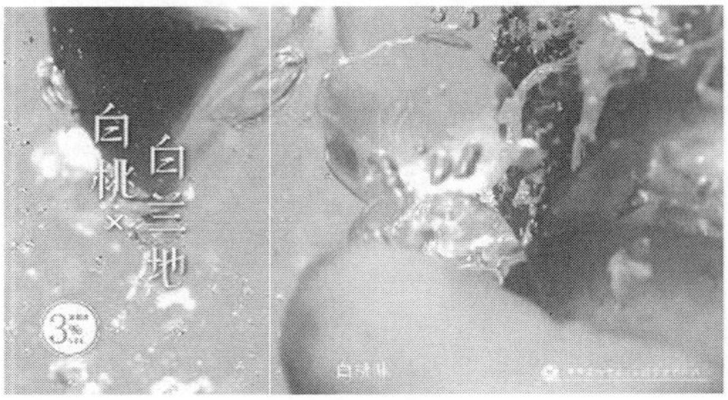

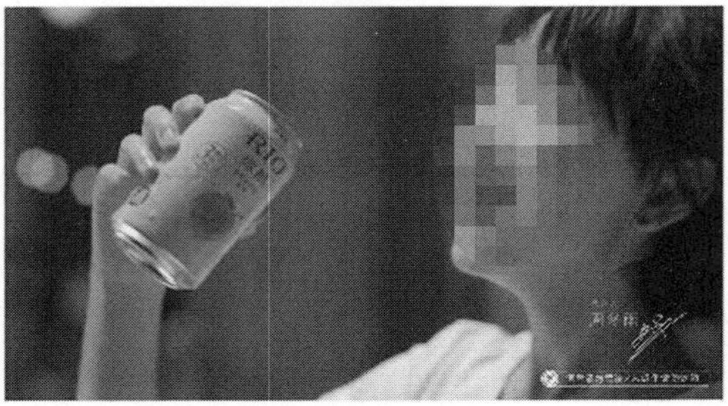

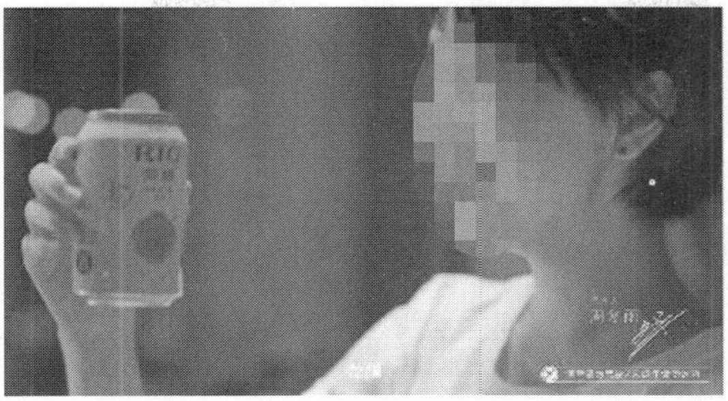

此外,《广告法》第 23 条还有两项规定,酒类广告不得表现驾驶车、船、飞机等活动;不得明示或者暗示饮酒有消除紧张和焦虑、增加体力等功效。这两条现在违反得很少,我们不再赘述。

2.11 教育培训广告

近年来,随着教育事业的快速发展,催生了不少教育培训机构。其中,有些机构为了扩大生源,通过提供保证性承诺、虚构师资教育背景、宣称命题专家授课等多种方式,进行广告宣传,欺骗和误导公众。因此,《广告法》第 24 条对教育培训广告进行规范。

2.11.1 不得作出保证性承诺

教育培训的效果受到试题难度、师资水平、受教育人员基础、学习态度等多重因素的影响。明示或暗示的保证一般没有科学依据,容易误导受教育人员。因此《广告法》第 24 条第 1 项规定,教育、培训广告不得含有下列内容:对升学、通过考试、获得学位学历或者合格证书,或者对教育、培训的效果作出明示或者暗示的保证性承诺。

2016 年,杭州某教育咨询公司在其上城分公司的经营场所发放印刷品广告,内容含有"全杭州最强中考科学名师团执教"等绝对化用语,同时含有"中考承诺班”“承诺考上前三/前八(杭二、学军杭高)”等内容,对教育、培训的效果作保证性承诺。市场监管部门认定,该行为违反了《广告法》第 9 条、第 24 条的规定,并根据《广告法》第 57 条及第 58 条的规定,对该公司作出责令停止发布,在相应范围内消除影响,并罚款 30 万元。

2017 年,江阴 × × 教育信息咨询公司自行制作的宣传单,发布“ × × 教育 CCTV 央视中学生频道教学服务中心”等内容,以虚假的内容宣传其提供的培训服务所获得的荣誉等信息,同时发布“ × × 教育学员中考进步率 99% ”等内容,对培训效果作出明示的保证性承诺,并以部分学员的成绩作为培训效果的证明。市场监管部门认定,该公司违反了《广告法》第 24 条、第 28 条的规定,对其处以罚款 5 万元。

对教育培训效果作保证性承诺主要有以下几种错误形式:

一、保证稳过、获得证书,不过退款等

如下图:

其实，宣称"考试不通过就退款"是一种责任承诺，我个人认为应当与"保证稳过"的口头支票相区别。但这也是一种承诺，各地执法部门的宽严尺度不同，有可能会被认定为对教育培训效果作出保证性承诺。

二、明确宣称达到某一目标

如提高多少分，达到多少分，不低于多少分，如下图。

三、宣传通过率、成功率，作出暗示性的保证承诺

如下图：

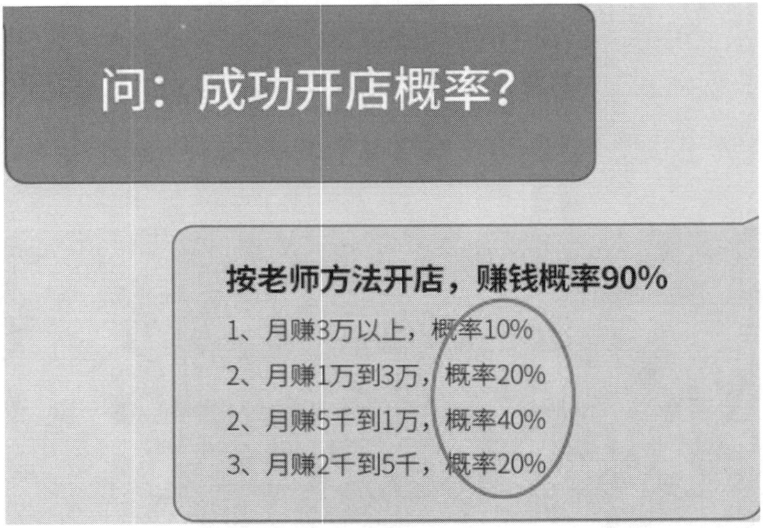

下图是某司考培训班的宣传，不好意思自夸，却宣称“用过的都说通过率99%的哦”。通过率是考完试后汇总统计出来的，用过的人怎么知道有多少人考试，多少人通过，通过的有多少人用过？逻辑都有问题，这种通过率的可信度能有多高？！

2.11.2 不得宣称与考试机构及其人员相关

教育培训机构明示或者暗示有相关考试机构或者其工作人员、考试命题人员参与教育、培训，其目的是让广告受众认为该机构与与考试机构或人员有关系，能够得到“内部消息”“真题”。试题泄密是违法的，也是不公平的，很多主管部门都明确规定考试机构及其工作人员、命题人员不得参与与考试相关的教育、培训活动。因此，《广告法》第24条第2项规定，教育、培训广告不得含有下列内容：明示或者暗示有相关考试机构或者其工作人员、考试命题人员参与教育、培训。

2017年，南京某教育培训中心在自设网站中宣传“2017省考笔试课程一次通关”“特聘人事厅考试命题专家、创设公考题库专家和公考阅卷专家，组成师资队伍”等内容。工商部门认定，该公司发布的广告违反了《广告法》第9条第2项、第24条的规定，对其处以罚款20万元。

2017年，江苏某信息技术公司在制作和发布的“2017暑假初一衔接课程简介及报名指南”和“告家长书——2017暑假初三网络课程简介及报名指南”以及“2017暑假初三网络课程简介及报名指南”配套数学讲义和英语讲义中均宣传“网络课程特聘请有丰富教学经验的名师、中考命题教师编写和制作了视频学习课程”等内容。市场监管部门认定，该公司发布的广告违反了《广告法》第24

条第 2 项的规定,对其处以罚款 10.68 万元。

宣称与考试机构及其工作人员相关,主要错误形式是宣称命题专家授课、辅导、命题,如下图。

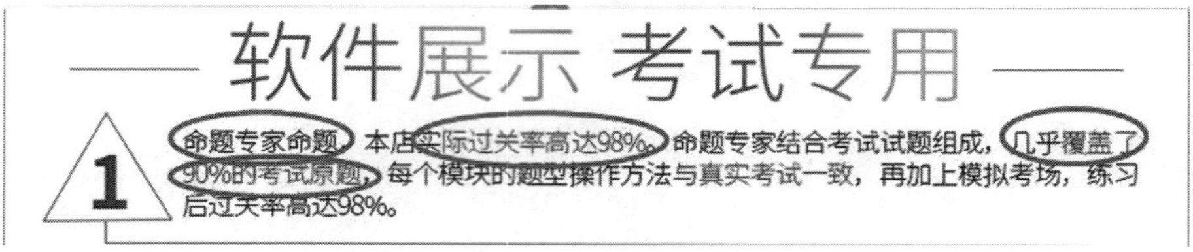

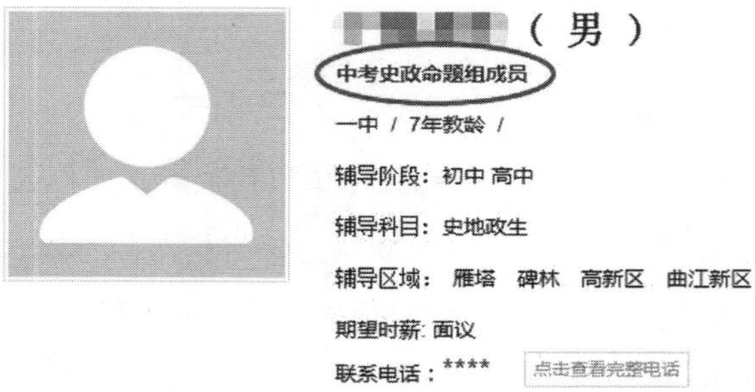

2.11.3 不得推荐、证明

教育培训的效果受到多重因素的影响,因此教学科研机构、专业人士、受益者的推荐、证明缺乏科学合理性,不能确保达到预期效果,反而容易误导受教育人员。因此,《广告法》第 24 条第 3 项规定,教育、培训广告不得含有下列内容:利用科研单位、学术机构、教育机构、行业协会、专业人士、受益者的名义或者形象作推荐、证明。

2017 年 11 月,广州某教育技术公司通过其公司网站发布培训广告,对培训效果作出暗示的保证性承诺,并通过其橱窗广告使用学生的名义作推荐、证明。工商部门认定,该广告违反了《广告法》第 24 条第 1 项、第 3 项的规定,责令该公司停止发布违法广告,在相应范围内消除影响,并处罚款 18 万元。

2015 年 1 月至 2016 年 3 月,青岛某教育咨询公司利用宣传册、宣传彩页及套封等载体发布的广告，内容含有“最”字绝对化用语，利用专业人士、受益者的名义、形象为公司作推荐、证明。市场监管部门认定，该公司的行为违反了《广告法》第 9 条第 3 项和第 24 条第 3 项的规定，责令该公司停止发布相关违法广告，在相应范围内消除影响，并罚款 20.502 万元。

在实践中，教育培训机构用作证明主要有两种错误形式，一是用学员的学习成绩、录取院校和录取单位作证明，如下面这些广告，已涉嫌违法。

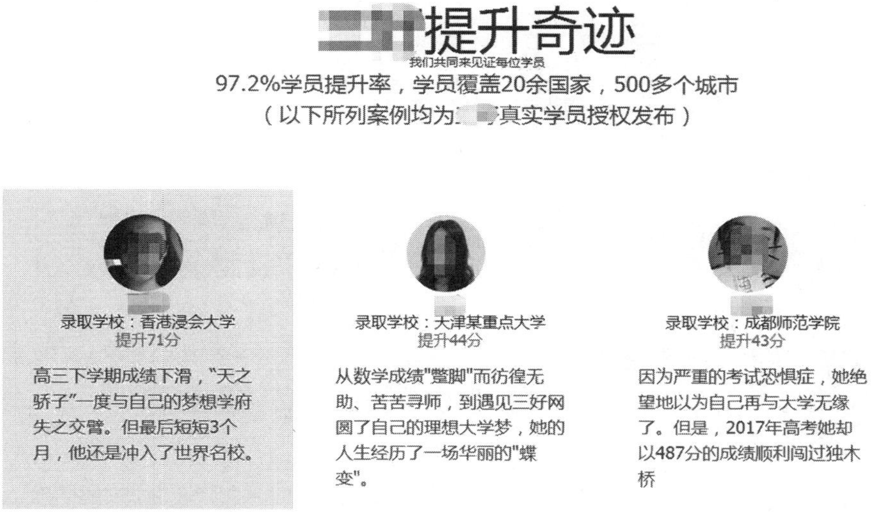

在这里 我们将638名学员送入名校

638名成功学员=638个名校实战成功案例

姓名	本科院校	本科专业	报考院校	报考专业	成绩	所报班型
	北京城市学院	国际贸易	北京理工大学	法律（非法学）	355	集训畅学全年160天协议版
	江苏科技大学	统计学	天津大学	法律（非法学）	402	专业课私密1对1高分协议班
	河北科技大学	土木工程	西南财经大学	法律（非法学）	390	半年VIP集训班
	内蒙古工业大学	物流管理	辽宁大学	法律（非法学）	380	集训畅学全年100天协议版
	北京科技大学	计算机科学	中央财经大学	法律（非法学）	362	全科私密1对1协议班
	重庆大学	经济学	中国人民大学	经济学	401	全年集训标准班
	首都经济贸易大学	金融学	南开大学	法律（非法学）	351	半年集训协议班

二是用学员的评论作证明，如下图。

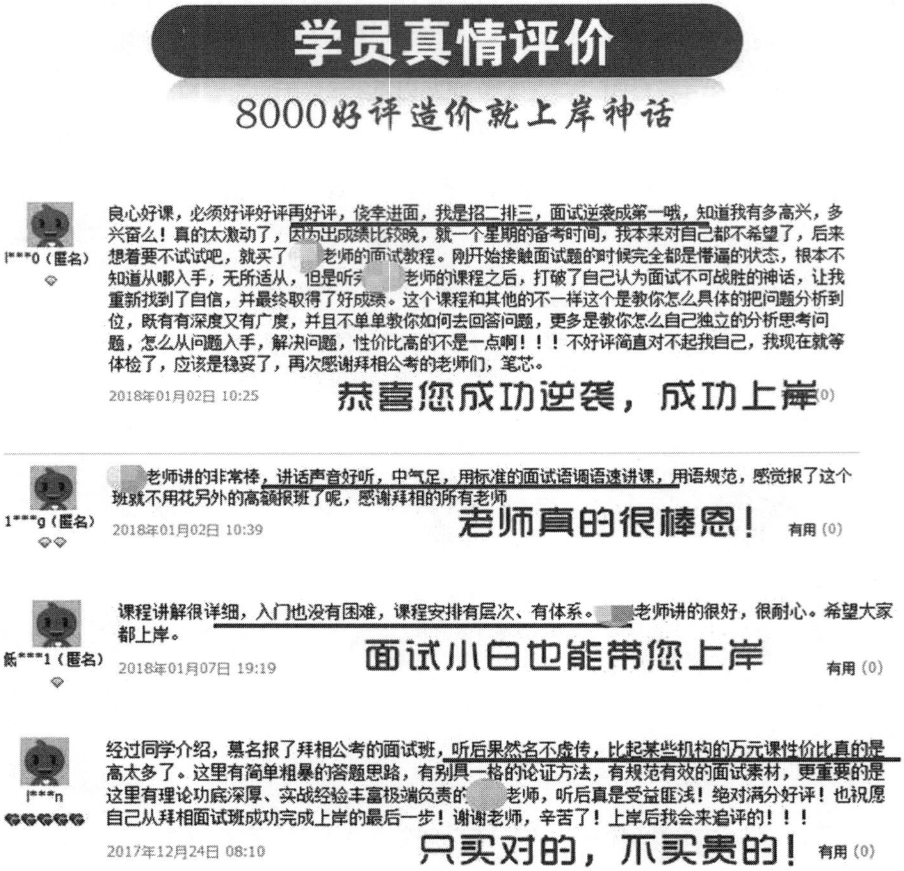

学员真情评价

8000好评造价就上岸神话

l***0（匿名）

良心好课，必须好评好评再好评，侥幸进面，我是招二排三，面试逆袭成第一哦，知道我有多高兴，多兴奋么！真的太激动了，因为出成绩比较晚，就一个星期的备考时间，我本来对自己都不希望了，后来想着要不试试吧，就买了老师的面试教程。刚开始接触面试题的时候完全都是懵逼的状态，根本不知道从哪入手，无所适从，但是听完老师的课程之后，打破了自己认为面试不可战胜的神话，让我重新找到了自信，并最终取得了好成绩。这个课程和其他的不一样这个是教你怎么具体的把问题分析到位，既有有深度又有广度，并且不单单教你如何去回答问题，更多是教你怎么自己独立的分析思考问题，怎么从问题入手，解决问题，性价比高的不是一点啊！！！不好评简直对不起我自己，我现在就等体检了，应该是稳妥了，再次感谢拜相公考的老师们，笔芯。

2018年01月02日 10:25　恭喜您成功逆袭，成功上岸 (0)

1***g（匿名）

老师讲的非常棒，讲话声音好听，中气足，用标准的面试语调语速讲课，用语规范，感觉报了这个班就不用花另外的高额报班了呢，感谢拜相的所有老师

2018年01月02日 10:39　老师真的很棒恩！　有用 (0)

臧***1（匿名）

课程讲解很详细，入门也没有困难，课程安排有层次、有体系。老师讲的很好，很耐心。希望大家都上岸。

2018年01月07日 19:19　面试小白也能带您上岸　有用 (0)

l***n

经过同学介绍，慕名报了拜相公考的面试班，听后果然名不虚传，比起某些机构的万元课性价比真的是高太多了。这里有简单粗暴的答题思路，有别具一格的论证方法，有规范有效的面试素材，更重要的是这里有理论功底深厚、实战经验丰富极端负责的老师，听后真是受益匪浅！绝对满分好评！也祝愿自己从拜相面试班成功完成上岸的最后一步！谢谢老师，辛苦了！上岸后我会来追评的！！！

2017年12月24日 08:10　只买对的，不买贵的！　有用 (0)

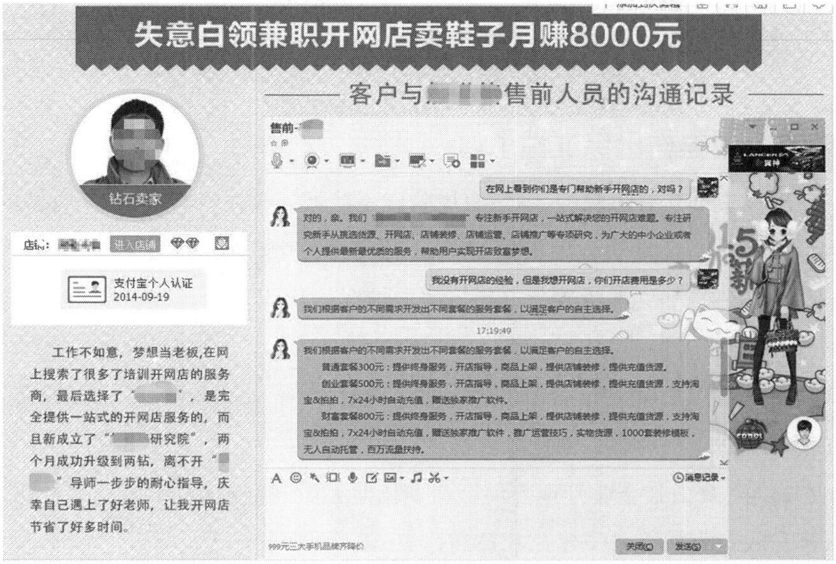

2.12 招商广告

随着我国经济的发展，人们收入不断提高，对于投资、理财的需求也不断扩大。相应地，以提供回报，吸引投资、理财的招商活动也迎来了广阔的市场。但是有些招商活动对未来收益作出不切实际的保证，或者利用有关人员进行推荐、证明，误导了投资人，影响了社会稳定。因此，《广告法》第 25 条对特许经营、店铺招租、投资理财等招商广告进行规范。

2.12.1 应当提示风险和责任

投资有风险，是市场经济使然，投资人对此应当有清晰的认识。但是，由于信息不对称，投资人或者对新投资的行业不了解，或者拟投资的项目存在特定不利因素，投资人无法知悉，处于不利于地位。为保护投资人的利益，《广告法》第

25 条明确规定,招商等有投资回报预期的商品或者服务广告,应当对可能存在的风险以及风险责任承担有合理提示或者警示。

2.12.2 不得作出保证性承诺

任何投资都是有风险的,既然有风险就不能保证收益,因此对未来收益的保证和承诺都是缺乏科学合理依据的。《广告法》第 25 条第 1 项规定,招商等广告,不得对未来效果、收益或者与其相关的情况作出保证性承诺,明示或者暗示保本、无风险或者保收益等,国家另有规定的除外。

招商广告作出保证性承诺主要有以下错误情形:一是对收益率作出保证。这在投资理财类招商广告中比较普遍。

2018 年,舟山某企业管理咨询公司委托他人印制宣传单页,单页中含有"风险低本金收益有保障……年化收益高达 20%,短期可达 12%……"等广告内容,而且未对投资行为可能存在的风险责任承担进行合理提示或者警示;同时含有"……我们公司是上海综合实力雄厚,安全保障型较高的服务公司之一,公司与宁波工商联合作,在市政府支持下……与工商联和多家银行之间建立了长期合作战略关系,开拓多种金融项目……"等虚假内容。市场监管部门认定,该宣传内容违反了《广告法》第 25 条、第 28 条的规定,责令该公司停止发布违法广告、消除影响,并罚款 30 万元。

2016 年 3 月至 2017 年 11 月,温州某互联网金融信息服务公司通过网站发布了含有"年化利率 9.0%""100% 本息保障""100% 保本付息""年化收益率 7% ~10.8%""40 倍活期存款收益"等内容的广告,通过微信公众号发布了含有"如果我注册了,十年后……""奥迪、LV 随便买""我的新房在中心地段""奔驰宝马换着开""朋友都要抱大腿""想想都很开心""年化效益 7%""银行定期年利率仅 3%"等内容的广告,在手机客户端 App 中发布了含有"年化 10.20%"等内容的广告;该公司发布上述广告的费用无法计算。市场监管部门认定,该公司的行为已违反了《广告法》第 11 条第 2 款、第 25 条第 1 项之规定,根据《广告法》第 58 条第 1 款第 7 项和第 59 条第 1 款第 2 项之规定,责令该公司停止发布广告，在相应范围内消除影响，并罚款 10 万元。

下图是某连锁酒店招商广告，其中“利润回报率高达 15～20%”涉嫌对收益率作出保证。

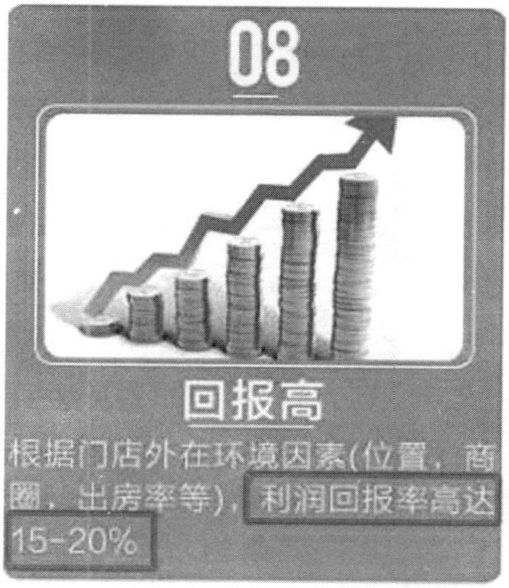

二是对投资收益作保底承诺。这类问题在特许经营类招商中比较普遍，如下面的招商广告。

加盟条件

加盟有两种方式自营和公司托管

自营管理：加盟费12万，合同期限：5年，保证金2万，店面设计费：5万，管理费54000元/年。

公司托管：合作费12万，加盟期限：5年，保证金1万，店面设计费：5万，管理费：营业额的3%作为管理费，保底6000元/月。

九：保守利润分析

一天24小时全天营业，50人进店，只有20人购买，每人消费30元为例，20人×30元＝600元（销售额/天） 600÷5（500%利润）=120元（产品成本/天） 600元-120元=480元（纯利润/天），节假日营业额翻倍！

无人售货店利润分析

单店销售额分析

按每天的进店率30人来算，成交率保守预算60%，每月以30天，每年经营12个月计算为例。

购买成人用品人数18人 × 每人消费金额40元 × 每月30天 ＝ 21600元（月销售额）

月销售额21600元 × 12个月/年 ＝ 259200元（年销售额）

注：以上数据以国内县级城市销售数据保守估算，随着知名度和客户认识度提高，销售额还会稳步提高。

三是宣传收回成本、投资回报快，如下面的招商广告。

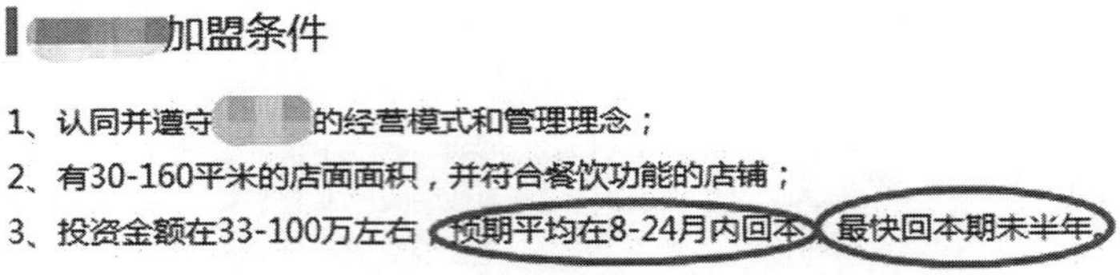

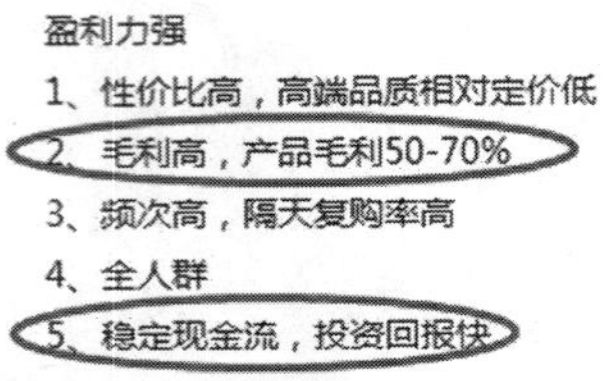

四是宣称稳赚不赔，如下面的招商广告。

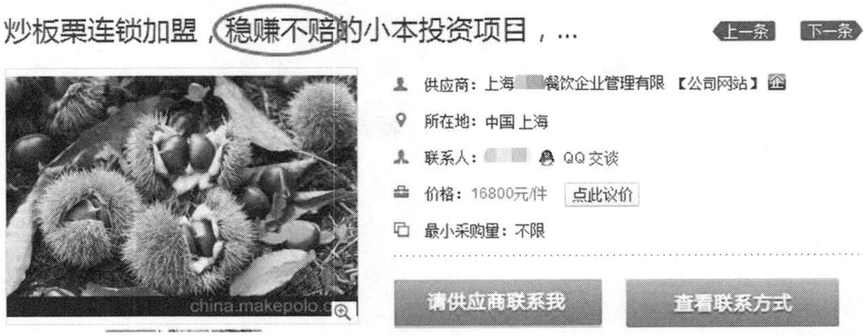

此外,招商广告还有一种宣传形式涉嫌违法,即宣传某个项目有广阔的市场前景。比如下面这个招商广告,首先没有注明数据出处,肯定违反了《广告法》第11条第2款。其次,即使注明了数据出处,是否属于《广告法》第25条规定禁止的暗示保收益,这就需要根据各地执法部门的执法尺度了。

2.12.3 不得推荐、证明

投资有风险,收益没有确定性。如果招商广告利用学术机构、行业协会、专业人士、受益者作推荐、证明,将会导致投资人产生跟风心理,降低风险防控意识,最终误导投资人。因此,《广告法》第25条第2项规定,招商广告不得利用学术机构、行业协会、专业人士、受益者的名义或者形象作推荐、证明。

北京某博物馆通过电视发布"十大名家书画真迹"收藏品广告。广告中含有"书画收藏是稳赚不赔的投资。40年前,李可染《万山红遍》40元买进;60年前,齐白石一幅画仅仅换取一颗白菜。有眼光的收藏者几十年前收藏到任何一位巨匠的作品,现在都是资产雄厚,身价非凡。名师出高徒……有眼光的收藏家将目光转向书画巨匠的传人,他们的作品年年增值。这10位大师,只要有一副作品跟他们的恩师一样,被拍卖到百万元甚至千万元,您就进入豪门的行列了""我是大千画派弟子梁兆金,我们都是博物馆特聘画家,送作品我们也要送书画的精品力作,让观众能赏名人、传名画""我是江城美协主席邹秀梅,这是我创作的作品,今天赠给有缘人,希望我的作品能送给你全家'金玉满堂'"等语言、文字、画面内容。工商部门认定:该广告对未来收益情况作出保证性承诺,利用专业人士的名义或者形象作推荐,属于违法广告,处罚没款7万元。

2.13 房地产广告

房地产广告是发布房地产信息的重要方式,对促进商品房销售、出租、转让等发挥了重要作用。但是,个别房地产广告存在宣称面积与实际不符、宣传投资回报等内容,误导了消费者。因此,《广告法》第26条对房地产广告加以规范。

2.13.1 信息真实、表明面积

房源信息真实是房地产广告的基础,否则即是对消费者的欺诈。面积是消费者购买、租赁的重要指标,面积不明也是开发商、房地产所有人欺诈消费者的主要手段。为了保护消费者合法权益,《广告法》第26条规定,房地产广告中房源信息应当真实,面积应当表明为建筑面积或者套内建筑面积。

2017年9月,高密某置业公司在高密某快捷酒店楼顶广告牌上发布JY楼盘的户外广告,没有载明开发企业名称、预售或者销售许可证号,广告中的"面积"也没有表明建筑面积或者套内建筑面积。市场监管部门认定其行为违反《广告法》《房地产广告发布规定》的相关规定,责令该公司停止发布违法广告,罚款5.3万元。

2.13.2 不得含有升值或者投资回报的承诺

房地产的价格受多种因素的影响。承诺房地产一定升值、投资将会得到高额回报不符合客观规律,且有哄抬物价的嫌疑,与我国房地产市场的宏观调控政策相违背。因此,《广告法》第26条第1项规定,房地产广告不得含有升值或者投资回报的承诺。

2014年11月26日,江苏某房地产开发公司委托南京某文化传媒公司按照

其设计的画面和文字内容，制作、喷绘、安装和发布××国际广场房地产项目的户外广告。广告有两种版式，一种版式内容包括"××国际广场""即买即赚/投资回报率超7%"等字样，另一种版式内容包括"××国际广场""稳健投资/保底收益6000元/月"等字样。2015年3月26日，孔女士举报，称××国际广场涉嫌违法发布户外广告，要求查处。经执法人员现场核查，举报内容属实。市场监管部门认定，该公司发布上述广告的行为，违反了《房地产广告发布暂行规定》第16条"房地产广告中不得出现融资或者变相融资的内容，不得含有升值或者投资回报的承诺"的规定，属于发布违法广告的行为。根据《房地产广告发布暂行规定》第21条的规定，责令当事人立即停止违法行为，罚款8000元。这是在新《广告法》2015年9月1日前实施的案子，处罚力度较轻。

2016年，杭州某房地产代理公司代理销售湖州某房产公司开发的房产。该公司在售房大厅发布海报广告，含有"钱途无限，托管十年，以商铺总价100万为例，第一年租金收益为6%，第二年、第三年租金收益为7%，第四年、第五年租金收益8%"等含有升值或者投资回报承诺的内容。市场监管部门认定：该行为违反了《广告法》第26条的规定，根据《广告法》第58条的规定，责令该公司停止发布，罚款10万元。

2.13.3 不得用所需时间表示项目位置

房地产项目到达某一具体参照物的空间距离是确定的，但是到达该参照物的时间受到道路条件、交通状况、交通工具等多重因素的影响，是不确定的。以项目到达某一具体参照物的所需时间表示项目位置，不具有合理性，且容易误导消费者。因此，《广告法》第26条第2项规定，房地产广告不得以项目到达某一具体参照物的所需时间表示项目位置。

2016年4~6月，太仓某房地产开发公司利用户外、展板、微信、网站、宣传单页等发布的房地产广告，含有"项目位于上海北板块，美兰湖下一站""由于项目具备'美兰湖下一站'（"站"字的口字内加注有地铁标识记号）的优越交通区位""4月30日，每分钟1000万元的销售流量，3小时劲销20亿元""升值领域北上海之星,利好辐射价值所向”“美兰湖地铁站(距本案约20分钟)、富锦路地铁站(距本案约25分钟)”等内容。经调查,“美兰湖”站为上海地铁7号线末站,距该公司房地产项目17公里,其间无任何地铁线路和站台,“美兰湖下一站”为虚构概念。该公司未取得预售许可证就发布“4月30日,每分钟1000万元的销售流量,3小时劲销20亿元”等内容,实际上4月30日该公司未收到任何购房款。“美兰湖地铁站(距本案约20分钟)、富锦路地铁站(距本案约25分钟)属于用时间表示项目位置。据此,市场监管部门认定,该公司违反了《广告法》第26条第1、2项、第28条第2款第5项的规定,构成广告内容含有升值或者投资回报的承诺、以项目到达某一具体参照物所需时间表示项目位置和发布虚假广告的行为,依据《广告法》第55条第1款、第58条第1款第8项的规定,责令该公司停止发布广告,在相应范围内消除影响,并合并罚款75万元。

海阳某发展公司利用互联网进行广告宣传,含有“……国内规模最大、实力最强的高星级酒店集团……”“十里金滩距海青轻轨……站点仅5分钟车程”等内容。该公司销售楼盘时,通过补充协议减轻和免除自身责任,加重消费者责任。市场监管部门认定,该公司发布的广告违反了《广告法》第9条第1款第3项、第26条第2项之规定;该公司使用违法格式合同的行为违反了《合同违法行为监督处理办法》第9条第4项、第10条第3项之规定。市场监管部门依法对该公司的上述违法行为合并进行处罚,责令停止上述违法行为,并罚款21万元人民币。

下图是惠州某楼盘广告,用“百米之遥”“相距数百米”都没有问题,但用“30分钟车程”“50分钟车程”“60分钟车程”表述则涉嫌违法。

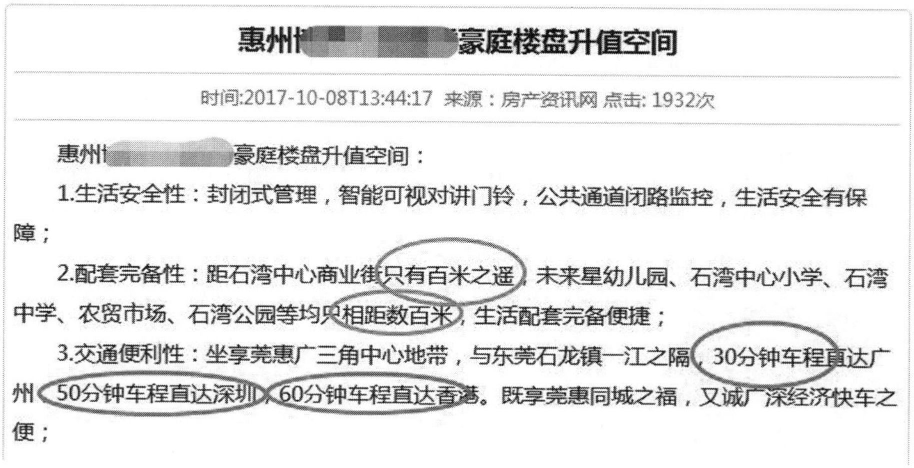

惠州[redacted]豪庭楼盘升值空间

时间:2017-10-08T13:44:17 来源：房产资讯网 点击: 1932次

惠州[redacted]豪庭楼盘升值空间：

1.生活安全性：封闭式管理，智能可视对讲门铃，公共通道闭路监控，生活安全有保障；

2.配套完备性：距石湾中心商业街只有百米之遥，未来星幼儿园、石湾中心小学、石湾中学、农贸市场、石湾公园等均只相距数百米，生活配套完备便捷；

3.交通便利性：坐享莞惠广三角中心地带，与东莞石龙镇一江之隔，30分钟车程直达广州，50分钟车程直达深圳，60分钟车程直达香港。既享莞惠同城之福，又诚广深经济快车之便；

2.13.4 不得违反国家有关价格管理的规定

为了防止哄抬房价、欺诈消费者,《价格法》《城市房地产开发经营管理条例》《商品房销售管理办法》《商品房销售明码标价规定》等法律、法规、规章对房地产销售价格制定了具体的规定。主要有:商品房销售明码标价一套一标,不得捏造、散布涨价信息,不得利用虚假的或者使人误解的价格手段,诈骗消费者与其进行交易,等等。《广告法》第 26 条第 3 项再次强调,房地产广告不得违反国家有关价格管理的规定。

下图是邯郸某楼盘的广告,其中“预计涨价 2000 元/平”的表述涉嫌哄抬物价。

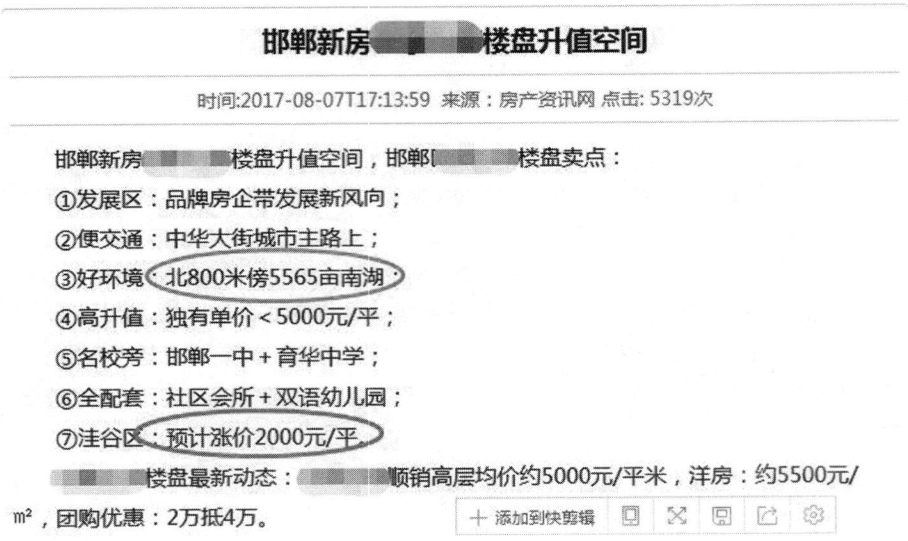

邯郸新房[redacted]楼盘升值空间

时间:2017-08-07T17:13:59 来源：房产资讯网 点击: 5319次

邯郸新房[redacted]楼盘升值空间，邯郸[redacted]楼盘卖点：

①发展区：品牌房企带发展新风向；

②便交通：中华大街城市主路上；

③好环境：北800米傍5565亩南湖；

④高升值：独有单价＜5000元/平；

⑤名校旁：邯郸一中＋育华中学；

⑥全配套：社区会所＋双语幼儿园；

⑦洼谷区：预计涨价2000元/平。

[redacted]楼盘最新动态：[redacted]顺销高层均价约5000元/平米，洋房：约5500元/㎡，团购优惠：2万抵4万。

2.13.5　不得对规划或者建设中的设施作误导宣传

交通、商业、文化教育等配套设施是消费者购房决策的重要参考。许多开发商也将此作为重要卖点，对外进行宣传。但是有些开发商将规划或者建设中的交通、商业、文化教育设施用来宣传，由于规划或者建设存在不确定性，后期仍有调整的可能，由此可能误导消费者。因此，《广告法》第 26 条第 4 款规定，房地产广告不得对规划或者建设中的交通、商业、文化教育设施以及其他市政条件作误导宣传。

2017 年，山西某房地产开发公司发布“××城”印刷品广告。广告中含有“太原市第二外国语学校、三中、体育公园、儿童医院入驻；东距武宿机场 5 分钟，北距长风亲贤商圈 10 分钟，西距晋祠公园 10 分钟……”等内容。经查，广告所述太原市第二外国语学校、三中、儿童医院正在建设中，但广告并未注明这一情况，属于对规划或者建设中的文化教育等设施作误导宣传；“东距武宿机场 5 分钟，北距长风亲贤商圈 10 分钟，西距晋祠公园 10 分钟”，属于以项目到达某一具体参照物的所需时间表示项目位置的违法广告。据此，监管部门对该公司罚款

10 万元。

2016 年，东莞某实业投资公司在其开发的 × ×家园楼盘外墙和营销中心内部发布的“微公馆”广告，含有“20 万租客群，稳赚做房东”“R3、从莞高速，30 分钟迅达龙华”“地铁轻资产，莞深热抢”“桥头西站三维立体图 + 地铁 R3 线桥头西站指示牌”“东莞 R3 线，预计 2016 年动工……R3：一期计划 2018 年建成”“R3 地铁口”“1 公里地铁生活圈”“莞深唯一万元以下精装热销名盘”等内容，其中地铁 R3 号线为规划建设中的设施。工商部门认定，该公司违反了《广告法》第 4 条第 1 款、第 9 条第 3 项和第 26 条 1、2、4 项的规定，责令该公司停止发布违法广告，消除影响，并处罚款合计 21.81 万元。

2.14 涉及未成年人的广告

未成年人是祖国的花朵，人类的未来，全社会为未成年人的成长给予的广泛的呵护和关注。未成年人又是一个重要的消费群体，消费涵盖了吃、住、行、学、娱、健等多个领域。许多商家以未成年人为潜在消费对象，有针对性地制作广告。但是，未成年人由于受年龄、智力和社会经验的限制，认知能力还不健全。为了保护未成年人的身心健康，使其免受广告的不良引导，《广告法》第 10 条规定，广告不得损害未成年人和残疾人的身心健康，并通过一些具体条款对未成年人给予特别的保护。

2.14.1 不得利用不满十周岁的未成年人作为广告代言人

广告代言是能对商品或者服务作推荐、证明，这就要求代言人具有相应的民事行为能力。而不满十周岁的儿童是无、限民事行为能力人，对社会事物缺乏独立的辨识和认识能力，不具备作推荐和证明的资格，广告代言活动与其心智状况明显不符，也容易对其他儿童产生不良的示范效应。因此《广告法》第 38 条第 2

款规定：不得利用不满十周岁的未成年人作为广告代言人。

不满十周岁的未成年人不得广告代言

2014 年 5 月，某纸业集团公司与著名影星林志颖签订形象代言合同，约定 2014 年 5 月至 2016 年 5 月，林志颖及其儿子 Kimi Lin 作为该纸业集团公司旗下清风品牌面纸、卫生纸、厨房纸巾产品的形象代言人，代言清风品牌众多形式的广告、出席演出活动等。2016 年 3 月 17 日至 21 日，该纸业集团公司上海分公司在上海世纪联华超市若干门店内发布清风卷纸广告板广告，广告中含有 Kimi Lin 的广告代言人形象；该分公司在上海世纪联华超市若干门店内销售的清风质感纯品系列卷纸的外包装上(1800 克和 2000 克)，也含有 Kimi Lin 的广告代言人形象。工商部门认定，截至 2016 年 3 月，Kimi Lin 的年龄约六周半，未满十周岁。该分公司发布上述广告行为违反了《广告法》第 38 条第 2 款的规定，构成利用不满十周岁的未成年人作为广告代言人的违法行为。鉴于该公司的广告发布时间较短，案发后及时撤下涉案广告板及卷纸产品，纠正错误，积极主动配合案件查处，依据《广告法》第 58 条第 10 项的规定，对该公司从轻处罚，责令停止发布违法广告，在相应范围内消除影响，罚款 10 万元。

2015年12月至2016年1月,上海某信息技术公司在其官方网站上发布了小芈月刘某某的形象广告。2015年9月起,该公司在其官方网站还先后发布了刘某某、陆某某等十名小明星的形象,以及上述小明星或者其监护人新浪微博发布的关于该公司英语在线培训的微博截图,截图内容为小明星正在接受该公司在线英语培训的照片以及对该公司培训的评价等。2015年8月起,该公司在其官方网站还发布了接受该公司英语在线培训的学生家长对其培训的感受和效果的肯定评价。该公司在其自设网站发布宣传内容,没有为其网站发布内容而向小明星监护人、经纪公司或学生家长支付费用,广告费用无法计算。工商部门认为,刘某某、陆某某等十人系参加过一些综艺节目或者广告演出并具有一定知名度的小明星,以小明星自己的名义对当事人提供的青少儿英语在线培训作推荐、证明,构成了《广告法》第2条第5款所称的广告代言人。该公司广告发布期间,刘某某、陆某某等十人年龄均不满十周岁。该公司在广告中利用不满十周岁的未成年人作为广告代言人,违反了《广告法》第38条第2款的规定,构成利用未满十周岁的未成年人作为广告代言人的违法行为。该公司在其网站还发布了接受其英语在线培训学生家长的肯定评价,违反了《广告法》第24条第3项的规定,构成利用受益者的名义名义或者形象作推荐、证明的违法行为。根据《广告法》第58条第6项和第10项的规定,责令该公司停止发布违法广告,在相应范围内消除影响,罚款40万元。

不满十周岁的未成年人可以作广告演员

小明星因为聪明、可爱、阳光、向上,受到广大儿童及其父母的喜爱。许多儿童用品企业也喜欢请小明星作代言。但是2015年《广告法》施行以后,禁止10岁以下儿童作代言,尤其是某纸业集团公司上海分公司邀请未成年人作代言被处罚后,出现了“一刀切”的现象,儿童代言没有了,儿童用品广告里小明星也没有了。实际上,这就是因噎废食了,《广告法》禁止10岁以下儿童作代言,但没有禁止儿童在广告里作演员,小明星完全可以以演员的身份参演广告。那么怎么区分小明星广告代言或广告演出呢?我们重新研读一下《广告法》。

《广告法》第2条第5款规定,本法所称广告代言人,是指广告主以外的,在广告中以自己的名义或者形象对商品、服务作推荐、证明的自然人、法人或者其他组织。请注意，这里有两个关键要素，一是以自己的名义或者形象，二是作推荐、证明。所以小明星在广告中只要不同时具备这两个条件，就不会被认定为代言。具体说来，注意以下几项：

第一，在广告中不要写或者说“代言”两个字。只要写了或者说了“代言”，执法部门就会直接认定为代言。

第二，广告中不要写小明星的名字。写上名字，法律意义就是“以自己的名义”。请记住，演员在演出时一般是不用真名的。这是广告代言与广告表演的一个重要区别。有些商家想不开，总觉得花了大价钱把明星请来，就怕观众不知道是明星，不把明星的名字写上，感觉和白请了一样。实际上，明星之所以成为明星，是因为他(她)们的形象好、有人气，与写不写名字没有多大关系。商家请明星代言，目的就是利用明星的人气、人缘，拉近商品与观众的距离，把观众对明星的认同，转化为对商品的认同。如果观众关注、喜爱某个明星，就是不写明星的名字，观众也认得；如果观众不关注某个明星，就是写了明星的名字，观众不会因为这个明星去消费，没有认同嘛，顶多是科普了一下娱乐知识，让观众知道这位明星叫什么。所以写不写明星的名字真不重要。

第三，也是最重要的，一定不要推荐、证明。所谓推荐，是指向观众介绍希望接受；所谓证明，是指对商品或者服务向观众作肯定性的评价。所以，诸如“我向您推荐×××”“希望您能喜欢×××”“我喜欢×××”“×××就是好”之类的用语不要出现，前二者属于推荐，后二者属于证明。小明星可以根据广告剧情需要表达对商品或者服务的喜爱，但请记住，演员在剧中是有角色的，而观众就是观众，小明星不要出戏向观众表白。

以上三点不仅适用小明星，也适用于大明星，用来区分广告代言和广告表演。

第四，如果有明星亲子一起做广告。明星父母可以大大方方写上自己的名字和代言，如××代言，但千万不要写小明星的名字。用这种方式间接排除未成年人代言。如下图广告，可以直接判定，孙俪在代言，未成年人作为演员参加广告演出。

如下图，小朋友肯定不满 10 周岁，因为没有注明姓名和“代言”，所以不符合代言条件，不是代言。小朋友在这里的身份是模特。

2.14.2 不得利用与中小学生、幼儿有关的场所、物品发布广告

中小学生、幼儿还未成年，缺乏足够的识别、判断能力，需要一个不受干扰、健康的学习环境。利用与中小学生、幼儿有关的场所、物品发布广告，极有可能分散他们学习的注意力，诱导他们模仿不安全动作，生产不合理的消费冲动。因此，为了保护中小学生、幼儿的身心健康，《广告法》第39条规定，不得在中小学校、幼儿园内开展广告活动，不得利用中小学生和幼儿的教材、教辅材料、练习册、文具、教具、校服、校车等发布或者变相发布广告，但公益广告除外。

利用与中小学生、幼儿有关的场所、物品发布广告主要有两种情形，一是以中小学生、幼儿为销售对象，利用中小学校、幼儿园等日常学习、活动场所，教材、教辅材料、练习册、文具、教具、校服、校车经常见到、接触的物品，发布中小学生、幼儿用品广告，吸引中小学生、幼儿购买。二是利用中小学生、幼儿人数多、分布广、广告成本低的特点，将中小学生、幼儿作为移动广告载体，利用校服、校车等发布商业广告。

一、不要在教育场所做广告

2018年7月，上海某实业有限公司在云南省德宏州少儿业余体校举办的一场“公益活动”中，公司邀请了日本成人影片演员苍某空作为“助学使者”，并为其佩戴红领巾。活动结束后，该公司通过其企业实名认证的新浪微博账号发布相关图片，并配发具有广告性质的信息，从而引发部分网友质疑，造成了成人片演员被聘为少先队辅导员的误解，更引起网友不满。多数网友认为，苍某空的公众形象及所涉及行业特殊，让她和红领巾搭配，是对红领巾的侮辱、亵渎。此后，中国少年先锋队全国工作委员会也发布谴责声明，强调红领巾是少先队员的标志，是中国少先队的重要组织标识，象征红旗的一角，寓意革命先烈的奋斗牺牲。《英雄烈士保护法》规定，禁止歪曲、丑化、亵渎、否定英雄烈士事迹和精神。而相关企业无视国家法律，无视社会公序良俗，无视少先队员这一未成年人群体的接受特点，无视红领巾的精神内涵，无视数百万少先队辅导员的职业荣誉，玷污了少先队组织的形象。2018年12月，浦东新区市场监管部门认定，该公司违反

了《广告法》第 39 条等规定，对该公司违法行为作出顶格行政处罚，处以罚款 100 万元，另案罚款 30 万元。这是迄今为止，执法部门对于此类案件的最高处罚，也是目前全国关于不当使用红领巾行为的最高处罚。

2017 年，南京某教育科技公司通过其工作人员与某中学和某幼儿园取得联系，以报告会的名义，在该幼儿园和中学内部向学生发放由该公司统一印制的宣传单页表格，登记后安排家长于 2017 年 4 月 8 日、9 日至该公司租用的南京某酒店的场地参与报告会，其主要目的就是销售该公司代理的“神尔天才”品牌听读机系列产品。该公司的行为违反了《广告法》第 39 条所禁止的“在中小学校、幼儿园内开展广告活动”的规定，被市场监管部门处以罚款 4 万元。

二、不要利用校服、校车发布广告

2016 年 3 月 25 日，裕华区某房产中介服务中心委托河北某贸易有限公司设计、制作背部印有“××房产”字样的校服（如下图）60 套，制作费用 1800 元。当月 30 日，该中心将制作好的 60 套校服全部捐赠给裕华区兴国小学。2016 年 3 月 31 日，有群众向工商部门举报。执法人员调查发现：在该学校的一年级学生校服上有举报人所描述的“××房产”字样。工商部门认定，该中心的行为违反了《广告法》第 39 条的规定。根据《广告法》第 58 条第 12 项的规定，对该中心罚款 3000 元。

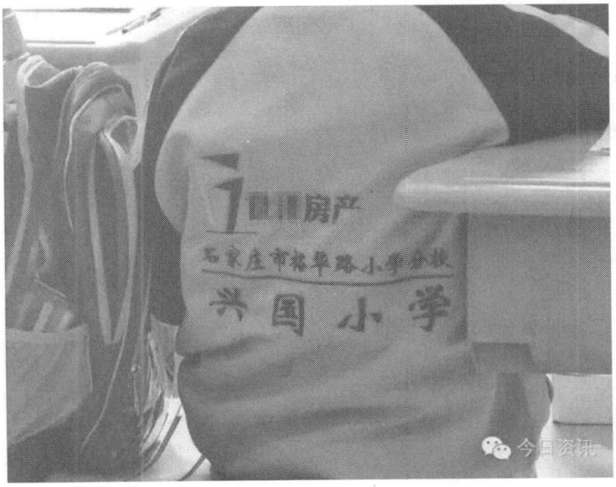

2017 年,山东某眼科医院平邑门诊部未取得卫生行政部门广告发布审查证明,在 26 辆校车的车身上发布含有"看眼病、配眼镜、更专业、更有效"等内容的医疗服务广告。工商部门认定,该门诊部的行为违反了《广告法》"不得利用中小学生和幼儿的教材……校服、校车等发布或者变相发布广告"的规定,以及"发布医疗、药品、医疗器械……广告……未经审查,不得发布"的规定。2017 年 6 月,工商部门责令该门诊部改正违法行为,处以罚款 3.8 万元。

三、不要利用红领巾发布广告

2018 年 7 月,上海某实业有限公司给日本成人影片演员苍某空戴红领巾,受到广泛谴责。同年 9 月,菏泽万达广场在红领巾上做广告,再次引起轩然大波。

2018 年 9 月 28 日,有群众反映称,山东省菏泽市开发区丹阳路小学向小学生们发放的红领巾上,竟然印有"菏泽万达广场"广告,除此之外发放的学生帽上也印有该广告。经执法部门调查,菏泽万达广场商业管理有限公司为迎接菏泽万达广场于 2018 年 11 月 16 日开业,与山东某文化发展有限公司联系后,定制了 2000 条红领巾(每条 2 元)、2000 顶小黄帽(每顶 5.45 元),红领巾、小黄帽上均标注"菏泽万达广场 11 月 16 日盛大开业"等字样及""商标图案,广告费用共计 14900 元。2018 年 9 月 25 日下午 3 时许,在菏泽开发区丹阳路小学举办的"交通安全进校园"活动中,菏泽万达广场商业管理有限公司工作人员将印有"菏泽万达广场 11 月 16 日盛大开业"等字样及""商标图案的 300 条红领巾、300 顶小黄帽发放给活动现场的小学生。执法部门认定,该公司的行为违反了《广告法》第 10 条,"广告不得损害未成年人和残疾人的身心健康"和第 39 条:"不得在中小学校、幼儿园内开展广告活动,不得利用中小学生和幼儿的教材、教辅材料、练习册、文具、教具、校服、校车等发布或者变相发布广告"的规定。依据《广告法》第 57 条第 1 项和第 58 条第 12 项的规定,责令该公司停止发布违法广告,在相应范围内消除影响,并罚款 344700 元。

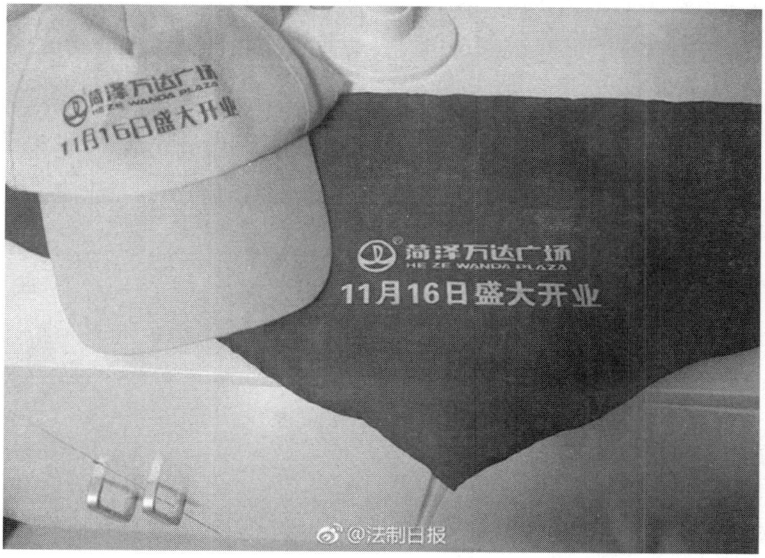

四、不要利用文具发布广告

上海某文化传播公司在淘宝上订购印有"某文化中心晚托、寒暑托、幼小衔接、语数外辅导、毛笔书法国画、硬笔书法素描、创意美术"广告内容的文具垫板1000个，订购费用为658元。2015年9月，该公司员工在闸北区童园实验小学进行派发，截至2015年11月案发，1000个印有广告的文具垫板全部派发完毕。工商部门认定，该公司的行为违反了《广告法》第39条的规定。根据《广告法》第58条第12项的规定，鉴于该公司违法行为情节较轻，违法广告发布时间较短，且在案件查处过程中积极主动、如实提供证据资料，积极配合案件查处，根据《行政处罚法》第27条的规定，决定对当事人从轻处罚，罚款658元。

在以上案例中，电商最容易犯的是用文具发布广告。在此特别提醒电商，在销售的教材、辅材、文具、教具、玩具等与学生、幼儿有关物品上，一定不要有商业广告。

五、商家可以发布公益广告

《广告法》禁止利用与中小学生、幼儿有关的场所、物品发布广告，但是有一个例外——公益广告。公益广告是指传播社会主义核心价值观，倡导良好道德风尚，促进公民文明素质和社会文明程度提高，维护国家和社会公共利益的非营利性广告。商家如果想通过与中小学生、幼儿有关的场所、物品发布公益广告，请注意以下两点：

一是可以标注企业名称和商标标识。《公益广告促进和管理暂行办法》第7条第1款第1句规定，企业出资设计、制作、发布或者冠名的公益广告，可以标注企业名称和商标标识。

二是标注企业名称和商标标识应当符合以下要求：(1)不得标注商品或者服务的名称以及其他与宣传、推销商品或者服务有关的内容，包括单位地址、网址、电话号码、其他联系方式等；(2)平面作品标注企业名称和商标标识的面积不得超过广告面积的1/5；(3)音频、视频作品显示企业名称和商标标识的时间不得超过5秒或者总时长的1/5，使用标版形式标注企业名称和商标标识的时间不得超过3秒或者总时长的1/5；(4)公益广告画面中出现的企业名称或者商标标识不得使社会公众在视觉程度上降低对公益广告内容的感受和认知；(5)不得以公益广告名义变相设计、制作、发布商业广告。违反前述要求的，将被视为商业广告。

此外，商家可以向中小学校、幼儿园捐赠教具、文具、校服等物品，或者在赞助中小学校、幼儿园的活动，并在捐赠的慈善项目上冠名纪念。《慈善法》第3条规定，“慈善活动是指自然人、法人和其他组织以捐赠财产或者提供服务等方式，自愿开展的下列公益活动……(四)促进教育、科学、文化、卫生、体育等事业的发展……”第90条规定，“经受益人同意，捐赠人对其捐赠的慈善项目可以冠名纪念……”《慈善法》对冠名没有提出具体要求，建议商家作慈善时参照《公益广告促进和管理暂行办法》第7条的规定，可以标注企业名称和商标标识，不要介绍产品或者服务，不要标注单位地址、联系方式，同时注意企业名称和商标标识的大小等。

2.14.3 不得在未成年人的大众传播媒介发布医疗等特殊商品广告

《广告法》第 40 条第 1 款规定，在针对未成年人的大众传播媒介上不得发布医疗、药品、保健食品、医疗器械、化妆品、酒类、美容广告，以及不利于未成年人身心健康的网络游戏广告。这里针对未成年人的大众传播媒介是指为未成年人专设的，以未成年人为主要受众的电视频道、广播频道、报纸期刊、互联网站等。未成年人的心智发展尚不成熟，辨识能力弱，模仿能力强，很容易受到广告内容的影响。因此，《广告法》对在针对未成年人的大人传播媒介上发布的广告内容实行严格的限制，不得发布医疗、药品、保健食品、医疗器械、化妆品、酒类、美容广告，以及不利于未成年人身心健康的网络游戏广告。

需要注意的是，这里不是禁止所有的网络游戏广告，只是禁止不利于未成年人身心健康的网络游戏广告，如带暴力、色情等网络游戏的广告。对于一些教育、益智类游戏的广告，《广告法》并不禁止。

2.14.4 针对不满十四周岁的未成年人的商品或者服务的广告

不满 14 周岁的未成年人，对社会事物的认知能力还不健全，容易受到诱惑，对自身行为可能产生的危害后果没有足够的预见和防范能力。因此，《广告法》给予特别保护，根据《广告法》第 40 条第 2 款的规定，针对不满 14 周岁的未成年人的商品或者服务的广告不得含有下列内容：

一是劝诱其要求家长购买广告商品或者服务。通常表现为，声称或暗示拥有广告商品将获得其他小朋友的追捧和羡慕，是某种身份和时尚的标志等。

二是可能引发其模仿不安全行为。

3 商品质量

商品是日常生产生活消费的重要物资,也是电商销售的重点标的。改革开放以来,我国商品市场得到长足发展。然而在商品市场蓬勃发展的同时,假冒伪劣商品也有所抬头,一时间,产品质量不合格、产品致人伤害等事件屡见报端。假冒伪劣商品的存在,既损害了消费者的权益,抑制了消费需求,也影响了商品的正常流通,破坏了市场秩序。

1993 年 2 月第七届全国人大常委会审议通过《产品质量法》,以此为标志,国家开始对商品质量进行规范。目前规范商品的法律、法规和规章较多,主要有《产品质量法》《消费者权益保护法》《食品安全法》《药品管理法》《化妆品管理条例》《医疗器材管理条例》等。其中,《产品质量法》《消费者权益保护法》是一般法,《食品安全法》等其他法律法规为特别法。在适用上,其他法律法规优先适用。其他法律法规没有规定的,适用《产品质量法》《消费者权益保护法》。

本章的主要内容是将有关商品质量的法律规范进行整合,按照先通用、后特别的顺序,对一般商品和食品、药品、医疗器械、化妆品、农资等特殊商品质量的相关规定加以介绍。

3.1 普通商品

普通商品是除食品、药品、医疗器械、化妆品等特殊商品外的商品。普通商品的种类繁多,涉及日常生产生活的方方面面。《消费者权益保护法》《产品质量法》对普通商品质量提出六方面要求。

3.1.1 必须保障人身财产安全

人体健康和生命是一切权利的基础,生命和健康如果受到损害,其他权利均无从谈起。因此,《消费者权益保护法》将人体健康和生命、财产安全是消费者的首要权利,第 7 条和第 18 条规定消费者在购买、使用商品和接受服务时享有人身、财产安全不受损害的权利。消费者有权要求经营者提供的商品和服务,符合保障人身、财产安全的要求。经营者应当保证其提供的商品或者服务符合保障人身、财产安全的要求。

《产品质量法》第 13 条规定,可能危及人体健康和人身、财产安全的工业产品,必须符合保障人体健康和人身、财产安全的国家标准、行业标准;未制定国家标准、行业标准的,必须符合保障人体健康和人身、财产安全的要求。禁止生产、销售不符合保障人体健康和人身、财产安全的标准和要求的工业产品。

《食品安全法》等其他法律法规也将人身财产安全列为保障的首位。同时所有的法律法规将不符合保障人身财产安全的商品和行为,列为重点打击对象,无一例外,一律严惩。

所以,各位电商一定要重视商品对人身财产安全的保障要求,一旦发生危害,后果非常严重。

一、普通商品保障人身财产安全的主要要求

1. 有国家标准的,不得违反国家标准

2017 年 2 月,执法部门接到一村民的举报电话,称怀疑其购买的标注为广西某生态肥有限责任公司生产的“××”牌有机肥料为不合格产品。接到举报后,执法人员对举报者购买的“××”牌有机肥料进行抽样送检。2017年2月18日,执法人员又对该公司另一批次“××”牌有机肥进行抽样送检。经检验,以上两个样品检验结论均为不合格。市场监管部门认为,两个送检的有机肥料样品质量均为不合格,该公司的行为违反了《产品质量法》第13条第1款和第2款的规定,属于销售不符合保障财产安全的行业标准的化肥的违法行为。根据《产品质量法》第49条的规定,责令该公司停止销售不合格有机肥料,没收违法所得3260元,并罚款2万元。

2. 没有标准的,也要符合保障人身财产安全的要求

2017年2月,广昌县消协接到消费者饶先生投诉,称饶先生的父亲于2016年10月在广昌县某家电修理店购买了一台燃气热水器,并由销售方负责安装。2017年1月16日晚,饶先生及其家人在使用该热水器洗澡后半小时左右,共五人先后出现头晕现象,并最终导致昏迷。后经医院抢救,诊断为急性一氧化氮中毒。饶先生等五人住院10天,共计花费医药费约2万元。饶先生多次与该店老板协商医药费赔偿事宜,但始终无法达成协议,遂投诉至广昌县消协。经消协工作人员调解,最终双方达成协议,该家电修理店一次性赔偿消费者饶先生等五人医药费共计人民币1.7万元。

3. 对人身财产安全保障的要求不受“三包”期的限制

2013年10月,万年县消费者罗先生在南昌市某4S店购买了一辆轿车,价款12.6万元。2017年10月5日,罗先生驾车行驶途中,汽车突然熄火,遂联系当地的汽修厂派技术人员查找原因。经初步认定,系水箱漏水至尽造成拉瓦,且该车水泵齿轮卡死导致发动机高温,已造成发动机曲轴轴承、缸体被拉。4S店以车子已行驶4年4万余公里,超过质保期为由,拒绝理赔,罗先生遂向万年县消协投诉。经万年县消协调解,最终,由4S店负责将车拖至维修厂进行全面的维修,并承担拖车费用1500元;该车因维修产生的总费用1.1万元也由商家承担。

许多电商朋友认为,商品出了“三包”期再出现故障,就不用承担责任。这

种理解一般情况下是对的,但也有特殊情况,即这种故障不能危及人身财产安全。因为,“三包”责任对应是商品瑕疵消除义务。商品瑕疵是指商品的使用性能存在不足,责任对象是商品本身,责任方式通俗地说就是通过更换、修复,使商品能正常使用。人身财产安全保障责任属于商品侵权责任,对应的是商品缺陷排除和损害赔偿义务,侵害对象不限于商品本身,还包括商品以外的使用人、其他财产,责任方式就是对商品造成的损害进行赔偿。所以,对人身财产安全保障的要求不受“三包”期的限制。

二、电商怎样避免这种被动局面

保障人身财产安全是生产者和销售者的共同责任。但就商品而言,生产者更有主动性。生产者按照国家安全标准生产,发现问题及时召回,是保障人身财产安全的重要方法。对于销售者而言,由于商品不自己生产的,存在什么样的问题也不清楚,所有的性能、使用方法的说明都是厂家提供的,所以在保障人身财产安全方面,销售者很被动,也因此有不些销售者背黑锅。那么商家在发现商品存在缺陷,除了及时通知消费者、厂家和向政府部门报告外,有什么方法避免这种被动局吗?答案是有的,一定要认真对待3C认证。

3C认证全称为中国强制性产品认证制度,是中国政府为保护消费者人身安全和国家安全、加强产品质量管理、依照法律法规实施的一种产品合格评定制度。中国强制性产品认证制度,英文名称 China Compulsory Certification,英文缩写 CCC(如下图)。需要注意的是,3C标志并不是质量标志,而只是一种最基础的安全认证。

国家对实施强制性产品认证的产品,统一产品目录,所有列入目录的产品,必须获得强制性认证后方可生产、销售或者进口。否则，依据《认证认可条例》第 67 条规定，列入目录的产品未经认证，擅自出厂、销售、进口或者在其他经营活动中使用的，责令改正，处 5 万元以上 20 万元以下的罚款，有违法所得的，没收违法所得。

2017 年 5 月，长兴县市场监管局接到举报，称长兴某超市大量销售电子镇流器，该产品未经 3C 认证。当日该局执法人员对该超市进行现场检查，发现该超市库存还有该产品 32 个，其外包装上标注的商品名为“高效节能电子镇流器”，标注的制造商为“中山市古镇某科技照明电器厂”，产品上印有“3C”标志，但该超市现场无法提供《中国国家强制性产品认证证书》复印件。经查，该超市未索取生产厂家的《营业执照》及该产品《中国国家强制性产品认证证书》的复印件就擅自销售，截止案发该超市共销售 28 个，违法所得 226.8 元。依据《产品质量法》《认证认可条例》的规定，长兴县市场监管局责令超市改正，没收违法销售的电子镇流器 32 个，没收违法所得 226.8 元，处罚款 5 万元。

目前列入 3C 认证目录的产品共有 21 类 161 种，我附在本小节之后。电商朋友一定要看看，你经营的商品是否在这个目录里。如果在这个目录里，就是 3C 认证产品，请检查产品是否有强制性产品认证证书和认证标志。

如果没有证书和标志，要向厂家或者进口商咨询。如果确定没有，建议不要代理这款产品。正所谓，君子不立危墙之下。没有获得 3C 认证，这款产品的安全性是没有保障的，一旦出事，必受牵连。

如果有证书和标志，也不要大意，谨慎起见，要到中国质量认证中心（https://www.cqc.com.cn）进行证书查询。如果是初次代理、代理数量较大或者准备长期代理的，建议再抽取部分产品去检测机构检验一下。这种涉及安全的产品，怎么小心都不为过。

上面这个方法也是职业打假人和执法部门搜索问题商品的方法。

最后再说明一下，涉及人身财产安全的产品还有很多，3C 认证目录只是涵盖了涉及安全最重要的产品。对于 3C 认证目录以外的其他产品风险预防，建议采取抽样检验的方法进行，除此之外实在没有什么更好的方法。

三、强制性产品认证目录

（一）电线电缆（4 种）：（1）电线组件；（2）交流额定电压 3kV 及以下铁路机车车辆用电线电缆；（3）额定电压 450/750V 及以下橡皮绝缘电线电缆；（4）额定电压 450/750 V 及以下聚氯乙烯绝缘电线电缆。

（二）电路开关及保护或连接用电器装置装（6 种）：（1）插头插座（家用、工业用和类似用途）；（2）家用和类似用途固定式电气装置的开关；（3）器具耦合器（家用和类似用途、工业用）；（4）热熔断体；（5）家用和类似用途固定式电气装置电器附件外壳；（6）小型熔断器的管状熔断体。

（三）低压电器（9 种）：（1）漏电保护器；（2）断路器（含 RCCB、RCBO、MCB）；（3）熔断器；（4）低压开关（隔离器、隔离开关、熔断器组合电器）；（5）其他电路保护装置（限流器、电路保护装置、过流保护器、热保护器、过载继电器、低压机电式接触器、电动机启动器）；（6）继电器（36V 低于电压 1000V）；（7）其他开关；（8）其他装置（接触器、电动机起动器、信号灯、辅助触头组件、主令控制器、交流半导体电动机控制器和起动器）；（9）低压成套开关设备。

（四）小功率电动机（1 种）：小功率电动机。

（五）电动工具（16 种）：（1）电钻（含冲击电钻）；（2）电动螺丝刀和冲击扳手 ；（3）电动砂轮机；（4）砂光机；（5）圆锯；（6）电锤（含电镐）；（7）不易燃液体电喷枪；（8）电剪刀（含双刃电剪刀、电冲剪）；（9）攻丝机；（10）往复锯（含曲线锯、刀锯）；（11）插入式混凝土振动器；（12）电链锯；（13）电刨；（14）电动修枝剪和电动草剪；（15）电木铣和修边机；（16）电动石材切割机。

（六）电焊机（15 种）：（1）小型交流弧焊机；（2）交流弧焊机；（3）直流弧焊机 ；（4）TIG 弧焊机；（5）MIG/MAG 弧焊机；（6）埋弧焊机；（7）等离子弧切割机；（8）等离子弧焊机；（9）弧焊变压器防触电装置；（10）电焊钳；（11）焊接电缆耦合装置；（12）电阻焊机；（13）TIG 焊焊炬；（14）MIG/MAG 焊焊枪；（15）焊机送丝装置。

（七）家用和类似用途设备（19 种）：（1）家用电冰箱和食品冷冻箱；（2）电风扇；（3）空调器；（4）电动机—压缩机；（5）家用电动洗衣机；（6）电热水器；（7）室

内加热器;(8)真空吸尘器;(9)皮肤和毛发护理器具;(10)电熨斗;(11)电磁灶;(12)电烤箱(便携式烤架、面包片烘烤器及类似烹调器具);(13)电动食品加工器具[食品加工机(厨房机械)];(14)微波炉;(15)电灶、灶台、烤炉和类似器具(驻立式电烤箱、固定式烤架及类似烹调器具);(16)吸油烟机;(17)液体加热器和冷热饮水机;(18)电饭锅;(19)电热毯、电热垫及类似柔性发热器具。

(八)音视频设备类(12 种)(不包括广播级音响设备和汽车音响设备):(1)总输出功率在500W(有效值)以下的单扬声器和多扬声器有源音箱;(2)音频功率放大器;(3)各种广播波段的调谐接收机;(4)各类载体形式的音视频录制播放及处理设备(包括各类光盘、磁带、硬盘、等载体形式);(5)以上四种设备的组合;(6)音视频设备配套的电源适配器(含充/放电器);(7)各种成像方式的彩色电视接收机;(8)监视器;(9)显像(示)管;(10)录像机;(11)电子琴;(12)天线放大器。

(九)信息技术设备(11 种):(1)微型计算机;(2)便携式计算机;(3)与计算机连用的显示设备;(4)与计算机相连的打印设备;(5)多用途打印复印机;(6)扫描仪;(7)计算机内置电源及电源适配器充电器;(8)电脑游戏机;(9)学习机;(10)复印机;(11)服务器。

(十)照明设备(2 种)(不包括电压低于36V的照明设备):(1)灯具;(2)镇流器。

(十一)机动车辆及安全附件(17 种):(1)汽车;(2)摩托车;(3)消防车;(4)摩托车发动机;(5)汽车安全带;(6)机动车喇叭;(7)机动车回复反射器;(8)机动车制动软管;(9)机动车外部照明及光信号装置(汽车用灯具、摩托车用灯具);(10)机动车后视镜(汽车后视镜、摩托车后视镜);(11)汽车内饰件;(12)汽车门锁及门保持件;(13)汽车燃油箱;(14)汽车座椅及座椅头枕;(15)车身反光标识;(16)汽车行驶记录仪;(17)摩托车头盔。

(十二)机动车辆轮胎(3 种):(1)轿车轮胎;(2)载重汽车轮胎;(3)摩托车轮胎。

(十三)安全玻璃(共3 种):(1)汽车安全玻璃;(2)建筑安全玻璃;(3)铁道

车辆用安全玻璃。

（十四）农机产品（2 种）：（1）植物保护机械；（2）轮式拖拉机。

（十五）电信终端设备（9 种）：（1）调制解调器（含卡）；（2）传真机；（3）固定电话终端及电话机附加装置；（4）无绳电话终端；（5）集团电话；（6）移动用户终端；（7）ISDN 终端；（8）数据终端（含卡）；（9）多媒体终端。

（十六）消防产品（16 种）：（1）火灾报警设备；（2）消防水带；（3）喷水灭火设备；（4）灭火剂；（5）建筑耐火构件；（6）泡沫灭火设备产品；（7）消防装备产品；（8）火灾防护产品；（9）灭火器；（10）消防给水设备产品；（11）气体灭火设备产品；（12）干粉灭火设备产品；（13）消防防烟排烟设备产品；（14）避难逃生产品；（15）消防通信产；（16）消防通信产品。

（十七）安全技术防范产品（5 种）：（1）入侵探测器；（2）防盗报警控制器；（3）汽车防盗报警系统；（4）防盗保险柜；（5）防盗保险箱。

（十八）无线局域网产品（1 种）：无线局域网产品。

（十九）装饰装修材料（3 种）：（1）溶剂型木器涂料；（2）瓷质砖；（3）混凝土防冻剂。

（二十）玩具（6 种）：（1）童车类产品；（2）电玩具类产品；（3）塑胶玩具类产品；（4）金属玩具类产品；（5）弹射玩具类产品；（6）娃娃玩具类产品。

（二十一）机动车儿童乘员用约束系统（1 种）：机动车儿童乘员用约束系统。

3.1.2　必须符合产品标识规定

产品标识是区别不同产品，说明产品性能、成分、使用方法，提示注意事项的重要标志。消费者认识产品是从标识开始。产品标识非常重要，因此《产品质量法》第 27 条规定，产品或者其包装上的标识必须真实，并符合下列要求：（一）有产品质量检验合格证明；（二）有中文标明的产品名称、生产厂厂名和厂址；（三）根据产品的特点和使用要求，需要标明产品规格、等级、所含主要成分的名称和含量的，用中文相应予以标明；需要事先让消费者知晓的，应当在外包装上标明，或者预先向消费者提供有关资料；（四）限期使用的产品，应当在显著位置清晰地标明生产日期和安全使用期或者失效日期；(五)使用不当，容易造成产品本身损坏或者可能危及人身、财产安全的产品，应当有警示标志或者中文警示说明。裸装的食品和其他根据产品的特点难以附加标识的裸装产品，可以不附加产品标识。

从实践来看，电商最容易犯的错误主要有以下几种：

一、进口商品不标中文

在网络上搜“进口”两个字，就会发现，许多进口商品不标中文说明。如下图：

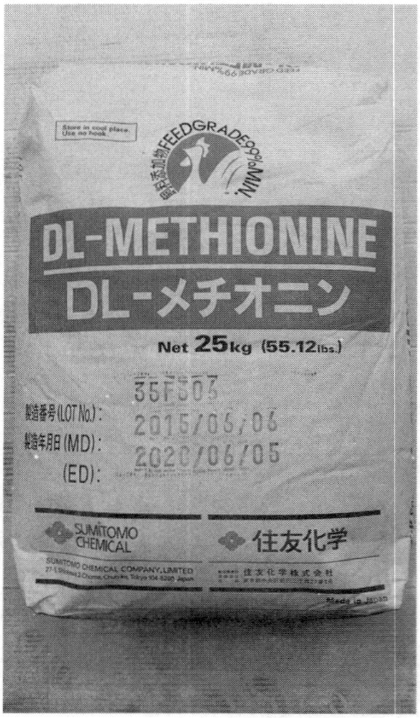

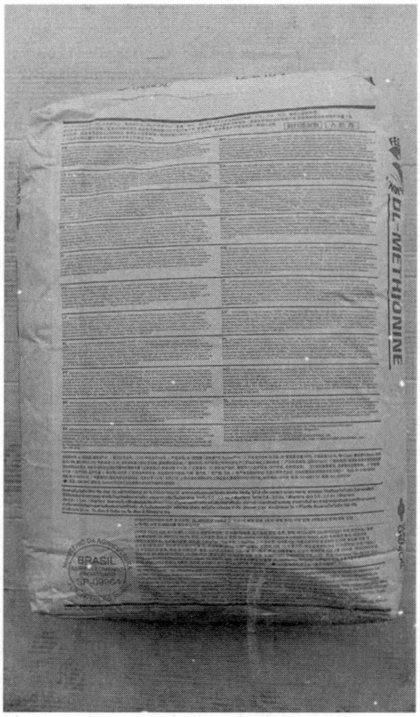

二、不标明保质期和警示标志

《产品质量法》对产品标识规定了五项要求，不符合这五项要求的后果是不一样的。按照《产品质量法》第54条规定，如果是产品标识不符合第27条第1、2、3项要求，执法部门会责令改正。但是如果有包装的产品标识不符合第27条第4、5项规定，简单地说，即不标明保质期和警示标志的，情节严重的，执法部门可以责令停止生产、销售，并处违法生产、销售产品货值金额30%以下的罚款；

有违法所得的，并处没收违法所得。所以职业打假人不会在标签标识上找麻烦，商家可以放心，因为无利可图。我也没有这方面的案例即是证明。但是如果因为没有标明保质期和警示标志，执法部门责令改正了，商家一定要正确对待，立即整改，否则下次送来的可能就是罚单了。

三、产品来源不明

按照《产品质量法》的规定，如果商家销售无厂名、无厂址的产品，执法部门不能处罚，只能责令改正。责令后仍不改正的，继续责令改正……所以这个问题就无法解决了。为了遏制“三无”产品，原工商总局制定了《流通领域商品质量监督管理办法》，第 13 条规定销售者不得购进或者销售无厂名、厂址等来源不明的商品，否则依据第 32 条规定，责令改正，处违法所得 3 倍以下但不超过 3 万元的罚款；没有违法所得的，处 1 万元以下的罚款。

2016 年 5 月，娄底新化县市场监管局依法对辖区内某板材仓库检查，发现某经营者仓库内存放的板材无厂名、厂址。经查，该批板材系该经营者从山东临沂市某木业有限公司购进，货值金额 197250 元，已售出 1100 张，获利 15900 元。依据《流通领域商品质量监督管理办法》第 32 条之规定，市场监管部门责令该经营者改正违法行为，并处罚款 3 万元。

由于对“来源不明”的理解不同，在实际操作中，执法部门有两种倾向。一是只要产品无厂名、无厂址，直接按照来源不明认定处罚。二是如果产品无厂名、无厂址，并且经营者没有履行进货查验义务，即不能提供上级供货商的，才认定来源不明，进行处罚。所以，我在这里郑重提醒商家，一是不要销售三无产品，主要是质量没有保障。二是不要因为索证索票、进货查验是自律义务，而不履行。事物都有两面性，进货查验既是义务，也可以转化权利，关键的时候能免责，可以成为从轻、减轻处罚的法律事由。这个我在后面会详细介绍。

3.1.3 不得生产销售国家明令淘汰的产品

《产品质量法》第 29 条规定，生产者不得生产国家明令淘汰的产品。第 35

条规定，销售者不得销售国家明令淘汰并停止销售的产品和失效、变质的产品。国家明令淘汰的商品是指国家有关部门按照法定程序，因涉及人身安全、环境污染、能耗高、技术落后等因素，确定不再继续生产、销售、使用的产品。现在商品更新换代的速度非常快，政府部门很少直接规定淘汰产品。淘汰产品的主要方式通过更新国家强制标准，新标准出台、旧标准废止，按照旧标准生产的产品自然就被淘汰了。最典型的是插座，前几年市场流行万用孔插座和两芯（脚）插座。

万用孔插座是插孔可同时兼容两极或三极插座，此类插座因插孔较大甚至可以兼容英标、美标、欧标这些非日常使用插头，因为被称为万用孔插座。但是，也正是由于此类插座插孔较大，插座接片与电器插头接触面积过小，容易使接触片过热，导致火灾事故的发生。2010 年 6 月 1 日，国家质检总局和国家标准化管理委员会联合发布《家用和类似用途插头插座第 2 部分：转换器的特殊要求》（以下简称新国标）开始强制执行，明确禁止生产万用孔插座。新国标要求生产两极和三极插孔分开组合形式的插座（俗称新五孔插座），这种插座的插头与插座的接触面积更大，接触更紧密，降低了触电隐患。

两芯插座也叫两脚插座，是指插板上有三极插孔，但插座本身自带的插头却是两个插销的插座。这类插座缺少一根地线，在使用过程中，一旦电器内部某个绝缘部件损坏，电流将会布满整个电器表面，由于电流无法通过两芯插座导入地下，极易引发触电事故。1996 年，我国首次制定电源插座标准时，就明确规定两芯插座不合格。

这两种插座都是国家明令淘汰禁止生产销售的产品，但是现在网络上仍有销售的。

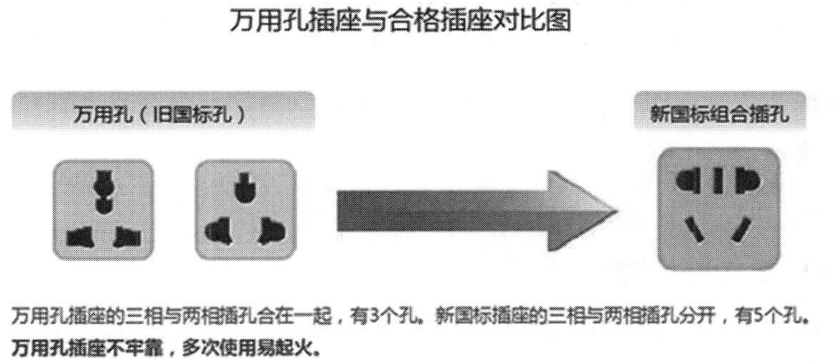

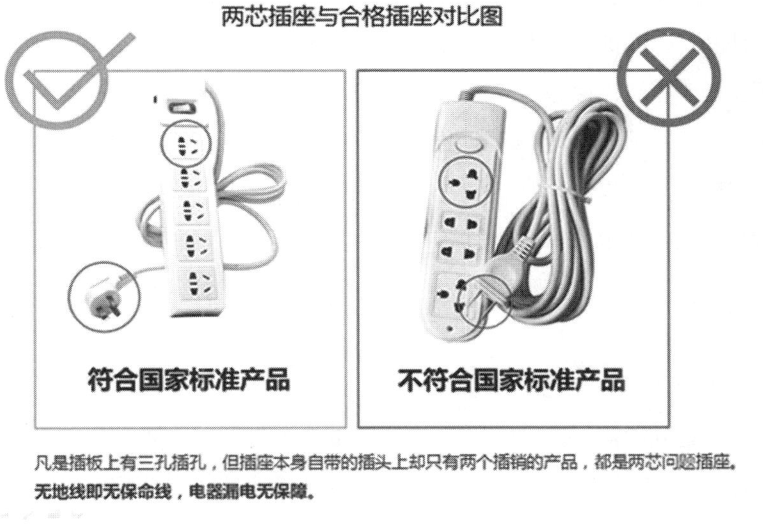

3.1.4 不得销售失效、变质的产品

《产品质量法》第35条规定，销售者不得销售国家明令淘汰并停止销售的产品和失效、变质的产品。失效是指商品失去本来应当具有的性能。变质是指因内在质量发生了生物、化学、物理变化，导致商品品质、性能也发生了变化。失效、变质主要发生在食品、药品、保健食品、化妆品等领域，除此以外含有不稳定化学成分、生物成分的商品也有保持期限，不适当保存也可能导致失效、变质。

如电池长期放置在潮湿环境,就可能导致失效。轮胎不按照要求放置,也可能导致老化等。一般情况下,容易失效、变质的商品,国家标准都会规定在标签上标注保质期和注意事项。因此,电商在销售商品时,请注意标签上是否标注保质期和注意事项,在保质期前售出,并采取措施防止失效、变质。

3.1.5 不得生产销售不合格产品

消费者购买产品是为了满足需求。经营者应当保证在正常使用商品或者接受服务的情况下其提供的商品或者服务应当具有的质量、性能、用途和有效期限。经营者以广告、产品说明、实物样品或者其他方式表明商品或者服务的质量状况的,应当保证其提供的商品或者服务的实际质量与表明的质量状况相符。但是,实践中有不少经营者利用信息不对称,将不合格产品销售给消费者,损害了消费者的权益。为此,《产品质量法》第 32 条、第 39 条规定,生产者、销售者生产、销售产品,不得掺杂、掺假,不得以假充真、以次充好,不得以不合格产品冒充合格产品。

青岛某皮具有限公司在天猫购物平台设立旗舰店销售该公司产品。2017 年,工商部门对该公司天猫旗舰店销售的“××极简风牛皮邮差包”进行抽样检测,检验结果显示不合格。工商部门认定,该公司违反了《产品质量法》第 39 条的规定,构成销售不合格产品冒充合格产品行为。依据《产品质量法》第 50 条规定,工商部门责令该公司立即停止违法行为,同时给予没收违法所得和罚款的行政处罚。

2016 年 4 月,霍城县谢某从石河子 A 农业科技股份有限公司以每吨 1700 元的价格,购进该公司生产的复合微生物肥料 500 袋,每袋净重 40 公斤,共计 20 吨。谢某购进这批肥料是直接从厂家进的货,进这批肥料时,生产厂家未向当事人提供营业执照,也未开具票据,后来,由该公司驻伊犁业务员向谢某提供了一份检验报告。2016 年 4 月 8 日,霍城县工商局委托州产品质量检验所对谢某经销的 A 农业科技股份有限公司生产的复合微生物肥料进行了抽样检验。经检验,判定该批复合微生物肥料不合格。工商部门认定,谢某的行为违反了《产品质量法》第 12 条和第 39 条的规定,属销售不合格产品的行为,依法对谢某没收违法所得 5000 元,并罚款 4.5 万元。

2011年12月，消费者在某超市购买价格为169元的“时尚暖彩蚕丝内衣”和269元的“时尚贵族蚕丝羊绒衣”各一件。由于怀疑衣服成分，消费者将两件衣服送至天津纺织纤维检验所鉴定，结果表明，未检测出蚕丝和羊绒成分，产品所标注的成分与实际检测结果相距甚远，以次充好。工商部门责令超市停止销售，并对尚未销售的商品和违法所得予以没收，并罚款8930元。

上述案例中，执法部门认定违法行为时用了“以次充好”“不合格产品”等不同的表述，实际操作上都是一回事，都属于“生产销售不合格产品”，这些案子最后统一适用《产品质量法》第50条，而且认定的依据都需要通过产品质量检验。

对于产品质量是否合格，目前只能通过检验判定，毕竟质量是个很内在的东西，执法部门和职业打假人也没有更好的方法。但是对于有经验的执法人员和职业打假人而言，会有一些见微知著、以小见大的方法。这些方法与各个行业的生产特点、产品特性密切相关。有经验的执法人员和职业打假人通过一些小细节，就可以初步判断这款产品很有可能质量不合格，然后抽样送检。

3.1.6 服务业经营者的责任

服务是消费的另一个重要领域。对于产品质量，生产者、销售者要遵守《产品质量法》，服务业经营者也要遵守《产品质量法》。《产品质量法》第62条规定，服务业的经营者将本法第49条至第52条规定禁止销售的产品用于经营性服务的，责令停止使用；对知道或者应当知道所使用的产品属于本法规定禁止销售的产品的，按照违法使用的产品（包括已使用和尚未使用的产品）的货值金额，依照本法对销售者的处罚规定处罚。

3.2 食品

食品是指各种供人食用或者饮用的成品和原料，包括按照传统既是食品又是药品的物品，但是不包括以治疗疾病为目的的物品。食品安全事关人民群众的身体健康和生命安全。长期以来，食品安全问题一直饱受人们诟病。2003 年安徽阜阳爆发的大头娃娃奶粉事件引发了社会对食品安全的广泛关注。2007 年，国家制定了《食品安全法》。2017 年，国家对《食品安全法》进行了修订，制定了史上最严的《食品安全法》。新《食品安全法》体现了“最严谨的标准、最严格的监管、最严厉的处罚、最严肃的问责”四个“最严”的要求，主要包括以下方面。

3.2.1　不得擅自从事食品生产经营活动

《食品安全法》第 35 条、第 39 条规定，国家对食品生产经营、食品添加剂生产实行许可制度。从事食品和食品添加剂生产、食品销售、餐饮服务，应当依法取得许可。但是，销售食用农产品，不需要取得许可。

《食品安全法》第 122 条第 1 款规定，违反本法规定未取得食品生产经营许可从事食品生产经营活动，或者未取得食品添加剂生产许可从事食品添加剂生产活动的，由县级以上人民政府食品药品监督管理部门没收违法所得和违法生产经营的食品、食品添加剂以及用于违法生产经营的工具、设备、原料等物品；违法生产经营的食品、食品添加剂货值金额不足 1 万元的，并处 5 万元以上 10 万元以下罚款；货值金额 1 万元以上的，并处货值金额 10 倍以上 20 倍以下罚款。

一、擅自从事食品生产经营活动将受到严惩

从事食品生产经营活动，必须先取得食品生产经营许可证。申办许可证不是很麻烦，但无证经营一定会很麻烦。

自 2017 年 11 月开始，张家口怀来县白某在没有营业执照和食品生产许可证等证件情况下，灌装销售自酿葡萄酒。2018 年 2 月，怀来县食药监局根据举报线索对白某检查，认定白某未取得食品生产经营许可从事食品生产经营活动，涉案金额为 3184 元，违法所得 1930 元。依据《食品安全法》第 122 条，食药监部门依法没收白某用于生产的工具、设备、原料及没收违法所得 1930 元，并处罚款 50070 元。

2015 年 4 月，范某通过法国留学的朋友推荐，从淘宝网购进价值为 4.4 万元的法国产 APtamil（爱他美）婴幼儿配方奶粉，并在淘宝网开设“××海外代购店”销售。2015 年 5 月，荆门市东宝区食药监局检查发现，范某未经许可经营婴幼儿配方奶粉。6 月 19 日，依据《食品安全法》第 122 条第 1 款的规定，该局依法按其违法经营食品货值 5 倍，给予 22 万元罚款的行政处罚。

二、必须在许可的范围从事食品生产经营

从事食品生产经营活动要先取得生产经营许可，但是即使取得了生产经营许可也不能任性，要严格按照核定的场所开展经营活动。

2017 年 3 月，武汉市食药监局根据央视新闻曝光，查实湖北某生物科技公司在经营许可的场所以外，通过开展会议讲座宣传等方式，从事保健食品经营，向中老年人推销保健食品“纽士健牌银杏软胶囊”。武汉市食药监局对其作出没收违法所得，罚款 14 万元的行政处罚。

三、不得超出核定的许可项目经营

取得生产经营许可后，要严格按照核定的许可项目经营，不得超出核定许可的项目从事经营。如果想拓展经营项目，要先去作变更。

2017 年 3 月，呼和浩特市某果蔬超市依法取得《食品经营许可证》，经营项目为预包装食品（含冷藏冷冻）、散装食品（含冷藏冷冻）。2017 年 7 月 29 日，食药监执法人员对该店进行日常监督检查时，发现该店货架上经营“红牛维生素功能饮料”5 瓶，该产品系保健食品。而该店的经营项目中不包括经营保健食品。执法人员依法对该店下达了《责令改正通知书》，要求其在十个工作日内向原发证机关申请变更经营许可。2017 年 8 月 15 日，执法人员再次来到该店，发现该店未按要求整改，未向原发证机关申请变更经营许可，擅自更改经营许可，经营保健食品“红牛维生素功能饮料”。食药监部门认为，该店的行为违反了《食品经营许可管理办法》第 27 条第 1 款的规定，依据《食品经营许可管理办法》第 49 条第 1 款的规定，罚款 2000 元。

3.2.2 禁止用非食品原料生产食品

为了增加口感、增进食欲、降低成本，部分不法经营者在食品生产过程中，使用非食用原料,严重影响了公众的身体健康。为此,《食品安全法》第34条第1项规定,禁止生产经营下列食品、食品添加剂、食品相关产品:用非食品原料生产的食品或者添加食品添加剂以外的化学物质和其他可能危害人体健康物质的食品,或者用回收食品作为原料生产的食品。

一、不得用非食品原料生产食品

2018年4月,十堰市张湾区食药监局对一卤制品加工点进行检查时,发现加工区存有罂粟壳。对卤汤进行检测鉴定,检出罂粟碱成分。经查,当事人梁某某于2018年2月27日至4月18日,多次使用添加有罂粟壳的卤汤底料卤制鸭头、鸭脖等卤菜,共计358.5千克,销售金额1.7万余元,获利1万余元。梁某某涉嫌生产销售有毒有害食品,被公安部门刑事拘留。

2017年,普陀区市场监管部门对普陀区沈家门街道宋某某、高某经营的散装熟猪肉制品进行抽样送检,结果表明该熟猪肉制品中,吗啡、那可丁、罂粟碱等项目指标不合格;在熟食汤料中,检测的那可丁、罂粟碱项目指标也不合格。市场监管部门认定:宋某某、高某构成生产、销售有毒有害食品行为,根据《食品安全法》第123条的规定,市场监管部门对宋某某、高某罚款10万元。

罂粟壳是添加非食品原料最常见的物质,因为能够提升口感、增进食欲,部分经营者将其用于卤制品、火锅、羊肉汤等食品中。但是这是违法的,甚至构成了犯罪。

二、不得在食品中添加食品添加剂以外的化学物质和其他可能危害人体健康的物质

2018年1月,宁夏食药监部门检查发现,宁夏某生物油脂有限公司存在使用工业氢氧化钠(烧碱)生产食用油的违法行为。经查,该公司自2017年10月以来,先后从青铜峡、内蒙古乌海等地购进工业氢氧化钠(烧碱)14吨作为食品添加剂,生产一级食用玉米油111.12吨,涉案货值金额74.9717万元。该公司的行为违反了《食品安全法》第34条第1项的规定,构成使用添加剂以外的化学物质生产食品的违法行为。因情节严重,性质恶劣,涉嫌犯罪,贺兰县市场监管局根据相关规定,将该案移送公安机关立案侦查。

2014年年初,卫生监督执法人员对苏州某餐饮娱乐有限公司园区分公司生产食品进行采样。经检测发现,其自制湘味辣椒酱中检出罗丹明B。经调查,确认该分公司自2013年11月1日至12月2日用含非食品原料罗丹明B的湘味辣椒酱制售多种菜肴。该分公司用非食品原料制作加工食品的行为,违反了《餐饮服务食品安全监督管理办法》和《食品安全法》的有关规定。2014年3月,食药监部门依法对其作出没收违法所得,并处以罚款的行政处罚。罗丹明B是一种红色的人工合成染料。将罗丹明B用在辣椒制品中,能够使辣椒制品看起来更加鲜艳。但是,罗丹明B是非食用物质,具有潜在的致癌、致突变性等,会直接危害人体健康,因此不允许用作食品染色。

2014年9月,苏州市执法部门联合检查夏某豆腐作坊,发现其仓库内存有疑似工业用盐300千克和部分已加工的豆制品。经查,夏某多年来一直从事豆腐加工生意。事发前几个月,夏某听说宋某某、赵某某处有工业盐出售,且价格低廉,为节约加工成本,多次从宋某某、赵某某处购进工业盐用于豆腐加工。经盐务部门鉴定,查获的该批盐确为工业用盐。公安机关依靠相关线索,又成功抓获售卖工业盐的摊贩宋某某、赵某某。上述人员均被公安机关以涉嫌生产、销售有毒、有害食品罪采取刑事强制措施。

2014年6月,利川市食药监局发现村民牟某熬制工业用松香,给猪头脱毛并销售。经检验,该松香酸值超标20倍。食药监部门依法作出没收剩余工业用松香,没收用松香加工的猪头90个,并处罚款8.1万元行政处罚。其行为涉嫌构成生产销售有毒有害食品罪,已移送公安机关。松香分两种,一种是食用松香,另一种是工业松香。食用松香颜色较浅,纯度高,杂质相对较少,食用安全性高;工业松香和沥青都是国家明令禁止使用的有害化学物质,工业松香含有重金属等有毒化合物。在家禽脱毛过程中,如果使用了工业松香,会通过“热透”效应残留在禽畜被加热扩张的毛孔中,甚至会进入皮下组织。人体吸收后,会对人体肝脏和肾脏造成伤害,严重的甚至致癌。

2017年3月以来,怀化市食药监局先后对怀化市多家超市及中心市场水产品经营户经营的水产品进行了监督抽检,经检测其中两家超市销售的多宝鱼、黄骨鱼分别被检出含“呋喃西林”和“隐色孔雀石绿”,中心市场四家商户销售的黄骨鱼被检测出含“隐色孔雀石绿”。“呋喃西林”和“孔雀石绿”均属于《食品中可能违法添加的非食用物质名单(第四批)》中列出的物质。2017 年 9 月,怀化市食药监局依法对 6 家当事人的违法行为分别给予行政处罚。

三、除工业用品外,食品中含有农药、兽药也是属于添加食品添加剂以外的化学物质

2014 年 3 月,随州市食药监局发现某生物科技有限公司在 2013 年 6 月至 2014 年 3 月生产的枇杷、荆条、枣花 3 个品种 4 个批次的“××堂”牌蜂蜜中,含有违禁兽药氯霉素,共计 19780 瓶,货值金额 26 万余元。该局没收该公司违法所得 9.9 万元,没收违法蜂蜜食品 8532 瓶,并处罚款 132.3 万余元。

四、不得用回收食品作为原料生产食品

回收食品用作原料最多的是地沟油。

2010 年 3 月至 2013 年 12 月中旬,苏州“金山鸟石锅鱼”餐馆经营负责人杨某授意该餐馆工作人员杨某某收集餐馆剩菜桶中的废油,并将该废油进行加工后用于烹饪供顾客食用。犯罪嫌疑人杨某、杨某某已被移送至检察机关,追究刑事责任。

2015 年 11 月,贾某某在芜湖市银湖北路经营某火锅店。2016 年 2 月,贾某某先后聘请杨某为店长负责该火锅店经营管理、韦某某为大厨负责该店火锅底料制作。因该火锅店生意不景气,为控制成本并给火锅味道提鲜,贾某某、杨某、韦某某三人商议后决定采用制作“老油”的方法,把客人食用过的火锅汤料的残渣残油过滤、回收,由韦某某再次加热提取,将这些残油提炼成“老油”,再把“老油”添加到新的“鸳鸯锅”“香辣锅”火锅汤料中重新销售给顾客食用。2016 年 2 月至 3 月,该火锅店通过上述方式共计制作 200 余斤“老油”,销售添加有“老油”的火锅 300 余份,非法营业额部分达 6000 余元。鸠江区人民法院认为,被告人贾某某、杨某、韦某某在火锅店经营过程中为控制成本并提升火锅味道,合谋制作有毒、有害的非食品原料添加到火锅底料中向顾客出售,其行为已构成生产、销售有毒、有害食品罪。因三被告人具有自首、坦白等法定从轻情节,并能够当庭认罪、悔罪，综合全案，判处贾某某犯生产销售有毒有害食品罪，有期徒刑一年，宣告缓刑二年，并处罚金 2 万元，杨某、韦某某犯生产销售有毒有害食品罪，有期徒刑六个月，宣告缓刑一年，并处罚金 1 万元。同时，禁止三被告人在缓刑考验期限内从事食品生产销售及相关活动。

2017 年 12 月，广东食药监执法人员根据举报，对广州市某食品有限公司生产车间、成品仓库、原料仓库及办公场所进行检查，发现该公司有将已售出的食品回收后作为原料进行再加工的记录。经查明，该公司于 2017 年 6 月至 12 月用回收食品作为原料生产销售的产品货值合计 59548 元，实际销售产品货值合计 23316 元，违法所得 18254.83 元。食药监部门依据《食品安全法》有关规定，没收该公司违法生产销售的产品及违法所得，处货值金额 20 倍罚款，罚没款合计 1209214.83 元。

五、禁止经营上述食品

生产者使用非食品原料生产的食品或者添加食品添加剂以外的化学物质和其他可能危害人体健康物质的食品，或者用回收食品作为原料生产的食品，是违法的。经营者销售上述食品也要承担责任。

2015 年 6 月，襄阳市食药监局对湖北某酒店管理有限公司经营的碱面、黄酒进行抽检。结果表明，碱面样品非食用物质硼砂含量为 319mg/kg，黄酒样品非食用物质敌敌畏含量为 0.082mg/kg。经查，该公司经营的上述碱面、黄酒均系樊城区华丰路朱某某直接供货，数量均为 20 斤。朱某某涉嫌违法使用非食品原料生产经营碱面和黄酒，依法移送公安机关处理。

2017 年，安平县执法部门密切配合，联合查办了李某某利用网络销售有毒有害食品案。李某某在网上销售的“蜜瘦”系列减肥产品，经检测含有酚酞等违禁药物成分。该案涉案金额 500 万元，李某某因犯销售有毒有害食品罪，被判处有期徒刑 11 个月，并处罚金 4 万元。

六、食品中可能违法添加的非食用物质名单

生产者添加的非食用物质是主动违法，被抓住，是罪有应得。而经营者销售含有非食用物质是被动违法，很多经营者甚至都不知道食品里含有非食用物质，

被抓住就很冤枉。那么怎么预防呢？主要有两点，一是建立进货查验、索证索票制度。食品一旦出现问题，能够说清来源，轻则免除罚款，重则免除牢狱之灾。正所谓不知者无罪，但一定能说清来源。就像上面第一个案例，能够说清来源就基本上没有责任了，而第二个要承担刑事责任。这是成本低、效果好的方法。

二是针对不同的产品，有针对性地进行检验。这种方法适合大型商超、贸易企业。2008 年以来，全国打击违法添加非食用物质和滥用食品添加剂专项整治领导小组陆续发布了六批《食品中可能违法添加的非食用物质名单》，汇总如下表。在实践操作中，执法部门和职业打假人根据食品的感观、口味，有针对性地对某类食品进行抽检，检测其中是否含有非食用物质。广大商家可以参考一下这种方法，对食品进行检验，以便心中有数。

序号	名称	可能添加的食品品种
1	吊白块	腐竹、粉丝、面粉、竹笋
2	苏丹红	辣椒粉、含辣椒类的食品(辣椒酱、辣味调味品)
3	王金黄、块黄	腐皮
4	蛋白精、三聚氰胺	乳及乳制品
5	硼酸与硼砂	腐竹、肉丸、凉粉、凉皮、面条、饺子皮
6	硫氰酸钠	乳及乳制品
7	玫瑰红 B	调味品
8	美术绿	茶叶
9	碱性嫩黄	豆制品
10	工业用甲醛	海参、鱿鱼等干水产品、血豆腐
11	工业用火碱	海参、鱿鱼等干水产品、生鲜乳
12	一氧化碳	金枪鱼、三文鱼
13	硫化钠	味精
14	工业硫磺	白砂糖、辣椒、蜜饯、银耳、龙眼、胡萝卜、姜等
15	工业染料	小米、玉米粉、熟肉制品等
16	罂粟壳	火锅底料及小吃类

续表

序号	名称	可能添加的食品品种
17	革皮水解物	乳与乳制品含乳饮料
18	溴酸钾	小麦粉
19	β－内酰胺酶(金玉兰酶制剂)	乳与乳制品
20	富马酸二甲酯	糕点
21	废弃食用油脂	食用油脂
22	工业用矿物油	陈化大米
23	工业明胶	冰淇淋、肉皮冻等
24	工业酒精	勾兑假酒
25	敌敌畏	火腿、鱼干、咸鱼等制品
26	毛发水	酱油等
27	工业用乙酸	勾兑食醋
28	肾上腺素受体激动剂类药物(盐酸克伦特罗,莱克多巴胺等)	猪肉、牛羊肉及肝脏等
29	硝基呋喃类药物	猪肉、禽肉、动物性水产品
30	玉米赤霉醇	牛羊肉及肝脏、牛奶
31	抗生素残渣	猪肉
32	镇静剂	猪肉
33	荧光增白物质	双孢蘑菇、金针菇、白灵菇、面粉
34	工业氯化镁	木耳
35	磷化铝	木耳
36	馅料原料漂白剂	焙烤食品
37	酸性橙Ⅱ	黄鱼、鲍汁、腌卤肉制品、红壳瓜子、辣椒面和豆瓣酱
38	氯霉素	生食水产品、肉制品、猪肠衣、蜂蜜
39	喹诺酮类	麻辣烫类食品
40	水玻璃	面制品

续表

序号	名称	可能添加的食品品种
41	孔雀石绿	鱼类
42	乌洛托品	腐竹、米线等
43	五氯酚钠	河蟹
44	喹乙醇	水产养殖饲料
45	碱性黄	大黄鱼
46	磺胺二甲嘧啶	叉烧肉类
47	敌百虫	腌制食品
48	邻苯二甲酸酯类物质	使用乳化剂的食品

3.2.3 禁止生产经营营养成分不符合食品安全标准的专供婴幼儿和其他特定人群的主辅食品

婴幼儿是人健康成长的重要时期,这个时期如果能够得到合理的膳食营养,对其一生的身体和智力发育都能打下良好的基础,因此婴幼儿主辅食品的营养成分非常重要。同样,诸如孕妇、特殊病人,需要从特殊主辅食品中摄取营养成分,或者对营养成分有特殊的要求。如果这些食品营养成分不符合食品安全标准,轻则会影响身体健康,重则威胁到生命安全。因此,《食品安全法》对这些特定群体主辅食品的营养成分制定了严格的标准,并要求必须符合标准。《食品安全法》第34条第5项规定,禁止生产经营下列食品、食品添加剂、食品相关产品:营养成分不符合食品安全标准的专供婴幼儿和其他特定人群的主辅食品。专供婴幼儿的主辅食品主要有婴幼儿奶粉、米粉(糊)等。

2017年1月18日,某省食药监部门对某超市经营的婴幼儿谷类辅助食品××有机米粉进行抽样检验,维生素A检出值为2.89μgRE/100kJ,低于《食品安全国家标准婴幼儿谷类辅助食品》(GB 10769－2010)规定的"维生素A的含量应为14－43μgRE/100kJ"的国家标准,该超市经营的××有机米粉被判定为不合格。经查明,2016年12月15日,该超市从××药业有限公司购进了上述××有机米粉 36 罐(42 元/罐),销售了 34 罐(70 元/罐),货值金额 2520 元,违法所得 952 元。该超市购进上述米粉时并未查验该产品的合格证明文件。食药监部门认为,该超市经营营养成分不符合食品安全标准的婴幼儿谷类辅助食品 ××有机米粉的行为,违反了《食品安全法》第 34 条第 5 项的规定。依据《食品安全法》第 123 条第 1 款第 2 项的规定,没收该超市 ××有机米粉 2 罐,没收违法所得 952 元,罚款 125000 元,罚没款合计 125952 元。

2014 年 1 月,某国际贸易有限公司伙同其他多家公司,利用电脑技术伪造第三方检测报告、出口国检疫证书、报关单、增值税发票等,进口销售不符合食品安全标准的“××兰”“×宝”“××美”牌婴幼儿配方奶粉,涉案货值金额约 2433 万元。公安机关抓捕犯罪嫌疑人 4 人,目前已追究刑事责任。

3.2.4 禁止生产经营病死、毒死或者死因不明的动物肉类及其制品

病死、毒死或者死因不明的禽、畜、兽、水产动物属于非正常死亡。这些动物肉类往往带有致病微生物、寄生虫或者其他有毒有害物质。食用这些肉类及制品可能会影响身体健康和生命安全。因此,《食品安全法》第 34 条第 7 项规定,禁止生产经营下列食品、食品添加剂、食品相关产品:病死、毒死或者死因不明的禽、畜、兽、水产动物肉类及其制品。

一、禁止生产经营病死动物肉类及其制品

2017 年 1 月,松滋市执法部门联合对松滋市生产、销售病死猪肉案开展收网行动,抓获犯罪嫌疑人 19 人,网上追逃 2 人,涉案货值金额 40 余万元。2017 年 12 月,主犯郑某某犯生产销售不符合食品安全标准的食品罪,被判处有期徒刑 3 年 5 个月,并处罚金 43 万元。

二、禁止生产经营毒死动物肉类及其制品

2017 年 8 月,怀化市食药监局接到举报,称某冻库内存放有毒狗肉。怀化市食药监局立即出动执法人员进行了突击检查,发现在梁某等人租赁的冻库内存放有大量冻狗肉,据梁某所称共约 25 吨。执法人员对上述冻狗肉进行了查

封、抽样，经检验，送检的6份狗肉血液样品均含有"氯化琥珀胆碱"。经缜密侦查，2017年11月，怀化市公安局、怀化市食药监局联合对"梁某等人经营有毒有害狗肉案"展开收网行动，先后抓获犯罪嫌疑人7人，其中逮捕1人、刑拘6人，查封有毒、有害狗肉共计50余吨。

氯化琥珀胆碱被国家列为B级有机剧毒物，人体肌肉注射只需要0.02克就能致死。这些盗狗人用氯化琥珀胆碱毒杀狗，在毒杀狗的同时，这些狗肉也成为毒死动物肉类，不得生产经营。

2016年12月22日，黄梅县食药监局根据举报，联合公安机关将在新开镇农贸市场贩卖毒死狗肉的吴某当场查获，依法扣缴毒死狗肉200余斤，经过采样送检确认系氰化物致狗死亡。2017年8月，吴某被以销售有毒、有害食品罪判处有期徒刑7个月，并处罚金3000元。

三、禁止生产经营死因不明的动物肉类及其制品

2017年5月，利川市食药监局接群众举报，称在该市元堡乡有一头已埋死牛肉被人挖掘、销往市场。经调查核实，元堡乡一村民喂养的成年母牛，于2017年3月22日因不明原因死亡，赵某、吴某于2017年3月底偷偷将该牛从土里挖出分割后，销售给利川市毛坝镇销售牛肉的黄某某。黄某将该死牛肉分销给消费者。2017年4月5日吴某自家的母牛因不明原因死亡，第二天在保险公司的监督下将死牛深埋，待保险公司工作人员离开后，吴某伙同赵某又把深埋后的死牛挖出，将该牛又销售给黄某，该批牛肉经黄某某又销售给消费者。以上当事人经营死因不明的牛肉及其附属品的行为违反了《食品安全法》第34条第7项、第8项的规定，已涉嫌犯罪。2017年12月8日，法院分别判处吴某、赵某有期徒刑1年2个月，缓刑2年，黄某有期徒刑1年，缓刑1年，均并处罚金2000元；禁止三被告在缓刑考验期间从事食品生产、销售及相关活动；三被告赔付牛肉销售价款的10倍赔偿金4.89万元，并在利川市市级媒体上公开赔礼道歉。

3.2.5 禁止生产经营未检验检疫或者检验检疫不合格的肉类及其制品

检验检疫是保障食品安全的重要手段。应当检验检疫而没有检疫的肉类，食品安全就失去保障。检验检疫不合格的肉类，更是不符合食品安全要求。因此，《食品安全法》第34条第8项规定，禁止生产经营下列食品、食品添加剂、食品相关产品：未按规定进行检疫或者检疫不合格的肉类，或者未经检验或者检验不合格的肉类制品。

一、销售的肉类都应当检疫

2017年11月，宁强县市场监管局根据群众投诉举报，联合公安机关对罗某的冷库进行检查，发现其冷库中有18类688件肉类涉嫌未按规定进行检疫。经汉中出入境检验检疫局和中国检验认证集团湖北有限公司出具的鉴定报告及相关法律法规，市场监管局最终认定罗某经营的11类肉类共计155件为未按规定进行检疫的肉类，违反了《食品安全法》相关规定，因尚不构成犯罪，公安机关作出不予立案决定，宁强县市场监管局依法没收罗某未按规定进行检疫的肉类，并罚款10万元。

2017年11月，怀化市食药监局接到举报，称怀化某农产品批发市场有经营户销售来源不明冷冻凤爪。经现场检查，在该市场7号冻库内发现存放有无中文标签的冷冻凤爪200箱（规格为10kg/箱）。经查，2017年10月31日，该市场内的个体经营户尹某从某货车司机处购得上述冷冻凤爪，货值为15000元。尹某未履行进货查验义务，不能提供合法有效的检验检疫证明文件。经相关部门现场查验，上述冷冻凤爪为没有合格中文标签和未经依法检疫的食品。怀化市食药监局依法对尹某给予警告，没收违法经营的冷冻凤爪1997公斤，没收违法所得并处罚款合计225024元。

二、进口肉类及制品也应当检疫

2013年5月，常州市工商执法人员对凌家塘市场冷库大楼进行检查时，发现一批正在出库的牛肉产品外包装上均为外文标识、无中文标签，遂采取封存的强制措施。经查,该批冷冻牛肉为田某某存放,规格为25kg/件,共2263件,外包装上均没有中文标签,贴有外文标贴,内容为"Indian frozen boneless buffalo meat""Apeda Regn no. 156686"。田某某不能提供上述牛肉产品的进货票据、有效的检验检疫证明。经常州出入境检验检疫局确认,上述牛肉属于禁止进境物。田某某的上述行为涉嫌违反了《食品安全法》的规定,构成了经营未经动物卫生监督机构检疫或者检疫不合格的肉类,或者未经检验或者检验不合格的肉类制品的违法行为。通过对同类商品市场价格调查,冷冻牛肉的市场平均销售价是40元/公斤,田某某经营的上述牛肉产品的货值金额为226.3万元。根据最高人民法院、最高人民检察院《关于办理危害食品安全刑事案件适用法律若干问题的解释》的规定,已达刑事追诉标准,遂将该案移送公安机关追诉。

三、肉类检验检疫标志

按照屠宰检疫规程,生猪、牛、羊检疫合格的,由官方兽医出具《动物检疫合格证明》,加施检疫标志。

《动物检疫合格证明》是由动物卫生监督机构官方兽医出具的,标示某一动物及其产品检疫合格的证明。《动物检疫合格证明》是动物卫生监督证章标志的一种,共有两类四种,即动物检疫合格证明(动物A)、动物检疫合格证明(动物B),动物检疫合格证明(产品A)、动物检疫合格证明(产品B);即A类和B类,动物和动物产品。其中,动物检疫合格证明(动物A)和动物检疫合格证明(产品A)适用于跨省境出售或者运输动物及其动物产品。动物检疫合格证明(动物B)和动物检疫合格证明(产品B)适用省内出售或者运输动物及其动物产品。

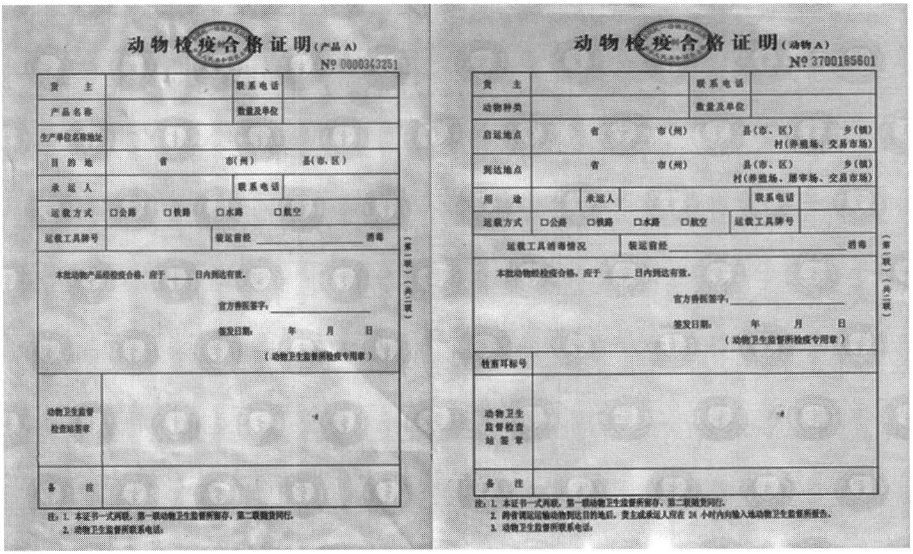

动物检疫合格证明(产品A)

№ 0000343251

货主		联系电话	
产品名称		数量及单位	
生产单位名称地址			
目的地	省 市(州) 县(市、区)		
承运人		联系电话	
运载方式	□公路 □铁路 □水路 □航空		
运载工具牌号		装运前经______消毒	
本批动物产品经检疫合格，应于____日内到达有效。 官方兽医签字： 签发日期： 年 月 日 （动物卫生监督所检疫专用章）			
动物卫生监督检查站签章			
备注			

注：1. 本证书一式两联，第一联动物卫生监督所留存，第二联随货同行。
2. 动物卫生监督所联系电话：

（第二联）（共二联）

动物检疫合格证明(动物A)

№ 3700185601

货主			联系电话		
动物种类			数量及单位		
启运地点	省 市(州) 县(市、区) 乡(镇) 村(养殖场、交易市场)				
到达地点	省 市(州) 县(市、区) 乡(镇) 村(养殖场、屠宰场、交易市场)				
用途		承运人		联系电话	
运载方式	□公路 □铁路 □水路 □航空			运载工具牌号	
运载工具消毒情况	装运前经______消毒				
本批动物经检疫合格，应于____日内到达有效。 官方兽医签字： 签发日期： 年 月 日 （动物卫生监督所检疫专用章）					
牲畜耳标号					
动物卫生监督检查站签章					
备注					

注：1. 本证书一式两联，第一联动物卫生监督所留存，第二联随货同行。
2. 跨省调运运输动物到达目的地后，货主或承运人应在24小时内向输入地动物卫生监督所报告。
3. 动物卫生监督所联系电话：

（第二联）（共二联）

动物检疫标志分为检疫验讫印章和检疫粘贴标志两种。检疫验讫印章为检疫滚筒印章，用在带皮肉上的标志。检疫粘贴标志用在动物产品包装袋上。

3.2.6 禁止生产经营国家为防病等特殊需要明令禁止生产经营的食品

《食品安全法》第 34 条第 12 项规定，禁止生产经营下列食品、食品添加剂、食品相关产品：国家为防病等特殊需要明令禁止生产经营的食品。最典型的是碘盐。《食盐加碘消除碘缺乏危害管理条例》第16条第1款规定,在缺碘地区销售的碘盐必须达到规定的含碘量,禁止非碘盐和不合格碘盐进入缺碘地区食用盐市场。因此,在缺碘地区不得生产经营非碘盐和不合格碘盐,即使这些非碘盐和不合格碘盐符合食品安全标准也不行。

2018年1月,中卫市市场监管局开展食盐市场专项检查,发现利某某在其家中存有大量无标签的"碘盐",涉嫌无证销售食盐,当场依法予以查封。后经检测,预包装无标识食盐的碘含量为1.21mg/kg,散装颗粒食盐的碘含量为1.25mg/kg,均远低于宁夏回族自治区食用碘盐含量30mg/kg的限值。利某某的经营行为违反了《食品安全法》第34条第12项、第35条第1款的规定,构成未依法取得许可经营国家为防病禁止经营的食盐的行为。根据《食品安全法》第123条第1款第5项的规定,中卫市市场监管局没收利某某违法经营的食盐和违法所得,并罚款112500元。

此外,国家为防控疾病,禁止进口的肉类及制品也不得生产、经营。

2017年1月,恩施市食药监局检查发现,谢某从外地购进冻牛腩25件,经鉴定属于国家为防控疾病禁止输入的肉类及其制品。2017年11月16日,法院以销售不符合食品安全标准的食品罪判处谢某有期徒刑1年,缓刑2年,并处罚金1万元。

3.2.7 禁止生产经营添加药品的食品

根据药品管理法的定义,药品是指用于预防、治疗、诊断人的疾病,有目的地调节人的生理机能并规定有适应症或者功能主治、用法和用量的物质,包括中药材、中药饮片、中成药、化学原料药及其制剂、抗生素、生化药品、放射性药品、血清、疫苗、血液制品和诊断药品等。药品和食品的目的、功能、副作用、安全性不同,因此管理要求也不相同。为保障人身健康安全,《食品安全法》第38条规定,生产经营的食品中不得添加药品。

一、食品中禁止添加药品

2015年10月,刘某在未申办任何证照的情况下,在利川市清江大道设立

“××保健店”,从事避孕套、保健器具、消毒用品、性保健品等四大类产品的经营活动。2016 年 11 月,利川市公安局与利川市食药监局开展性保健品专项检查时,在该店门市保健品货柜中现场查获质量可疑的“××虫草鹿鞭王”,经抽样送湖北省食品质量安全监督检验研究院检验,其胶囊含西地那非 691.4mg/kg,胶丸含西地那非 856.8mg/kg。经查,该店销售的上述产品,均为该店负责人刘某从一上门推销的个体商贩手中购进,在购进上述产品时刘某未按规定索取、查验和保存生产企业的产品生产批件及供货单位的资质资料,未索取进货票据,未建立进货台账或购进登记,因而上述产品的具体进货数量、销售数量、销售单价等情况无法进行准确核查。2016 年 12 月,利川市食药监局组织有关食品、医学、药学专家对刘某经营的保健食品“××虫草鹿鞭王”中非法添加西地那非对人体健康危害作用的鉴定会。参会专家一致认为,在保健食品中非法添加药品西地那非,尤其是在脱离医生指导下使用该品,足以对服用者的健康和生命安全造成严重危害,属于销售有毒有害的保健食品。利川市食药监局将此案移送公安机关查处。2017 年 11 月,利川市人民法院依法判处刘某有期徒刑 1 年,并处罚金 1000 元。

2017 年 1 月,德清县市场监管局接到投诉举报,反映某微信号销售的减肥咖啡“SPEED COFFEE”,产品未标示生产许可证、生产企业名称等信息,且宣传减肥功效。执法人员对举报人提供的产品进行委托送检,经湖州市食品药品检验研究院检验,检出西布曲明(西布曲明为药品)。根据前期侦查,1 月 11 日,专案组在湖州某小区将销售者宋某抓获,现场查获“SPEED COFFEE”减肥咖啡 61 袋,货值约 1.5 万元。宋某交代其销售的产品是从河南郑州某微信号进货,共进货 3 箱(每箱 50 袋),主要通过微信朋友圈销售,每袋售价 268 元,涉案货值约 4 万元。德清县市场监管局依据最高人民法院、最高人民检察院《关于办理危害食品安全刑事案件适用法律若干问题的解释》有关规定,出具《有毒有害食品认定书》,依据《食品安全法》《刑法》等有关规定立案,并移送公安机关,启动联动办案机制,进一步追踪溯源,捣毁制售源头。

2017 年 9 月,郧西县食药监局对某健康养生馆突击检查,现场查获“××消渴辅助降血糖胶囊”63 盒,涉案货值金额 1247 元。经检验,该产品非法添加药品成分“格列本脲”“盐酸苯乙双胍”,检验结论为不合格。郧西县局对该养生馆作出没收违法所得、没收涉案保健食品、罚款 8 万元的行政处罚,对其涉嫌犯罪问题线索,移送公安机关处理。

2017 年 2 月,怀化市食药监局陆续接到 2 起投诉,称在某网店购买的 ××牌糖舒尔克胶囊质量存疑,其中 1 人服用后还出现厌食、恶心、头晕等症状。怀化市食药监局执法人员将上述产品送怀化市食品药品检验所进行了快检,发现上述产品可能含有格列本脲成分。后经抽样检验,确认上述产品非法添加化学药物格列本脲。经过侦查,犯罪嫌疑人吴某等人生产、销售有毒、有害食品违法犯罪网络逐渐浮出水面。2017 年 5 月 25 日至 28 日,怀化市食药监局配合公安机关在山东青岛、河南泌阳、湖南娄底等地对犯罪嫌疑人吴某等人实施抓捕,现场共捣毁窝点 2 个,查扣胶囊 40 余万粒,包装盒 7 万余份、说明书 6 万份,涉案金额超千万元。目前,该案共抓获犯罪嫌疑人 8 人,其中批捕 4 人,取保候审 4 人,现已移送检察机关审查起诉。

食品中添加药品,往往都是有目的的。食品种类不同,添加的药品也不同,主要有这么几种情况:

二、男性食品中容易非法添加西地那非

2016 年 12 月,团风县食药监局抽检发现刘某某等生产销售的食品中含有化学物质西地那非,属于有毒、有害食品。2017 年 7 月,团风县食药监局联合公安机关一举端掉生产加工窝点 4 个、销售窝点 5 个,抓获犯罪嫌疑人 17 人,查获有毒有害食品及半成品 4 货车 200 余件,涉案货值金额过亿元。

2015 年 4 月,公安县食药监局在某铁锅现炒坊公安分店巡查发现,该店经营的“××牌”雄风王系列养生酒可疑。经抽样检验,该酒含有西地那非。该局将此案移交公安机关侦办,打掉生产销售“××王”养生酒窝点 3 处,共查获不同规格“××王”养生酒 3210 瓶,货值金额 10 万余元。主要嫌疑人李某某、孙某假冒湖北某实业总公司酒业分公司商标,生产、销售有毒有害食品,被批捕。

西地那非(Sildenafil)是“伟哥”(Viagra)的英文名称,在我国处方药名为万艾可。西地那非本来是治疗阳痿的药物，但因为具有恢复自然勃起的性功能和强烈的延时效果，很多人也把伟哥当壮阳药使用。有些商家就将西地那非添加到男性食品中以增强其壮阳效果。但是西地那非是有副作用的如头痛、潮红、消化不良，而且西地那非也有禁忌症，服用硝酸酯类药物及对西地那非过敏的患者，都要禁止服用这种药物，所以西地那非是有一定风险的，国家将其列为处方药。

三、减肥食品容易非法添加西布曲明、苯乙双胍、酚酞等药品

2017 年 7 月，南浔区市场监管局联合南浔公安分局，查获吴某、方某利用淘宝店铺销售有毒有害减肥胶囊案件。吴某经营的减肥胶囊主要通过其名下的两家淘宝店铺进行销售，经湖州市食品药品检验研究院检验，吴某所销售减肥胶囊产品中均检出盐酸西布曲明、酚酞等非法添加成分。方某通过网络采购减肥胶囊后，自行分装并加贴“Coco 瘦身”的标签，通过淘宝共交易 169 单，销售金额为 17299.8 元。从方某处查获的 Coco 瘦身瓶装白色胶囊、Coco 瘦身袋装白绿色胶囊、无标签胶囊（5 粒白绿色）三种产品经湖州市食品药品检验研究院检验，结果显示该三种样品均检出盐酸西布曲明及呋塞米。吴某、方某两人的行为均违反了《食品安全法》第 34 条第 1 款的规定，涉嫌构成销售有毒、有害的非食品原料生产的食品的行为。两位当事人的违法行为已被依法移送公安机关查处。

2017 年 9 月，鞍山市食药监局破获某保健品店销售非法添加苯乙双胍药品的食品案，捣毁制售黑窝点 1 个，将犯罪嫌疑人黄某某移送公安机关处置。该局依据《食品安全法》第 135 条第 2 款规定，对黄某某处以终生不得从事食品生产经营管理工作、不得担任食品生产经营企业食品安全管理人员的行政处罚。

2014 年 7 月，枣阳市食药监局接举报称，某群众从网上购买的“××堂左旋肉碱维生素 Bt 减肥胶囊（××牌减肥胶囊）”使用后出现不适。经查，该产品系仿冒保健食品，含有禁用物质西布曲明和酚酞成分。枣阳市局以涉嫌销售有毒有害食品罪将此案移送公安机关。目前，已查扣涉案保健食品 11237 余盒，货值 86 万余元，刑事拘留涉案人员王某 1 人，上网通缉丘某 1 人，主动投案 1 人。

西布曲明（Sibutramine）有一定的抑制食欲的作用。不法商家将其用于食品，以达到减肥的疗效。但是，西布曲明的副作用极大，人吃后会出现口干舌燥、失眠等症状，长期服用将会抑制中枢神经、严重损伤肝肾功能，我国于2010年明令禁止生产、销售使用西布曲明制剂和原料药，美国和欧盟在之前已经叫停用于减肥效果。

苯乙双胍多用于治疗成人非胰岛素依赖型糖尿病及部分胰岛素依赖型糖尿病。因其具有促进肌肉细胞对葡萄糖的摄取和糖酵解，减少肝脏产生葡萄糖而起抗高血糖作用，被违法用于食品，利用其抑制食欲及肠吸收葡萄糖而减轻体重。

酚酞属于刺激剂，能直接刺激肠黏膜或活化肠内平滑肌的神经末梢而增加肠的推进力，用于慢性便秘。因产生过度缓泻而导致体液与电解质障碍，长期使用可损害肠神经系统，且很可能是不可逆的。因为具有腹泻作用，被不法商家用于食品，以减少对营养的吸收，到达减肥的效果。

减肥是保健功能之一。如果某款食品宣称具有减肥功能，但又没有公示批准文号和“小蓝帽”标志，且成分表中都是一些普通成分，这款食品很有可能非法添加了药物。如有些减肥食品，吃了以后感觉不饿，且成分表中都是一些燕麦、芸豆等平常原料，很有可能添加了西布曲明、苯乙双胍等抑制食欲的药物。有些减肥食品，吃了以后，有轻微腹泻，则有可能添加了酚酞等刺激腹泻、遏制吸收的药物。

四、凉食中容易非法添加地塞米松等抗炎、消炎药

2017年5月，安吉县市场监管局接到举报，反映市场销售的“××酒”和“××康”等凉茶宣称疾病治疗功能，立即组织查处。经湖州市食品药品检验研究院检验，在6个批次“××酒”中检出地塞米松、吲哚美辛，在4个批次“××康”中检出双氯芬酸钠，涉案货值1000多万元。犯罪嫌疑人胡某等人已被移送公安机关处置。

地塞米松是肾上腺皮质激素类药，具有抗炎、抗过敏和抗毒作用，可减轻和防止组织对炎症的反应，从而减轻炎症的表现。

吲哚美辛又叫消炎痛，是一种传统的甾体类止痛药，具有退热、镇痛、抗炎的作用,一般用于无菌性炎症引起的疼痛和局部水肿。

凉食中添加抗炎、消炎药,主要是防止腹泻、食物中毒。有些商家生产条件不卫生,或者使用变质、腐败的食材,为了防止消费者腹泻、中毒,这些商家添加抗炎、消炎药物。

对于生产者非法添加药品,被抓住一点也不冤枉,但对于经营者销售含有药品的食品,被抓住就委很冤。对此,和前述相同,经营者预防的方法一是作为进货查验、索证索票制度。二是有针对性地检验。比如,某些代餐饼干,吃了不觉得饿,但是从产品的配料表看都是普通的东西。那为什么吃了之后,没有胃口,不觉得饿呢?这时就要怀疑有某种抑制食欲的东西没有写在配料表里。不放心的商家可以将代理的产品送去检验一下。

五、可以添加按照传统既是食品又是中药材的物质

食品中禁止添加药品是一般情况规定,但中医有食药同源的说法。有些中药材经过长期的实践,已经证明了安全性,可以作为食品使用。那么这些既是食品又是中药材的物质,可以添加到食品中。这些物质目录由国务院卫生行政部门会同国务院食药监部门制定、公布。按照原卫生部《关于进一步规范保健食品原料管理的通知》(卫法监发〔2002〕51 号),既是食品又是中药材的物质具体如下:

丁香、八角茴香、刀豆、小茴香、小蓟、山药、山楂、马齿苋、乌梢蛇、乌梅、木瓜、火麻仁、代代花、玉竹、甘草、白芷、白果、白扁豆、白扁豆花、龙眼肉(桂圆)、决明子、百合、肉豆蔻、肉桂、余甘子、佛手、杏仁(甜、苦)、沙棘、牡蛎、芡实、花椒、赤小豆、阿胶、鸡内金、麦芽、昆布、枣(大枣、酸枣、黑枣)、罗汉果、郁李仁、金银花、青果、鱼腥草、姜(生姜、干姜)、枳椇子、枸杞子、栀子、砂仁、胖大海、茯苓、香橼、香薷、桃仁、桑叶、桑椹、桔红、桔梗、益智仁、荷叶、莱菔子、莲子、高良姜、淡竹叶、淡豆豉、菊花、菊苣、黄芥子、黄精、紫苏、紫苏籽、葛根、黑芝麻、黑胡椒、槐米、槐花、蒲公英、蜂蜜、榧子、酸枣仁、鲜白茅根、鲜芦根、蝮蛇、橘皮、薄荷、薏苡仁、薤白、覆盆子、藿香。

六、可用于保健食品的物品名单

保健食品是具有保健功能的食品,经过注册与备案,保健食品也可以添加部分中药材。具体如下：

人参、人参叶、人参果、三七、土茯苓、大蓟、女贞子、山茱萸、川牛膝、川贝母、川芎、马鹿胎、马鹿茸、马鹿骨、丹参、五加皮、五味子、升麻、天门冬、天麻、太子参、巴戟天、木香、木贼、牛蒡子、牛蒡根、车前子、车前草、北沙参、平贝母、玄参、生地黄、生何首乌、白及、白术、白芍、白豆蔻、石决明、石斛（需提供可使用证明）、地骨皮、当归、竹茹、红花、红景天、西洋参、吴茱萸、怀牛膝、杜仲、杜仲叶、沙苑子、牡丹皮、芦荟、苍术、补骨脂、诃子、赤芍、远志、麦门冬、龟甲、佩兰、侧柏叶、制大黄、制何首乌、刺五加、刺玫果、泽兰、泽泻、玫瑰花、玫瑰茄、知母、罗布麻、苦丁茶、金荞麦、金樱子、青皮、厚朴、厚朴花、姜黄、枳壳、枳实、柏子仁、珍珠、绞股蓝、胡芦巴、茜草、荜茇、韭菜子、首乌藤、香附、骨碎补、党参、桑白皮、桑枝、浙贝母、益母草、积雪草、淫羊藿、菟丝子、野菊花、银杏叶、黄芪、湖北贝母、番泻叶、蛤蚧、越橘、槐实、蒲黄、蒺藜、蜂胶、酸角、墨旱莲、熟大黄、熟地黄、鳖甲。

七、保健食品禁用物品名单

保健食品虽然可以添加中药材，但不是所有的物质都可以添加。以下物质禁止添加：

八角莲、八里麻、千金子、土青木香、山莨菪、川乌、广防已、马桑叶、马钱子、六角莲、天仙子、巴豆、水银、长春花、甘遂、生天南星、生半夏、生白附子、生狼毒、白降丹、石蒜、关木通、农吉痢、夹竹桃、朱砂、米壳（罂粟壳）、红升丹、红豆杉、红茴香、红粉、羊角拗、羊踯躅、丽江山慈姑、京大戟、昆明山海棠、河豚、闹羊花、青娘虫、鱼藤、洋地黄、洋金花、牵牛子、砒石（白砒、红砒、砒霜）、草乌、香加皮（杠柳皮）、骆驼蓬、鬼臼、莽草、铁棒槌、铃兰、雪上一枝蒿、黄花夹竹桃、斑蝥、硫磺、雄黄、雷公藤、颠茄、藜芦、蟾酥。

本节第3.2.2至3.2.7是《食品安全法》规定的最为严重的6种违法行为，一旦违反，将依据第123条受到最严厉的处罚：尚不构成犯罪的，由县级以上人民政府食品药品监督管理部门没收违法所得和违法生产经营的食品，并可以没收用于违法生产经营的工具、设备、原料等物品；违法生产经营的食品货值金额不足1万元的，并处10万元以上15万元以下罚款；货值金额1万元以上的，并处货值金额15倍以上30倍以下罚款;情节严重的,吊销许可证,并可以由公安机关对其直接负责的主管人员和其他直接责任人员处5日以上15日以下拘留。

3.2.8 禁止生产经营不符合食品安全标准的食品、食品添加剂

食品、食品添加剂应当符合食品安全标准,如果食品、食品添加剂含有有毒有害物质超出了食品安全标准,则这种食品、食品添加剂就禁止生产经营。《食品安全法》第34条第2项规定,禁止生产经营下列食品、食品添加剂、食品相关产品:致病性微生物,农药残留、兽药残留、生物毒素、重金属等污染物质以及其他危害人体健康的物质含量超过食品安全标准限量的食品、食品添加剂、食品相关产品。

一、禁止生产经营致病性微生物含量超标的食品

2015年3月,内蒙古自治区食药监局下达《关于做好国家食品安全监督抽检不合格产品后处理工作的函》,其中呼和浩特市某食品有限公司生产的××干牛肉经检验,菌落总数项目不符合GB 2762－2005标准要求,检验结论为不合格。经呼和浩特市食药监局调查,该批次产品共生产了15千克,共计30袋,以60元/袋的出厂价全部售出,该批产品货值金额共计1800元。呼和浩特市食药监局责令该企业立即召回已经销售的不合格批次产品,依法没收违法所得1800元,并处罚款8000元。

2017年,根据群众举报,河间市食药监局对马某某羊肉加工点的羊胴体进行抽检,经检验检出沙门氏菌。河间市食药监局依据《食品安全法》没收马某某羊肉加工点的羊胴体189公斤,并对其罚款75000元。

二、禁止生产经营农药、兽药残留含量超标的食品

2017年,执法人员对赛罕区昭乌达路某菜市场销售的"南丰蜜桔"进行食品安全监督抽检。经检验,该批次产品丙溴磷项目不符合GB 2763－2014标准要求,检验结论为不合格。丙溴磷为中等毒性杀虫剂,主要用于棉铃虫、蚜虫等害虫防治。丙溴磷项目不合格说明该批"南丰蜜桔"的农药残留量超标。经调查,该菜市场共购进15.85kg"南丰蜜桔",已全部销售。依据《食品安全法》相关规

定，没收违法所得 73 元，并处罚款 1 万元。

三、禁止生产经营重金属含量超标的食品

2017 年 11 月，利川市食药监局根据群众举报，对利川市鞍山东巷一出租屋进行检查，发现当事人刘某某正在进行“蜂蜜”熬制。刘某某不能提供工商营业执照、食品生产许可证（小作坊准产证）、食品经营许可证，现场未发现蜂蜜原料。执法人员当场查封蜂蜜成品 204 瓶（1 公斤/瓶）、白色粉末状添加剂 3 斤、香精 1/5 瓶（矿泉水瓶装）、半成品蜂蜜 20 斤、50 公斤装白糖 2 袋及制售蜂蜜的工具，并将其成品送湖北省食检院进行了抽样检验。经检验，样品蔗糖项目不符合 GB 14963 – 2011 标准要求，铝的残留量极高（蜂蜜中不能检测出铝），不符合 GB 2760 – 2014 标准要求。刘某某的行为违反了《食品安全法》第 35 条第 1 款、第 34 条第 13 项的规定，涉嫌食品安全犯罪，利川市食药监局将此案移送公安部门作进一步调查处理。

四、禁止生产经营其他有害物质含量超标的食品

2016 年 4 月，兴山县食药监局对高桥乡秦某榨油坊生产的菜籽油进行抽样。经检验，检验项目苯并（a）芘不符合 GB 1536 – 2004《菜籽油》标准要求，检验结论为不合格。苯并（a）芘是致癌物指标，该指标不合格说明食品中苯并（a）芘超标，致癌风险增大。经调查，秦某加工厂成品间内两次查封扣押的菜籽油共计 754 公斤，销售价为 16.00 元，货值金额为 12064.00 元。秦某未建立销售台账，无法计算违法所得。依据《食品安全法》及《湖北省食品药品行政处罚自由裁量权适用规则》的规定，兴山县食药监局没收秦某不符合食品安全标准的 754 公斤菜籽油，罚款 156832 元。

2016 年 4 月，宜昌市食药监局收到广东省四会市食药监局发来的检验报告，称宜昌 × × 农贸有限公司生产的生产日期为 2016 年 1 月 23 日的“ × × ”牌 890F（20Kg/罐）果蜡经检测，灼烧残渣项目不符合 GB 12489 – 2010 标准要求，违反了《食品安全法》的规定。根据《食品安全法》《湖北省食品药品行政处罚自由裁量权适用规则》相关规定，宜昌市食药监局对该公司没收违法所得 2160 元，罚款 5 万元，罚没款合计 52160 元。

临淄区食药监局对崔某经营的小吃店进行监督抽检。被抽检样品“油条”中铝的残留量项目不符合标准要求，检验结论为不合格。鉴于崔某初次违法，在收到《检验报告》后积极配合调查取证，涉案货值较小，违法所得较少，2018 年 5 月，临淄区食药监局根据《山东省食品小作坊小餐饮和食品摊点管理条例》第 43 条、《行政处罚法》第 4 条第 2 款、第 5 条、第 27 条第 1 款第 4 项之规定，没收崔某违法所得 43 元，并处罚款 5000 元。

3.2.9 禁止用过期原料生产食品、食品添加剂

保质期是保障食品、食品添加剂质量的期限。用过期的食品、食品添加剂作为原料生产食品、食品添加剂，显然食品安全没有保障。根据《食品安全法》第 34 条第 3 项和第 124 条的规定，禁止用超过保质期的食品原料、食品添加剂生产食品、食品添加剂，或者经营上述食品、食品添加剂。

2017 年 4 月 24 日，宁强县市场监管局执法人员对某食品公司进行日常检查，发现该公司使用过期富乐美蛋糕油生产蛋糕。经查，使用的富乐美蛋糕油生产日期为 2016 年 1 月 4 日，保质期 12 个月，净含量为 10kg/桶，该蛋糕油剩余 9kg，用过期的蛋糕油生产的蛋糕 540 个。执法人员立即对超过保质期的蛋糕油及蛋糕予以扣押。市场监管局认定，该食品公司使用超过保质期的食品添加剂生产食品的行为违反了《食品安全法》相关规定，宁强县市场监管局依法没收该公司涉案食品、食品添加剂并罚款 57000 元。

2017 年 2 月，呼和浩特执法人员根据群众举报对回民区某炸鸡店进行监督检查时，发现百利家乐蒜香调味酱（净含量 3kg，生产日期 2016/07/15，保质期 6 个月，生产商青岛正明食品有限公司）8 袋，上述食品均已超过保质期。依据相关规定，呼和浩特食药监局没收违法食品，并处罚款 8000 元。

3.2.10 禁止生产经营超范围、超限量使用食品添加剂的食品

食品添加剂在限定的范围，按照指定的用量使用是安全。超出范围或者超过限量使用，则可能对人体健康产生影响。因此，《食品安全法》第 34 条第 4 项

规定，禁止生产经营下列食品、食品添加剂、食品相关产品：超范围、超限量使用食品添加剂的食品。

一、禁止生产经营超范围使用食品添加剂的食品

2017 年 3 月，利川市食药监局执法人员监督检查时发现利川市某食品有限公司超范围使用食品添加剂。经查，该公司从事加工卤豆干，在加工过程中使用了食品添加剂“剑石牌焦糖色”，根据《食品添加剂使用标准》（GB 2760 – 2014）的规定，焦糖色不属于豆制品添加范围。食品添加剂必须符合品种、使用范围、用量的具体要求，该公司未按规定使用食品添加剂，其行为违反了《食品安全法》第 34 条第 4 项的规定。根据《食品安全法》第 124 条第 3 项之规定，利川市食药监局对该公司罚款 6000 元。

2016 年 8 月，宜昌市食药监局对位于高新区李某某的食品生产小作坊进行现场检查，在其卤制品加工间案几下发现“复配食品添加剂　复配着色剂　配方 9（日落色）”的食品添加剂两瓶（其中一瓶未开启使用，另外一瓶已开启使用约 1/4 瓶）。上述食品添加剂使用范围不包括肉制品。执法人员对食品添加剂采取先行登记保存措施，同时对其冰柜内冷冻的半成品“虎皮凤爪”抽样送检。经检验，日落黄项目不符合《食品添加剂使用标准》（GB 2760 – 2014）要求，检验结论为不合格。宜昌市食药监局认定，李某某的行为违反了《食品安全法》之规定，根据《食品安全法》《湖北省食品药品行政处罚自由裁量权适用规则》的规定，没收其违法所得 380 元，并处罚款 1 万元，罚没款合计 10380 元。

2016 年 3 月至 10 月，董某某在某商场购买了某品牌的黄金鱿鱼丝，共花费 3785 元。该食品预包装袋载明食品添加剂有琥珀酸二钠和甘氨酸，产品执行标准 Q/TXS0003S。根据《食品安全国家标准》和《食品添加剂使用标准》的规定，食品添加剂琥珀酸二钠的允许使用范围为调味品；食品添加剂甘氨酸的允许使用范围包括预制肉制品、熟肉制品、调味品、果蔬汁（浆）类饮料、植物蛋白饮料。涉案食品属于熟制水产品，不在上述食品添加剂的允许使用范围。生产企业执行标准 Q/TXS0003S 中规定，食品应含有辅料“玉米油”成分，而预包装袋上未标有“玉米油”。故董某某认为某商场销售的某品牌黄金鱿鱼丝超范围使用添加剂及未使用应当使用的辅料，属于不符合食品安全标准的食品，起诉要求某商场退还货款 3785 元，并支付 10 倍价款的惩罚性赔偿金 37850 元。在法院审理过程中，法院聘请了国家级食品领域专家作为专家辅助人参与了诉讼，并提供了专家意见。法院经审理认为，涉案食品超范围使用食品添加剂，属于不符合食品安全标准的食品，判决支持董某某的诉讼请求。

2016 年 5 月、6 月，倪某分三次从某商场购买黑白巧克力共计 475.2 元，该商品中文标签显示其配料为：小麦粉、白砂糖、可可、植物油、酸性添加剂（酒石酸）等，原产地为韩国。倪某食用后未产生财产或者人身损害。倪某认为酸性添加剂酒石酸不应在巧克力中添加，涉案巧克力中添加了酒石酸，属于不符合食品安全标准的食品，起诉要求某商场退还货款，并支付 10 倍价款的惩罚性赔偿金。法院经审理认为，根据《食品添加剂使用标准》（GB 2760 – 2014）附录 A 表 A1 的规定，允许添加酒石酸的食品范围中并不包含巧克力。倪某购买的涉案巧克力中添加了酒石酸，不符合食品安全标准的强制性规定，属于不符合食品安全标准的食品。故判决某商场退还倪某货款 475 元，并支付 10 倍价款的赔偿金 4750 元。

二、禁止生产经营超限量使用食品添加剂的食品

2016 年 4 月，宜昌市食药监局接到四会市食药监局发来的检测报告，反映宜昌某农产品开发有限公司生产的红油笋丝（批次 20151018）经检测，苯甲酸不符合《食品添加剂使用标准》（GB 2760 – 2014）要求。苯甲酸是酸型食品防腐剂，该指标不合格说明防腐剂超标。该公司违反了《食品安全法》之规定，构成超限量使用食品添加剂的行为。宜昌市食药监局根据《食品安全法》《湖北省食品药品行政处罚自由裁量权适用规则》相关规定，对该公司没收违法所得 81 元，并处罚款 57500 元，罚没款合计 57581 元。

2017 年 7 月，西塞山区食药监局接到黄石市食药监局转来检验报告，显示纪某某生产销售的油条含铝 1028.8mg/kg，检验结论不合格，涉嫌生产经营超限量使用添加剂的食品。西塞山区食药监局将此案移送公安部门处理。2018 年 6 月 19 日，纪某某因犯生产、销售不符合食品安全标准的食品罪，判处拘役 5 个月，缓刑6个月，并处罚金5000元；禁止纪某某在缓刑考验期间从事食品生产、销售及相关活动；判令纪某某在黄石市市级公开媒体上赔礼道歉。

三、食品中可能违法添加的非食用物质和易滥用的食品添加剂名单

为进一步打击在食品生产、流通、餐饮服务中违法添加非食用物质和滥用食品添加剂的行为，保障消费者健康，2008年以来全国打击违法添加非食用物质和滥用食品添加剂专项整治领导小组陆续发布了六批《食品中可能违法添加的非食用物质和易滥用的食品添加剂名单》，其中食品中可能滥用的食品添加剂品种名单汇总如下表。

食品中可能滥用的食品添加剂品种名单

序号	食品品种	可能易滥用的添加剂品种
1	渍菜（泡菜等）、葡萄酒	着色剂（胭脂红、柠檬黄、诱惑红、日落黄等）
2	水果冻、蛋白冻类	着色剂、防腐剂、酸度调节剂（己二酸等）
3	腌菜	着色剂、防腐剂、甜味剂（糖精钠、甜蜜素等）
4	面点、月饼	乳化剂（蔗糖脂肪酸酯等、乙酰化单甘脂肪酸酯等）、防腐剂、着色剂、甜味剂
5	面条、饺子皮	面粉处理剂
6	糕点	膨松剂（硫酸铝钾、硫酸铝铵等）、水分保持剂磷酸盐类（磷酸钙、焦磷酸二氢二钠等）、增稠剂（黄原胶、黄蜀葵胶等）、甜味剂（糖精钠、甜蜜素等）
7	馒头	漂白剂（硫磺）
8	油条	膨松剂（硫酸铝钾、硫酸铝铵）
9	肉制品和卤制熟食、腌肉料和嫩肉粉类产品	护色剂（硝酸盐、亚硝酸盐）
10	小麦粉	二氧化钛、硫酸铝钾
11	小麦粉	滑石粉
12	臭豆腐	硫酸亚铁
13	乳制品（除干酪外）	山梨酸

续表

序号	食品品种	可能易滥用的添加剂品种
14	乳制品(除干酪外)	纳他霉素
15	蔬菜干制品	硫酸铜
16	“酒类”(配制酒除外)	甜蜜素
17	“酒类”	安塞蜜
18	面制品和膨化食品	硫酸铝钾、硫酸铝铵
19	鲜瘦肉	胭脂红
20	大黄鱼、小黄鱼	柠檬黄
21	陈粮、米粉等	焦亚硫酸钠
22	烤鱼片、冷冻虾、烤虾、鱼干、鱿鱼丝、蟹肉、鱼糜等	亚硫酸钠

注:滥用食品添加剂的行为包括超量使用或超范围使用食品添加剂的行为。

四、职业打假人的套路

对于上面这个食品中可能滥用的食品添加剂品种名单,职业打假人反其道而用之,在搜索目标时,一是看配料表里有没有禁止添加的物质。二是对特定产品的进行购样检验。还有一种比较高级手法,一般是行业内部的人员,或者是了解行业特点的人采用的方法,职业打假人事先知道某类食品某种添加剂容易超范围、超限量使用,通过外观、色泽、口感、气味能够初步决断某种食品超范围使用了某种添加剂或者某种添加剂超量,然后购买一两份送去检验,取得证据。

3.2.11 禁止生产经营腐败变质的食品、食品添加剂

任何食品都应当符合干净、卫生的食品安全要求,腐败变质、污秽不洁、混有异物的食品不能保障食品安全需要。《食品安全法》第34条第6项规定,禁止生产经营下列食品、食品添加剂、食品相关产品:腐败变质、油脂酸败、霉变生虫、污秽不洁、混有异物、掺假掺杂或者感官性状异常的食品、食品添加剂。

一、禁止生产经营油脂酸败的食品、食品添加剂

2016年5月,执法人员对呼和浩特金山开发区某超市销售的“爱之朗”实惠

装葵花子(西安某A食品有限公司2016年1月1日生产)、原味葵花籽(西安某B食品有限公司2016年3月9日生产)进行食品安全监督抽检。经检验,上述产品过氧化值项目不符合食品安全标准要求,检验结论为不合格。依据《食品安全法》第124条第1款第4项的规定,没收该超市违法所得,并处罚款1万元。

2018年,吴忠市执法部门对吴忠市某清真食品有限公司2017年9月21日生产的亚麻籽油进行食品安全监督抽检,经检验过氧化值不符合国家食品安全标准,涉案产品货值金额2100元。吴忠市市场监管局依据《食品安全法》第124条第1款第4项的规定,对该公司生产经营不符合食品安全标准食品的违法行为,违法生产的不合格产品和没收违法所得,并处罚款5万元。

2016年4月19日,宁强县市场监管局对某糕点店生产经营的麻花等糕点进行了监督抽样,经陕西省产品质检院检验,抽检的麻花所检项目中过氧化值不符合《糕点、面包卫生标准》(GB 7099-2003)的要求,违反了《食品安全法》和《陕西省食品小作坊小餐饮及摊贩管理条例》相关规定。县市场监管局依法没收该糕点店违法所得并罚款5000元。

过氧化值表示油脂和脂肪酸等被氧化程度,是油脂酸败的早期指标。过氧化值增高,表明油脂的氧化程度增加,将导致油脂氧化劣质,产生人体有害的低分子醛酮类物质,降低油脂的营养价值。过氧化值超标的食用油可能引起腹泻等不良反应。

二、禁止生产经营霉变生虫的食品、食品添加剂

2016年,呼和浩特执法人员接到投诉举报,称在呼和浩特市玉泉区某日杂经销部购买的“××全家福桂圆莲子八宝粥”(山东某食品有限公司生产)打开食用后发现有虫子。经调查,该日杂经销部是“××全家福桂圆莲子八宝粥”在呼和浩特市的代理商,生产厂家山东某食品有限公司对投诉情况供认不讳。该日杂经销部在购进上述产品时,索证索票齐全,能如实说明其进货来源,并积极配合调查工作,主动召回3件产品,符合减轻情节。依据相关规定,罚款5000元。

三、禁止生产经营掺假掺杂的食品、食品添加剂

2014年3月,贵阳市乌当区工商局收到举报,称张某销售注水牛肉。经查,张某自2014年2月26日以来,以2.6万元从贵阳市花溪区桐木岭大牲畜交易市场购进四头黄牛,在贵阳市乌当区东风镇洛弯进行注水并宰杀,然后将所得的生鲜牛肉运到贵阳市乌当区高新办事处新添集贸市场内以每斤牛肉25元的平均销售价格进行销售,获利500元(部分牛肉尚未销售),货值金额为2.65万元。工商部门依法对张某所经营的上述牛肉采取了行政强制扣押措施,并对该牛肉进行了抽样送检。经检验,所检指标水分含量不符合《畜禽肉水分限量》(GB 18394－2001)的标准要求,产品质量不合格(水分含量超标)。工商部门认定,张某违反了《食品安全法》的规定,构成了掺杂违法经营行为。依据《行政处罚法》《工商行政管理机关行政处罚程序规定》以及《工商行政管理机关行政处罚案件听证规则》的规定,责令其停止违法经营行为,没收依法扣押的掺杂水分牛肉212斤,没收违法所得500元,并罚款2.95万元。

2014年1月,武汉市江汉区食药监局根据举报,对武汉某百货有限公司经营的“香港××”干海参抽检。检验结果表明,该产品添加了蔗糖(增加重量),不符合SC/T 3206－2009干海参的检验技术标准。该局依法没收该公司违法所得1.9万余元,并罚款22万余元。

3.2.12 禁止生产经营标注虚假生产日期、保质期或者超过保质期的食品、食品添加剂

保质期是食品安全的保障期限,超过保质期的食品、食品添加剂是没有安全保障的。但是有些商家,超过保质期的食品、食品添加剂仍然销售,甚至将过期食品、食品添加剂的生产日期、保质期进行涂改。因此,《食品安全法》第34条第10项规定,禁止生产经营标注虚假生产日期、保质期或者超过保质期的食品、食品添加剂。

一、禁止生产经营标注虚假生产日期、保质期的食品、食品添加剂

2018年,常德市食药监局在开展食品安全护苗行动专项稽查中发现,武陵区某商行经营的39个面包(生产商为常德某食品有限公司)标签上标注的生产日期为虚假标注。经查明,该商行负责人易某某共购进上述虚假标注生产日期

面包189个，涉案货值金额665.8元，违法所得258元。易某某经营标注虚假生产日期的食品行为违反了《食品安全法》第34条第10项的规定，按照《食品安全法》第124条第1款第5项之规定，常德市食药监局对易某某给予没收违法所得258元，没收库存的面包39个，罚款1万元的行政处罚。对此案中面包生产商常德某食品有限公司的违法行为，武陵区食药监局依法作出没收违法所得407.8元，罚款5500元的行政处罚。

2017年4月，武穴市食药监局联合公安机关对武穴市某粮油贸易有限公司进行突击检查，发现其员工正在对临期大米改换包装，既篡改商标，又篡改日期。涉案货值金额12万余元。武穴市局依法吊销该公司《食品流通许可证》，责令该公司及其法定代表人张某5年内不得申请食品生产经营许可，5年内不得从事食品生产经营管理工作。张某被移送公安机关处理。

2015年3月，西宁市工商局执法人员对曹家寨市场赵某某经营的西宁城某食品店进行检查时，发现赵某某有篡改食品生产日期的行为，现场查获已篡改生产日期的“××”牌水晶凉皮51袋、“××”牌叶麻婆48袋和用于篡改生产日期的印章一枚、盖压日期的工具一个。赵某某的行为不仅侵犯了消费者的知情权，而且危害到消费者的人身健康，工商部门依法责令赵某某停止违法行为并对其作出罚款1万元的行政处罚。

二、禁止生产经营超过保质期的食品、食品添加剂

2018年3月，彭阳县市场监管局在日常检查时，发现彭阳县某食品商行销售的“××”牌葱汁牛馍酥等五个品种，共计2543袋(包)食品，超过保质期，其中超期最长的食品已达72天，涉案食品货值金额达1339元。依据《食品安全法》第124条第1款第5项的规定，市场监管部门依法没收该商行超过保质期食品，并罚款5万元。

2017年10月，宁强县市场监管局对某购物广场监督检查，在散装食品销售区硬质糖果柜台发现26个品种共计185.1kg的硬质糖果，均已超过保质期。该购物广场经营超过保质期食品的违法行为，违反了《食品安全法》相关规定。县市场监管局依法没收该购物广场超过保质期的糖果，并罚款5万元。

2017 年 3 月，呼和浩特执法人员根据群众举报，对回民区某批发超市进行监督检查时，在经营场所货架上发现“×师傅红烧牛肉面”桶面（生产日期：T20151208 10B2，保质期：6 个月）31 桶；“×师傅超级大福满多”袋面（生产日期：T20160510 06C2，保质期：6 个月）98 袋，均已超过保质期。依据相关规定，执法部门没收该超市过期食品，并处罚款 5000 元。

3.2.13 禁止生产经营未注册、备案或者与注册、备案不符的特殊食品

保健食品、特殊医学用途配方食品和婴幼儿配方食品等是满足特定人群特定需求的特殊食品，国家对这些特殊食品实行严格监督管理。

一、生产特殊食品必须注册、备案

《食品安全法》第 76 条第 1 句规定，使用保健食品原料目录以外原料的保健食品和首次进口的保健食品应当经国务院食品药品监督管理部门注册。第 80 条第 1 款第 1 句规定，特殊医学用途配方食品应当经国务院食品药品监督管理部门注册。第 81 条第 4 款第 1 句规定，婴幼儿配方乳粉的产品配方应当经国务院食品药品监督管理部门注册。

除上述规定外，有三种情况可以不注册，但必须备案：

一是首次进口的保健食品中属于补充维生素、矿物质等营养物质的，应当报国务院食品药品监督管理部门备案。

二是其他保健食品应当报省、自治区、直辖市人民政府食品药品监督管理部门备案。

三是婴幼儿配方食品生产企业应当将食品原料、食品添加剂、产品配方及标签等事项向省、自治区、直辖市人民政府食品药品监督管理部门备案。

现实中有些经营养生茶的商家喜欢打擦边球，把应当注册、备案的保健食品不作为保健食品销售，以期能躲避职业打假人。如下图是某电商作的五宝茶宣传，该电商宣称该五宝茶是初级农产品，并依据药监局 2006 年第 78 号文件，该产品不当保健食品和普通食品销售。我必须提醒这位商家，这段话骗骗刚入行

的职业打假人还可以。这款五宝茶里有玛咖、枸杞、黄精、桑椹、红枣，切好片，包装好，标明了生产企业和许可证号，这还是初级农产品吗？这已经有加工的行为了。而且国食药监市〔2006〕78 号文件是原国家食品药品监督管理局《关于非药品柜台销售以滋补类中药材为内容物的包装礼盒商品有关法律适用问题的批复》，批复的是非药品柜台销售尚未实行批准文号管理的滋补保健类中药材，无论这些滋补保健类中药材是否有包装，均不需要领取《药品经营许可证》，这与这款五宝茶是不是保健食品没有关系。并且黄精属于保健食品原料目录以外的中药材。（详见本书 3.2.7 节），添加这种原料，必须注册。所以，这位电商掩耳盗铃的行为从轻里说是生产经营未注册或备案的特殊食品，往重里说是在食品中添加药品非常危险，建议养生类商家一定注意。

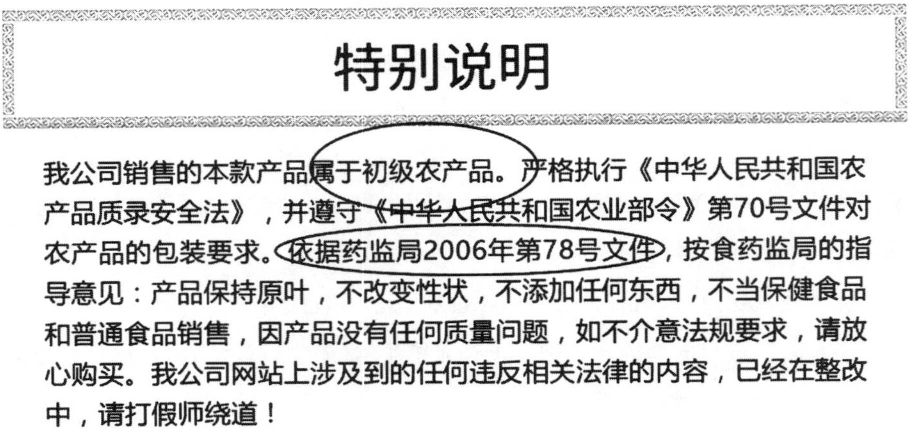

特别说明

我公司销售的本款产品属于初级农产品。严格执行《中华人民共和国农产品质录安全法》，并遵守《中华人民共和国农业部令》第70号文件对农产品的包装要求。依据药监局2006年第78号文件，按食药监局的指导意见：产品保持原叶，不改变性状，不添加任何东西，不当保健食品和普通食品销售，因产品没有任何质量问题，如不介意法规要求，请放心购买。我公司网站上涉及到的任何违反相关法律的内容，已经在整改中，请打假师绕道！

二、特殊食品必须按照注册或者备案的配方、工艺等技术要求生产

特殊食品不仅要注册或备案，还要按照要求生产。《食品安全法》第 82 条第 3 款规定，保健食品、特殊医学用途配方食品、婴幼儿配方乳粉生产企业应当按照注册或者备案的产品配方、生产工艺等技术要求组织生产。

3.2.14 责令召回或者停止经营的食品，必须召回或者停止经营

《食品安全法》第 63 条规定，国家建立食品召回制度。食品生产者发现其

生产的食品不符合食品安全标准或者有证据证明可能危害人体健康的，应当立即停止生产，召回已经上市销售的食品，通知相关生产经营者和消费者，并记录召回和通知情况。

食品经营者发现其经营的食品有前款规定情形的，应当立即停止经营，通知相关生产经营者和消费者，并记录停止经营和通知情况。食品生产者认为应当召回的，应当立即召回。由于食品经营者的原因造成其经营的食品有前款规定情形的，食品经营者应当召回。

食品生产经营者应当将食品召回和处理情况向所在地县级人民政府食品药品监督管理部门报告；需要对召回的食品进行无害化处理、销毁的，应当提前报告时间、地点。食品药品监督管理部门认为必要的，可以实施现场监督。

食品生产经营者未依照《食品安全法》第 63 条的规定，召回或者停止经营的，县级以上人民政府食品药品监督管理部门可以责令其召回或者停止经营。食品生产经营者在食品药品监督管理部门责令其召回或者停止经营后，仍拒不召回或者停止经营，要承担法律责任。

2017 年 10 月，宁强县市场监管局接到投诉举报，称投诉人吃了某超市销售的月饼后，出现呕吐、腹泻等不适症状。宁强县市场监管局立即调查处置，当晚将该超市未出售和召回的同批次月饼进行抽样和扣押。经查，问题月饼生产企业于 2017 年 9 月 1 日发现该批次月饼存在质量问题，于 9 月 2 日开始召回该批次月饼，但在召回过程中未制订详细的召回计划，亦未向县市场监管局及企业所在地食品药品监管部门报告，召回工作不细致，导致问题月饼流入市场，其行为违反了《食品安全法》《食品召回管理办法》相关规定。宁强县市场监管局对该企业未制订召回计划并召回不安全食品的违法行为给予罚款 3 万元的行政处罚。对销售问题月饼的超市另案处理。

本节第 3.2.8 至 3.2.14 节是《食品安全法》规定的较为严重的 7 种违法行为，除此之外，较为严重的食品违法行为还包括禁止以分装方式生产婴幼儿配方乳粉，或者同一企业以同一配方生产不同品牌的婴幼儿配方乳粉；禁止利用新的食品原料生产食品，或者生产食品添加剂新品种，未通过安全性评估等行为。后面这些行为因为不常见，所以就不展开讲述了。

违反这些行为，市场监管部门将依据《食品安全法》第124条给予严厉的处罚："尚不构成犯罪的，由县级以上人民政府食品药品监督管理部门没收违法所得和违法生产经营的食品、食品添加剂，并可以没收用于违法生产经营的工具、设备、原料等物品；违法生产经营的食品、食品添加剂货值金额不足一万元的，并处五万元以上十万元以下罚款；货值金额一万元以上的，并处货值金额十倍以上二十倍以下罚款；情节严重的，吊销许可证。"

3.2.15 禁止生产经营标签、说明书不符合规定的食品、食品添加剂

标签和说明书的基本功能是对食品、食品添加剂的名称、规格、成分、保质期、注意事项、生产者名称等进行清晰、准确地描述，传递该食品、食品添加剂的安全性信息。标签和说明书非常重要，《食品安全法》用了相当的篇幅对其加以规定。

一、《食品安全法》关于标签、说明书的规定

主要有以下六项：

一是第34条第11项规定，禁止生产经营下列食品、食品添加剂、食品相关产品：无标签的预包装食品、食品添加剂。

二是第67条规定，预包装食品的包装上应当有标签。标签应当标明下列事项：(一)名称、规格、净含量、生产日期；(二)成分或者配料表；(三)生产者的名称、地址、联系方式；(四)保质期；(五)产品标准代号；(六)贮存条件；(七)所使用的食品添加剂在国家标准中的通用名称；(八)生产许可证编号；(九)法律、法规或者食品安全标准规定应当标明的其他事项。专供婴幼儿和其他特定人群的主辅食品，其标签还应当标明主要营养成分及其含量。食品安全国家标准对标签、标注事项另有规定的，从其规定。

三是第68条规定，食品经营者销售散装食品，应当在散装食品的容器、外包装上标明食品的名称、生产日期或者生产批号、保质期以及生产经营者名称、地

址、联系方式等内容。

四是第 70 条规定,食品添加剂应当有标签、说明书和包装。标签、说明书应当载明本法第 67 条第 1 款第 1 项至第 6 项、第 8 项、第 9 项规定的事项,以及食品添加剂的使用范围、用量、使用方法,并在标签上载明“食品添加剂”字样。

五是第 71 条规定,食品和食品添加剂的标签、说明书,不得含有虚假内容,不得涉及疾病预防、治疗功能。生产经营者对其提供的标签、说明书的内容负责。食品和食品添加剂的标签、说明书应当清楚、明显,生产日期、保质期等事项应当显著标注,容易辨识。食品和食品添加剂与其标签、说明书的内容不符的,不得上市销售。

六是第 97 条规定,进口的预包装食品、食品添加剂应当有中文标签;依法应当有说明书的,还应当有中文说明书。标签、说明书应当符合本法以及我国其他有关法律、行政法规的规定和食品安全国家标准的要求,并载明食品的原产地以及境内代理商的名称、地址、联系方式。预包装食品没有中文标签、中文说明书或者标签、说明书不符合本条规定的,不得进口。

不符合第 1 项规定的,属于生产经营无标签的预包装食品、食品添加剂。不符合第 2 ~6 项规定的,属于标签、说明书不符合《食品安全法》的规定。依据《食品安全法》第 125 条的规定,由县级以上人民政府食品药品监督管理部门没收违法所得和违法生产经营的食品、食品添加剂,并可以没收用于违法生产经营的工具、设备、原料等物品;违法生产经营的食品、食品添加剂货值金额不足 1 万元的,并处 5000 元以上 5 万元以下罚款;货值金额 1 万元以上的,并处货值金额 5 倍以上 10 倍以下罚款;情节严重的,责令停产停业,直至吊销许可证。

从实践来看,商家生产经营的预包装食品、食品添加剂不符合《食品安全法》规定的主要有以下几种情形:

二、生产经营的预包装食品、食品添加剂没有标签

2017 年 4 月 15 日开始,某矿业公司饮料厂生产经营无标签瓶装纯净水共 831 件,货值金额 18946.80 元。唐山市食药监局依法没收该矿业公司饮料厂生产的无标签瓶装纯净水和违法所得,并罚款 151574.40 元。

2016年,呼和浩特执法人员对土默特左旗某商务酒店进行监督检查时,在货架上发现标示为“金泰”的预包装食品1瓶(标示日期:2016/01/08),瓶体标示有“2015/12/10YH1”的预包装食品1瓶,均已开封使用,且无标签。经调查,上述两种食品属于无标签的预包装食品。依据《食品安全法》的规定,没收无标签的预包装食品2瓶,并处罚款1万元。

三、生产经营的食品、食品添加剂未标注生产日期

2017年8月,食药监部门执法人员对呼和浩特市玉泉区王某某肉类水产品批发配送中心进行监督检查时,在经营场所冷柜中发现“奥尔良翅中”(标示南宁某食品有限公司生产,保质期12个月)2袋,该食品标签未标注生产日期。经调查,王某某销售上述“奥尔良翅中”违法所得16.00元。该批发配送中心的行为违反了《食品安全法》第67条第1款第1项的规定,符合《食品安全法》第125条第1款第2项规定的情节,依据《食品安全法》第125条第1款的规定,食药监部门没收上述违法食品及违法所得16元,并处罚款5000元,罚没款共计5016元。

2016年10月19日,呼和浩特市食药监局对赛罕区某食品销售门市部进行监督检查时,发现“××世家”粉条8袋,标示“呼和浩特市某食品加工厂生产,生产日期见封口处,保质期常温下15天,冷冻3个月。但是该产品封口处及外包装均未标示生产日期”。依据《食品安全法》相关规定,食药监部门没收违法食品“××世家”粉条8袋,并罚款5000元。

四、生产经营的食品、食品添加剂生产日期不清晰

2016年10月,食药监部门执法人员对玉泉区某食品经销部进行监督检查时,发现标示“生产商五寨县某实业有限公司、净含量≤220克、保质期12个月,生产日期见喷码”的真空软包装糯玉米穗4袋,上述食品生产日期不清晰。依据《食品安全法》相关规定,食药监部门没收违法食品,并罚款5000元。

2016年11月,食药监部门执法人员对玉泉区某调料粮油经销部进行监督检查时,在经营场所发现“马铃薯粉”4袋,标示制造商昌黎县某食品厂生产、净含量250克、保质期常温下8个月,该食品标签标示生产日期不清晰。依据《食品安全法》相关规定,食药监部门没收违法食品,并罚款5000元。

生产日期不清晰,违反了《食品安全法》第71条的规定。

五、生产经营的食品、食品添加剂未标示贮存条件

2016年3月20日,呼和浩特市食药监局执法人员对赛罕区某副食调味品经销部进行日常检查时,发现该店经营的××牌泡椒食品外包装标签未标示贮存条件,食药监部门依法没收所有标签不符合规定的××牌泡椒食品并罚款1万元。

2016年,呼和浩特执法人员对赛罕区某超市进行监督检查时,在该超市货架上发现××高鲜味精(净含量250千克/瓶,有效期为2020.11.09,生产者为某食品工业股份有限公司)5瓶,有机甘栗(净含量200克/袋,生产日期:2016.01.28,有效期至2017.01.28,进口商:某食品有限公司)3袋。上述两种食品的标签均没有标注储存条件。依据相关规定,食药监部门没收违法食品,并罚款5000元。

六、进口的预包装食品、食品添加剂无中文标签、说明书

近年来,随着海淘的兴起,进口食品越来越多,但是进口预包装食品没有中文标签、说明书的问题也越来越突出。

2015年1月,德令哈市工商局在河西市场王某某经营的××水产超市冷库内发现无中文标识的进口猪蹄150箱。经查,2015年1月12日,王某某没有履行索证索票、进货检查验收义务,从兰州一游商手中购进该批无进口报关手续,无中文标识的猪蹄,货值金额21000元。《食品安全法》明确规定,进口预包装食品没有中文标签、中文说明书的,不得进口销售。王某某的行为,违反了《食品安全法》的规定,工商部门没收无中文标识的猪蹄150箱,并处罚款61000元。

2017年3月初,根据群众举报,定海市场监管分局对王某某经营的食品经营部进行检查时,发现该经营场所摆放的蜂蜜黄油腰果和瑞特斯波德运动迷你七彩巧克力均无相应的中文标签。经调查,该店里的蜂蜜黄油腰果是王某某通过淘宝网店购入,瑞特斯波德运动迷你七彩巧克力是王某某委托亲戚从香港购进。至查获时,王某某违法经营食品货值金额2059.8元,违法所得257.9元。根据相关法律法规,市场监管部门没收了无中文标签预包装食品和违法所得

257.9 元,并罚款 5000 元。

2017 年 3 月,黄石市食药监局对黄石市某电子商务有限公司进行现场检查时,发现该公司在网上销售平台代购和销售的进口保健食品"自然之宝安心宝辅酶 Q10 软胶囊",没有中文标签、中文说明书,涉案货值金额 2492 元。黄石市食药监局依据《食品安全示》,没收其违法所得和违法经营产品,并罚款 5000 元。

七、其他标签不符合规定的情形

2018 年 2 月,中宁县市场监管局根据群众举报,发现中宁县某土特产商贸有限公司生产销售的预包装标示为"宁夏枸杞"的食用枸杞,其外包装标注"精选 500g"但标签未标示"净含量",声称"富硒"却未标示硒的含量,其行为违反了《食品安全法》有关食品标签应当标明相关事项的规定。依据《食品安全法》第 125 条第 1 款第 2 项之规定,市场监管部门没收该公司违法所得,并处罚款 5000 元。

2016 年,执法人员对内蒙古某乳业有限公司进行监督检查时,发现外包装标示"无蔗糖奶干"10 袋,该食品外包装上标示"无蔗糖",但未标示所强调食品配料或成分在成品中的含量。执法部门依据相关规定,没收违法产品,并处罚款 5000 元。

八、进口婴幼儿配方乳粉的特别规定

按照《质检总局关于加强进口婴幼儿配方乳粉管理的公告》(2013 年第 133 号),进口婴幼儿配方乳粉有一些特别规定,主要有以下三点:

一是境外生产企业必须注册。对华出口婴幼儿配方乳粉的境外生产企业应按照《进出口乳品检验检疫监督管理办法》(质检总局令第 152 号)、《进口食品境外生产企业注册管理规定》(质检总局令第 145 号)及《质检总局关于公布〈进口食品境外生产企业注册实施目录〉的公告》(质检总局公告 2013 年第 62 号)的规定,办理注册。自 2014 年 5 月 1 日起,未经注册的境外生产企业的婴幼儿配方乳粉不允许进口。

二是严禁境内分装。严禁进口大包装婴幼儿配方乳粉到境内分装,进口的婴幼儿配方乳粉必须已罐装在向消费者出售的最小零售包装中。

三是中文标签必须直接印制。自 2014 年 4 月 1 日起，进口婴幼儿配方乳粉的中文标签必须在入境前已直接印制在最小销售包装上，不得在境内加贴。产品包装上无中文标签或者中文标签不符合中国法律法规和食品安全国家标准的，一律按不合格产品做退货或销毁处理。

现在代购进口婴幼儿配方乳粉的挺多，以上三点，请销售进口婴幼儿配方乳粉的电商注意。

3.2.16 必须按规定进行转基因食品标示

转基因食品是指利用基因工程技术改变基因组成而形成的食品。转基因食品管理受到各国的重视，其中手段之一就是加强对转基因食品标识的管理。为了保障消费者的知情权，我国《农业转基因生物安全条例》第 8 条规定，我国对农业转基因生物实行标识制度。《食品安全法》第 69 条再次强调，生产经营转基因食品应当按照规定显著标示。

2017 年 4 月，襄阳市食药监局检查发现，湖北某食品有限公司生产的某转基因食品标签上没有标示转基因食品内容，涉嫌生产经营转基因食品未按规定标示。襄阳市食药监局依法没收该公司违法所得和涉案产品，并罚款 4000 元。

违反《食品安全法》的规定，生产经营无标签的预包装食品、食品添加剂，标签、说明书不符合《食品安全法》规定的食品、食品添加剂，转基因食品未按照规定显著标示，按照《食品安全法》第 125 条规定追究责任。此外，生产经营被包装材料、容器、运输工具等污染的食品、食品添加剂，食品生产经营者采购或者使用不符合食品安全标准的食品原料、食品添加剂、食品相关产品，也按照《食品安全法》第 125 条规定追究责任，即由县级以上人民政府食品药品监督管理部门没收违法所得和违法生产经营的食品、食品添加剂，并可以没收用于违法生产经营的工具、设备、原料等物品；违法生产经营的食品、食品添加剂货值金额不足 1 万元的，并处 5000 元以上 5 万元以下罚款；货值金额 1 万元以上的，并处货值金额 5 倍以上 10 倍以下罚款；情节严重的，责令停产停业，直至吊销许可证。

但是,有一个例外,如果生产经营的食品、食品添加剂的标签、说明书存在瑕疵但不影响食品安全且不会对消费者造成误导的,由县级以上人民政府食品药品监督管理部门责令改正;拒不改正的,处2000元以下罚款。这是个好消息,需要广大商家注意。

3.2.17 必须执行进货查验制度

执行进货查验制度不仅是保障食品安全的有效手段,也是保障生产经营者自身权益的重要措施。《食品安全法》第53条第1、2款规定,食品经营者采购食品,应当查验供货者的许可证和食品出厂检验合格证或者其他合格证明(以下称合格证明文件)。食品经营企业应当建立食品进货查验记录制度,如实记录食品的名称、规格、数量、生产日期或者生产批号、保质期、进货日期以及供货者名称、地址、联系方式等内容,并保存相关凭证。记录和凭证保存期限应当符合本法第50条第2款的规定。

食品、食品添加剂生产经营者进货时未查验许可证和相关证明文件,或者未按规定建立并遵守进货查验记录、出厂检验记录和销售记录制度,将按照《食品安全法》第126条规定追究责任:由县级以上人民政府食品药品监督管理部门责令改正,给予警告;拒不改正的,处5000元以上5万元以下罚款;情节严重的,责令停产停业,直至吊销许可证。

2018年3月7日,海原县市场监管局对该县某中学食堂检查时发现,该中学食堂购进牛肉时未完全履行索证索票义务,执法人员现场对其下达了《责令改正通知书》,责令其限期改正。2018年3月30日,海原县市场监管局再次对其监督检查,该食堂仍未改正上述违法行为。该食堂采购牛肉等肉品,未按规定建立并遵守进货查验记录制度,违反了《食品安全法》第53条第2款之规定。依据《食品安全法》第126条第1款第3项之规定,海原县市场监管局给予该食堂罚款5000元的行政处罚。

我前面一再提及,执行进货查验制度是目前经营者自我保护最有效的手段,成本低、效果好。《产品质量法》将其作为自律义务,《食品安全法》《药品管理法》等规范特别商品的法律法规将其作为强制义务。无论是强制义务，还是自律义务，大家都要认真执行。

经营者对购买的货物进行检查验收，如果发现问题，可以提出异议或者直接退货，避免风险责任。如果当时没有发现问题，在生产经营过程中发现了问题，可以配合执法部门追溯源头，减轻或者免除责任。对食品、药品等特殊商品而言，不执行进货查验制度，更要受到行政处罚。这么一项制度，执行了能自保，不执行要受罚，为什么不执行呢？大家一定要严格执行。

3.2.18　网络食品交易平台提供者的特别规定

近年来，随着电子商务的发展，网络食品交易也蓬勃地发展起来，这其中网络食品交易第三方平台发挥了重要作用。第三方平台因为具有为交易双方制定交易规则、提供网页空间、提供信息发布、促成交易的作用，能够对入网食品交易过程进行控制，技术上可以对经营者身份进行审查，因此《食品安全法》赋予第三方平台提供者审查、报告等责任。

一、网络食品交易第三方平台提供者的主要责任

《食品安全法》第 62 条规定，网络食品交易第三方平台提供者应当对入网食品经营者进行实名登记，明确其食品安全管理责任；依法应当取得许可证的，还应当审查其许可证。网络食品交易第三方平台提供者发现入网食品经营者有违反本法规定行为的，应当及时制止并立即报告所在地县级人民政府食品安全监督管理部门；发现严重违法行为的，应当立即停止提供网络交易平台服务。

如果网络食品交易第三方平台提供者违反《食品安全法》规定，未对入网食品经营者进行实名登记、审查许可证，或者未履行报告、停止提供网络交易平台服务等义务，依据《食品安全法》第 131 条的规定，由县级以上人民政府食品药品监督管理部门责令改正，没收违法所得，并处 5 万元以上 20 万元以下罚款；造成严重后果的，责令停业，直至由原发证部门吊销许可证；使消费者的合法权益受到损害的，应当与食品经营者承担连带责任。

此外，消费者通过网络食品交易第三方平台购买食品，其合法权益受到损害的,可以向入网食品经营者或者食品生产者要求赔偿。网络食品交易第三方平台提供者不能提供入网食品经营者的真实名称、地址和有效联系方式的,由网络食品交易第三方平台提供者赔偿。网络食品交易第三方平台提供者赔偿后,有权向入网食品经营者或者食品生产者追偿。网络食品交易第三方平台提供者作出更有利于消费者承诺的,应当履行其承诺。

2018 年 3 月,武安市食药监局检查中发现某甲网络科技有限公司于 2017 年 11 月起先后让武安镇 A 小吃店、武安镇 B 米线店等两家小吃店在未取得食品经营许可证件的情况下加入自己公司代理的“饿 × ×”网络订餐平台进行网络餐饮服务活动,从中收取平台服务费共 453.13 元。某乙电子商务有限公司让武安镇 A 小吃店、武安镇 B 米线店、武安镇 C 小吃店等三家小吃店在未取得食品经营许可证件的情况下加入自己公司代理的“ × 团外卖”网络订餐平台进行网络餐饮服务活动,从中收取平台服务费共 3195.13 元。武安市食药监局认定,某甲网络科技有限公司、某乙电子商务有限公司均未尽到审查入网食品经营者的食品经营许可证的义务,依法没收某甲公司违法所得 453.13 元并处罚款 6 万元,没收某乙公司违法所得 3195.13 元,并处罚款 7 万元。

2017 年 5 月 4 日,利川市食药监局在食品安全日常检查中,发现王某负责提供利川范围内“ × ×外卖”网络订餐平台的受理入网和配送服务,至检查当日,“ × ×烤猪蹄”“ × ×麻辣烫”等商家未取得《食品经营许可证》,王某未审查“ × ×烤猪蹄”等商家的《食品经营许可证》等资质证明即批准其进入“ × ×外卖”网经营,并为该商家提供了配送服务。利川市食药监局执法人员当即对王某下达了《责令整改通知书》,责令王某于 2017 年 5 月 11 日前审查已进入“ × ×外卖”网所有食品经营商家的《食品经营许可证》,对未取得许可的商家立即下线不得在网上进行经营和配送服务,查验商家经营资质合格后方可入网配送并建立审核台账。2017 年 7 月 3 日,利川市食药监局执法人员在网络订餐专项检查中又发现食品经营商家“ × ×大厨”未取得《食品经营许可证》,王某未审查“ × ×大厨”的《食品经营许可证》等材料即批准其进入“ × ×外卖”网经营,并为该商家提供了配送服务。利川市食药监局认定,王某的行为违反了《湖北省食品安全条例》第 18 条第 2 款的规定，构成了未对入网食品经营者审查经营许可证的行为，根据《湖北省食品安全条例》第 74 条规定处以罚款 5000 元的行政处罚。

二、网络食品交易第三方平台提供者应当备案

《网络食品安全违法行为查处办法》第 8 条第 1、2 款规定，网络食品交易第三方平台提供者应当在通信主管部门批准后 30 个工作日内，向所在地省级食品药品监督管理部门备案，取得备案号。

通过自建网站交易的食品生产经营者应当在通信主管部门批准后 30 个工作日内，向所在地市、县级食品药品监督管理部门备案，取得备案号。

违反上述规定，网络食品交易第三方平台提供者和通过自建网站交易的食品生产经营者未履行相应备案义务的，依据《网络食品安全违法行为查处办法》第 29 条规定，由县级以上地方食品药品监督管理部门责令改正，给予警告；拒不改正的，处 5000 元以上 3 万元以下罚款。

三、网络食品交易第三方平台提供者应当具备数据备份、故障恢复等技术条件

《网络食品安全违法行为查处办法》第 9 条规定，网络食品交易第三方平台提供者和通过自建网站交易的食品生产经营者应当具备数据备份、故障恢复等技术条件，保障网络食品交易数据和资料的可靠性与安全性。

违反上述规定，依据《网络食品安全违法行为查处办法》第 30 条规定，由县级以上地方食品药品监督管理部门责令改正，给予警告；拒不改正的，处 3 万元罚款。

四、网络食品交易第三方平台提供者应当建立审查、自查、报告、终止服务等制度

《网络食品安全违法行为查处办法》第 10 条规定，网络食品交易第三方平台提供者应当建立入网食品生产经营者审查登记、食品安全自查、食品安全违法行为制止及报告、严重违法行为平台服务停止、食品安全投诉举报处理等制度，并在网络平台上公开。

违反上述规定，按照《网络食品安全违法行为查处办法》第 31 条规定，由县级以上地方食品药品监督管理部门责令改正，给予警告；拒不改正的，处5000元以上3万元以下罚款。

五、网络食品交易第三方平台提供者应当执行审查登记制度

《网络食品安全违法行为查处办法》第11条规定，网络食品交易第三方平台提供者应当对入网食品生产经营者食品生产经营许可证、入网食品添加剂生产企业生产许可证等材料进行审查，如实记录并及时更新。

网络食品交易第三方平台提供者应当对入网食用农产品生产经营者营业执照、入网食品添加剂经营者营业执照以及入网交易食用农产品的个人的身份证号码、住址、联系方式等信息进行登记，如实记录并及时更新。

违反上述规定，按照《网络食品安全违法行为查处办法》第32条规定，由县级以上地方食品药品监督管理部门依照《食品安全法》第131条的规定处罚。

六、网络食品交易第三方平台提供者应当建立入网食品生产经营者档案

《网络食品安全违法行为查处办法》第12条规定，网络食品交易第三方平台提供者应当建立入网食品生产经营者档案，记录入网食品生产经营者的基本情况、食品安全管理人员等信息。

违反上述规定，按照《网络食品安全违法行为查处办法》第33条规定，由县级以上地方食品药品监督管理部门责令改正，给予警告；拒不改正的，处5000元以上3万元以下罚款。

七、网络食品交易第三方平台提供者应当记录、保存食品交易信息

《网络食品安全违法行为查处办法》第13条规定，网络食品交易第三方平台提供者和通过自建网站交易食品的生产经营者应当记录、保存食品交易信息，保存时间不得少于产品保质期满后6个月；没有明确保质期的，保存时间不得少于2年。

违反上述规定，按照《网络食品安全违法行为查处办法》第34条规定，由县级以上地方食品药品监督管理部门责令改正，给予警告；拒不改正的，处5000元以上3万元以下罚款。

八、网络食品交易第三方平台提供者应当设置专职食品安全机构或者人员

《网络食品安全违法行为查处办法》第14条第1款规定，网络食品交易第三方平台提供者应当设置专门的网络食品安全管理机构或者指定专职食品安全管理人员，对平台上的食品经营行为及信息进行检查。

违反上述规定，按照《网络食品安全违法行为查处办法》第35条规定，由县级以上地方食品药品监督管理部门责令改正，给予警告；拒不改正的，处5000元以上3万元以下罚款。

九、网络食品交易第三方平台提供者应当履行及时制止及报告义务

《网络食品安全违法行为查处办法》第14条第2款规定，网络食品交易第三方平台提供者发现存在食品安全违法行为的，应当及时制止，并向所在地县级食品药品监督管理部门报告。

十、网络食品交易第三方平台提供者应当对严重违法行为停止提供服务

《网络食品安全违法行为查处办法》第15条规定，网络食品交易第三方平台提供者发现入网食品生产经营者有下列严重违法行为之一的，应当停止向其提供网络交易平台服务：（一）入网食品生产经营者因涉嫌食品安全犯罪被立案侦查或者提起公诉的；（二）入网食品生产经营者因食品安全相关犯罪被人民法院判处刑罚的；（三）入网食品生产经营者因食品安全违法行为被公安机关拘留或者给予其他治安管理处罚的；（四）入网食品生产经营者被食品药品监督管理部门依法作出吊销许可证、责令停产停业等处罚的。

违反上述规定，按照《网络食品安全违法行为查处办法》第36条规定，由县级以上地方食品药品监督管理部门依照《食品安全法》第131条的规定处罚。

十一、网络食品交易第三方平台提供者未履行相关义务的停业责任

《网络食品安全违法行为查处办法》第37条规定，网络食品交易第三方平台提供者未履行相关义务，导致发生下列严重后果之一的，由县级以上地方食品药品监督管理部门依照《食品安全法》第131条的规定责令停业，并将相关情况移送通信主管部门处理：（一）致人死亡或者造成严重人身伤害的；（二）发生较大级别以上食品安全事故的；（三）发生较为严重的食源性疾病的；（四）侵犯消费者合法权益，造成严重不良社会影响的；（五）引发其他的严重后果的。

3.2.19 网络食品生产经营者的特别规定

《食品安全法》是入网食品生产经营者的主要遵循,除《食品安全法》外,《网络食品安全违法行为查处办法》对《食品安全法》的规定进行了细化,入网食品生产经营者也应当严格遵守。

一、入网食品生产经营者应当按照许可生产经营

《网络食品安全违法行为查处办法》第16条规定,入网食品生产经营者应当依法取得许可,入网食品生产者应当按照许可的类别范围销售食品,入网食品经营者应当按照许可的经营项目范围从事食品经营。法律、法规规定不需要取得食品生产经营许可的除外。

取得食品生产许可的食品生产者,通过网络销售其生产的食品,不需要取得食品经营许可。取得食品经营许可的食品经营者通过网络销售其制作加工的食品,不需要取得食品生产许可。

违反上述规定,按照《网络食品安全违法行为查处办法》第38条规定,入网食品生产经营者未依法取得食品生产经营许可的,或者入网食品生产者超过许可的类别范围销售食品、入网食品经营者超过许可的经营项目范围从事食品经营的,依照《食品安全法》第122条的规定处罚。

二、入网食品生产经营者应当客观、真实、准确公示信息

《网络食品安全违法行为查处办法》第17条规定,入网食品生产经营者不得从事下列行为:(一)网上刊载的食品名称、成分或者配料表、产地、保质期、贮存条件,生产者名称、地址等信息与食品标签或者标识不一致;(二)网上刊载的非保健食品信息明示或者暗示具有保健功能;网上刊载的保健食品的注册证书或者备案凭证等信息与注册或者备案信息不一致;(三)网上刊载的婴幼儿配方乳粉产品信息明示或者暗示具有益智、增加抵抗力、提高免疫力、保护肠道等功能或者保健作用;(四)对在贮存、运输、食用等方面有特殊要求的食品,未在网上刊载的食品信息中予以说明和提示;(五)法律、法规规定禁止从事的其他行为。

违反上述规定,按照《网络食品安全违法行为查处办法》第39条的规定,由县级以上地方食品药品监督管理部门责令改正,给予警告;拒不改正的,处5000元以上3万元以下罚款。

三、入网食品生产经营者应当依法公示证照

《网络食品安全违法行为查处办法》第18条规定,通过第三方平台进行交易的食品生产经营者应当在其经营活动主页面显著位置公示其食品生产经营许可证。通过自建网站交易的食品生产经营者应当在其网站首页显著位置公示营业执照、食品生产经营许可证。

餐饮服务提供者还应当同时公示其餐饮服务食品安全监督量化分级管理信息。相关信息应当画面清晰,容易辨识。

违反上述规定,按照《网络食品安全违法行为查处办法》第40条的规定,入网食品生产经营者未按要求进行信息公示的,由县级以上地方食品药品监督管理部门责令改正,给予警告;拒不改正的,处5000元以上3万元以下罚款。

四、入网销售特殊食品的生产经营者应当公示特殊食品的批准文件等证书

《网络食品安全违法行为查处办法》第19条规定,入网销售保健食品、特殊医学用途配方食品、婴幼儿配方乳粉的食品生产经营者,除依照本办法第18条的规定公示相关信息外,还应当依法公示产品注册证书或者备案凭证,持有广告审查批准文号的还应当公示广告审查批准文号,并链接至食品药品监督管理部门网站对应的数据查询页面。保健食品还应当显著标明“本品不能代替药物”。

特殊医学用途配方食品中特定全营养配方食品不得进行网络交易。

违反上述第1款规定,按照《网络食品安全违法行为查处办法》第41条规定,食品生产经营者未按要求公示特殊食品相关信息的,由县级以上地方食品药品监督管理部门责令改正,给予警告;拒不改正的,处5000元以上3万元以下罚款。违反上述第2款规定,食品生产经营者通过网络销售特定全营养配方食品的,由县级以上地方食品药品监督管理部门处3万元罚款。

五、入网食品生产经营者应当采取措施保证低温食品安全

《网络食品安全违法行为查处办法》第20条规定,网络交易的食品有保鲜、保温、冷藏或者冷冻等特殊贮存条件要求的，入网食品生产经营者应当采取能够保证食品安全的贮存、运输措施，或者委托具备相应贮存、运输能力的企业贮存、配送。

违反上述规定，按照《网络食品安全违法行为查处办法》第42条规定，入网食品生产经营者未按要求采取保证食品安全的贮存、运输措施，或者委托不具备相应贮存、运输能力的企业从事贮存、配送的，由县级以上地方食品药品监督管理部门依照《食品安全法》第132条的规定处罚。

六、提供虚假信息的法律责任

按照《网络食品安全违法行为查处办法》第43条的规定，违反该办法规定，网络食品交易第三方平台提供者、入网食品生产经营者提供虚假信息的，由县级以上地方食品药品监督管理部门责令改正，处1万元以上3万元以下罚款。

3.3 药品

药品是指用于预防、治疗、诊断人的疾病，有目的地调节人的生理机能并规定有适应症或者功能主治、用法和用量的物质，包括中药材、中药饮片、中成药、化学原料药及其制剂、抗生素、生化药品、放射性药品、血清、疫苗、血液制品和诊断药品等。

药品是特殊商品，国家对药品实行严格管理。目前规范药品生产经营的规定主要有《药品管理法》《药品管理法实施条例》等法律法规和《药品流通监督管理办法》等配套规章。

3.3.1 不得擅自从事药品生产经营活动

药品是特殊商品，涉及人身健康和生命安全。因此，国家对药品生产经营实行许可制度。《药品管理法》第7条第1款规定，从事药品生产活动，应当经所在地省、自治区、直辖市人民政府药品监督管理部门批准，取得药品生产许可证。

无药品生产许可证的，不得生产药品。

第51条第1款规定：从事药品批发活动，应当经所在地省、自治区、直辖市人民政府药品监督管理部门批准取得药品经营许可证；从事药品零售活动，应当经所在地县级以上地方药品监督管理部门批准取得药品经营许可证。无药品经营许可证的，不得经营药品。

第74条第1款规定：医疗机构配制制剂，应当经所在地省、自治区、直辖市人民政府药品监督管理部门批准，取得医疗机构制剂许可证。无医疗机构制剂许可证的，不得配制制剂。

违反上述规定，未取得《药品生产许可证》《药品经营许可证》或者《医疗机构制剂许可证》生产药品、经营药品的，按照《药品管理法》第115条的规定，依法予以取缔，没收违法生产、销售的药品和违法所得，并处违法生产、销售的药品（包括已售出的和未售出的药品，下同）货值金额2倍以上5倍以下的罚款；货值金额不足10万元的，按10万元计算。

2017年6月，利川市食药监局执法人员在利川市谋道镇某村卫生室检查时发现，该卫生室二楼库房中存放和使用的丹七片（批准文号：国药准字Z22022307）只有一张编号为2869444的手工销货清单作为收款凭证，其销货清单中商品名称手工填写为“丹七片161207”，数量为“200”，单价为“38.00”，货值金额为“7600.00”，同时该村卫生室也无法提供供货商的资质资料，执法人员怀疑其购销渠道存在问题。经过调查核实，上述丹七片是吉林省通化县李某某于2017年1月向某厂家订购的，厂家未开具正规药品票据，而后李某某又于2017年5月15日全部销售给了谋道镇某村卫生室。李某某在销售丹七片时未取得《药品经营许可证》。李某某的上述行为违反了《药品管理法》（2015年）第14条第1款之规定。依据《药品管理法》第72条之规定，利川市食药监局给予李某某罚没款22800元的行政处罚。

一、未获得许可，中药饮片也不能销售

夏天喝解暑消热茶，冬天喝滋补养颜汤，春秋天喝养肝润肺茶。一年四季根据不同的节气，用不同食物进补，已成为不少经营养生产品商家的营销手段。但是，有很多人没有注意到，这些食物中有些属于药材。严格讲，经营含药材的补品，是需要取得经营许可的。

2017 年 7 月 21 日，呼和浩特市执法人员对回民区某食品商行进行监督检查时，在货架上发现该商行销售丹参（紫皮）、白芍、川芎 3 种中药饮片，白芍数量 4.226kg，丹参（紫皮）数量 3.806kg，川芎数量 4.245kg。上述中药饮片标签上标有《药典（2010 版一部）》《中草药经典图谱》功效内容，但该店未取得《药品经营许可证》。经调查，该商行购进上述白芍 5kg，丹参 4kg，川芎 5kg，货值金额共计 5700 元，违法所得 741.50 元。该商行的行为违反了《药品管理法》（2015 年）第 14 条第 1 款的规定。依据《药品管理法》（2015 年）第 72 条规定，执法部门没收上述违法经营的中药饮片，没收违法所得 741.50 元，并处货值金额 3 倍罚款，共计 17841.50 元的行政处罚。

二、不得擅自从事药品生产经营活动的其他情形

《药品流通监督管理办法》第 32 条规定，有四种情形也属于擅自从事药品生产经营活动：（1）药品生产、经营企业在经药品监督管理部门核准的地址以外的场所现货销售药品的。（2）药品生产企业销售本企业受委托生产的或者他人生产的药品。（3）药品生产、经营企业以展示会、博览会、交易会、订货会、产品宣传会等方式现货销售药品。（4）药品经营企业未经药品监督管理部门审核同意，改变经营方式，未按照《药品经营许可证》许可的经营范围经营药品。

对于违反这四种情形的，将依照《药品管理法》（2001 年）第 73 条规定，没收违法销售的药品和违法所得，并处违法销售的药品货值金额 2 倍以上 5 倍以下的罚款。

需要说明的是，《药品流通监督管理办法》所指的是 2001 年修订的《药品管理法》。2006 年原国家食药监总局依据 2001 年修订的《药品管理法》制定《药品流通监督管理办法》，此后《药品管理法》又经过了 2013 年、2015 年、2019 年三次修正（订），条款数目有所变化，但《药品流通监督管理办法》却没有及时调整。所以，2001 年版《药品管理法》第 73 条规定对应的是 2019 年版《药品管理法》第 115 条规定，即未取得药品生产许可证、药品经营许可证或者医疗机构制剂许可证生产、销售药品的，责令关闭，没收违法生产、销售的药品和违法所得，并处违法生产、销售的药品(包括已售出的和未售出的药品，下同)货值金额15倍以上30倍以下的罚款；货值金额不足10万元的，按10万元计算。

需要注意的是，药品生产、经营企业违反《药品流通监督管理办法》第8条规定，在经药品监督管理部门核准的地址以外的场所储存药品的，按照《药品管理法实施条例》第74条的规定予以处罚，而不是按照《药品管理法》(2019年)第115条规定处罚，这是储存与销售的区别。

3.3.2 禁止生产、销售假药

药品是用来预防、治疗疾病的。但如果是假药，不仅可能耽误疾病的治疗，而且可能产生额外的副作用。因此，对于假药必须严厉打击。《药品管理法》第98条规定，禁止生产(包括配制，下同)、销售使用假药。

《药品管理法》第98条第2款规定："有下列情形之一的，为假药：(一)药品所含成份与国家药品标准规定的成份不符；(二)以非药品冒充药品或者以他种药品冒充此种药品；(三)变质的药品；(四)药品所标明的适应症或者功能主治超出规定范围。"

《药品管理法》第116条进一步规定："生产、销售假药的，没收违法生产、销售的药品和违法所得，责令停产停业整顿，吊销药品批准证明文件，并处违法生产、销售的药品金额十五倍以上三十倍以下的罚款；货值金额不足十万元的，按十万元计算；情节严重的，吊销药品生产许可证、药品经营许可证或者医疗机构制剂许可证，十年内不受理其相应申请；药品上市许可持有人为境外企业的，十年内禁止其药品进口。"

一、药品所含成份与国家药品标准规定的成份不符的，为假药

2014年11月，黄冈市食药监局对湖北某生物科技股份有限公司监督检查时，发现其生产的"清通舒软胶囊"原料为紫苏油、郁李仁油、红花油。"清通舒软胶囊"企业标准和注册批件中说明书标示的主要原料并无红花油，而是火麻仁油。该公司未按照企业标准和注册批件组织生产，以红花油代替火麻仁油，货值金额6.4万元。2015年4月,黄冈市食药监局依法没收该公司违法所得6.4万元,并处罚款32万元。

2017年3月,南和县食药监局根据举报,查获某药房购进来历不明的药品阿托伐他汀钙片共720盒,货值金额23400元。经检验,该批药品为不合格药品,依法按假药论处。南和县食药监局依法没收该药房不合格药品,并按货值金额2倍处以罚款共46800元,因涉嫌刑事犯罪,此案已移交当地公安部门处理。

二、以他种药品冒充此种药品的,为假药

2017年,阜城县食品和市场监管局查处了周某某销售虫草鹿鞭王等假药案,经查周某某销售的产品虫草鹿鞭王中含有西地那非等药品成分并宣称疗效,依法按假药论处。阜城县食品和市场监管局联合公安机关进一步巡线追踪,一举捣毁了位于吉林省的制售窝点,此案涉案金额达50余万元。周某某犯销售假药罪,被判处拘役6个月,并处罚金2000元。

2017年7月,溆浦县执法部门接到举报,称溆浦县低庄镇舒某销售的药品"喘咳冲剂"(标示中国人民解放军哮喘病研究中心监制,批准文号:国药准字H13021371,规格:1克×60袋,生产日期、生产批号、有效期均未标示)疑是假药。国药准字H13021371是石药集团欧意药业有限公司生产的萘普生胶囊的批准文号。2017年8月2日,怀化市食药监局认定,该药依法按假药论处。此案随后被移送公安机关。犯罪嫌疑人舒某被抓获时,现场查获假药2种,货值5000元。2017年9月,溆浦县人民检察院以涉嫌销售假药罪对舒某批准逮捕。

三、必须批准而未经批准生产、进口的药品,按假药论处

2014年3月,云梦县食药监局对"佰龄康"茶多酚胶囊进行检查时,发现该产品包装无任何批准文号,鉴定为假药。该局与公安机关联合组成专案组,经查,曹某某出资,委托武汉某生物科技有限公司用茶多酚、红曲米等原料,生产销售茶多酚胶囊。专案组抓获犯罪嫌疑人2名,捣毁制假窝点1个、售假窝点42个,涉案货值金额173万元。2015年5月8日,曹某某被判处有期徒刑6个月,缓刑2年,并处罚金5万元。

2017年6月,新晃县执法部门接到群众陈某投诉,称其父通过电话订购方式从何某处购买参芪降糖胶囊（标示国药准字 Z10970002，委托生产：河南羚锐制药股份有限公司、中国人民解放军中医医院糖尿病治疗中心），服用后出现昏迷症状。经新晃县执法部门查实，上述药品为生产厂冒充河南羚锐制药股份有限公司生产的。怀化市食药监局依法对该药品作出假药认定，随后该案被移送公安机关侦查。截止新闻发布，该案逮捕 1 人，网上追逃 1 人，查获假药四种，涉案货值金额约 80 万元，案件跨浙江、河北、湖北、贵州、山东、湖南等近 20 个省。

2017 年 8 月，怀化市食药监局接到省食药监局交办电话，告知中南大学湘雅二医院收治的两名患者经检查确诊为铅中毒，两患者此前均有服用无药品批准文号的药品血疾舒片的经历，要求核实有关情况。经市食药监局和公安机关联合调查，上述血疾舒片系某医院副主任医师文某根据自身行医经验和查询资料自行研发、配制生产的，未取得药品批准文号，依法按假药论处。目前文某已被公安机关取保候审。

3.3.3 禁止生产、销售劣药

药品是用来预防和治疗疾病的，不符合国家标准的药品，很难保证能达到预防和治疗疾病的效果。因此，《药品管理法》第 98 条规定了禁止生产、销售劣药。药品成份的含量不符合国家药品标准的，为劣药。

《药品管理法》第 117 条第 1 款进一步规定："生产、销售劣药的，没收违法生产、销售的药品和违法所得，并处违法生产、销售药品货值金额十倍以上二十倍以下的罚款；违法生产批发的药品货值金额不足十万元的，按十万元计算；违法零售的药品货值金额不足一万元的，按一万元计算；情节严重的，责令停产停业整顿直至吊销药品批准证明文件、药品生产许可证、药品经营许可证或者医疗机构制剂许可证。"

一、药品成份的含量不符合国家药品标准的，为劣药

2016 年 11 月，内蒙古执法人员对某药房有限公司经营的标示"企业为河北某药业有限公司生产，批号为 1603001"的中药饮片"地龙"进行监督抽检。结果表明，该批次中药饮片"地龙"总灰分、酸不溶性灰分不符合规定，依据法律规定:按劣药论处。经调查,该公司共购进上述批次中药饮片“地龙”20 千克,货值金额 11300 元,销售 13.50 千克,抽检 0.30 千克,剩余 6.20 千克。依据相关规定,执法部门没收该公司违法药品,没收违法所得人民币 6711 元,并处货值金额 2 倍罚款。

2016 年 10 月,执法人员对呼和浩特某医院使用的标识“生产单位为河北某中药饮片有限公司,批号为 815040471”的中药饮片“红花”进行监督抽检。结果表明,该批次中药饮片“红花”检验结果不符合规定,按劣药论处。经调查,该医院购进上述批次的中药饮片“红花”14 千克,货值金额为 4480 元,该批次药品抽检用0.6 千克,医院使用了 13.40 千克,违法所得 4288 元。依据相关规定,执法部门没收该医院违法所得 4288 元,并处货值金额 2 倍罚款 8960 元,共计 13248 元。

二、按劣药论处的七种情形

除直接认定为劣药的情形外,《药品管理法》第 98 条第 3 款规定了 7 种情形,按劣药论处:(1)药品成份的含量不符合国家药品标准;(2)被污染的药品;(3)未标明有效期或者更改有效期的;(4)不注明或者更改生产批号的;(5)超过有效期的;(6)擅自添加防腐剂、辅料的;(7)其他不符合药品标准规定的。

2018 年 4 月,古冶区市场监管局查证唐山某医药连锁有限公司销售的“四季抗病毒合剂”,“性状项、PH 值项”不符合规定。依据《药品管理法》(2015 年)第 49 条第 3 款第 6 项规定,该批次产品按劣药论处。古冶区市场监管局依法对该公司销售劣药行为作出没收违法所得 29403 元,罚款 146520 元的行政处罚。

3.3.4 不得从非法渠道购进药品

渠道是药品质量的保障。一个渠道都是非法的药品,其安全性就大打折扣。因此,《药品管理法》第 55 条规定,药品上市许可持有人、药品生产企业、药品经营企业、药品经营企业和医疗机构应当从药品上市许可持有人或者具有药品生产、经营资格的企业购进药品;但是,购进未实施批准管理的中药材除外。第 129 条规定:违反本法规定,药品上市许可持有人、药品的生产企业、药品经营企业或者医疗机构未从药品上市许可持有人或者具有药品生产、经营资格的企业购进药品的，责令改正，没收违法购进的药品和违法所得，并处违法购进药品货值金额2倍以上10倍以下的罚款；情节严重的，并处货值金额10倍以上30倍以下的罚款，吊销药品批准证明文件、药品生产许可证、药品经营许可证或者医疗机构执业许可证；货值金额不足5万元的，按5万元计算。

一、必须从具有药品生产、经营资格的企业购进药品

2017年8月，执法人员对呼和浩特市玉泉区某村卫生室进行检查时，在药品货架上发现“天劲强骨生血口服液”5盒、“天蓝地康复方氨酚烷胺胶囊”22盒。其均未能提供上述药品的购进票据。经调查，上述药品从非法渠道购进，货值金额472元。该卫生室的行为违反了《药品管理法》第34条的规定，依据《药品管理法》第79条的规定，执法部门责令该卫生室整改，没收上述从非法渠道购进的药品，并处货值金额3倍罚款，共计1416元。

2018年1月，博山区食药监局对博山区某村卫生室进行监督检查，发现该卫生室提供不出使用药品泻白糖浆的合法有效的随货同行、发票和供货商相关资质证明。经查，2018年1月初，该卫生室从无药品生产经营资格的个人处购进上述药品60盒。1月31日，博山区食药监局依据《药品管理法》第79条之规定，给予该卫生室没收违法使用的药品泻白糖浆20盒，没收违法所得560元，并按违法购进药品货值金额2倍罚款1440元。

二、一定要索证索票、建立档案

索证索票是我一再建议商家自保的措施，成本低、效果好，一般能避险，关键时候能免责。

按照《药品流通监督管理办法》第10条规定，药品生产企业、药品批发企业销售药品时，应当提供下列资料：(1)加盖本企业原印章的《药品生产许可证》或《药品经营许可证》和营业执照的复印件；(2)加盖本企业原印章的所销售药品的批准证明文件复印件；(3)销售进口药品的，按照国家有关规定提供相关证明文件。药品生产企业、药品批发企业派出销售人员销售药品的，除本条前款规定的资料外，还应当提供加盖本企业原印章的授权书复印件。授权书原件应当载明授权销售的品种、地域、期限，注明销售人员的身份证号码，并加盖本企业原印章和企业法定代表人印章（或者签名）。销售人员应当出示授权书原件及本人身份证原件，供药品采购方核实。

第11条规定，药品生产企业、药品批发企业销售药品时，应当开具标明供货单位名称、药品名称、生产厂商、批号、数量、价格等内容的销售凭证。

第12条规定，药品生产、经营企业采购药品时，应按本办法第10条规定索取、查验、留存供货企业有关证件、资料，按本办法第11条规定索取、留存销售凭证。

所以，对于药品经营来讲，索证索票更是强制性义务，必须遵守，而且还要建立档案，便于查找。

2018年6月，深州市执法部门查证深州市某医药超市从个人手中购进药品，无任何合法的购进票据及供方资质，涉嫌从非法渠道购进药品，购进药品已全部售完，违法所得52361元。深州市执法部门依法对该医药超市作出没收违法所得52361元，罚款261800元的行政处罚。

三、中药材也要索证索票、建立档案

《药品管理法》第55条规定，药品上市许可持有人、药品生产企业、药品经营企业、药品经营企业和医疗机构应当从药品上市许可持有人或者具有药品生产、经营资格的企业购进药品；但是，购进未实施批准管理的中药材除外。

根据上述规定，购进没有实施批准文号管理的中药材可以不必从具有药品生产、经营资格的企业购进。但是到目前为止，国家一直没有发布实施批准文号管理的中药材、中药饮片目录（2004年原国家食药监总局曾发布过一个征求意见稿，但没有下文了）。按理说，没有目录，所有的药材就都不在实施批准文号管理的目录中，购进中药材不受药品生产、经营资格的限制。但是，从实践来看，执法部门是从严掌握，即目录发布前，所有药材必须从具有药品生产、经营资格的企业购进。

2017年，执法人员对位于赛罕区秦某某中医诊所进行药品经营检查时，发现该诊所中药柜摆放的品名为砂仁（生产企业、规格、产品批号、生产日期均没有标注）等十个品种的中药饮片均从不具有药品经营资格的企业购进。经调查，上述药品货值金额440元。监管部门认定，该诊所的行为违反了《药品管理法》（2015年）第34条的规定，依据《药品管理法》（2015年）第79条的规定，没收该诊所从不具有药品经营资格企业购进的药品,并处货值金额5倍罚款,共计2200元的行政处罚。

2017年8月,执法人员监督检查翎涵某医店时,现场发现不能提供“三七粉”合法有效的购进票据和验收记录。经调查,上述药品是从非法渠道购进,货值金额400元。该店的行为违反了《药品管理法》有关规定,执法部门没收从非法渠道购进的药品,并处货值金额4倍罚款,共计1600元。

2017年10月,内蒙古执法人员对某药店进行监督检查时,发现不能提供“莲子”等15个品种的中药饮片合法有效的购进票据、供货企业的资质、业务员的资质证明材料和验收记录。经调查核实,上述中药饮片从非法渠道购进,货值金额858.20元。该店的行为违反了《药品管理法》有关规定,执法部门没收非法渠道购进的药品,并处货值金额4倍罚款,共计3432元。

3.3.5 不得伪造、变造、买卖、出租、出借许可证

许可证和药品批准证明文件是药品生产经营的重要资质,是国家对企业生产经营药品能力的一种认可。伪造、变造、买卖、出租、出借许可证将会扰乱药品生产经营秩序,影响药品的质量和人身的安全。《药品管理法》第122条规定,伪造、变造、买卖、出租、出借非法买卖许可证或者药品批准证明文件的,没收违法所得,并处违法所得1倍以上5倍以下的罚款;没有违法所得的,处2万元以上10万元以下的罚款;情节严重的,并处违法所得5倍以上15倍以下的罚款,吊销药品生产许可证、药品经营许可证、医疗机构制剂许可证或者药品批准证明文件,对法定代表人、主要负责人、直接负责的主管人员和其他责任人员,处2万元以上20万元以下的罚款,10年内禁止从事药品生产经营活动,并可以由公安机关处5日以上15日以下的拘留;违法所得不足10万元的,按10万元计算。

2017年,河北省食品药品监督管理局根据群众举报,调查证实河北某药业有限公司在2016年年底开始将公司资质出租给他人,供其经营该公司生产的中药饮片,共收取管理费38000元。依据《药品管理法》(2015年)第81条的规定,食药监部门依法没收该公司违法所得38000元,并处违法所得1.5倍罚款57000元。

3.3.6 必须凭处方销售处方药

处方药往往副作用较大,不当使用容易对人身造成损害。因此,国家对药品分类管理,其中处方药实行严格管理。《药品流通监督管理办法》第18条规定,药品零售企业应当按照国家食品药品监督管理局药品分类管理规定的要求,凭处方销售处方药。经营处方药和甲类非处方药的药品零售企业,执业药师或者其他依法经资格认定的药学技术人员不在岗时,应当挂牌告知,并停止销售处方药和甲类非处方药。第38条进一步规定,药品零售企业违反本办法第18条第1款规定的,责令限期改正,给予警告;逾期不改正或者情节严重的,处以1000元以下的罚款。药品零售企业在执业药师或者其他依法经过资格认定的药学技术人员不在岗时销售处方药或者甲类非处方药的,责令限期改正,给予警告;逾期不改正的,处以1000元以下的罚款。

2016年7月,宁强县市场监管局在对某药房进行监督检查时,发现该药房未凭处方销售处方药,执法人员立即对上述行为予以警告,并责令改正。2016年12月7日,宁强县市场监管局对该药房整改情况进行督查时,发现上述行为依然存在,销售处方药速效救心丸,现场不能提供该药品的销售处方,其行为违反了《药品流通监督管理办法》相关规定。宁强县市场监管局依法对该药房罚款600元。

3.3.7 不得搭售、赠送处方药或者甲类非处方药

是药三分毒,尤其是处方药和甲类非处方药,普遍带有一定的副作用。因此,国家提倡合理用药,杜绝滥用药物。搭售、赠送处方药或者甲类非处方药显然违背了这一精神。《药品流通监督管理办法》第20条规定,药品生产、经营企业不得以搭售、买药品赠药品、买商品赠药品等方式向公众赠送处方药或者甲类非处方药。该办法第40条规定,药品生产、经营企业违反本办法第20条规定的,限期改正,给予警告;逾期不改正或者情节严重的,处以赠送药品货值金额2倍以下的罚款,但是最高不超过3万元。

2015年3月,土左旗食药监局接到市局“12331”转办案件,举报某大药房开

展“买赠药品”的违法行为，土左旗食药监局执法人员立即对该药房进行现场检查。经查，该药房 3 月 23 ~28 日开展进店有礼大型优惠活动，其中对需要凭处方销售的复方氨酚烷胺分散片、咳特灵胶囊、复方丹参片实行买三送一，复方胆通胶囊买二送一的优惠活动，并且上述药品全部开架陈列。土左旗食药监局依法叫停了违法“买赠药品”的经营行为，对该药房作出警告，限期 7 日内改正上述违法行为，对剩余的违法宣传材料全部没收。

非处方药的标志一般印刷在药品外包装的右上角，分为甲类非处方药和乙类非处方药。乙类非处方药为绿色，消费者可直接购买。甲类非处方药为红色，虽然不需要处方，但需要在药店由执业药师的指导下购买和使用。

3.3.8 不得以邮售、互联网交易等方式直接向公众销售处方药

处方药一般具有副作用，国家对处方药实施严格管理。措施之一就是医药对病人诊断之后作出处方，才能购买。基于此目的，《药品流通监督管理办法》第 21 条和第 28 条规定，药品生产、经营企业和医疗机构不得采用邮售、互联网交易等方式直接向公众销售处方药。第 42 条规定，药品生产、经营企业违反本办法第 21 条、医疗机构违反本办法第 28 条规定，以邮售、互联网交易等方式直接向公众销售处方药的，责令改正，给予警告，并处销售药品货值金额 2 倍以下

的罚款,但是最高不超过3万元。

这个问题现在挺普遍的,职业打假人还没有盯上。我在广告宣传一章里已经详细介绍过,这里再强调一遍,处方药不得在公共媒体上做广告宣传,也不能通过邮售、网络交易向公众销售。

3.4 医疗器械

医疗器械是指直接或者间接用于人体的仪器、设备、器具、体外诊断试剂及校准物、材料以及其他类似或者相关的物品。主要用于疾病的诊断、预防、监护、治疗或者缓解,损伤的诊断、监护、治疗、缓解或者功能补偿,生理结构或者生理过程的检验、替代、调节或者支持,生命的支持或者维持,妊娠控制,通过对来自人体的样本进行检查,为医疗或者诊断目的提供信息。

医疗器械是特殊商品,国家对医疗器械实行严格管理。目前规范医疗器械生产经营的规定主要有《医疗器械监督管理条例》《医疗器械分类规则》等行政法规和配套规章。

3.4.1 不得擅自从事医疗器械生产经营

医疗器械直接关系患者的身体健康和安全,国家对医疗器械实行严格管理。主要包括分类管理和设定门槛两方面。

一、分类管理和设定门槛

1. 分类管理

根据《医疗器械监督管理条例》第4条的规定,国家对医疗器械按照风险程度实行分类管理。按照风险程度不同,医疗器械分为三类。

第一类是风险程度低,实行常规管理可以保证其安全、有效的医疗器械。如外科用手术器械(刀、剪、钳、镊、钩)、刮痧板、手术衣、手术帽、口罩、检查手套、纱布绷带、引流袋、听诊器、医用X线胶片、创口贴等。

第二类是具有中度风险，需要严格控制管理以保证其安全、有效的医疗器械，如医用缝合针、血压计、体温计、心电图机、脑电图机、显微镜、针灸针、生化分析系统、助听器、超声消毒设备、不可吸收缝合线、避孕套、医用脱脂棉、恒温培养箱、玻璃拔罐器等。

第三类是具有较高风险，需要采取特别措施严格控制管理以保证其安全、有效的医疗器械，如植入式心脏起搏器、角膜接触镜、人工晶体、超声肿瘤聚焦刀、血液透析装置、植入器材、血管支架、综合麻醉机、齿科植入材料、医用可吸收缝合线、血管内导管、一次性使用无菌注射器或输液管等。

按照《医疗器械分类规则》（2015年修订）的标准，接触人体且常见医疗器械分类作如下判定：

	使用状态 使用形式		暂时使用			短期使用			长期使用		
			皮肤/腔道（口）	创伤/组织	血循环/中枢	皮肤/腔道（口）	创伤/组织	血循环/中枢	皮肤/腔道（口）	创伤/组织	血循环/中枢
无源医疗器械	1	液体输送器械	Ⅱ	Ⅱ	Ⅲ	Ⅱ	Ⅱ	Ⅲ	Ⅱ	Ⅲ	Ⅲ
	2	改变血液体液器械	—	—	Ⅲ	—	—	Ⅲ	—	—	Ⅲ
	3	医用敷料	Ⅰ	Ⅱ	Ⅱ	Ⅰ	Ⅱ	Ⅱ	—	Ⅲ	Ⅲ
	4	侵入器械	Ⅰ	Ⅱ	Ⅲ	Ⅱ	Ⅱ	Ⅲ	—	—	—
	5	重复使用手术器械	Ⅰ	Ⅰ	Ⅱ	—	—	—	—	—	—
	6	植入器械	—	—	—	—	—	—	Ⅲ	Ⅲ	Ⅲ
	7	避孕和计划生育器械（不包括重复使用手术器械）	Ⅱ	Ⅱ	Ⅲ	Ⅱ	Ⅲ	Ⅲ	Ⅲ	Ⅲ	Ⅲ
	8	其他无源器械	Ⅰ	Ⅱ	Ⅲ	Ⅱ	Ⅱ	Ⅲ	Ⅱ	Ⅲ	Ⅲ

续表

	使用状态 使用形式		轻微损伤	中度损伤	严重损伤
有源医疗器械	1	能量治疗器械	Ⅱ	Ⅱ	Ⅲ
	2	诊断监护器械	Ⅱ	Ⅱ	Ⅲ
	3	液体输送器械	Ⅱ	Ⅱ	Ⅲ
	4	电离辐射器械	Ⅱ	Ⅱ	Ⅲ
	5	植入器械	Ⅲ	Ⅲ	Ⅲ
	6	其他有源器械	Ⅱ	Ⅱ	Ⅲ

2. 设定门槛

《医疗器械监督管理条例》第二、三、四章设定了医疗器械准入、生产和经营门槛，未经允许不得擅自从事生产经营活动。不同分类的医疗器械生产经营门槛不同，概括如下：

医疗器械分类	医疗器械准入	医疗器械生产	医疗器械经营
第一类	备案	备案	—
第二类	申请产品注册	申请生产许可	备案
第三类	申请产品注册	申请生产许可	申请经营许可

如果违反规定，擅自从事生产经营的，依据《医疗器械监督管理条例》第63条的规定，由县级以上人民政府食品药品监督管理部门没收违法所得、违法生产经营的医疗器械和用于违法生产经营的工具、设备、原材料等物品；违法生产经营的医疗器械货值金额不足1万元的，并处5万元以上10万元以下罚款；货值金额1万元以上的，并处货值金额10倍以上20倍以下罚款；情节严重的，5年内不受理相关责任人及企业提出的医疗器械许可申请。

如果违反规定，未依照规定备案的，依据《医疗器械监督管理条例》第65条的规定，由县级以上人民政府食品药品监督管理部门责令限期改正；逾期不改正的，向社会公告未备案单位和产品名称，可以处1万元以下罚款。

二、不得生产、经营未取得医疗器械注册证的第二类、第三类医疗器械

《医疗器械监督管理条例》第 8 条规定，第一类医疗器械实行产品备案管理，第二类、第三类医疗器械实行产品注册管理。第二类、第三类医疗器械未取得医疗器械注册证不得生产、销售。

2017 年 12 月，宁强县市场监管局开展专项检查，在某公司经营场所体验区及库房发现心脑预适应训练仪 19 台，其产品及包装、说明书均未标示医疗器械生产许可证、医疗器械注册证号等相关标识，但其产品说明书声称具有测量血压等功能。血压计属于二类医疗器械。该公司经营未取得医疗器械注册证的医疗器械的行为违反了《医疗器械监督管理条例》相关规定。宁强县市场监管局依法责令该公司召回了已销售的产品，没收涉案医疗器械、没收违法所得，并罚款 21 万元。

2017 年，衡水市执法部门根据群众举报，查处了某义齿有限责任公司无证生产义齿案。经查该公司未取得《医疗器械注册证书》擅自生产烤瓷义齿。执法部门依据《医疗器械监督管理条例》，没收该公司违法所得、没收用于违法生产的设备、原材料、半成品、成品等，并处罚款 5 万元。

义齿就是俗称的“假牙”，属于医疗器械，根据材质不同分为不同类别。如果是“金属、陶瓷类义齿材料”属于的是第二类医疗器械，包括齿科铸造合金、齿科锻造合金、烤瓷合金、焊接合金、烤瓷粉、金属—烤瓷、瓷牙等。如果是“高分子义齿材料”属于的是第三类医疗器械，包括合成树脂牙、义齿基托树脂、义齿软衬材料、造牙粉及造牙水。

2015 年，呼和浩特市公安局新城区分局向新城区食药监局移送了一起购入未经注册的Ⅱ类医疗器械给患者使用案。经查，犯罪嫌疑人唐某在未取得医疗器械生产许可证和营业执照的情况下，将其生产的未经注册的定制式义齿（Ⅱ类医疗器械）以北京某义齿有限公司和广州某义齿的名义销售给刘某。刘某购入唐某销售的未经注册的定制式义齿并给患者使用。依据《医疗器械监督管理条例》的规定，新城区食药监局责令刘某改正违法行为，罚款 3 万元。

三、未经许可不得从事第二类、第三类医疗器械生产活动

第二类、第三类医疗器械是风险程度较高的医疗器械，国家实行生产许可制

度。《医疗器械监督管理条例》第22条第1款规定，从事第二类、第三类医疗器械生产的，生产企业应当向所在地省、自治区、直辖市人民政府食品药品监督管理部门申请生产许可并提交其符合本条例第20条规定条件的证明资料以及所生产医疗器械的注册证。未经许可不得从事第二类、第三类医疗器械生产活动。

2017年12月，高青县食药监局对淄博某医疗科技有限公司进行现场检查，发现该公司无生产医用输液贴合法资质却自2017年10月12日起生产医用输液贴，截至2017年12月25日共计生产医用输液贴(含已包装和未包装)28.7万贴，销售价格为0.01元/贴，货值金额共计2870元，尚未销售。鉴于当事人案发后配合调查积极，提供相关材料主动，未造成危害后果。2018年2月11日，高青县食药监局依据《医疗器械监督管理条例》第63条第1款第1、2项之规定，没收该公司违法生产的医疗器械，并处罚款2万元。

2018年4月，根据群众举报，广平县食药监局与县公安局联合行动，查获一非法生产销售义齿的地下窝点，现场查封涉案加工工具29台、加工原料66瓶、半成品69件，控制涉案人员10人。经调查，涉案人员董某某未取得《医疗器械生产许可证》和《医疗器械产品注册证》，自2017年9月13日始加工生产销售义齿。截止案发，涉案金额达309142元。目前，董某某已被刑事拘留。

2018年，根据群众举报，南皮县市场监管局调查发现南皮某医疗器械有限公司于2018年5月开始在未取得第三类医疗器械许可的情况下生产牙胶尖。牙胶尖系牙科牙髓病治疗中专用固体根管充填材料，适应于各种牙髓炎、牙髓坏死、坏疽、各种根尖周炎以经过活髓保存治疗失败的牙齿根管，去髓后的永久填充，属于第三类医疗器械。《医疗器械监督管理条例》第63条规定，南皮县市场局没收该公司违法生产的医疗器械和用于违法生产的设备，并处罚款6万元。

四、未经许可不得从事第三类医疗器械经营活动

依据《医疗器械经营许可证》第31条的规定，从事第三类医疗器械经营的，经营企业应当向所在地设区的市级人民政府食品药品监督管理部门申请经营许可并提交其符合本条例第29条规定条件的证明资料。未经许可不得从事第三类医疗器械经营活动。

2016 年 8 月,宜昌市伍家岗区食药监局对郑某经营的某眼妆店进行检查时,发现其经营场所的柜台上摆有某品牌的软性角膜接触镜、滴润多功能隐形眼镜护理液和傲滴隐形眼镜多功能护理液并对外进行销售。经查证确认,郑某经营隐形眼镜及护理液属于第三类医疗器械,但郑某未取得《医疗器械经营许可证》。郑某的行为违反了《医疗器械监督管理条例》第 31 条的规定,根据《医疗器械监督管理条例》第 63 条的规定,伍家岗区食药监局没收郑某违法经营的隐形眼镜 68 盒、隐形眼镜护理液 21 盒,没收违法所得 2170 元,并处罚款 6. 5 万元。

2017 年年初,呼和浩特市食药监局根据群众举报对某药店检查,发现在该药店销售区域货架上有单位为圣光医用制品有限公司生产的“一次性使用带贴输液器(带针)”210 套,河南曙光健士医疗器械集团股份有限公司生产的“一次性使用带贴输液器(带针)”58 套,苏州碧迪医疗器械有限公司生产的“密闭式防针刺伤静脉留置针”2 个。以上产品均为第三类医疗器械。经调查,该药店未取得《医疗器械经营许可证》。依据相关规定,呼和浩特市食药监局没收上述违法销售的医疗器械,并处 1 万元罚款。

2017 年,怀化市食药监局联合公安机关破获一起非法经营未经注册进口隐形眼镜案。犯罪嫌疑人夏某等通过微信等社交软件和淘宝网等平台非法销售角膜接触镜(俗称隐形眼镜)等第三类医疗器械,其中部分医疗器械未经注册、无中文标识。截止新闻发布,该案共抓获犯罪嫌疑人 10 人,案件跨辽宁、江苏、上海、河南、浙江、陕西等省份,非法经营数额高达数千万元。

3.4.2 医疗器械应当符合标准要求

医疗器械是用于诊断、治疗疾病的物品,涉及人身健康和生命安全,因此必须符合相关的标准要求。否则,依据《医疗器械监督管理条例》第 66 条规定,由县级以上人民政府食品药品监督管理部门责令改正,没收违法生产、经营或者使用的医疗器械;违法生产、经营或者使用的医疗器械货值金额不足 1 万元的,并处 2 万元以上 5 万元以下罚款;货值金额 1 万元以上的,并处货值金额 5 倍以上

10倍以下罚款;情节严重的,责令停产停业,直至由原发证部门吊销医疗器械注册证、医疗器械生产许可证、医疗器械经营许可证。

一、不得生产、经营、使用不符合强制性标准或者不符合经注册或者备案的产品技术要求的医疗器械

2017年,张家口某科技发展有限公司生产的钙测定试剂盒,经北京医疗器械质量监督检验中心检验为不符合注册标准的医疗器械。依据《医疗器械监督管理条例》第66条第1项规定,张家口市食药监局依法没收该公司违法所得1714元,并处罚款5万元。

二、不得经营、使用无合格证明文件、过期、失效、淘汰的医疗器械,或者使用未依法注册的医疗器械

2016年8月,呼和浩特食药监局对某药店医疗器械检查时,发现该店有两卷过期的“医用胶带”。依据《医疗器械监督管理条例》第66条第3项规定,食药监部门没收该店过期的“医用胶带”两卷,并处罚款1万元。

此外,医疗器械生产企业未按照经注册或者备案的产品技术要求组织生产,或者未依照《医疗器械监督管理条例》规定建立质量管理体系并保持有效运行的,食品药品监督管理部门责令其依照《医疗器械监督管理条例》规定实施召回或者停止经营后,仍拒不召回或者停止经营医疗器械的,委托不具备《医疗器械监督管理条例》规定条件的企业生产医疗器械,或者未对受托方的生产行为进行管理等行为,要将依据《医疗器械监督管理条例》第66条的规定予以处罚。

3.4.3 医疗器械经营企业必须履行进货查验制度

进货查验是保障医疗器械安全的有效手段。《医疗器械监督管理条例》第32条规定,医疗器械经营企业、使用单位购进医疗器械,应当查验供货者的资质和医疗器械的合格证明文件,建立进货查验记录制度。从事第二类、第三类医疗器械批发业务以及第三类医疗器械零售业务的经营企业,还应当建立销售记录制度。

如果医疗器械经营企业、使用单位未依照规定建立并执行医疗器械进货查验记录制度,依据《医疗器械监督管理条例》第68条规定,由县级以上人民政府食品药品监督管理部门和卫生计生主管部门依据各自职责责令改正,给予警告;拒不改正的,处5000元以上2万元以下罚款;情节严重的,责令停产停业,直至由原发证部门吊销医疗器械生产许可证、医疗器械经营许可证。

2015年1月,呼和浩特市食药监局对某大药房检查时,发现该药房未取得医疗器械经营许可证。现场发现隐形眼镜护理液产品8瓶、一次性使用输液器带针54套、一次性使用无菌配药注射器14支、一次性使用无菌注射器带针88支,现场查扣的上述产品货值金额为213.8元。经调查,该药房未履行进货查验义务,无法提供上述产品的供货商资质、医疗器械的合格证明文件等材料。呼和浩特市食药监局依据《医疗器械监督管理条例》规定,没收该药房违法购进的医疗器械213.8元,并对该药房罚款1万元。

3.5 化妆品

化妆品是指以涂擦、喷洒或者其他类似的方法,散布于人体表面任何部位(皮肤、毛发、指甲、口唇等),以达到清洁、消除不良气味、护肤、美容和修饰目的的日用化学工业产品。

化妆品是常用消费品,因直接接触皮肤,国家对其实行特别管理。目前规范化妆品生产经营的规定主要有《化妆品卫生监督条例》等行政法规和配套规章。

3.5.1 不得生产、销售不符合标准的化妆品

化妆品接触皮肤,直接关系消费者的身体健康,也是国家重点管理的特殊商品之一。《化妆品卫生监督条例》第11条规定,生产企业在化妆品投放市场前,必须按照国家《化妆品卫生标准》对产品进行卫生质量检验,对质量合格的产品应当附有合格标记。未经检验或者不符合卫生标准的产品不得出厂。第27条

规定,生产或者销售不符合国家《化妆品卫生标准》的化妆品的,没收产品及违法所得,并且可以处违法所得 3 ~ 5 倍的罚款。

2016 年 9 月,呼和浩特市食药监局对新城区某护肤品经销部进行了监督抽检。经检验,该化妆品经销部销售的"珍珠幼白水疗面膜"(标示广州市某化妆品有限公司分装)不符合《化妆品卫生标准》。该店不能提供该违法上述产品供货商、检验合格报告等资质材料。经调查,上述产品共销售 7 盒,违法所得 460 元。该化妆品经销部的行为违反了《化妆品卫生监督条例》有关规定,食药监部门没收该经销部违法所得 460 元,并处罚款 1840 元,合计罚没款 2300 元。

2016 年 9 月,呼和浩特市食药监局对赛罕区某美容美体中心进行了监督抽检。经检验,该中心销售的"战痘神华祛痘膏"甲硝唑、氯霉素项目不符合国家标准,检验结论为不合格。该店不能提供上述产品供货商、生产企业和检验合格报告等证明材料。经调查,上述产品共购进 15 瓶,销售了 6 瓶,违法所得 600 元。依据《化妆品卫生监督条例》相关规定,食药监部门没收该中心违法所得 600 元,并处罚款 2400 元,合计罚没款 3000 元。

3.5.2 不得经营、使用未取得批准文号的特殊用途化妆品

一、相关基本规定

为了满足消费者育发、染发、烫发、脱毛、美乳、健美、除臭、祛斑、防晒等特殊需要,有些化妆品具有特殊功效,被称为特殊用途化妆品。国家对特殊用途化妆品有特殊要求。《化妆品卫生监督条例》第 10 条规定,生产特殊用途的化妆品,必须经国务院卫生行政部门批准,取得批准文号后方可生产。第 12 条规定,化妆品标签上应当注明产品名称、厂名,并注明生产企业卫生许可证编号;小包装或者说明书上应当注明生产日期和有效使用期限。特殊用途的化妆品,还应当注明批准文号。……第 13 条第 4 项规定,化妆品经营单位和个人不得销售下列化妆品:未取得批准文号的特殊用途化妆品。

违反规定,经营、使用未取得批准文号的特殊用途化妆品的,依据《化妆品卫生监督条例》第 28 规定,处以警告,责令限期改进;情节严重的,对生产企业,

可以责令该企业停产或者吊销《化妆品生产企业卫生许可证》,对经营单位,可以责令其停止经营,没收违法所得,并且可以处违法所得2~3倍的罚款。

2016年9月,呼和浩特市食药监局对某植物美容美发店检查时,发现6盒"调理头皮精油"(广州某化妆品有限公司制造,功效:长期使用能达到活血、消炎、杀菌、止痒、去屑以及生发的作用)。上述产品标示具有生发的作用,但是未标示特殊用途化妆品批准文号。该店不能提供供货商资质和生产企业资质、产品检验合格报告及特殊用途化妆品批准证书等资质材料。经调查,上述产品共售出10盒,违法所得680元。该店的行为违反了《化妆品卫生监督条例》有关规定,呼和浩特市食药监局责令该店停止经营化妆品3天,没收违法所得680元,并处罚款2040元。

2016年11月,呼和浩特市食药监局对某造型理发店进行检查时,发现货架上摆放着"魔发传奇·植物多酚炫彩留香染发膏"15盒(标示广州某化妆品有限公司生产)、"中山××系列染膏"24盒(标示中山某化妆品有限公司生产)。经调查,上述化妆品批准文号与产品不符,属于未取得批准文号的特殊用途化妆品,依据相关规定停止该造型理发店经营化妆品3天,没收违法所得190元,并处罚款570元。

二、职业打假人的套路

随着生活水平的不断提高,消费者对生活品质的期望也不断增长,化妆品企业适应市场的需要也纷纷推出美白、祛斑、美发、烫发等产品。但是有些电商不知道,这些化妆品属于特殊用途化妆品,不是随便可以生产、经营的,必须取得批准文号,否则就构成违法。实践中,执法部门和职业打假人通过两步来搜索案源:

第一步,查看化妆品标签。重点查找标签中是否含有育发、染发、烫发、脱毛、美乳、健美、除臭、祛斑、防晒等特殊用途的关键词,或者在用途中是否有对上述词汇的描述。根据原国家食品药品监督管理总局《关于调整化妆品注册备案管理有关事宜的通告》(2013年第10号)的规定,美白化妆品纳入祛斑类化妆品管理。所以标称美白的化妆品也要取得祛斑类化妆品的批准文号。

第二步,查找批准文号。按照原国家食药监总局的规定,特殊用途化妆品批准文号格式为“国妆特字+年份+编号”,编号为四位数。当前还有一部分是卫生部的批准文号,现在也有效,格式为“国妆特字(年份)编号”。如果没有批准文号,或者不是这两种格式的批准文号,很可能是未取得批准文号的特殊用途化妆品。执法部门和职业打假人再通过原国家食药监总局网站查询,即可确认。

2017年2月,利川市食药监局接群众投诉举报,称在利川市某大药房连锁有限公司购买的标示消毒产品批号的谷幽兰维生素E美白保湿霜质量存在问题。经核查,该公司销售的谷幽兰维生素E美白保湿霜和谷幽兰草本防脱控油洗发露均标示为消毒产品的批准文号,但其说明书的适用范围一栏却标示了特殊用途化妆品的用途,同时查明该公司在购进及销售化妆品时未按要求建立购销台账。该公司经营标识消毒产品批准文号的特殊用途化妆品,违反了《化妆品卫生监督条例》第12条第1款、第13条第1款第4项及原国家食药监总局《关于印发化妆品生产经营企业索证索票和台账管理规定的通知》第12条、第14条之规定。依据《化妆品卫生监督条例实施细则》第46条第1款第3项,利川市食药监局对该公司给予罚没款41040元的行政处罚。

三、化妆品名称、用途的安全表述

化妆品用途怎样表述是安全的呢?根据原国家食药监总局《关于印发化妆品命名规定和命名指南的通知》(国食药监许〔2010〕72号)要求,凡用语符合化妆品定义的,可在化妆品名称中使用。对于非特殊用途化妆品,可宣称用语包括:

(1)发用化妆品名称中可使用祛屑、柔软等词语。

(2)护肤化妆品名称中可使用清爽、控油、滋润、保湿、舒缓、抗皱、白皙、紧致、晒后修复等词语。

(3)彩妆化妆品名称中可使用美化、遮瑕、修饰、美唇、润唇、护唇、睫毛纤密、卷翘等词语。

(4)指(趾)甲化妆品名称中可使用保护、美化、持久等词语。

(5)芳香化妆品名称中可使用香体、怡神等词语。

对于特殊用途化妆品，其名称可使用与其含义、用途、特征等相符的词语。如健美类化妆品名称中可使用健美、塑身等词语。祛斑类化妆品名称中可使用祛斑、淡斑等词语。

四、化妆品不得使用的表述

根据《关于印发化妆品命名规定和命名指南的通知》(国食药监许〔2010〕72号)规定，下列用语不得使用：

(1)绝对化词意。如特效、全效、强效、奇效、高效、速效、神效、超强、全面、全方位、最、第一、特级、顶级、冠级、极致、超凡、换肤、去除皱纹等。

(2)虚假性词意。如只添加部分天然产物成分的化妆品，但宣称产品"纯天然"的，属虚假性词意。

(3)夸大性词意。如"专业"可适用于在专业店或经专业培训人员使用的染发类、烫发类、指(趾)甲类等产品，但用于其他产品则属夸大性词意。

(4)医疗术语。如处方、药方、药用、药物、医疗、医治、治疗、妊娠纹、各类皮肤病名称、各种疾病名称等。

(5)明示或暗示医疗作用和效果的词语。如抗菌、抑菌、除菌、灭菌、防菌、消炎、抗炎、活血、解毒、抗敏、防敏、脱敏、斑立净、无斑、祛疤、生发、毛发再生、止脱、减肥、溶脂、吸脂、瘦身、瘦脸、瘦腿等。

(6)医学名人的姓名。如扁鹊、华佗、张仲景、李时珍等。

(7)已经批准的药品名。如肤螨灵等。

(8)与产品的特性没有关联，消费者不易理解的词意。如解码、数码、智能、红外线等。

(9)庸俗性词意。如"裸"用于"裸体"时属庸俗性词意，不得使用；用于"裸妆"(如彩妆化妆品)时可以使用。

(10)封建迷信词意。如鬼、妖精、卦、邪、魂。又如"神"用于"神灵"时属封建迷信词意；用于"怡神"(如芳香化妆品)时可以使用。

(11)超范围宣称产品用途。如特殊用途化妆品宣称不得超出《化妆品卫生监督条例》及其实施细则规定的九类特殊用途化妆品含义的解释。又如,非特殊用途化妆品不得宣称特殊用途化妆品作用。

3.5.3 不得销售过期化妆品

使用期限关系到化妆品的质量和安全。《化妆品卫生监督条例》第12条第1句规定,化妆品标签上应当注明产品名称、厂名,并注明生产企业卫生许可证编号;小包装或者说明书上应当注明生产日期和有效使用期限。第13条第5项规定,化妆品经营单位和个人不得销售下列化妆品:……(五)超过使用期限的化妆品。

违反规定,销售超过使用期限的化妆品的,依据《化妆品卫生监督条例》第28规定,处以警告,责令限期改进;情节严重的,对生产企业,可以责令该企业停产或者吊销《化妆品生产企业卫生许可证》,对经营单位,可以责令其停止经营,没收违法所得,并且可以处违法所得2~3倍的罚款。

2017年,呼和浩特市食药监局对赛罕区某理发店检查时,在该店柜台内发现品名为swisson精护[瑞士蕴特化妆品国际(集团)有限公司生产,有效期至2017年6月5日]等2个品规的化妆品均已超过使用期限。经调查,上述化妆品违法所得270元。该理发店的行为违反了《化妆品卫生监督条例》第13条第1款第5项的规定,依据《化妆品卫生监督条例实施细则》第46条第1款第3项规定,呼和浩特市食药监局没收该理发店违法所得270元,并处违法所得3倍罚款。

2017年3月,呼和浩特市食药监局对土默特左旗某糖酒门市部进行监督检查时,在货架上发现"水润去屑洗发露"4瓶(标示广州宝洁有限公司生产,限期使用日期为2016年2月18日)。上述产品均已超过限使用日期。经调查,上述产品超过限使用日期后售出两瓶,依据相关规定,呼和浩特市食药监局责令该糖酒门市部停止经营化妆品3天,没收违法所得32元,并处96元罚款。

3.5.4 不得销售未经批准或检验的进口化妆品

当前网络经济兴起,海淘、代购非常流行,许多商家从日本、韩国、香港通过个人携带方式,带入化妆品进入内地销售。按照《化妆品卫生监督条例》第16条规定,个人带入少量进口化妆品是自用,要按照海关规定办理进口手续。但如果是销售,必须经国家商检部门检验;检验合格的,方准进口。如果首次进口的化妆品,还必须提供该化妆品的说明书、质量标准、检验方法等有关资料和样品以及出口国(地区)批准生产的证明文件,经国务院卫生行政部门批准,方可签定进口合同。

违反国家规定,进口或者销售未经批准或者检验的进口化妆品的,依据《化妆品卫生监督条例》第26条规定,没收产品及违法所得,并且可以处违法所得3~5倍的罚款。但是,实际上许多商家销售进口化妆品是未经批准或者检验的。

2017年12月,温州市龙湾区市场监管局执法人员在蒋某和陈某店内的货架上发现了兰芝、蒂佳婷等品牌进口化妆品均没有中文标签。蒋某和陈某无法提供进货渠道及相关信息。经询问,这些化妆品是由二人亲友从国外回来时捎带的,二人除了通过实体店销售外,还通过朋友圈进行网上销售。执法人员当场对这些无中文标签的商品进行了查扣,并立案调查。市场监管部门认定,蒋某和陈某的行为已经违反了《化妆品卫生监督条例》相关规定,根据该规定第26条的规定,进口或者销售未经批准或者检验的进口化妆品的,没收产品及违法所得,并且可以处违法所得3~5倍的罚款。

2017年,呼和浩特市食药监局执法人员对金桥开发区某食品经销中心进行监督检查时,发现货架上有7瓶arau和8瓶pigeon的化妆品,上述化妆品均无中文标签。该店负责人无法提供上述化妆品的检验报告。经调查,上述化妆品违法所得255元。食药监部门认定,该食品经销中心的行为违反了《化妆品卫生监督条例》第16条第1款的规定,依据《化妆品卫生监督条例》第26条第1款的规定,没收上述无中文标签的化妆品,没收违法所得255元,并处违法所得4倍的罚款,共计1275元的行政处罚。

3.5.5 不得销售无中文标签化妆品

进口化妆品除需要批准和检验外，还必须要有中文标签。实际上，所有的化妆品都要有中文标签。《化妆品标识管理规定》第21条规定，化妆品标识中除注册商标标识之外，其内容必须使用规范中文。使用拼音、少数民族文字或者外文的，应当与汉字有对应关系，并符合本规定第六条规定的要求。第33条规定，违反本规定第21条、第22条，责令限期改正；逾期未改正的，处以1万元以下罚款。

由于进口化妆品检验的前提条件之一是必须有中文标签，因此没有中文标签就成为进口化妆品没有经过批准或者检验的标志。在实践中，执法部门和职业打假人就是通过这个判断进口化妆品是否经过检验。如果没有中文标签，执法部门和职业打假人会要求商家提供该批准进口化妆品的检验报告，如果有检验报告，则只认定商家违反了《化妆品标识管理规定》第21条规定。一般情况下，没有中文标签的进口化妆品是没有检验报告的，对于这种情况，进一步认定商家违反了《化妆品卫生监督条例》第16条规定。但是，需要注意的是，在实践操作中，对于无中文标签的进口化妆品，执法部门会按照《化妆品卫生监督条例》第26条第1款处理。

违反《化妆品标识管理规定》第21条规定，是责令限期改正；逾期未改正的，处以1万元以下罚款。而违反《化妆品卫生监督条例》第26条规定，是没收产品及违法所得，并且可以处违法所得3～5倍的罚款。二者的处理结果是不一样的。

2016年11月9日，呼和浩特市食药监局执法人员对如意开发区某商城监督检查时，在该商城销售货架上发现标示为“3DGREENTEA”的产品共计10瓶，标示为“HAIR MANICURE，05 BRFF BROWN”的产品共计10盒。经调查，上述产品为亮彩发膜，该商城销售给某形象设计会所无中文标签“因普尔亮彩营养护发膜（黄色/透明色）”12盒，销售价23元/盒。依据《化妆品卫生监督条例》第26条第1款规定，食药监部门没收该商城违法所得276元，并处违法所得4倍罚款。

4 商业竞争

改革开放以来,我国商品经济不断发展,交易日趋活跃,经济体制由计划经济逐步过渡到市场经济。有市场就有竞争。然而在竞争过程中,部分经营者却见利忘义,采取不正当的手段争取交易机会,损害了有关经营者的利益,危害了公平竞争秩序,影响了市场经济的健康发展。

1993 年 9 月,第七届全国人大常委会审议通过《反不正当竞争法》。以此为标志,国家对商业竞争行为进行规范。目前规范商业竞争的法律、法规和规章较多,最主要有《反不正当竞争法》《反垄断法》等法律法规。但涉及一般中小经营者的主要是《反不正当竞争法》及其配套规章。

本章的主要内容是将有关商业竞争法律规范进行整合,按照先通用、后特别的顺序,对市场混淆、有效销售、商业贿赂和网络强迫等相关规定加以介绍。

4.1 市场混淆

市场混淆也被称为欺骗性交易或仿冒行为,是指经营者采用假冒或模仿等不正当手段,使其商品或服务与他人的商品或服务相混淆,从而误导购买者的行为。从标的来看，市场混淆包括仿冒注册商标、包装装潢、企业名称、域名网名、特殊标志等。

4.1.1 不得侵犯注册商标专用权

商标是生产经营者在其生产、销售的商品上或者提供的服务上使用，用于区别商品或服务来源，具有显著特征的标志。商标经政府有关部门核准注册后成为注册商标，商标申请人取得商标专用权，在核定的商品享有专用某个品牌名称和品牌标志的权利，其他任何企业都不得仿效使用。

品牌的诱惑力是巨大的。同样的商品，贴上名牌的商标，就能取得不同的收益。于是，有些商家将知名商标贴在自己的商品上，假冒知名商品，损害了其他经营者的权益。这种行为即是商标侵权。

《商标法》第 60 条规定，对于商标侵权行为，工商行政管理部门责令立即停止侵权行为，没收、销毁侵权商品和主要用于制造侵权商品、伪造注册商标标识的工具，违法经营额 5 万元以上的，可以处违法经营额 5 倍以下的罚款，没有违法经营额或者违法经营额不足 5 万元的，可以处 25 万元以下的罚款。对 5 年内实施两次以上商标侵权行为或者有其他严重情节的，应当从重处罚。

那么哪些是商标侵权呢？《商标法》第 57 条规定了七种商标侵权行为。

一、不得假冒他人注册商标

假冒他人注册商标标准的说法叫未经商标注册人的许可，在同一种商品上使用与其注册商标相同的商标，俗称的“全假冒”。

2016 年 2 月初，左某从深圳某科技有限公司购进三星成品屏的零部件，在未取得三星（中国）有限公司许可的前提下，擅自加工制作标有“SAMSUNG”注册商标的三星 S4 成品屏和三星 Note3 成品屏并进行销售。此案被长春市工商部门查获。长春市工商部门认定，左某在未取得三星（中国）有限公司许可的情况下擅自从事经营活动，且明知侵犯注册商标权的商品而销售，其行为损害了消费者的合法权益，同时侵害了注册商标所有人的合法权益。依据《商标法》第 60 条的规定，长春市工商部门责令左某立即纠正其无照经营违法行为并停止侵权行为,没收其标有“SAMSUNG”注册商标的手机屏 206 块,并罚款 25 万元。

从已有的案例来看,假冒注册的商标主要是三种类型。一是假冒驰名商标或者著名商标。

2010 年 1 月,安阳市殷都区某烟酒经销部购进飞天茅台 12 瓶进行销售,2011 年 3 月工商部门对其立案查处。2011 年 3 月 9 日,贵州茅台酒股份有限公司作出鉴定,该批飞天茅台属于侵犯注册商标专用权商品。安阳市工商部门认为,该烟酒经销部的行为违反了《反不正当竞争法》和《商标法》之规定,构成了销售侵犯注册商标专用权商品的违法行为。依据《商标法》第 60 条的规定,安阳市工商部门依法责令该烟酒经销部立即停止侵权行为,没收商标侵权飞天茅台 12 瓶,并罚款 5000 元。

2016 年 5 月,浏阳市市场监管部门对浏阳市某花炮厂涉嫌侵犯“富翁”注册商标专用权案进行立案调查。经查,“富翁”系浏阳市大吉烟花爆竹制造有限公司核准使用在第 13 类烟花爆竹上的注册商标。浏阳市某花炮厂未经浏阳市大吉烟花爆竹制造有限公司许可,在生产的 49 发喜庆礼炮组合烟花、25 发喜庆礼炮组合烟花上标注“浏阳市大吉烟花爆竹制造有限公司”和“富翁”字样,构成侵犯“富翁”注册商标专用权行为。根据《商标法》规定,浏阳市市场监管部门责令浏阳市某花炮厂立即停止侵权行为,没收侵权商品,罚款 5 万元。

二是假冒服务商标。、“SIHOPEC”是中国石油化工集团公司注册商标。在中国石化下属加油站经常可以看到、“SIHOPEC”标志。攸县某加油站未经中国石化允许擅自使用了标志和“SIHOPEC”字样,致使许多人误认为该加油站是中国石化下属加油站。2016 年 4 月,攸县市场监管部门对攸县某加油站涉嫌侵犯、“SIHOPEC”商标专用权行为进行查处。根据《商标法》的规定,攸县市场监管部门责令该加油站立即停止侵权行为,并处罚款 8 万元。

三是假冒集体商标。除商品商标、服务商标外,还有集体商标和证明商标。集体商标是指以团体、协会或者其他组织名义注册,供该组织成员在经济活动中使用，以表明使用者为该组织成员资格的标志。证明商标是指由对某种商品或者服务具有监督能力的组织所控制，而由该组织以外的单位或者个人使用，用以证明使用者商品或者服务的原产地、原料、制造方法、质量或者其他特定品质的标志。集体商标和证明商标也不能侵犯。

“”是中国消费者协会经原国家工商总局商标局核准注册的商标。2016年3月，文成县市场监管局对大峃镇某广告制作中心实施检查，现场发现标注有“诚信315惠民大行动消费者权益日”的广告宣传单33张，同时在当事人使用的电脑上发现上述“诚信315惠民大行动消费者权益日”的广告宣传单样板。宣传单中使用了“”标志。市场监管部门认为，该中心未经中国消费者协会许可，擅自设计制作含有“”商标的广告宣传单和广告牌，违反了《商标法》的相关规定，依据《商标法》第60条规定，市场监管部门没收销毁该中心侵权宣传单，并处罚款1万元。

二、不得仿冒他人注册商标

《商标法》第56条规定，注册商标的专用权以核准注册的商标和核定使用的商品为限。有些厂家就动脑筋了，即然同类商品不允许使用相同的商标，那就把商标变变形，打个擦边球吧。岂不知，这也是违法的，这叫仿冒，俗称“半假冒”。

仿冒他人注册商标是指未经商标注册人的许可，在同一种商品上使用与其注册商标近似的商标，或者在类似商品上使用与其注册商标相同或者近似的商标。相对于假冒他人注册商标，仿冒他人注册商标更常见。仿冒注册商标主要有两种形式。

一是在同一种商品上使用与其注册商标近似的商标。主要手段是对他人注册商标进行变形设计、增加或者减少文字，最终达到使消费者产生误认或者混淆的目的。

2001年5月，两名浙江人在香港注册了“香港松下电器国际集团有限公司”，将其“Paretionic”商标和“香港松下电器”文字标记以许可的方式许可广东顺德市某电器燃具厂使用。该电器燃具厂随即在其产品及产品包装箱、说明书上使用“Paretionic”商标和“香港松下电器”文字标记，并冠以香港松下电器国际集团有限公司的企业名称，在市场上销售。2002 年 3 月，广东省工商部门接到松下电器(中国)有限公司投诉后在全省范围内组织开展了专项执法活动，查封了涉嫌侵权产品。顺德市工商部门对该电器燃具厂的违法行为进行了处罚。

2016 年 7 月，石门县市场监管部门对胡某销售涉嫌侵犯“六福”注册商标专用权案进行调查。经查，胡某与深圳市福王金六福世家珠宝有限公司签订“福王金六福世家”品牌特许经营合同，但在实际销售的珠宝首饰及其商品标签、店堂广告、印刷品广告上均使用“金六福”字样。“金六福”与六福集团有限公司核准注册在第 14 类珍珠、宝石、贵重金属饰品等商品上，并于 2012 年 12 月被国家工商总局商标局认定为驰名商标的“六福”商标近似，容易导致混淆，构成销售侵犯“六福”注册商标专用权商品行为。根据《商标法》，石门县市场监管部门责令胡某限期改正，并对其罚款 13 万元。

二是在类似商品上使用与其注册商标相同或者近似的商标，就是将他人的注册商标或近似商标用于类似商品或者服务上。

2016 年 1 月，滨湖区市场监管局接举报，称无锡某教育咨询有限公司非法使用“乐高”商标，欺诈消费者。经调查，该公司自 2015 年 7 月起，从事“乐高搭建”的培训课程，在未经“乐高”注册商标所有人乐高博士有限公司许可的情况下，擅自在店招、店内装潢等经营场所以及微信公众号推广、印刷品单页宣传等经营活动中使用“乐高”等商标，使消费者误认其为“乐高”授权培训机构。该公司的违法行为侵害了商标所有人的注册商标专用权，也侵害了消费者的知情权，滨湖区市场监管局依据《商标法》的相关规定，依法责令其停止侵权行为，并处罚款 7 万元。

三、不得伪造、擅自制造他人注册商标标识

假冒、仿冒他人注册商标的关键是要有假冒或者仿冒的商标标识，没有这种标识就没法造假。对此，《商标法》从源头着手，规定不得伪造、擅自制造他人注册商标标识，也不得销售伪造、擅自制造的注册商标标识。

2016年7月，苍南县市场监管局在巡查中发现，徐某某压痕加工“洋河”酒包装盒内贴纸包装物，且无法提供合法有效的委托加工证明材料，涉嫌侵犯注册商标专用权的行为。经查，徐某某未经商标所有人江苏洋河酒厂股份有限公司许可，在其经营场所承接一位客户（具体姓名、住所不详）委托，为其压痕加工侵犯江苏洋河酒厂股份有限公司注册商标专用权的“洋河”酒包装盒内贴纸12000只，每只0.2元。市场监管局认定，徐某某构成了《商标法》第57条第4项伪造、擅自制造他人注册商标标识的行为的规定。依据《商标法》第60条的规定，该局责令徐某某停止侵权行为，没收侵权商标标识及印制工具，并处罚款4万元。

四、不得商标反向侵权

商标是区别商品和服务的重要标志。有些经营者就利用商标的这个特性，把别人好的商品拿来，换上自己的商标，冒充自家商品销售。这种行为俗称“商标反向侵权”，也是法律不允许的。《商标法》规定，未经商标注册人同意，不得更换其注册商标并将该更换商标的商品又投入市场。

2003年1月，合肥庐阳工商分局在合肥某服装店检查时，发现该店店主正在将一批品牌各不相同的成品服装上的商标拆除，换上统一的“威特”商标。执法人员在现场共查获7个品牌360件男女式棉褛和休闲服，有的已换过商标，有的还没有换。根据店主交代，执法人员很快找到了这批衣服的货主钱某。在调查中发现，衣服标牌上所注的厂家“安徽省威特服饰有限公司”在1998年就已被注销了。钱某最后交代，在威特公司注销后，她觉得“威特”这个品牌还是有一定知名度的，就“拣”回来自己用了，还把该公司当时仓库里剩下的一批商标也留了下来。然后从武汉、杭州等地批发服装回来，无论是什么牌子，回来统统换上“威特”商标，再对外销售。

商标反向侵权有两种形式，一是大公司将小公司的产品冒充自己的产品。侵权的对象往往是产品质量好、价格低但还未出名的中小企业。法律之所以打击这种反向假冒的行为，是因为该行为具有潜在的危害性，知名企业或者大企业通过这种不正当竞争的手段，造成产品来源的混淆，可以达到在某一区域弱化甚至消灭潜在的竞争对手，抢占市场份额的目的。

甲公司是某知名品牌“EY”牌皮具产品的生产商，专门生产皮带、皮包等，长期有广告、电视等多种营销方式，2009 年 11 月甲公司在某市发现当地的乙皮具公司“HN”牌皮具的质量比较好，有不少当地人喜欢，但知名度欠缺，乙公司也没有注重产品的宣传，于是通过第三人大量收购了乙公司的产品。甲公司将收购的皮带上的“HN”商标和标签等卸下后替换成“EY”的标识，重新包装后在某市设立的专卖店内高价销售，盈利不少。后乙公司发现了市面流通的皮带除商标和包装外与自己不同外基本一致。经鉴定比对后发现就是自己的产品，遂于 2011 年 7 月以商标侵权起诉至法院，要求停止侵权，并赔偿损失。

二是小公司利用大公司的产品创自己的品牌。2002 年 12 月，上海虹口工商分局执法人员在日常巡查中，发现上海某甲涂料有限公司有侵犯苏州立邦涂料有限公司（以下简称立邦公司）“雅士利”注册商标专用权的行为，遂展开对该公司以及其委托加工点上海某乙涂料厂的调查。经查，2001 年 12 月至 2002 年 8 月，某甲公司为创自己涂料产品 H 商标品牌，从北京某科贸有限责任公司购进立邦公司生产的“雅士利”牌经济型乳胶漆 2600 桶。委托某乙厂通过换桶的形式，将“雅士利”注册商标包装更换成某甲公司的 H 商标，共计为 1525 桶。2001 年 12 月至 2002 年 12 月，甲公司在未经“雅士利”注册商标所有权人许可的情况下，将该批换成 H 商标的乳胶漆加价销售 1525 桶，获销货款 362979.49 元。2003 年 3 月 5 日，上海虹口工商分局认定某甲公司的行为违反了《商标法》（2001 年）第 52 条第 4 项规定，构成“商标反向侵权”行为，根据《商标法》（2001 年）第 53 条及《商标法实施条例》（2002 年）第 52 条的规定，对甲公司作出了行政处罚。

五、不得销售侵犯注册商标专用权的商品

假冒他人注册商标、仿冒他人注册商标以及商标反向侵权的商品都是侵权注册商标专用权商品。对于商标侵权，有四点要注意。

一是商标侵权商品既不允许生产，也不允许销售，否则要承担法律责任。

2016 年 4 月，平阳县市场监管局对林某某网店及商品仓库实施检查时，现场查获标注“BaBylissPRO”的卷发器 120 个，包装盒上标注“Scholl”的磨脚器

250 个及配件磨脚石 120 盒,包装盒上标注“Scholl”的磨甲器 270 个及配件磨甲石 150 盒。经查,林某某在未取得相关商标手续的情况下,通过 QQ 陆续购进标注“BaBylissPRO”的卷发器,包装盒上标注“Scholl”的磨脚器、磨甲器等,在其注册的 2 个阿里巴巴店铺网上销售。经辨认,这些产品均系商标侵权商品。据此,平阳县市场监管局责令林某某停止侵权行为,没收销毁侵权商品,并罚款 6 万元。

2015 年 9 月,城东工商分局在西宁市小商品批发市场郑某的库房内查获无合法进货手续的“海飞丝”“飘柔”洗发水 710 瓶,“舒肤佳”香皂 2448 块,“碧浪”“汰渍”洗衣粉 264 袋。经广州宝洁有限公司鉴定,该批商品非宝洁公司产品,侵犯了宝洁公司相关注册商标专用权。经查,郑某于 2015 年 5 月从非正规渠道低价购进上述 5 种商品后以正品的价格对外销售,违法经营额 21735.6 元。对郑某销售明知是侵犯注册商标专用权商品的行为,工商部门依法没收其侵权商品,并处罚款 1 万元。

二是在服务、建筑、装修等行业,商标侵权商品也不得使用。

2016 年 6 月,龙湾区市场监管局根据投诉举报,对某建设有限公司使用假冒“鸿雁”牌灯具进行调查。经查,该公司在中标承揽的温州市龙湾永强中学迁扩建工程中使用了从网络非正规渠道采购的“鸿雁”牌灯具。2000 年,“HONYAR 鸿雁”商标被国家商标局认定为“中国驰名商标”。经该商标所有人杭州鸿雁电器有限公司技术人员现场辨认,该公司所使用的“鸿雁”牌灯具系假冒产品。据此,龙湾区市场监管局没收并销毁该公司 356 只假冒“鸿雁”牌灯具,并罚款 10 万元。

三是五年内实施两次以上商标侵权行为或者有其他严重情节的,依法要从重处罚。

2016 年 7 月,湘潭市工商局对湘潭市岳塘区长株潭大市场某摩配商行销售侵犯“kunLun”“ ”商标标识的摩托车润滑油进行调查。经查证,上述产品系假冒中国石油天然气股份有限公司和壳牌国际股份公司注册商标专用权的商品,且该商行不能提供供货人高某的真实身份、经营单位、地址等情况。鉴于该商行曾于2015年12月利用淘宝网络店铺销售侵犯江门市大长江集团有限公司持有的“豪爵”注册商标专用权商品被湘潭岳塘工商分局予以处罚，根据《商标法》第60条第2款和《行政处罚法》的规定，湘潭市工商局决定从重处罚，责令该商行立即停止侵权行为，并处罚款30340元。

四是执行进货查验和索证索票制度可以免责。

生产者实施商标侵权被执法部门重罚，是罪有应得。但是经营者因为销售侵权商品而被处罚，就有点冤枉。那么，怎么避免这种情况发生呢？最简单有效的方法，仍是建立并执行进货查验和索证索票制度。《商标法》第60条第2款中也规定，销售不知道是侵犯注册商标专用权的商品，能证明该商品是自己合法取得并说明提供者的，由工商行政管理部门责令停止销售。没有再提处罚的事儿。

2016年4月，瓯海区市场监管局对梧田街道温某的皮鞋网络销售点进行检查时，现场查获标有“耐克”图形注册商标的单鞋计472双。经查，温某以自然人名义在淘宝网开设“钱××”网店，专门销售鞋。温某分别以30元/双的进价从河北购进假冒“NIKE”“ ”注册商标的板鞋共计800双，以55.57元/双在网店销售。至查获时止，共已销售321双，库存472双，共计经营额43376.87元。因温某不能提供上述商标的使用证明并说明侵权商品的提供者，市场监管部门没收温某侵权板鞋并处以罚款8万元。

六、其他两种商标侵权行为

除上面介绍的五种常见的商标侵权行为外，《商标法》第57条还规定了下面两种行为也属侵犯注册商标专用权。一是故意为侵犯他人商标专用权行为提供便利条件，帮助他人实施侵犯商标专用权行为。二是给他人的注册商标专用权造成其他损害。对于这些商标侵权行为，按照《商标法》第60条的规定处罚。

此外，《商标法》第52条规定，将未注册商标冒充注册商标使用的，或者使用未注册商标违反本法第10条规定的，由地方工商行政管理部门予以制止，限期改正，并可以予以通报，违法经营额5万元以上的，可以处违法经营额20%以下的罚款，没有违法经营额或者违法经营额不足5万元的，可以处1万元以下的罚款。

4.1.2 不得仿冒包装、装潢

傍名牌主要有两种形式，一种是仿冒商标，另一种就是仿冒知名商品的包装、装潢。比如，奥利奥饼干很畅销，于是就有些饼干起名“粤力粤”“粤力奥”“澳利粤”“奥利粤”等，并使用近似的包装仿冒奥利奥，如下图。这些行为即为仿冒他人商品的包装、装潢。

《反不正当竞争法》第6条第1项规定：经营者不得实施下列混淆行为，引人误认为是他人商品或者与他人存在特定联系：擅自使用与他人有一定影响的商品名称、包装、装潢等相同或者近似的标识。否则，依据《反不正当竞争法》第18条第1款规定，经营者违反本法第6条规定实施混淆行为的，由监督检查部门责令停止违法行为，没收违法商品。违法经营额5万元以上的，可以并处违法经营额5倍以下的罚款；没有违法经营额或者违法经营额不足5万元的，可以并处25万元以下的罚款。情节严重的，吊销营业执照。

一、不得生产仿冒知名商品包装、装潢的商品

2013年4月2日至6月19日，佛山市某N饮料有限公司购进“椰树下大”清凉饮料瓶贴15650张、外包装纸箱1040个，并使用上述包装、装潢生产清凉饮料。该公司生产的“椰树下大”清凉饮料与绍兴椰树饮料有限公司生产的“椰树吓火”清凉茶饮料在包装瓶的材质、大小、形状,瓶贴颜色、图案、位置,“榔树”与“椰树”字形,“清凉·饮料”与“清凉茶饮料”字体、形状等5方面的包装、装潢十分相似,而包装、装潢差别较细微,并且两者均为凉茶饮料,易引发消费者混淆误认。截至被查获,该公司共生产“榔树下大”清凉饮料1037箱,并以每箱15元的价格销售了1000箱,获利3000元。

此外,佛山市某N饮料有限公司自2013年5月3日至7月28日,购进500ml塑料瓶23010个、“浩溢果粒橙”字样的橙粒水果饮料瓶贴23210张、外包装纸箱1544个,并利用上述包装、装潢生产饮料。该公司生产、销售的“浩溢果粒橙”水果饮料与可口可乐公司生产销售的“美汁源果粒橙”(橙汁饮料)中特有的“果粒橙”名称相同,整个商品名称相似,造成与“美汁源果粒橙”(橙汁饮料)相混淆,使购买者误以为是该知名商品。截至被查处,该公司共生产“浩溢果粒橙”水果饮料1534箱,并以每箱15元的价格销售了1334箱,获利4002元。

佛山市工商局认为,佛山市某N饮料有限公司的上述行为构成《反不正当竞争法》(1993年)第5条所指的使用与知名商品近似的包装、装潢,造成和他人的知名商品相混淆,使购买者误以为是该知名商品的不正当竞争行为。佛山市工商局责令该公司停止违法行为,没收违法所得7002元,罚款1.42万元。

二、不得销售仿冒知名商品包装、装潢的商品

2015年9月,淇县工商局执法人员在市场巡查时,发现王某正在销售的新乡市某饮品厂生产的“益达营养快线”奶香果味饮品与杭州娃哈哈集团有限公司生产的同类“娃哈哈营养快线”水果酸奶饮品的颜色、构图等主要部分和整体印象相似。经立案调查,2015年9月,王某从一辆新乡的送货车上购进新乡市某饮品厂生产的“益达营养快线”奶香果味饮品8件(每件15瓶,进价为每件15元),没有进货发票和进货台账。王某清楚“益达营养快线”奶香果味饮品与“娃哈哈营养快线”水果酸奶饮品包装相似,但是因为仿冒的商品便宜且销量好,就购进了8件试卖。截至案发之日,王某已销售了7件,每件25元,剩余1件没有销售完,本案案值190元,违法所得70元。工商部门认定,王某的行为构成了销售仿冒知名商品特有的名称、包装、装潢商品的不正当竞争行为。根据《关于禁止仿冒知名商品特有的名称、包装、装潢的不正当竞争行为的若干规定》第7条,《反不正当竞争法》(1993年)第9条、第21条第2款之规定,工商部门责令王某立即停止上述违法经营行为,销毁侵权物品,没收违法所得70元并罚款100元。

4.1.3 不得假冒他人名称

名称、字号是区别市场主体的重要标识。实践中,有些商家假冒他人名称,或者以他人名义开展经济活动,谋取不法利益。因此,法律法规禁止这种冒名顶替、损人利己的行为。《反不正当竞争法》第6条第2项规定,经营者不得实施下列混淆行为,引人误认为是他人商品或者与他人存在特定联系:擅自使用他人有一定影响的企业名称(包括简称、字号等)、社会组织名称(包括简称等)、姓名(包括笔名、艺名、译名等)。《产品质量法》第30条、第37条也规定,生产者、销售者不得伪造产地,不得伪造或者冒用他人的厂名、厂址。

一、不得在商品上假冒他人名称

2015年,陈某某在未经深圳市迪亚达尼实业有限公司许可的情况下,从海宁诺之皮草时装有限公司以600元至680元不等的价格购进皮衣43件,悬挂上自己定制的含有"深圳市迪亚达尼实业有限公司""深圳市罗湖区嘉宾路爵士大厦17B06""产地深圳"及"D. YADANY"字样的服装吊牌后,冒充深圳市迪亚达尼实业有限公司的"迪亚达尼"牌服装,并通过西宁市某服饰店以1880元至2180元不等的价格对外销售,货值金额87740元。工商部门认为,陈某某销售伪造他人厂名、厂址和产地服装的行为,侵犯了消费者知悉其购买、使用的商品或服务的真实情况的权利,客观上也侵害了正当企业的商品信誉,对其作出没收侵权皮衣43件,罚款5万元的行政处罚。

2012年3月,邵阳市工商局接到举报,称邵阳某机电有限公司涉嫌将邵阳本地生产的柱塞泵产品伪造成美国某企业生产的产品进行销售。经查,2011年5月以来,上海某公司与邵阳某机电有限公司签订购销合同,以每台16500元和15800元的单价购买11台威格士(VICKERS)柱塞泵。邵阳某机电有限公司以每台9687.23元的价格先后从邵阳某公司购进10台邵阳产的柱塞泵,按照与上海某公司的约定伪造并安装了威格士(VICKERS)柱塞泵的铭牌,违法所得40563元。邵阳某机电有限公司已构成伪造产品产地,伪造、冒用他人厂名的行为。依据《产品质量法》第53条的规定,工商部门责令该公司停止销售,没收违法所得40563元,并处罚款9436元。

二、不得假冒他人名义开展活动

2017年,李某、李某某、孙某三人通过网络非法购买江苏某公司、上海某公司的客户信息3万余条,用自行申请开通的400电话,冒充江苏某公司和上海某公司客服人员,通过事先设计好的"话术",按照之前非法获取的上述两家公司所属客户信息数据,打电话推销其代理的某品牌保健品,推销成功后在快递单"寄件公司"一栏填写上述两家公司名称,使购买者误认为自己购买的就是原公司产品,从而达到快速侵占他人销售市场、非法营利的目的。最终,该案被依法查获。工商部门责令三人改正违法行为,没收违法销售的产品,并罚款327万元。

4.1.4 不得仿冒域名、网名

当前网络经济兴起,不少电商在网络领域极富盛名。于是有些商家就动起了网络傍名牌、"搭便车"的心思,通过设置近似域名、相似的网页,仿冒知名电商,侵害他人权益。为了保护相关经营者的权益,防止混淆、误导消费者,法律法规明确禁止这种行为。《反不正当竞争法》第6条第3项规定,经营者不得实施下列混淆行为,引人误认为是他人商品或者与他人存在特定联系:擅自使用他人有一定影响的域名主体部分、网站名称、网页等。

2017年5月,上海市工商局接上海交通大学医学院附属第九人民医院(以下简称九院)投诉,反映上海某A医疗美容医院假冒九院网站诱导患者前往就诊,严重侵害了九院的声誉和利益。经查,九院系全国极为知名的整形、口腔医院,具有超高知名度和很大门诊量。从2014年4月至被查处,A医院未经九院许可,利用百度竞价排名设置了"九院官网""九院整形"等关键词,并将搜索结果链接到其制作的虚假网站。A医院将网页标题设置为"上海第九人民医院",

并在网页醒目位置发布“上海九院特需门诊”“九院挂号名额已满”“上海第九人民医院—快速预约绿色通道”等虚假内容，网页上还设有数个QQ弹窗以“九院专家”名义接受患者咨询和预约，误导患者去A医院诊治，严重侵犯了九院和患者的合法权益，扰乱了医疗市场秩序。经过全面调查和取证，上海市工商局认定A医院的上述行为构成《反不正当竞争法》第9条第1款所指的作引人误解虚假宣传的违法行为，并依法给予A医院行政处罚。

这个案子发生在2017年5月，依据1993年版《反不正当竞争法》处理的。依据该法，仿冒他人域名、网站名称、网页等行为被认定为是虚假宣传。2017年，第十二届全国人大修订《反不正当竞争法》，根据实践需要，将仿冒他人域名、网站名称、网页等行为作为市场混淆的一种形式，直接规定到了第6条第3项中。因此，2018年以后发生的仿冒他人域名、网站名称、网页等行为，按照市场混淆处理。

2016年11月，义乌市某网络科技有限公司在工信部备案了hao360sou. com域名。2017年4月，该公司网站开始上线运营。为增加网站浏览量，展示研发编程能力，该公司擅自使用知名导航网站——360导航网站的网站名称和页面设计，复制使用360导航网站网页底部内容及其链接，仅修改了电话号码，并通过该公司在大型网购平台设立的网店等途径对外销售和展示其公司网站源代码。市场监管部门认为，该公司的行为构成《反不正当竞争法》第6条第1款第3项规定的情形，属于市场混淆行为。根据《反不正当竞争法》第18条、第25条的规定，市场监管部门责令该公司停止违法行为，删除网站源代码，并处罚款5万元。

4.1.5 不得擅自使用特殊标志

商标、名称、域名等都是商业标志，具有显著区别事物的功能，因此法律法规给予特别保护，禁止擅自使用。除商标、名称外，还有一种标志也不能擅自使用。这种标志即为特殊标志。

一、特殊标志不得擅自使用

所谓特殊标志，是指经国务院批准举办的全国性和国际性的文化、体育、科学研究及其他社会公益活动所使用的，由文字、图形组成的名称及缩写、会徽、吉祥物等标志。特殊标志经国务院市场监督管理部门核准登记，受《特殊标志管理条例》保护。

未经特殊标志所有人许可，擅自使用与所有人的特殊标志相同或者近似的文字、图形或者其组合，或者擅自制造、销售其特殊标志或者将其特殊标志用于商业活动，或者有给特殊标志所有人造成经济损失的其他行为的，县级以上工商行政管理部门可以责令侵权人立即停止侵权行为，没收侵权商品，没收违法所得，并处违法所得5倍以下的罚款，没有违法所得的，处1万元以下的罚款。

2016年8月，乐清市市场监管局对乐清某置业有限公司在乐清旭阳路发布的“海德公园　共迎G20”广告进行实地调查，发现该公司使用了“G20 2016CHINA”文字及图形特殊标志。经查，此案广告中出现的“G20 2016CHINA及图形”特殊标志没有得到使用授权，该公司也无法提供被授权使用上述特殊标志的相关证明。市场监管部门依据《特殊标志管理条例》，责令该公司停止侵权行为，并罚款1万元。

二、奥林匹克标志不得擅自使用

在特殊标志中，还有一种更特殊的标志——奥林匹克标志，国务院专门制定《奥林匹克标志保护条例》对其保护。在适用上，奥林匹克标志优先适用《奥林匹克标志保护条例》进行保护，《奥林匹克标志保护条例》没有规定的，依照《著作权法》《商标法》《专利法》《特殊标志管理条例》等法律、行政法规的规定进行保护。

2008年6月，高某租用青海省图书馆一楼大厅，销售背面标注有“第29届奥林匹克运动会”字样的“奥运纪念怀表及奥运双子表”，其间高某在省内媒体上发布“奥运纪念怀表及奥运双子表”广告，其标题分别为“为何纷纷抢购08黄金纪念怀表、首款奥运金钻情侣表诞生中国”等，并在广告中宣称商品为“北京2008年奥运会的绝版黄金纪念怀表，奥运年就佩戴奥运金钻表”等虚假内容。

在其伺机销售时,被执法部门依法查扣。经调查,高某所销售的奥运纪念品均未得到奥组委许可。高某未经奥林匹克标志权利人许可,擅自使用奥运标志的行为,违反了《奥林匹克标志保护条例》的规定相关,执法部门依法没收"2008 金钻双子表"3 盒、"火炬传递翡翠金钻珍藏怀表"1 盒,处以罚款 2 万元。

2016 年 7 月底,常德市王某为促销"欧派"衣柜,以"欧派"总部的"湘约奥运惠"电子档为样稿,自己出资制作并在其经营场所摆放、张贴印有奥林匹克五环标志、奥林匹克图案和称谓的"湘约奥运　助力中国　湘约奥运　欧派送宝马"宣传彩页、衬架、喷绘等广告。工商部门认为,"奥林匹克五环"标志、"奥运"属于《奥林匹克标志保护条例》保护的奥林匹克标志。王某未经奥林匹克标志权利人许可,以商业为目的在广告宣传中使用奥林匹克标志,构成侵犯奥林匹克标志专用权行为。根据《奥林匹克标志保护条例》,常德市工商部门责令王某立即停止侵权行为,并罚款 2 万元。

上面两个案子都是 2018 年以前的案例,处罚额度相对较低,"有违法所得的,没收违法所得,可以并处违法所得 5 倍以下的罚款;没有违法所得的,可以并处 5 万元以下的罚款"。2018 年 7 月以后再有侵犯奥林匹克标志专有权行为的,处罚可就不是这个数额了。依据 2018 年 6 月 28 日国务院修订的《奥林匹克标志保护条例》,"市场监督管理部门处理时,认定侵权行为成立的,责令立即停止侵权行为,没收、销毁侵权商品和主要用于制造侵权商品或者为商业目的擅自制造奥林匹克标志的工具。违法经营额 5 万元以上的,可以并处违法经营额 5 倍以下的罚款,没有违法经营额或者违法经营额不足 5 万元的,可以并处 25 万元以下的罚款"。

4.1.6　不得实施其他仿冒行为

除以上五种假冒、仿冒行为外,还有两种仿冒行为不得实施,因为不常见,我们只是简单介绍一下,不再展开。

一、不得伪造产地,伪造或者冒用他人的厂址、认证标志等质量标志

根据《产品质量法》第 30 条、第 31 条、第 37 条、第 38 条的规定,生产者、销售者不得伪造产地,不得伪造或者冒用他人的厂名、厂址,不得伪造或者冒用认证标志等质量标志。《产品质量法》第 53 条规定,伪造产品产地的,伪造或者冒用他人厂名、厂址的,伪造或者冒用认证标志等质量标志的,责令改正,没收违法生产、销售的产品,并处违法生产、销售产品货值金额等值以下的罚款;有违法所得的,并处没收违法所得;情节严重的,吊销营业执照。《消费者权益保护法》第 56 条第 4 项规定,经营者有下列情形之一,除承担相应的民事责任外,其他有关法律、法规对处罚机关和处罚方式有规定的,依照法律、法规的规定执行;法律、法规未作规定的,由工商行政管理部门或者其他有关行政部门责令改正,可以根据情节单处或者并处警告、没收违法所得、处以违法所得 1 倍以上 10 倍以下的罚款,没有违法所得的,处以 50 万元以下的罚款;情节严重的,责令停业整顿、吊销营业执照:伪造商品的产地,伪造或者冒用他人的厂名、厂址,篡改生产日期,伪造或者冒用认证标志等质量标志的。

二、不得实施其他引人误认为与他人存在特定联系的混淆行为

《反不正当竞争法》第 6 条第 4 项规定,经营者不得实施下列混淆行为,引人误认为是他人商品或者与他人存在特定联系:其他足以引人误认为是他人商品或者与他人存在特定联系的混淆行为。这条是《反不正当竞争法》第 6 条的兜底条款。这里的特定联系混淆一般指使人误以为该经营者、商品、服务与被混淆对象存在投资控股、商业联合、许可使用等特定关系。《反不正当竞争法》第 18 条第 1 款规定,经营者违反本法第六条规定实施混淆行为的,由监督检查部门责令停止违法行为,没收违法商品。违法经营额 5 万元以上的,可以并处违法经营额五倍以下的罚款;没有违法经营额或者违法经营额不足 5 万元的,可以并处 25 万元以下的罚款。情节严重的,吊销营业执照。

4.2 有奖销售

现在的市场竞争非常激烈,为了抢占商机、聚拢人气,商家们绞尽脑汁、穷思竭智搞促销。在各种促销手段中,有那么一招,虽然缺少几分噱头,却颇能吸引消费者关注,那就是有奖销售。有奖销售又叫悬赏式或者抽奖式销售,是指经营者销售商品或者提供服务,附带性地向购买者提供物品、金钱或者其他经济上的利益的行为,包括奖励所有购买者的附赠式有奖销售和奖励部分购买者的抽奖式有奖销售。

有奖销售不是通过提高质量、降低成本、改善服务,进行正当竞争,提高经济效益,而是利用一般消费者的投机、发财心理,追逐所谓"效益"。因此,国家对有奖销售的态度是允许但加以限制。主要有以下规定。

4.2.1 奖项信息必须明确

有奖销售的卖点不是商品的质量,而是奖品。如果奖项信息不明确,很容易影响兑奖,从轻里说是忽悠消费者,往重里说是虚假宣传。因此,法律法规强调,可以有奖销售,但必须明确奖项信息。《反不正当竞争法》第 10 条第 1 项规定,经营者进行有奖销售不得存在下列情形:所设奖的种类、兑奖条件、奖金金额或者奖品等有奖销售信息不明确,影响兑奖。第 22 条规定,经营者违反本法第 10 条规定进行有奖销售的,由监督检查部门责令停止违法行为,处 5 万元以上 50 万元以下的罚款。

一、奖项内容一定要明确

2012 年"五一"期间,沈阳某家居商场推出了"满 5000 抽奔驰"活动,其提供的特等奖、一等奖及二等奖,分别是奔驰、科鲁兹及赛欧汽车。但是当消费者兑奖时,却发现奖项不是汽车的所有权,而是使用权。而活动前期的广告宣传中并没有告知奖项是汽车的"使用权",活动现场的消费者几乎无人清楚活动抽取的只是奖品的使用权。在得知事情真相后,大部分消费者对该商场的做法感到气愤不解,感觉受到了欺骗。有的消费者表示,为了参加这次抽奖,本来就买了 4500 元的家具,还硬是多买了 500 元的东西。没想到说给的汽车,就让人开回家玩几年。早知道这样,就不多花这钱了!该商场事先不明确奖项的内容,违反了《反不正当竞争法》的规定,构成欺诈式有奖销售。

二、中奖概率要明示

实际上,《关于禁止有奖销售活动中不正当竞争行为的若干规定》对需要明示的奖项信息更为全面,其第 6 条前两款规定,经营者举办有奖销售,应当向购买者明示其所设奖的种类、中奖概率、奖金金额或者奖品种类、兑奖时间、方式等事项。属于非现场即时开奖的抽奖式有奖销售,告知事项还应当包括开奖的时间、地点、方式和通知中奖者的时间、方式。经营者对已经向公众明示的前款事项不得变更。

这些信息都是需要向消费者明示的,否则隐瞒事实真相的,视为欺骗性有奖销售。实践中,许多进行有奖销售的商家也基本能做到这些要求,但从案例看,商家最容易忘记的是明示中奖概率。

2015 年 5 月,消费者张先生在一家大型超市看到某品牌白酒代理商在开展有奖销售活动:中得一等奖可获得苹果手机一部(4890 元)。于是购买了 6 瓶,共计 864 元。购买后,张先生仔细查看白酒包装盒上粘贴的有奖销售刮奖区及有奖销售规则,发现未明示"中奖概率"。张先生认为活动存在欺骗性,投诉到消协。消协认为,未向消费者明示"中奖概率"侵犯了消费者的知情权,涉嫌构成欺诈行为。经调解,经营者按照《消费者权益保护法》给予消费者张先生白酒货款 3 倍赔偿。

三、奖项信息一定要直接明示

2016 年 3 月,确山县工商局执法人员在某购物广场进行检查时,发现某 A 公司经营的 A 牌"蘑古力"图层型装饰饼干涉嫌欺骗性有奖销售,并于同日进行立案调查。经调查,A 公司生产经营的 A 牌"蘑古力"图层型装饰饼干外包装盒上显著标示:"想象力俱乐部蘑力大礼包微信抽奖活动""蘑"力大礼包蘑古力的小伙伴们:想象力俱乐部活动第三季已经开始了!将你的"蘑"力时刻分享到微信朋友圈,就有机会获得一份我们为你精心准备的"蘑"力大礼包!一共有 20000 份哦!快扫右侧二维码参加活动吧!活动时间:2015 年 11 月 1 日至 2016 年 4 月 30 日,活动详情见蘑古力微信公众号。奖品共计 20000 份,其中橙色 10000 份,绿色 10000 份,奖品随机发送。此外还查明,A 公司在蘑古力官方微信号上公布了"蘑古力想象力俱乐部第三季活动"的参加方法、活动期间、中奖名额、中奖发布及活动细则包括活动期间、奖品设置、参与方式、抽奖方式、获奖发布、奖品派送和相关注意事项。因为,抽奖活动信息是印在饼干外包装盒,而抽奖奖项信息是发布在微信号上,没有和活动信息一体发布,确山县工商局认为A公司的行为应视为隐瞒真相的欺骗性有奖销售活动,构成了有奖销售活动中的不正当竞争行为,于2016年5月1日作出行政处罚决定,决定责令停止违法行为,对A公司罚款5万元。

A公司不服,遂起诉法院。经过两级诉讼,二审法院认定,A公司虽然在蘑古力官方微信号上公布了"蘑古力想象俱乐部第三季"活动的参加方法、活动期间、中奖名额、中奖发布及活动细则包括活动期间、奖品设置、参与方式、抽奖方式、获奖发布、奖品派送和相关注意事项,但该明示方式却不能直观地在商品外包装上显示,需要消费者借助电子设备和微信号,通过扫描微信二维码才能知晓活动的具体情况。该院认为,该明示方式具有一定的限制性,给消费者知晓有奖销售活动详情增加了必须的条件。最终,支持了工商部门的决定。

4.2.2 不得谎称有奖

有奖销售的关键是要有奖。如果没有奖而谎称有奖就是欺诈消费者。根据《反不正当竞争法》第10条第2项的规定,经营者不得采用谎称有奖或者故意让内定人员中奖的欺骗方式进行有奖销售。

《关于禁止有奖销售活动中不正当竞争行为的若干规定》第3条进一步规定谎称有奖的三种形式,并禁止谎称有奖的欺骗性有奖销售行为:(1)谎称有奖销售或者对所设奖的种类,中奖概率,最高奖金额,总金额,奖品种类、数量、质量、提供方法等作虚假不实的表示。(2)采取不正当的手段故意让内定人员中奖。(3)故意将设有中奖标志的商品、奖券不投放市场或者不与商品、奖券同时投放市场;故意将带有不同奖金金额或者奖品标志的商品、奖券按不同时间投放市场。

2012年8月30日上午,老河口市工商部门接到群众举报,称花园路与王家井路段交汇处有3名外地人疑似在进行虚假有奖销售活动,欺诈消费者。执法人员立即赶到现场,发现3名年轻人宣称"只要在这里购买其价值220元的电热锅、光波炉等商品就可领取1张'贵宾领奖卡',凭此卡可在9月20日到中百仓储超市免费领取价值288元品牌折叠自行车一辆"。执法人员怀疑其真实性,当场联系了宣传中提到的中百仓储超市负责人,该负责人确认其超市无此活动。经查证,3名当事人于27日上午在花园路与王家井交汇处搭一临时场棚,利用虚假的"贵宾领奖卡"向不明真相的群众大肆散布虚假信息,诱骗消费者购买商品。截至执法人员到达现场,有数十名群众正在围观选购商品,其中3名消费者已付款购货并领取了"贵宾领奖卡"。执法人员当场制止了该销售行为,依法扣留了200多张"贵宾领奖卡"及现场摆放的厨具、厨灶共14种商品,确保消费者的合法权益受到保护。

一、不要使用带有有奖信息的旧包装

现在大部分商家都讲诚信,毕竟骗人一时,骗不了一世,用谎称有奖的方法拉不来回头客。但是,就有商家无意地谎称有奖,每隔一段时间总有那么一两个案例发生。通过对这些案例的分析,这些商家普遍犯了低级错误,主要有两种形式,一种是使用带有奖信息的旧包装。

2015年11月初,安徽固镇县经济检查执法局接到消费者徐某的投诉,称其在安徽某啤酒有限公司固镇经销店购买啤酒时,看到该公司新品上市的啤酒宣传有奖销售活动的内容,就购买了一箱,回到家里才发现,生产日期超过了活动截止日期,感觉受到了愚弄。执法人员随即展开了检查,啤酒箱子上果然印制有黄底黑字内容:"新品上市,即日起凡是整箱购买某某啤酒500纸箱/某某啤酒560纸箱促销产品,请注意每箱背面均有'刮刮卡一张',刮开既有中奖,最高为'一人游'价值1000元,综合中奖率百分之百。一等奖,三日游……活动时间:2015年某月10日~2015年某月31日。"执法人员来到了该公司固镇经销店,该店经理承认,是因为先前做促销活动,印制了许多的纸箱,没有使用完。为了节省成本,怀着侥幸的心理,继续使用。总共生产了500箱,没有想到刚出来就被举报了,一念之差构成了谎称有奖销售行为。

2000 年 3 月 10 日，樟树市工商部门在进行市场检查时发现经销商杨某销售的 A 公司 2000 年 2 月 21 日和 3 月 3 日生产的第二代 AD 钙奶饮料，每一板中都附有一张“我是大赢家”卡片。卡片文字印有“揭开 AD 钙奶瓶贴标签，刮去黑块，即可兑奖”字样并说明了奖品设置和领取办法。检查人员如法操作，发现瓶贴上的黑块无法刮脱，初步认定谎称有奖销售，进行立案调查。A 公司辩称，放入卡片没有欺骗消费者的故意，只是因有奖卡片印制过多，没有用完，儿童又喜爱卡片上的课程表，也是为了提醒去年中奖的消费者尽快兑奖，所以生产人员才将卡片放入产品中。樟树市工商部门据此认定将卡片放入产品中是 A 公司工作人员故意的行为，A 公司没有“故意”的辩解不成立，根据《反不正当竞争法》(1993 年)第 13 条第 1 项，认定 A 公司的行为是谎称有奖销售，欺骗消费者，并依据该法第 26 条规定，责令 A 公司停止违法行为，处以罚款 9.8 万元。

二、一定要提前把奖品备好

谎称有奖销售的第二种低级错误就是因为奖品没有准备好，到兑奖时无法兑奖，被消费者举报到执法部门，被动成为谎称有奖销售。

2006 年，著名品牌 ××牌奶在哈尔滨市开展“夺标行动”，积攒一定数额的××牌奶兑奖剪角，就可以兑换一定的奖品。活动兑奖截止日期为 3 月 31 日。但是到了 4 月 10 日，“夺标行动”兑奖截止日期已过了 10 天，众多消费者依然没见到厂家承诺的奖品。给厂家驻哈办负责人打电话，他有时说“奖品快到了”，有时说“用××牌奶顶奖品吧，你在经济上不吃亏”。××牌奶是国内著名奶制品品牌，出现这个问题就是因为奖品没有提前准备好。但不论什么原因，不能按期兑奖就是违法了。因此有法律专家指出，《反不正当竞争法》中规定经营者不得以谎称有奖的方法促销。××牌奶“夺标行动”兑奖截止日期已过，没有发放承诺的奖品，其做法欺骗了消费者，属违法行为。

4.2.3 奖金数额不得超过法定限额

有奖销售不是通过质量、成本进行的正当竞争，而是带有投机色彩。为了防止有奖销售演变成赌博，国家对其进行第三重限制，即禁止巨额式有奖销售。

《反不正当竞争法》第 10 条第 3 项规定，经营者进行有奖销售不得存在下列情形：抽奖式的有奖销售，最高奖的金额超过 5 万元。第 22 条规定，经营者违反本法第 10 条规定进行有奖销售的，由监督检查部门责令停止违法行为，处 5 万元以上 50 万元以下的罚款。

一、奖金数额不得超过 5 万元

2017 年 5 月，湖州市吴兴区市场监管局在房地产行业专项整治中，发现某置业有限公司开发的某商业楼盘销售中心抽奖公示，有“一等奖 6999 元的老凤祥龙凤呈祥金条”表述，奖品设置超过了 5000 元。经查，该公司明知抽奖式的有奖销售最高奖的金额不得超过 5000 元，但为了争取更多的顾客资源，吸引消费者的眼球，仍设置此奖项。市场监管部门认定，该公司的行为违反了《反不正当竞争法》(1993 年)第 13 条第 3 项规定，属于抽奖式的有奖销售，最高奖的金额超过 5000 元的行为。根据《反不正当竞争法》(1993 年)第 26 条规定，市场监管部门对该公司罚款 45000 元。

这个案件发生在 2018 年以前，依据当时的《反不正当竞争法》，抽奖式有奖销售活动最高奖金额不得超过 5000 元。2017 年，《反不正当竞争法》进行了修订，将这一限额提高到 5 万元。

2018 年 2 月 16 日至 23 日，萧山某国际影城有限公司在其经营场所举行“喜迎新春旺年送新车”抽奖活动。活动期间，到影城观影的消费者可凭电影票免费抽奖，一等奖为知豆 D2S 纯电动轿车使用权一年。2 月 24 日下午 2 时，该公司通过公开抽奖的方式，确定中奖消费者为汪某，并于 2 月 26 日与中奖消费者汪某完成抽奖活动后期交接事宜。2018 年 2 月，杭州市萧山区市场监管局根据群众举报，对该公司不正当有奖销售行为进行查处。市场监管部门认为，该公司举办抽奖式有奖销售活动，设置的最高奖金额超过 5 万元，其行为已违反《反不正当竞争法》第 10 条第 3 项的规定，属于不正当有奖销售行为。萧山区市场监管局根据《反不正当竞争法》的有关规定依法予以处罚。

二、非现金的物品或者其他经济利益形式的奖励

大家可能奇怪，上面那个案例，一等奖为知豆 D2S 纯电动轿车使用权一年，怎么就被认定为设置的最高奖金额超过5万元了呢？实际上这是有规定的。依据原国家工商总局《关于禁止有奖销售活动中不正当竞争行为的若干规定》第4条第2款规定，以非现金的物品或者其他经济利益作奖励的，按照同期市场同类商品或者服务的正常价格折算其金额。

1999年，原工商总局在《关于有奖促销中不正当竞争行为认定问题的答复》（工商公字〔1999〕第79号）中，进一步规定，“在抽奖式有奖销售中，下列行为构成不正当竞争：1. 经营者以价格超过5000元的物品的使用权作为奖励的，不论使用该物品的时间长短。2. 经营者以提供就业机会、聘为各种顾问等名义，并以解决待遇，给付工薪等方式设置奖励，不论奖励现金、物品（包括物品的使用权）或者其他经济利益，也不论是否要求中奖者承担一定义务，最高奖的金额（包括物品的价格、经济利益的折算）超过5000元的。3. 经营者单独或与有关单位联合利用社会福利彩票、体育彩票设置奖励推销商品，最高奖的金额超过5000元的。对上述行为，应按《反不正当竞争法》和国家工商局《关于禁止有奖销售活动中不正当竞争行为的若干规定》调查处理。”正是按照这个规定，抽奖活动的最高奖金额按照知豆D2S纯电动轿车的价格计算。

同样道理，以旅游等经济利益为奖品的抽奖活动，奖品按照同期市场同类商品或者服务的正常价格折算其金额。

2014年12月2日至2015年1月31日，深圳市某金融交易中心有限公司为了吸引消费者在其提供的互联网金融平台上进行交易，在其网站上推出了“年度大礼，尊享马尔代夫豪华双人游”有奖促销活动。在上述时间段，只要消费者在该公司单笔投资满2万元，即有机会赢取马尔代夫豪华双人游。经查，马尔代夫豪华双人游市场价值1.2976万元起。执法机关认为，该公司举办的抽奖式有奖销售活动最高奖金额超过5000元法定限额，其行为违反了《反不正当竞争法》（1993年）第13条的规定，构成了不正当有奖销售行为。根据该法，执法机关责令该公司停止违法行为，并罚款1万元。

超过法定限额，奖项确定的汽车使用权、旅游等不能用于有奖销售，那些超过法定限额，奖项不确定的彩票也不得用于有奖销售。

2014 年 12 月 31 日,上海某电子商务有限公司在其网站发布了充值话费送彩票赢 1500 万大奖活动的宣传网页,消费者只要在其网站上进行话费充值,就可以获得福利彩票一张,并有机会赢取 1500 万元的大奖,该公司开展上述有奖销售活动的奖励金额大于国家规定(1993 年)的 5000 元的额度,并在网站上大幅宣传,可以赢取 1500 万元大奖,目的是吸引更多的消费者到其网站进行话费充值,从而提高话费充值业务量。至案发共有 200 位消费者参与了上述充值活动,并获得了彩票。工商部门认定,该公司的行为违反了《反不正当竞争法》(1993 年)第 13 条第 3 项,抽奖式的有奖销售,最高奖的金额超过 5000 元的规定,构成了不正当竞争行为。依据《反不正当竞争法》(1993 年)第 26 条规定,工商部门责令该公司立即停止违法行为,并罚款 1 万元。

4.3 商业贿赂

商场如战场。有些商家为了争取交易机会,在正面竞争不利的情况下,走迂回路线,通过向交易对方的经办人、管理人或者有影响力的人提供经济利益,请这些人提供方面,进而达到经济目的。这种行为法律上叫商业贿赂。商业贿赂不是以质量、成本取胜,破坏了公平的竞争秩序,损害了交易对方和竞争对手的利益,受到法律的禁止。

4.3.1 商业行贿

商业贿赂分为商业行贿和商业受贿两个方面。《反不正当竞争法》主要规定禁止商业行贿,第 7 条第 1 款规定,经营者不得采用财物或者其他手段贿赂下列单位或者个人,以谋取交易机会或者竞争优势:(一)交易相对方的工作人员;(二)受交易相对方委托办理相关事务的单位或者个人;(三)利用职权或者影响力影响交易的单位或者个人。第 19 条规定,经营者违反本法第 7 条规定贿赂他人的，由监督检查部门没收违法所得，处10万元以上300万元以下的罚款。情节严重的，吊销营业执照。

一、不得贿赂交易相对方的工作人员

2009年9月，江苏某环境工程公司参加了安阳市某工程污水处理厂除磷脱氮及中水回用工程项目部微孔膜式曝气器设备招投标工作。为了中标，该公司送给负责该项目招投标工作的某领导人民币现金10万元。2009年11月，该公司在项目招投标中中标。工商部门认定，该公司为了承揽工程项目，向主管工程招投标的领导行贿的行为，构成了商业贿赂行为。2011年11月，安阳市工商局依法对该公司罚款10万元。

二、不得贿赂受交易相对方委托办理相关事务的单位或者个人

李某、张某在普陀山某商店从事香烛等商品的销售经营活动。2018年1月开始，李某、张某将游客购买其商品交易额的40% ~50%作为回扣支付给带队导游，诱使导游不断将游客带至李某、张某的经营场所，以此谋取交易机会，增加商品销量。至案发，李某、张某采用上述商业贿赂手段销售香烛等商品共计258945元，违法所得201250.8元（其中126498元作为回扣给付导游）。市场监管部门认定，李某、张某谋取交易机会的行为已违反《反不正当竞争法》第7条第1款第3项的规定，属商业贿赂违法行为。根据《反不正当竞争法》第19条的规定，普陀山分局没收当事人李某、张某违法所得201250.8元，并罚款15万元。

本案中，导游是游客委托提供旅游服务的个人，导游对游客应当履行勤勉、忠诚义务。但是导游却违反义务，受李某、张某回扣引诱不公正地推荐商家。而李某、张某利用导游对游客产生的影响力，通过给付导游回扣的方式，诱使导游为其谋取好处，使其获得交易机会。通过高额回扣方式销售商品，给付的高额回扣最终会转嫁给消费者，增加了消费者购物成本，从而损害了消费者合法权益。

三、不得贿赂利用职权或者影响力影响交易的单位或者个人

2012年1月，天津某公司征订、销售教材的时，搭配销售《初中毕业班复习材料》。为增加《初中毕业班复习材料》的销售量，更大限度地谋取利益，该公司委托A县某教学研究室向该县各中学推荐《初中毕业班复习材料》，由各学校将征订上述复习材料款项与征订教材款项一同交付给该公司。该公司通过这种方式共售出《初中毕业班复习材料》1 万册，每册售价 16 元，经营额共计 16 万元，获利 4 万元。2012 年 6 月，该公司以教育科研经费的名义支付给 A 县某教学研究室费用 2 万元，自己所得收入 2 万元。2013 年 7 月，天津市工商局认定，该公司和 A 县某教学研究室上述行为违反了《反不正当竞争法》第 8 条以及《关于禁止商业贿赂行为的暂行规定》第 4 条的规定，构成了商业贿赂行为。该局依据《反不正当竞争法》第 22 条和《关于禁止商业贿赂行为的暂行规定》第 9 条的规定，对该公司作出罚款 10 万元，没收违法所得 2 万元的行政处罚；对 A 县某教学研究室作出罚款 10 万元，没收违法所得 2 万元的行政处罚。

在这个案件中，真正的交易双方是天津某公司和中学生（各中学也不是交易一方，因为教材费是由学生出的，学校没有出钱）。某教学研究室既不买，也不卖，但具有甄选、推荐、确定教辅材料的职能。天津某公司正是看重并利用了该教学研究室的这一职能，以卖书收入分成为诱饵，引诱该教学研究室向学校推荐教辅材料，不正当争取交易机会，损害学生利益，构成行贿。该教学研究室利用职务之便，谋取个人或小团体的利益，构成受贿。

4.3.2 商业受贿

正所谓一个巴掌拍不响，没有受贿，行贿也行不了。所以法律法规在打击行贿的同时，也打击受贿。《关于禁止商业贿赂行为的暂行规定》第 4 条规定，任何单位或者个人在销售或者购买商品时不得收受或者索取贿赂。第 9 条规定，经营者违反本规定以行贿手段销售或者购买商品的，由工商行政管理机关依照《反不正当竞争法》第 22 条的规定，根据情节处以 1 万元以上 20 万元以下的罚款，有违法所得的，应当予以没收；构成犯罪的，移交司法机关依法追究刑事责任。有关单位或者个人购买或者销售商品时收受贿赂的，由工商行政管理机关按照前款的规定处罚；构成犯罪的，移交司法机关依法追究刑事责任。

1995 年 3 月至 1996 年 1 月，成都市某电信工程公司在购进移动电话的经营活动中,与供货方私下串通,暗中约定在谈妥基本价格之后每台移动电话再加价1000元至1500元,该工程公司按加价后的价格支付货款。供货方照此价格开具增值税专用发票,并按每台移动电话600元至800元暗中支付回扣给该工程公司。该工程公司的行为违反了《反不正当竞争法》的规定。成都市工商局对该工程公司作出罚款10万元、没收违法所得857.843万元处罚。

4.4 商业秘密

商业秘密是指不为公众所知悉、具有商业价值并经权利人采取相应保密措施的技术信息和经营信息。当前市场竞争激烈,有些商家为了节省时间、降低成本,不是采取扎实的科研创新进行利益,而是采取挖"墙角"、偷技术等侵犯商业秘密的方式谋取利益,损坏了他人的合法权益,破坏正常的经济秩序。对此,《反不正当竞争法》第9条第1款前3项规定,经营者不得实施下列侵犯商业秘密的行为:(一)以盗窃、贿赂、欺诈、胁迫或者其他不正当手段获取权利人的商业秘密;(二)披露、使用或者允许他人使用以前项手段获取的权利人的商业秘密;(三)违反保密义务或者违反权利人有关保守商业秘密的要求,披露、使用或者允许他人使用其所掌握的商业秘密;(四)教唆、引诱、帮助他人违反保密义务或者违反权利人有关保守商业秘密的要求获取、披露、使用或者允许他人使用权利人的商业秘密。经营者以外的其他自然人、法人和非法人组织实施前款所列违法行为的,视为侵犯商业秘密。第三人明知或者应知商业秘密权利人的员工、前员工或者其他单位、个人实施本条第1款所列违法行为,仍获取、披露、使用或者允许他人使用该商业秘密的,视为侵犯商业秘密。

一、不得非法获取商业秘密

2001年年初,A公司二分厂厂长潘某跳槽到B电器有限公司任总经理,组织人员盗用A公司的技术资料,生产与A公司开发的J产品相似的P牌手持吸尘器。苏州市工商局依法认定B公司的行为构成侵犯商业秘密行为,责令B公司停止违法行为。B 公司不服,向法院提起诉讼。经苏州市两级人民法院审理,维持了工商部门的行政处罚。

二、不得非法泄露商业秘密

2018 年 1 月,湖州市市场监管局接到湖州市某电子科技公司举报,称该企业技术人员存在泄露企业核心生产工艺、侵害企业商业秘密的违法行为。该局根据举报进行调查,查证违法当事人敖某、掌某、孙某侵犯湖州市某电子科技公司商业秘密的事实。

经查,敖某作为湖州市某电子科技公司的工艺装备部部长和原料生产线项目执行人,与公司签订过企业员工保密协议和项目保密协议。协议明确约定敖某在任职期内完成与公司业务相关的发明创造、技术秘密或其他商业秘密信息均为职务成果,公司享有知识产权。敖某在该公司研发出被列为企业核心商业秘密的原料除杂加工工艺后,为了谋取私利,与该公司的原料供应商掌某合伙在江苏连云港建厂,并将其窃取的生产工艺秘密传授给工厂管理人员孙某,利用该项工艺生产成品原材料。截至案发,该厂共生产成品原料 200 吨。

市场监管部门认为,敖某为谋取私利,窃取被湖州市某电子科技公司列为商业秘密的原料生产工艺,并与掌某、孙某利用该项生产工艺生产原材料。3 名当事人的行为违反了《反不正当竞争法》第 3 条的规定,属侵犯商业秘密行为。6 月 1 日,湖州市市场监管局根据《反不正当竞争法》第 21 条的规定,责令 3 名当事人停止侵犯商业秘密的违法行为,对敖某、掌某分别罚款 20 万元,对起次要作用的孙某从轻处罚,罚款 10 万元。

4.5 网络强迫

当前网络消费经济兴起,许多信息的发布、交易、结算等活动都是通过网络进行。网络交易同样应当遵守自由、平等等法律原则,但是有些商家利用技术手段,违反用户意愿,强迫用户选择,破坏正常的经济活动。对此,《反不正当竞争法》《广告法》有明确的规定。

4.5.1 必须一键关闭

网络强迫行为最突出的问题是利用互联网发布、发送广告,还不让人关闭。对此,《广告法》第44条第2款规定,利用互联网发布、发送广告,不得影响用户正常使用网络。在互联网页面以弹出等形式发布的广告,应当显著标明关闭标志,确保一键关闭。同时第65条第2款规定,违反第44条第2款规定,利用互联网发布广告,未显著标明关闭标志,确保一键关闭的,由工商行政管理部门责令改正,对广告主处5000元以上3万元以下的罚款。

2016年9月,浦东新区市场监管部门对上海某软件技术股份有限公司实际经营住所进行检查。根据早前网络监察掌握的情况,执法人员用该公司的电脑现场演示,发现该公司网站下网页有一弹窗广告,广告内容是“申请岗前实训高薪入职名企2016就业计划”,该弹窗广告在页面居中弹出,面积占页面约3/5,该弹窗广告上有关闭按钮设置,但未标示“广告”字样。操作演示发现,关闭该弹窗广告之后短时间内会再次弹出,遮挡了网页显示内容,不停弹出打扰用户,影响用户正常浏览,关闭功能不能达到显著程度。通过询问调查,这个弹窗广告是该公司于2016年7月下旬使用某在线客服软件制作发布的。该在线客服软件的用户可通过设置参数,实现定时关闭或定时重启功能。该公司为了增加广告次数,达到较好的营销目的,设置选择了该在线客服软件中关闭后10秒重启的功能。市场监管部门认定,该公司的上述行为涉嫌违反了《广告法》第44条第2款规定和《互联网广告管理暂行办法》第8条第1款的规定。根据《互联网广告管理暂行办法》第24条第1款和《广告法》第63条第2款的规定,市场监管部门责令该公司停止违法行为,并罚款2万元。

2016年,温州乐清某中医门诊部在自己网站页面上发布未经有关部门审批的医疗广告,并且广告页面无法一键关闭。乐清市市场监管局认定,该行为违反了《广告法》第44条、第46条规定。根据《广告法》第58条、第63条规定,乐清市市场监管局责令该门诊部停止发布违法广告,在相应范围内消除影响,并罚款1.2万元。

4.5.2 其他强迫行为

除强制弹出广告外,网络经营活动中还有一些其他强迫行为,也是为法律所不允许的。《反不正当竞争法》第 12 条第 2 款规定,经营者不得利用技术手段,通过影响用户选择或者其他方式,实施下列妨碍、破坏其他经营者合法提供的网络产品或者服务正常运行的行为:(一)未经其他经营者同意,在其合法提供的网络产品或者服务中,插入链接、强制进行目标跳转;(二)误导、欺骗、强迫用户修改、关闭、卸载其他经营者合法提供的网络产品或者服务;(三)恶意对其他经营者合法提供的网络产品或者服务实施不兼容;(四)其他妨碍、破坏其他经营者合法提供的网络产品或者服务正常运行的行为。

否则,依据《反不正当竞争法》第 24 条的规定,经营者违反《反不正当竞争法》第 12 条规定的妨碍、破坏其他经营者合法提供的网络产品或者服务正常运行的,由监督检查部门责令停止违法行为,处 10 万元以上 50 万元以下的罚款;情节严重的,处 50 万元以上 300 万元以下的罚款。

5 消费维权

生产和服务的最终目的是满足消费者的需求，只有满足消费者需求，保护消费者权益，才能扩大消费，促进经营发展。然而在消费过程中，却有部分经营者违背诚信原则，采取违约、侵权、欺诈等手段，侵害消费者的合法权益。

1993年10月，第七届全国人大常委会审议通过《消费者权益保护法》，开启了国家对消费者权益保护的大幕。目前保护消费者权益的法律、法规和规章较多，《民法通则》《合同法》《侵权责任法》等法律是调整民事行为的法律，也是保护消费者权益的依据，但最常用的主要有《消费者权益保护法》《产品质量法》《价格法》《计量法》等法律法规和《侵害消费者权益行为处罚办法》等配套规章。

本章的主要内容是将有关消费者权益保护的法律规范进行整合，按照先通用、后特别的顺序，对经营者履行约定、消费侵权、消费欺诈、消费者和经营者的界定等相关规定加以介绍。

5.1 遵守约定

约定又称为合同、契约、协议，是平等的当事人之间设立、变更、终止民事权利义务关系的协议。约定作为一种民事法律行为,从成立之日起生效,具有法律约束力,缔约双方必须遵守。

5.1.1 约定必须履行

遵守约定最主要的方式就是履行约定。《消费者权益保护法》第 16 条第 2 款规定,经营者和消费者有约定的,应当按照约定履行义务,但双方的约定不得违反法律、法规的规定。如果商家不履行约定,则要承担相应的责任。

一、不得拒绝履行约定

2015 年 11 月,消费者颜先生通过 × 团网团购了某快捷酒店价值 169 元的住宿券,团购价格 119 元。× 团网站的页面显示“周末、法定节假日通用”。11 月 21 日,颜先生通过电话预约一间房间,却被告知,预约日期是周末,需补足 50 元差价,否则不予办理入住。颜先生觉得酒店单方变更合同是不合理的。随即向消费者协会投诉。经调查,× 团网站上发布的团购信息与颜先生所陈述的完全一致。而该快捷酒店称,酒店原本提供的团购信息为“周末或法定节假日不能通用,消费者到店后均需补足差价款”,而 × 团网站一直以“节假日通用”为宣传噱头,造成了该起投诉的发生。消费者协会认为,该快捷酒店虽然宣称 × 团网站自行改变宣传内容,但是作为广告的发布者,应对网站发布的团购内容进行核实检查,如发现错误,应在消费者确认购买前修改或撤回。网站发布的内容已构成合同要约,一经消费者确认购买,合同即为成立。如酒店方以信息发布平台错误为由不履行合同,则构成违约。经过调解,最终该快捷酒店同意以 119 元的价格兑现团购券,并对颜先生表示歉意。

二、不得擅自改变约定

崔某是一名舞蹈教师,举办了一个少儿舞蹈班。2015 年 10 月,消费者孔先生通过朋友介绍找到崔某。经过试课之后,孔先生决定让孩子跟从崔某学习舞蹈。10 月 24 日,孔先生向崔某缴纳了 12 个月的舞蹈费,共计 1500 元,双方约定学习时间为每周六下午 4 小时,地点为经十路某职业学校三楼。11 月 20 日,崔某通知,上课地点迁移到和平路某健身房二楼,上课时间变更为周六下午

1:30～3:30或周二晚6:30～8:30。孔先生的孩子因为周二晚要上书法课,因此只能周六下午去上舞蹈课。2016年2月18日,崔某再次通知,原上课时间变更为周六上午8:20～10:10或周二晚6:00～8:00。由于此前孔先生的孩子已经报了一个美术辅导课程,时间就在周六上午,因此,崔某调整的上课时间与孔先生的孩子已经上的两个辅导课程都发生冲突。2月26日,孔先生提出因崔某变更地点、变更时间给孔先生带来极大不便,孩子没法去上课,要求退学并退回剩余学费。崔某以"不能退为由",予以拒绝。但自此孔先生的孩子未再去上舞蹈课。4月中旬,崔某将舞蹈班转让给一名张姓老师,自己则在别处另开设了新的舞蹈班,此后再未参与任何教学活动。知道这个信息后,孔先生又多次与崔某协商,始终没有解决问题。无奈之下,孔先生正式向市场监管部门投诉。市场监管部门调查后认定,崔某单方面改变上课的时间、地点、人员是对约定的重大变更,构成违约,应当按照消费者的要求履行约定或者退回预收款。经调解,最终崔某向孔先生退回了剩余的费用。

5.1.2 退回预收款

当前,许多消费是预付费式消费。商家为了促进销售,以提供一定优惠为条件,提前收取商品或者服务费用。依据《消费者权益保护法》第53条的规定,经营者以预收款方式提供商品或者服务的,应当按照约定提供。未按照约定提供的,应当按照消费者的要求履行约定或者退回预付款;并应当承担预付款的利息、消费者必须支付的合理费用。

《侵害消费者权益行为处罚办法》第10条第1款进一步明确,经营者以预收款方式提供商品或者服务,应当与消费者明确约定商品或者服务的数量和质量、价款或者费用、履行期限和方式、安全注意事项和风险警示、售后服务、民事责任等内容。未按约定提供商品或者服务的,应当按照消费者的要求履行约定或者退回预付款,并应当承担预付款的利息、消费者必须支付的合理费用。

一、不符合约定,应当继续履行或者退回预付款

2015年年底至2016年1月,深圳市消费者委员会共接到有关YQ美容美发店的投诉60宗,涉案金额264739元,消费者反映YQ美容美发各门店于2015年下半年陆续关门,导致消费者会员卡无法继续使用。经了解,YQ美容美发总部位于上海,深圳YQ美容美发8家门店是其加盟店,均为代理商李某某在深圳开设。根据上海总部提供的消息,李某某开设的YQ加盟店有5家进行了转让,3家关门停业。根据上海总部提供的李某某转让协议,原YQ美容美发店消费者可持会员卡到以上门店消费,新门店无条件按原会员卡优惠标准提供服务,不得设置任何前置条件增加消费者负担,若因要求消费者追加充值才能继续使用等方式增加负担,从而导致消费者退卡或索赔的,该损失由新门店承担。但从消费者投诉反映及深圳市消委会调查情况来看,目前履行此承诺的部分新店并未执行相关协议约定。为处理好YQ美容美发会员的消费诉求,经调解,YQ美容美发上海总部在龙华新区新开了一家直营店,并表示原8家YQ美容美发加盟店的消费者可持原有会员卡到该店消费。

二、退回预付款的标准,应当有利于消费者

如果预付款没有消费,如何退款还好说。如果消费了,而且预付费用时还给过优惠,怎么退款,按什么标准退?对此,《侵害消费者权益行为处罚办法》第10条第1款中规定,未按约定提供商品或者服务的,应当按照消费者的要求履行约定或者退回预付款,并应当承担预付款的利息、消费者必须支付的合理费用。对退款无约定的,按照有利于消费者的计算方式折算退款金额。

2012年,消费者李女士在某形象设计中心东丽店理发,办理一张价值3000元充值卡,使用该卡可以打折。2015年4月28日,李女士再去理发时,发现东丽店已关门停业。经了解,2013年年初该形象设计中心东丽店已不再经营,在此办理的会员卡可以在中山门店继续使用。李女士家住东丽距中山门店较远,便要求退还卡内余额1600元。该形象设计中心表示,可以退卡,但之前的消费要按原价计算后退还余额。李女士不认可此条件,向消费者协会投诉。经调查,李女士反映的情况基本属实,美发店单方面闭店,导致消费者无法正常消费,理应退款。消费者协会认为,某形象设计中心将经营地点进行变更,属于变更合同内容。在办理退卡时,美发店对消费者设置障碍,加重消费者的经济损失,按照

《侵害消费者权益行为处罚办法》第10条的规定，该形象设计中心现只给消费者退还部分余额属于无理要求，应全额退还余款。经调解，该形象设计中心一次性退还卡内余额1600元。

《侵害消费者权益行为处罚办法》第10条规定了"对退款无约定的，按照有利于消费者的计算方式折算退款金额"，但实际操作中，什么是有利于消费者的计算方式又引起争议，于是有些省、市通过地方法规对此加以明确。比如，《山东省消费者权益保护条例》第30条第2款规定，经营者违反规定或者未按照约定提供商品、服务，应当按照消费者的要求继续履行或者退回预付款及其利息，并承担消费者支付的其他合理费用。对退款有约定的，从其约定；无约定的，按照下列规定执行：（一）未消费的，应当全额退还预付款及其利息；（二）已消费的，应当退还剩余的预付款及其利息；经营者给予折扣、让利的，应当按比例折抵消费，并退还剩余的预付款及其利息。

所以，各位商家在遇到预收款退款的问题时，除要执法国家的法律规定外，对各地的规定也要注意遵守。

三、退回预付款的期限是15日

2016年5月，宜兴环科园市场监管分局接到某消费者投诉称，其2015年在某理发店充值2000元，如今卡内还剩余额，现理发店已停止营业，电话联系该店负责人，负责人拒绝退款。环科园市场监管分局经现场检查，确认该店确实已经关门停业。执法人员电话与该店负责人沟通，并告知其《无锡市美容美发行业预付卡消费争议处理办法》中明确规定："遇到暂停营业超过30日以上的，消费者有权要求退费，经营者应当在15日内按照约定的折扣率或优惠价格扣除已消费金额后退还余额。超过15日未退款的，视为故意拖延或者无理拒绝。逾期未退的，应按实际退费余额每日支付千分之三的违约金。"经过调解，该店负责人同意按照上述规定退还现金600元。

上面这个案子最终是按照调解处理的，依据的是无锡市的地方规定。实际上，对于退款的时间还有一个全国性的规定，而且规定的更严。《侵害消费者权益行为处罚办法》第10条第2款规定，经营者对消费者提出的合理退款要求，明确表示不予退款，或者自约定期满之日起、无约定期限的自消费者提出退款要求之日起超过15日未退款的，视为故意拖延或者无理拒绝。

对于故意拖延或者无理拒绝的，依据《侵害消费者权益行为处罚办法》第14条规定，由工商部门依照《消费者权益保护法》第56条第8项予以处罚。而根据《消费者权益保护法》第56条第8项规定，经营者对消费者提出的修理、重作、更换、退货、补足商品数量、退还货款和服务费用或者赔偿损失的要求，故意拖延或者无理拒绝的，依照法律、法规的规定执行；法律、法规未作规定的，由工商行政管理部门或者其他有关行政部门责令改正，可以根据情节单处或者并处警告、没收违法所得、处以违法所得1倍以上10倍以下的罚款，没有违法所得的，处以50万元以下的罚款。

所以，故意拖延或者无理拒绝退还预付款超过15日是要被罚款的。

四、可以不退预付款的情形

说到这里，有些商家可能会认为，以后如果消费者要求退款，看来是一定要退了。实践中，也有些商家会遇到一些退费的情形，心里不想退，可又不知如何拒绝。

这里请大家注意，不是所以的预付款都一定要退的。法律法规是公平的，在保护消费者权益的同时，也不能有意损害经营者的权益。所以，法律在制定退还预付款规定时，设定了一个前提条件，即未按照约定提供商品或者服务的。未按照约定提供，包括不提供商品、服务和提供的商品、服务不符合要求两种。对于未按照约定提供的，才需要按照消费者的要求履行约定或者退回预付款。这里，选择继续履行约定，还是退回预付款，选择权一般在消费者，但可以协商。

如果商家按照约定提供商品或者服务了，是消费者的原因不接受，或者是因为消费者的原因，导致商家不能按照约定提供商品或者服务，那么商家不承担责任，可以不退款。

五、可以暂时不退款而不受处罚的情形

即使消费者选择了退回预付款，还有一些特殊情况，商家也可以暂时不退。这些情况主要是退款数额有争议。按照《山东省消费者权益保护条例》规定，对于退款有约定的优先按约定退,没有约定的,大家也别再争执了,一律按该条例的规定退,如果商家超过 15 日不退款,就按故意拖延由工商部门处罚。由于山东这个条例有兜底条款,所以在退款数额上没有太大争议。但是,目前像山东那样通过地方立法明确规定退款兜底条款的不多。多数省市都没有这么样的规定,所以一般会使用原工商总局的规定,按照有利于消费者的计算方式折算退款金额。然而,什么是有利于消费者本身就有争议。举个例子:

有一个按摩店提供按摩服务,每小时 100 元。如果办卡,一次充值 1000 元,则赠送 2 小时,即共 12 小时按摩服务。有一个消费者充值 1000 元后,按摩了一次,感觉不像宣传的那么好,不满意,要求退款。由于双方对退款没有约定,所以按照原工商总局的规定,按照有利于消费者的计算方式折算退款金额。但什么是有利于消费者?就这个问题,有关部门在调研时,至少得到 5 种理解。

第一种是退还 1200 元。这种理解认为,赠送的服务也要全部折算入退款金额。已经按摩的那一次,因为服务不满意,不能收费。虽然持这种观点的人数很少,但真有这么想的。

第二种是退还 1100 元。与前一种类似,只是认为:已经按摩的那一次,也算是消费了一次服务,可以从退款中扣除。这种理解的人也不多。

第三种是退还 1000 元。这种理解认为,按摩了一次不好,也别收费了,赠送的也不要了,充了多少钱就退多少钱,只要不吃亏就行。这种理解的人最多。

第四种是退还 900 元。这种理解认为,赠送的服务是有条件的,应当先消费完 1000 元以后才消费赠送的服务,没有消费完 1000 元就不能消费赠送的服务,所以第一次按摩不是赠送的服务,应当从 1000 元中先扣除。

第五种是退还 916.67 元。这种理解是这样计算的,1000 元先除以 12 小时再乘以剩余的 11 小时,即将 1000 元先均摊到 12 小时,再折算剩余 11 小时的费用。

这 5 种理解哪种正确?哪种都正确、哪种都有道理。既然都有道理,当商家与消费者就退款的计算方式发生争议时,执法部门就无法限定 15 日。因为对民事争议作出裁判的部门是法院,执法部门只对于违法行为是否存在作出判断。

商家在作出愿意退款,但因为退款数额不确定的情况下,执法部门是不能认定商家违法的。所以,这种情况下商家暂时不退款,执法部门不能对商家直接进行处罚。

顺便说一句,《山东省消费者权益保护条例》规定退款数额的计算方法是第五种方法。如果对《山东省消费者权益保护条例》第30条第2款第2项后半句规定不理解的,记住上面的公式就可以了。从禁止忽悠角度,我个人赞成第二种方法。

六、可以不全退预付款的情形

还有一种特殊情况,即使明确了应当退款,也明确了计算方法,也可以不全部退还剩余的费用。这种情况主要是针对预付款提供了特定的服务,且已经产生了成本。比如,山西某水产店发行了大闸蟹券,收取了预付款,约定10月9日取货。10月8日,消费者在与该水产店沟通时,认为店员态度不好,双方发生争吵,于是消费者要求退款。大闸蟹从江苏都已经上路了,马上要到山西了,你说不要了,我卖给谁去。对于这种情况,商家可以扣除必要的成本。但是,这种情况不全退款一定要慎用,最好与市场监管部门沟通好。如果他们不认可,很有可能会被认定为无理拒绝或故意拖延。

5.2 不得侵权

经营者的义务分为法定义务和约定义务。约定义务是根据经营者与消费者之间的约定而产生的义务,法定义务是法律直接规定的义务,不需要经营者与消费者约定。经营者的约定义务需要履行,法定义务也应当遵守。一般情况下,与法定义务相对应的是消费者的权利。不遵守法定义务就是侵犯消费者权利,经营者要承担侵权责任。

5.2.1 保障安全

人身健康安全是一切权利的基础,人身健康安全得不到保障,其他权利基本无从谈起。财产权利是其他权利的物质保障,财产权利受到侵害,其他权利的实现也要受到影响。因此,法律法规重点保障人身、财产权利。《消费者权益保护法》第18条规定,经营者应当保证其提供的商品或者服务符合保障人身、财产安全的要求。如果提供商品或者服务存在缺陷,造成消费者或者其他受害人人身伤害的,依据《消费者权益保护法》第48条的规定,要承担民事责任。

一、造成人身财产损害要赔偿

2016年7月,细河区市场监管局接到消费者孙某投诉,称其在新建路某理发店烫发时,被药水弄伤。店主赵某陪同孙某到医院,付了一部分药费后就走了,之后因为找不到店主,孙某后来的治疗费用是自己垫付的。市场监管部门接到投诉后与该理发店取得了联系。经过调查,消费者投诉的情况属实,经过调解,最终该理发店赔偿孙某各种费用共3090元。

2015年1月,消费者王某从某水暖管件经营部购买了一套地暖设备,并由该水暖管件经营部进行了安装。2015年11月,王某某发现水暖设备漏水,导致家中水深约20厘米,财产遭受损失。经保险员现场勘验,系标注某阀门厂商标的一体阀阀门堵帽断裂所致。王某起诉要求该水暖管件经营部赔偿其经济损失。法院经审理认为,该水暖管件经营部销售的地暖设备存在缺陷,致使王某家中被水淹,财产受损,该水暖管件经营部应承担民事赔偿责任。在案证据不能证明某阀门厂系涉案一体阀的生产者,某阀门厂不承担民事责任。故判决该水暖管件经营部赔偿王某经济损失16168元。

这里说明一下,依据《消费者权益保护法》第40条第2款规定,“消费者或者其他受害人因商品缺陷造成人身、财产损害的,可以向销售者要求赔偿,也可以向生产者要求赔偿。属于生产者责任的,销售者赔偿后,有权向生产者追偿。属于销售者责任的,生产者赔偿后,有权向销售者追偿。”消费者王某既可以向涉案地暖设备的销售者要求赔偿,也可以向生产者要求赔偿。但因为本案证据中只能证明销售者该水暖管件经营部的侵权关系，而没有某阀门厂的相关证据，因此，该水暖管件经营部要先行承担民事赔偿责任。当然，如果该水暖管件经营部收集到生产者的相关证据，可另行向生产者追偿。

二、有关人身财产安全保障的规定

人身财产安全非常重要，除明确规定民事责任外，《消费者权益保护法》还从预防、召回到赔偿做了详细的规定。

一是要预防人身财产损害发生。《消费者权益保护法》第 18 条规定，经营者应当保证其提供的商品或者服务符合保障人身、财产安全的要求。对可能危及人身、财产安全的商品和服务，应当向消费者作出真实的说明和明确的警示，并说明和标明正确使用商品或者接受服务的方法以及防止危害发生的方法。宾馆、商场、餐馆、银行、机场、车站、港口、影剧院等经营场所的经营者，应当对消费者尽到安全保障义务。

二是发现缺陷要警示、召回。第 19 条规定，经营者发现其提供的商品或者服务存在缺陷，有危及人身、财产安全危险的，应当立即向有关行政部门报告和告知消费者，并采取停止销售、警示、召回、无害化处理、销毁、停止生产或者服务等措施。采取召回措施的，经营者应当承担消费者因商品被召回支出的必要费用。

三是造成人身伤害要赔偿。第 49 条规定，经营者提供商品或者服务，造成消费者或者其他受害人人身伤害的，应当赔偿医疗费、护理费、交通费等为治疗和康复支出的合理费用，以及因误工减少的收入。造成残疾的，还应当赔偿残疾生活辅助具费和残疾赔偿金。造成死亡的，还应当赔偿丧葬费和死亡赔偿金。

四是明知存在缺陷仍然提供商品服务的，要承担惩罚性赔偿。第 55 条第 2 款规定，经营者明知商品或者服务存在缺陷，仍然向消费者提供，造成消费者或者其他受害人死亡或者健康严重损害的，受害人有权要求经营者依照本法第 49 条、第 51 条等法律规定赔偿损失，并有权要求所受损失 2 倍以下的惩罚性赔偿。

这些规定非常重要，广大商家必须知悉。一旦违反，不仅消费者要受到损害，商家本身也要损失，广大商家对于产品和服务安全一定要慎之又慎。也正是因为人身财产安全如此重要，即使超过三包期，产品和服务导致人身、财产损害，生产者和销售者也要承担侵权责任，请务必谨记。

5.2.2 保证质量

消费者花钱消费是为了改善生活、提升品质。与之相对应，经营者应当保证在正常使用商品或者接受服务的情况下其提供的商品或者服务应当具有的质量、性能、用途和有效期限。否则，依据《消费者权益保护法》第 24 条第 1 款规定，经营者提供的商品或者服务不符合质量要求的，消费者可以依照国家规定、当事人约定退货，或者要求经营者履行更换、修理等义务。

一、保证提供的商品或者服务具有正常的质量状况

2017 年 12 月，某消费者在某汽车销售服务公司购买汽车一辆。提车前该公司工作人员清洗车辆时撞坏了车尾门，因此消费者拒绝提车。该汽车销售公司最初表示换新车再交付，但三天后又告知消费者不能换车，更不可能退车。于是消费者向工商部门提起投诉。工商部门认为，依据《消费者权益保护法》第 24 条规定，因经营者的原因，导致最终交付给消费者的新车不符合质量要求，消费者有权拒绝提车，经营者应当履行换货义务。经调解，该汽车销售服务公司最终为消费者更换新车。

2016 年 6 月末，某电商行到三江村宣传某牌多功能电热锅，特价出售，价格为每台 198 元。三江村有 6 名消费者购买了此锅，回家后使用电热锅烧水，发现锅内黄色涂层掉落，做饭过程中发现粘锅。于是 6 名消费者携带所购买的电热锅到县消费者协会进行投诉，要求退货。消协接到投诉后进行了调查，确认消费者反应的情况属实。经消协调解，双方达成一致意见，该电商行给予消费者退货退款，每户 198 元。

除了质量标准外，还有两种情况，商家也要依据《消费者权益保护法》第 24 条规定，承担退货、修理、更换的义务：

一是如果经营者以广告、产品说明、实物样品或者其他方式表明商品或者服务的质量状况的，也应当保证其提供的商品或者服务的实际质量与表明的质量状况相符。这实际上是经营者的承诺。如果经营者违反了承诺，依据《消费者权益保护法》第 24 条规定，也要承担退货、修理、更换的义务。

二是经有关行政部门依法认定为不合格的商品，消费者要求退货的，经营者也应当负责退货。

二、处理残次品的注意事项

经营者提供的商品或者服务如果不具有正常的质量、性能、用途和有效期限，应当承担相关义务。但现实中经常会有处理残次品的情况，比如有的针织衫跳线了，有的皮鞋后邦有磨损等，为了处理这些残次品，商家往往都会给予一定的折扣，低价销售。那么这种情况下，商家还要承担退、修、换义务吗？

对于低价处理残次品的情况，商家已经给予了一定的折扣优惠，如果让商家再承担退、修、换义务，显然不公平。但是这不意味着商家一定能够免责。如果商家要想不再承担退、修、换义务，需要符合法定的要求。《消费者权益保护法》第 23 条第 1 款规定，经营者应当保证在正常使用商品或者接受服务的情况下其提供的商品或者服务应当具有的质量、性能、用途和有效期限；但消费者在购买该商品或者接受该服务前已经知道其存在瑕疵，且存在该瑕疵不违反法律强制性规定的除外。根据这条规定，商家处理残次品时要做好以下工作：

一是向消费者明示存在的瑕疵，让消费者在购买该商品或者接受该服务前已经知道其瑕疵存在。

二是以一定的形式将告知瑕疵的情况固定下来，防止消费者，尤其是职业打假人敲诈。比如在发票上注明："××位置有瑕疵，进行低价处理"，或者在网络销售通信软件上对话，留下记录。注意，一定要说清是什么瑕疵，在什么位置，为什么低价处理。对于说清的瑕疵，商家可以免责；对于没有说清的瑕疵，即便低价处理，商家也不能免责，即免责范围仅及于明示的部分。经常见到这样的情形，商家声称"我已经给她说了，这个鞋皮磨了，所以才打的折"，但是没有证据他已经说了，所以最后执法部门不认。所以，这一点非常重要。

三是该瑕疵不得违反法律强制性规定。比如，有的手持电钻电源接触不好，商家对消费者说，"你用胶带贴上，或者用的时候用手托住就行。"对于这种情况，即便商家明示了，也不能免责。因为电源接触不良很容易引起危险，这已经不是瑕疵的问题，而是缺陷的问题，涉及人身安全，违反法律强制性规定。

三、奖品、赠品也要保证质量

为了促进销量，许多商家在销售中普遍提供奖品、赠品。奖品、赠品一方面受消费者欢迎，另一方面也引来纠纷。

2017 年 4 月初，消费者汪先生在某商场购买了一台电冰箱，并通过商家活动获赠了一台电烤箱。然而这个赠送的电烤箱用了不到一天就出事了，电烤箱工作时出现短路并发生燃烧，导致汪先生家部分电路和部分厨房柜遭到损坏。汪先生要求商家索赔，商家却以“无偿取得赠品，没有支付对价”等理由拒绝赔偿。

奖品、赠品真的没人管吗？答案是否定的。请注意《消费者权益保护法》的表述，“经营者提供的商品或者服务不符合质量要求的……”“经营者提供商品或者服务，造成消费者或者其他受害人人身伤害的……”“经营者提供商品或者服务，造成消费者财产损害的……”如此等等。《消费者权益保护法》对商品或者服务使用的表述是“提供”而不是“销售”，这表明，经营者对奖品、赠品要承担和商品同样责任。

商务部等五部委制定的《零售商促销行为管理办法》对奖品、赠品质量也有规定。第 12 条规定，零售商开展促销活动，不得降低促销商品（包括有奖销售的奖品、赠品）的质量和售后服务水平，不得将质量不合格的物品作为奖品、赠品。否则，根据该办法第 23 条规定，责令零售商改正，有违法所得的，可处违法所得 3 倍以下罚款，但最高不超过 3 万元；没有违法所得的，可处 1 万元以下罚款；并可予以公告。

此外，一些地方法规对奖品、赠品质量也有规定。如《山东省消费者权益保护条例》第 33 条明确规定，经营者向购买商品或者接受服务的消费者提供奖品、赠品或者免费服务，应当保证质量，不得免除其应当承担的修理、更换、重作、补足商品数量、赔偿损失以及法律、法规规定的其他责任。所以商家对奖品、赠品要承担和销售商品同样的责任。

2016年5月,李某、王某两位消费者在阜新某驾校报名学习,缴纳学费后学校按承诺赠送电话卡1000元。但是两位消费者回家后使用电话卡,发现打不通电话,于是找到高新区消协投诉。经消协工作人员调查了解情况后,发现此电话卡是网络电话使用的,效果确实不好,甚至无法接通。消协按照《消费者权益保护法》有关规定进行了调解,该驾校认识到存在的服务问题,及时给予消费者更换了等值的商品。

四、大件商品瑕疵倒置举证

消费者将商品买回家中,使用了一段时间以后,发现了质量问题。这种情况很容易产生纠纷,究竟是使用产生的问题,还是产品自带的质量问题,经营者与消费者常常是各执一词。考虑到消费者的弱者地位及信息不对称的事实,法律规定由经营者承担举证责任。《消费者权益保护法》第23条第3款规定,经营者提供的机动车、计算机、电视机、电冰箱、空调器、洗衣机等耐用商品或者装饰装修等服务,消费者自接受商品或者服务之日起六个月内发现瑕疵,发生争议的,由经营者承担有关瑕疵的举证责任。

需要说明,这里经营者承担有关瑕疵的举证责任,不是要经营者证明产品质量没有问题,因为这对经营者太容易了,写个证明盖个章就行了,而是要经营者证明该瑕疵非因商品或者服务的自身质量问题所导致的,即该质量问题是不当使用造成的。如果经营者不能证明的,就应当依照国家规定或者当事人约定履行退货、更换、修理等义务。

2015年7月,消费者王某在A汽车销售服务公司购买B汽车公司生产某牌轿车一辆。2016年3月12日凌晨,因为电气故障,该轿车发动机舱内起火引起火灾,将该轿车及另一车辆烧毁。王某于是起诉A汽车销售服务公司和B汽车公司,主张涉案车辆存在缺陷,要求二被告赔偿其经济损失。

法院审理认为,产品的生产者和销售者应当举证证明产品不存在缺陷、损害没有发生、缺陷与损害之间没有因果关系,以及证明其有法定免责或者减轻责任的事由。本案原告王某举证证明了涉案车辆在购买后不足8个月尚在保修期内即发生自燃,起火部位在车头发动机舱内,原因为电气故障,以及因此遭受财产损失,即已完成初步举证责任,应由被告承担证明涉案车辆不存在缺陷或者原告的损失与车辆缺陷不存在因果关系的举证责任。被告未完成其应负的举证责任,应承担不利的法律后果,即推定涉案车辆存在缺陷。故法院认定王某向涉案汽车的生产者和销售者主张赔偿,符合法律规定,判决A汽车销售服务公司和B汽车公司二被告赔偿原告经济损失119250.82元。

五、质量不符合要求,经营者要承担退货、更换、修理义务

经营者提供的商品或者服务如果不符合质量要求,依据《消费者权益保护法》第24条规定,消费者可以依照国家规定、当事人约定退货,或者要求经营者履行更换、修理等义务。没有国家规定和当事人约定的,消费者可以自收到商品之日起7日内退货;7日后符合法定解除合同条件的,消费者可以及时退货,不符合法定解除合同条件的,可以要求经营者履行更换、修理等义务。

这里的国家规定主要指的是原国家质监总局联合有关部门制定的退货、更换、修理规定,即简称的“三包”规定。截至目前国家共制定了8部“三包”规定,将自行车、彩电、黑白电视、家用录像机、摄像机、收录机、电子琴、家用电冰箱、洗衣机、电风扇、微波炉、吸尘器、家用空调器、吸排油烟机、燃气热水器、缝纫机、钟表、摩托车、农业机械、家用汽车、移动电话、固定电话、微型计算机、家用视听产品等24种产品纳入“三包”范围。

这些产品的“三包”,除家用汽车等产品有特别规定外,一般包括以下内容:(1)产品自售出之日起7日内,发生性能故障,消费者可以选择退货、换货或修理。(2)产品自售出之日起15日内,发生性能故障,消费者可以选择换货或修理。(3)“三包”有效期自开具发票之日起计算。在“三包”有效期内修理两次,仍不能正常使用的产品,消费者可凭修理记录和证明,调换同型号同规格的产品或按有关规定退货,“三包”有效期应扣除因修理占用和无零配件待修的时间。换货后的“三包”有效期自换货之日起重新计算。(4)在“三包”有效期内,因生产者未供应零配件,自送修之日起超过90日未修好的,修理者应当在修理状况中注明,销售者凭此据免费为消费者调换同型号同规格产品。因修理者自身原因使修理超过30日的,由其免费为消费者调换同型号同规格产品,费用由修理者承担。(5)修理者应保证修理后的产品能够正常使用30日以上,生产者应保证在产品停产后5年内继续提供符合技术要求的零配件。

原国家质监总局制定的老“三包”规定,在当时适应了经济生活发展的需要,对于保护消费者权益发挥了积极的作用。但是这些规定适用商品种类少,只有24种,不包括皮衣、皮鞋、家俱、厨房家电、手持电动工具等产品,远远不能适应现代商品发展的需要。因此,新《消费者权益保护法》第24条规定了新“三包”,一是适用范围广,适用所有没有国家规定的商品。二是责任要求严,对“三包”的责任期限做出比老“三包”更严的规定。

2017年2月,一消费者在某苹果手机专卖店购买苹果手机一部,在“三包”期内因手机质量问题,送某苹果手机售后维修过两次,但维修后质量问题仍存在。该消费者要求商家更换新手机遭到拒绝,于是向“12315”投诉,要求商家履行换货责任。依据《移动电话机商品修理更换退货责任规定》第13条规定,“三包”有效期内,移动电话机经两次修理,仍不能正常使用的,凭修理记录,消费者有权要求经营者换机。经工商部门调解,商家为消费者更换新手机。

六、承担“三包”责任,经营者还应当承担运输等必要费用

《消费者权益保护法》第24条第2款规定,依照前款规定进行退货、更换、修理的,经营者应当承担运输等必要费用。

2017年7月,消费者田某在某电商网店购买了一批地板,共计花费32600元。8月17日,田某收到该批地板后进行验货,发现地板存在质量问题。田某拍照留痕后,第一时间与该电商及网络平台取得联系,反映地板存在质量问题,并申请退货退款。但该电商三番五次推脱,说产品无质量问题。田某于是向江西省消费者权益保护委员会投诉。经江西省消费者权益保护委员会调解,该电商最终退回了田某全部款项,并依法承担了田某退货产生的物流费用。地板的重量不轻,运费是一笔不小的费用。

七、承担“三包”责任的期限是15日

按照《消费者权益保护法》第56条第1款第8项规定,对消费者提出的修理、重作、更换、退货、补足商品数量、退还货款和服务费用或者赔偿损失的要求,经营者故意拖延或者无理拒绝的,由工商行政管理部门或者其他有关行政部门责令改正,可以根据情节单处或者并处警告、没收违法所得、处以违法所得1倍以上10倍以下的罚款,没有违法所得的,处以50万元以下的罚款;情节严重的,责令停业整顿、吊销营业执照。

那么什么是故意拖延或者无理拒绝?按照《侵害消费者权益行为处罚办法》第8条规定,经营者有下列三种情形之一并超过15日的,视为故意拖延或者无理拒绝:

一是经有关行政部门依法认定为不合格商品,自消费者提出退货要求之日起未退货的。

二是自国家规定、当事人约定期满之日起,无正当理由拒不履行修理、重作、更换、退货、补足商品数量、退还货款和服务费用或者赔偿损失等义务的。

三是不符合质量要求的,自消费者提出要求之日起,无正当理由拒不履行修理、重作、更换、退货、补足商品数量、退还货款和服务费用或者赔偿损失等义务的。

因此,经营者承担“三包”责任的期限只有15日。超过15日,市场监管部门就可以认定为故意拖延或者无理拒绝,并给予罚款。

5.2.3 无理由退货

当前网络等非现场购物方式兴起。由于不能像现场购物那样进行甄别、挑选,网络交易对消费者的权益产生一定影响。为了保护网络购物消费者的权益,《消费者权益保护法》规定了无理由退货制度。

一、无理由退货是一般性规定

根据《消费者权益保护法》第25条规定,消费者有七日无理由退货的权利,即经营者采用网络、电视、电话、邮购等方式销售商品,消费者有权自收到商品之日起7日内退货,且无须说明理由。

2017年3月,消费者郑女士在某宝网上的某一网店购买了一件羊毛大衣。收到货后,发现与商品展示图片中的有色差,由于商家标明了“七天无理由退换货”,郑女士以为自己只承担寄回的运费就能退掉大衣。没想到该网店以“没有质量问题”为由拒绝了退货申请,还指出在商品详情中已经说明“介意色差者慎拍,没有质量问题一律不退货”。随后,郑女士仔细查看了商品详情,其中确实有类似说明。郑女士对此十分不满,认为标明“七天无理由退货”却又自行定不退货标准,这应算欺诈,于是向某宝客服投诉。最终,在某宝客服介入下郑女士成功退款。

2014 年 1 月,消费者田女士在一网店购买了一件羽绒服。收到货后,田女士却发现实物和图片相距甚远,材质不是羽绒服是棉服,而且尺寸也不合适。由于店家承诺七天无理由退货,田女士便向店家申请退货。店家客服表示,“实物和图片会产生颜色、大小等误差,但都不属质量问题,只有出现破损、污渍等问题,才能享受七天无理由退货”,此后便找出各种理由推诿,或者就长期无人回复。无奈之下,田女士只好自行申请退款,并告知店家,如果不同意退,就向网站投诉。最后,几经周折,田女士才拿到退款。

有些商家以为只要不标注“支持七天无理由退货”,或者明确标注“不实行七天无理由退货”,就可以免除七天无理由退货责任,甚至以为只有出现破损、污渍等问题,才能享受七天无理由退货。实际上,这些想法是错误的。七天无理由退货是一般性规定,换句话说,只要不是法定情形,都要实行七天无理由退货,这个不是商家自己说了就算的。

二、无理由退货不需要说明理由

七日无理由退货是消费者的权利,消费者可以说明理由,也可以不说明理由,选择权在消费者。

2015 年 12 月 25 日,消费者魏先生在电商平台 A 商城上购买了一台某品牌 43 英寸 2D 智能 LED 液晶电视一台,共花费 2088 元。次日,电视机送至魏先生家中安装调试后,魏先生发现电视机四角均存在漏光问题。12 月 29 日上午,魏先生在 A 商城上申请退货。A 商城答复魏先生,由于电视机漏光属于质量问题,要求其先联系厂家进行检测,并开具检测单。魏先生联系厂家进行了检测,结果表明电视机外观状态完好,鉴定结果为不符合换机的条件。魏先生致电 A

商城，表示虽然其已经收到检测单，但并不认可检测单上显示的不符合换机条件的结果，仍然坚持对电视机进行七日内无理由退货。A 商城客服人员答复魏先生称“此单商品开包使用，无法无理由退”。魏先生对答复不满意，于是起诉至法院，要求解除其与 A 商城订立的买卖合同，A 商城返还电视机款 2088 元。

A 商城答辩称，魏先生确实向客服提出过退货申请，但因为涉及商品的质量问题，需要厂家出具鉴定意见以后才能进行退货。而且后经厂家检测，产品并不存在质量问题，因此，A 商城认为电视机并不符合七天无理由退货的条件。

法院审理认为，《消费者权益保护法》第 25 条第 1 款规定，经营者采用网络、电视、邮购等方式销售商品，消费者有权自收到商品之日起七日内退货，且无须说明理由。对于“七天无理由退货”，消费者作为买方，既可以说明理由，也可以不说明理由。不说明理由，A 商城须接受退货；如果说明理由，而且涉及质量异议，更应该接受退货。至于 A 商城主张已经开包使用，不适用七天内无理由退货，其理由并不成立。消费者通过网络、电视、邮购等方式购买商品的，除了开包会使商品质量发生变化的（如食品）外，大多数商品开包调试并不影响其质量，况且如果不开包调试、检查，消费者无法知道该商品是否存在质量问题。因此，法院认为，A 商城在魏先生收货后七日内未接受其提出的退货要求，已违反了《消费者权益保护法》第 25 条的规定。且 A 商城在出售涉案商品时，写明该商品“支持 7 天无理由退货”，说明双方已约定解除合同的条件，A 商城的行为亦违反了该项承诺。因此，法院认为魏先生要求解除买卖合同、退还货款的诉讼请求合理合法，应当予以支持。

三、不适用无理由退货的情形

网络、电视、电话、邮购等方式销售商品实行七日无理由退货是一般性规定，但是，有些商品确实不适合无理由退货。对此，《消费者权益保护法》《网络购买商品七日无理由退货暂行办法》对不适合七日无理由退货的商品做了例外规定，这些情形即为法定情形，只有符合这些情形的商品才可以不适用七日无理由退货的规定。这些情形具体又分为两种情况。

一是明确不适用无理由退货的商品。《网络购买商品七日无理由退货暂行办法》第6条规定,下列商品不适用七日无理由退货规定:(一)消费者定作的商品;(二)鲜活易腐的商品;(三)在线下载或者消费者拆封的音像制品、计算机软件等数字化商品;(四)交付的报纸、期刊。

二是经确认可以不适用七日无理由退货的商品。《网络购买商品七日无理由退货暂行办法》第7条规定,下列性质的商品经消费者在购买时确认,可以不适用七日无理由退货规定:(一)拆封后易影响人身安全或者生命健康的商品,或者拆封后易导致商品品质发生改变的商品;(二)一经激活或者试用后价值贬损较大的商品;(三)销售时已明示的临近保质期的商品、有瑕疵的商品。

这两种情形的区别在于,对于第一种情形,如果商家声明不适用七日无理由退货,则视为对消费者的提示;如果商家不声明,同样不适用七日无理由退货,即无论商家声不声明,都可以不适用七日无理由退货。但我强烈建议商家一定要声明"不适用七日无理由退货",一是规章有要求,《网络购买商品七日无理由退货暂行办法》第20条第1款规定,网络商品销售者应当采取技术手段或者其他措施,对于本办法第6条规定的不适用七日无理由退货的商品进行明确标注。二是避免不必要的麻烦。

对于第二种情形,商家如果想不适用七日无理由退货,不仅要声明不适用,而且在消费者在购买时,要让消费者确认。否则,仍然适用七日无理由退货。《网络购买商品七日无理由退货暂行办法》第20条第2款规定,符合本办法第7条规定的商品,网络商品销售者应当在商品销售必经流程中设置显著的确认程序,供消费者对单次购买行为进行确认。如无确认,网络商品销售者不得拒绝七日无理由退货。

四、退货的商品应当完好

《消费者权益保护法》在对消费者权益保护的同时,也在维护经营者的权益。《消费者权益保护法》规定,消费者退货的商品应当完好。那么什么是完好,什么是不完好?对这个问题的理解直接影响到无理由退货。对此,《网络购买商品七日无理由退货暂行办法》从两个方面加以规定。

一是完好。《网络购买商品七日无理由退货暂行办法》第8条规定,商品能够保持原有品质、功能,商品本身、配件、商标标识齐全的,视为商品完好。消费者基于查验需要而打开商品包装,或者为确认商品的品质、功能而进行合理的调试不影响商品的完好。

2017 年 2 月,消费者何女士在某宝网一网店购买笔记本电脑一台,花费 8600 元。收到货后,她发现电脑外壳上有两处明显的划痕,于是要求该网店退货。该网店认为,何女士拆开了包装,已影响二次销售,于是拒绝退货。何女士表示不满,认为自己只是按正常程序进行验货,机器也没有损坏,理应可以退货。随后何女士向某宝客服投诉。经过协商,最终该网店给何女士退了货。

消费者基于查验需要而打开商品包装,试用商品,不影响商品的完好。商家如果以此为由拒绝无理由退货,执法部门可以对其处罚。

二是不完好。《网络购买商品七日无理由退货暂行办法》在正面规定完好的标准后,又从反面规定了什么是不完好。第 9 条规定,对超出查验和确认商品品质、功能需要而使用商品,导致商品价值贬损较大的,视为商品不完好。具体判定标准如下:(一)食品(含保健食品)、化妆品、医疗器械、计生用品:必要的一次性密封包装被损坏;(二)电子电器类:进行未经授权的维修、改动,破坏、涂改强制性产品认证标志、指示标贴、机器序列号等,有难以恢复原状的外观类使用痕迹,或者产生激活、授权信息、不合理的个人使用数据留存等数据类使用痕迹;(三)服装、鞋帽、箱包、玩具、家纺、家居类:商标标识被摘、标识被剪,商品受污、受损。

五、无理由退货的时间节点

在无理由退货中有以下四个时间节点需要注意:

一是消费者退货通知时间。根据《网络购买商品七日无理由退货暂行办法》第 10 条规定,消费者选择无理由退货,应当自收到商品之日起七日内向网络商品销售者发出退货通知。七日期间自消费者签收商品的次日开始起算,即当日不算,次日开始。

二是电商响应的时间。《网络购买商品七日无理由退货暂行办法》第 11 条第 1 款规定,网络商品销售者收到退货通知后应当及时向消费者提供真实、准确的退货地址、退货联系人、退货联系电话等有效联系信息。请注意，这里的及时是 15 天，自收到退货通知的次日起算。

三是电商退款的时间。《网络购买商品七日无理由退货暂行办法》第 13 条规定，消费者退回的是商品完好的，网络商品销售者应当在收到退回商品之日起七日内向消费者返还已支付的商品价款。

四是被认定故意拖延的时间。按照有关规定，响应时间自收到通知之日起超过 15 日，退款时间自收到退货之日起超过 15 日，且无正当理由不办理的，要承担故意拖延的责任，市场监管部门可以处以 50 万元以下的罚款。

2014 年 1 月，消费者陈小姐在一家网店购买一个 2G U 盘，价值 14 元。收到 U 盘后，陈小姐发现装载文件一旦超过 3M，便读写不进去。由于该店承诺七天无理由退货，陈小姐便联系卖家退货。1 月底，陈小姐将 U 盘寄回卖家处，并通知其注意收货。根据物流跟踪显示，店家已在 2 月初收到货了，但陈小姐一直到 3 月 14 日也没收到退款。该店的客服表示："之所以没打款，是因为每天工作太忙，忘记了。"

这个案例发生在 2014 年，如果是在 2017 年以后，市场监管部门就可以直接认定为故意拖延，对这家网店进行处罚了。

前面介绍了需要注意的四个时间节点，但是有两种情况例外，电商可以不用承担拖延责任。

一是消费者拖延。《网络购买商品七日无理由退货暂行办法》第 11 条第 2 款规定，消费者获得上述信息后应当及时退回商品，并保留退货凭证。这里的及时没有规定期限。获得上述信息指的是网络商品销售者向消费者提供的退货地址、退货联系人、退货联系电话等有效联系信息。

二是退货不全。《网络购买商品七日无理由退货暂行办法》第 12 条规定，消费者退货时应当将商品本身、配件及赠品一并退回。赠品包括赠送的实物、积分、代金券、优惠券等形式。只要商品、配件及赠品没有全部退回，电商可以先不退款。不过，如果赠品不能一并退回，电商可以要求消费者按照事先标明的赠品价格支付赠品价款。

六、退货退款方式

消费者提出无理由退货的，电商就要办理退货退款的手续。在这过程中，有以下六点注意事项：

一是退货方式。《网络购买商品七日无理由退货暂行办法》第 19 条规定，网络商品销售者可以与消费者约定退货方式，但不应当限制消费者的退货方式。网络商品销售者可以免费上门取货，也可以征得消费者同意后有偿上门取货。

二是退款的一般方式。《网络购买商品七日无理由退货暂行办法》第 14 条规定，退款方式比照购买商品的支付方式。经营者与消费者另有约定的，从其约定。购买商品时采用多种方式支付价款的，一般应当按照各种支付方式的实际支付价款以相应方式退款。除征得消费者明确表示同意的以外，网络商品销售者不应当自行指定其他退款方式。说白了，就是怎么付的款就怎么退回，可以另外约定，但电商不能强迫。

三是对于积分等的处理。《网络购买商品七日无理由退货暂行办法》第 15 条规定，消费者采用积分、代金券、优惠券等形式支付价款的，网络商品销售者在消费者退还商品后应当以相应形式返还消费者。对积分、代金券、优惠券的使用和返还有约定的，可以从其约定。这个和上面一样，也是怎么来的怎么退回。

四是对于信用卡付款的处理。《网络购买商品七日无理由退货暂行办法》第 16 条规定，消费者购买商品时采用信用卡支付方式并支付手续费的，网络商品销售者退款时可以不退回手续费。消费者购买商品时采用信用卡支付方式并被网络商品销售者免除手续费的，网络商品销售者可以在退款时扣除手续费。

五是对于部分商品退款的处理。《网络购买商品七日无理由退货暂行办法》第 17 条规定，退货价款以消费者实际支出的价款为准。套装或者满减优惠活动中的部分商品退货，导致不能再享受优惠的，根据购买时各商品价格进行结算，多退少补。

六是运费的承担。《网络购买商品七日无理由退货暂行办法》第 18 条规定，商品退回所产生的运费依法由消费者承担。经营者与消费者另有约定的，按照约定。消费者参加满足一定条件免运费活动，但退货后已不能达到免运费活动要求的，网络商品销售者在退款时可以扣除运费。

以上六点可以总结为一段话，价款、积分，哪儿来的退回哪儿去；手续费、运费，由消费者承担；优惠、包邮，不符合条件了，由消费者承担差额。

七、不履行无理由退货的责任

《消费者权益保护法》《网络购买商品七日无理由退货暂行办法》都明确规定了七天无理由退货。如果电商不履行无理由退货，或者拖延退货，则要承担相应的法律责任。《侵害消费者权益行为处罚办法》第 9 条规定，经营者采用网络、电视、电话、邮购等方式销售商品，应当依照法律规定承担无理由退货义务，不得故意拖延或者无理拒绝。经营者有下列情形之一并超过 15 日的，视为故意拖延或者无理拒绝：（一）对于适用无理由退货的商品，自收到消费者退货要求之日起未办理退货手续；（二）未经消费者确认，以自行规定该商品不适用无理由退货为由拒绝退货；（三）以消费者已拆封、查验影响商品完好为由拒绝退货；（四）自收到退回商品之日起无正当理由未返还消费者支付的商品价款。

经营者具有上述情形之一，一旦超过 15 日，执法部门将会视为故意拖延或者无理拒绝。依据《消费者权益保护法》第 56 条第 8 项规定，责令改正，可以根据情节单处或者并处警告、没收违法所得、处以违法所得 1 倍以上 10 倍以下的罚款，没有违法所得的，处以 50 万元以下的罚款；情节严重的，责令停业整顿、吊销营业执照。

5.2.4 格式条款

在经济交往中，人们经常使用合同约定交易事项。但是合同内容繁多，每次都需要草拟、约定。为了快捷、简便，于是出现了格式合同。格式合同也称标准合同，指由一方当事人为重复使用而预先拟定交易条件，并于缔约时未与对方协商的合同。如果一方当事人事先只拟定合同中的部分条款，该类条款就是格式条款，双方当事人仍可就合同中的其他非格式条款进行磋商。

由于格式条款事先未充分协商，很容易被经营者利用，损害消费者的权益，因此《合同法》《消费者权益保护法》等法律对其加以限制。

一、经营者有提示、说明的义务

由于格式条款是经营者事先单方拟定，消费者事先并不十分清楚。为保障消费者的知情权，《消费者权益保护法》第26条第1款规定，经营者在经营活动中使用格式条款的，应当以显著方式提请消费者注意商品或者服务的数量和质量、价款或者费用、履行期限和方式、安全注意事项和风险警示、售后服务、民事责任等与消费者有重大利害关系的内容，并按照消费者的要求予以说明。

如果经营者违反这条规定，将会引起两个方面的责任。一是消费者可以以重大误解或者显失公平，要求撤销或者变更合同。二是工商部门可以依据《侵害消费者权益行为处罚办法》对经营者进行处罚。《侵害消费者权益行为处罚办法》第15条规定，经营者违反本办法第12条、第13条规定，其他法律、法规有规定的，依照法律、法规的规定执行；法律、法规未作规定的，由工商行政管理部门责令改正，可以单处或者并处警告，违法所得3倍以下、但最高不超过3万元的罚款，没有违法所得的，处以1万元以下的罚款。而《侵害消费者权益行为处罚办法》第12条第1款第1句即规定，经营者向消费者提供商品或者服务使用格式条款、通知、声明、店堂告示等的，应当以显著方式提请消费者注意与消费者有重大利害关系的内容，并按照消费者的要求予以说明。

二、经营者有公平、合理的义务

除了提示、说明外，经营者还有公平、合理制定格式条款的义务。为了防止经营者利用格式条款给消费者“挖坑”，《消费者权益保护法》第26条第2款规定，经营者不得以格式条款、通知、声明、店堂告示等方式，作出排除或者限制消费者权利、减轻或者免除经营者责任、加重消费者责任等对消费者不公平、不合理的规定，不得利用格式条款并借助技术手段强制交易。

这条规定比较重要，下面我们详细分说。

1. 不得排除或者限制消费者权利

格式条款是事先未经协商的条款，因此法律法规禁止经营者利用格式条款排除或者限制消费者权利。其中消费者的权利包括且不限于《消费者权益保护法》中规定的十大权利。《合同违法行为监督处理办法》《侵害消费者权益行为处罚办法》根据实际情况，对消费者容易被排除或者限制的权利进行了列举：

《合同违法行为监督处理办法》第 11 条规定，经营者与消费者采用格式条款订立合同的，经营者不得在格式条款中排除消费者下列权利：（一）依法变更或者解除合同的权利；（二）请求支付违约金的权利；（三）请求损害赔偿的权利；（四）解释格式条款的权利；（五）就格式条款争议提起诉讼的权利；（六）消费者依法应当享有的其他权利。

《侵害消费者权益行为处罚办法》第 12 条规定，经营者向消费者提供商品或者服务使用格式条款、通知、声明、店堂告示等的……不得作出含有下列内容的规定：……（二）排除或者限制消费者提出修理、更换、退货、赔偿损失以及获得违约金和其他合理赔偿的权利；（三）排除或者限制消费者依法投诉、举报、提起诉讼的权利；（四）强制或者变相强制消费者购买和使用其提供的或者其指定的经营者提供的商品或者服务，对不接受其不合理条件的消费者拒绝提供相应商品或者服务，或者提高收费标准；（五）规定经营者有权任意变更或者解除合同，限制消费者依法变更或者解除合同权利；（六）规定经营者单方享有解释权或者最终解释权……

从实际案例看，商家在格式条款限制消费者权利方面，常犯两种错误。第一种错误是限制消费者解除合同。

2014 年，消费者莫某到某地电信分公司办理停机销号业务时，被该电信公司强制转办成移机业务。莫某于是向某市工商局投诉。工商部门调查发现，该电信公司在其《业务服务协议》中，利用格式条款规定了不得退订、变更套餐或停拆机等内容。工商部门认定，该条款排除了消费者依法解除合同的权利，违反了《合同法》等有关法律法规规定，属《合同违法行为监督处理办法》第 11 条第 1 款规定的合同违法行为。市工商局依法纠正了该电信分公司的违法行为，并处以罚款。

许多商家在提供优惠套餐或者打折优惠活动时，为了锁定客户，往往在格式合同中约定不得退费或者解除合同。由于已经提供了折扣优惠，许多商家认为，作为折扣优惠的对价，不予退费或者解除合同是合情合理的。我也认为这属于一种对价，是消费者放弃权利的代价，但是法律就这么规定的，规章又进一步明细了，所以商家还是要遵守的。现实中确实有一些不那么讲究的消费者，那么商家遇到这种情况怎么保护自己呢？有两种方法：

一是在格式合同中不要设定不得退费或者解除合同条款，相反要设定解除合同的情形和解除合同的方法，如约定“解除合同按照正常价格计算费用，扣除该笔费用后，可以退还剩余费用”。这样消费者想退费，一看没有优惠，让其知贵而不退了；如果还有坚持要退的，按照正常价格计算费用，商家也不会吃亏。

二是可以设定不得退费或者解除合同条款，但不要提前印制定在格式合同中，而是手写在格式合同的补充规定里；如果是电商，可在即时通讯工具中单独确认。因为现场手写的退费或者解除合同条款不属于格式条款，不受上面规定的限制。

第二种错误是喜欢强调有最终解释权。

2015 年，北京 × × 世纪信息技术有限公司在公司网站页面发布“2015 年 11 月 1 日至 10 日举办‘大牌盛典　竞猜有礼’活动”的相关内容。其中，活动细则中有“在法律允许的范围内，本活动最终解释权归 × × 所有”的字样。工商部门认定：该公司的上述行为违反了《侵害消费者权益行为处罚办法》第 12 条第 6 项的规定，排除了消费者享有解释条款的权利，属于在店堂告示中经营者单方享有解释权或者最终解释权的行为。依据《侵害消费者权益行为处罚办法》第 15 条的规定，责令该公司停止违法行为，并罚款 1000 元。

我只能说这家公司很冤，都已经说了“在法律允许的范围内”，还是被执法部门处罚了。但是这不是执法部门的问题，而是规章的问题。任何经营者开展经营活动都要宣传、介绍。所谓解释，不过是针对消费者的疑问，就没有介绍清楚的内容进行的补充介绍。所以经营者应当有解释权，甚至有时是必须的。至于经营者解释有没有效，取决于解释是否合法，如果解释的内容没有限制消费者权利、没有免除经营者责任、没有加重消费者义务，就是合法的，即使经营者宣称有最终解释权对消费者的权益也不产生影响。反过来讲，如果经营者宣传、介绍内容侵害了消费者权益，即使不宣称有最终解释权，也是不允许的。因此，经营者宣称有最终解释权对消费者不产生直接影响。但是，规章就这样规定了，立法层面在制定这条规定时可能还有其他考虑，所以经营者还是要遵守，否则要受到处罚。

许多经营者在通知、声明、店堂告示的末尾加上一句“××活动最终解释权归××所有”，心情其实是可以理解的，主要是担心通知、声明、告示有没有说清的地方，为了避免纠纷，防止挂一漏万，所以采取了这种一劳永逸的方法。但是，我要提醒广大商家，有时候一劳永逸并不一了百当。《合同法》第41条规定的很清楚，“对格式条款的理解发生争议的，应当按照通常理解予以解释。对格式条款有两种以上解释的，应当作出不利于提供格式条款一方的解释。格式条款和非格式条款不一致的，应当采用非格式条款”。换句话说，即使商家宣称自己有最终解释权，法律也不一定认可，甚至可能做出不利于商家的解释。不仅如此，宣称有最终解释权还可能招来职业打假人敲诈，或者引来执法部门的处罚。所以说，宣称有最终解释权在目前看是有百害而无一利，大家尽量不要在通知、声明、告示声明有最终解释权。

许多经营者还是希望有某种方法，尽量能够避免因理解的歧义而产生纠纷。那么，有什么变通的方法吗？答案是有的。首先，经营者一定要低调。执法部门对经营者宣称有某某权、某某权非常敏感。一听经营者有某某权，执法部门立马就联想到，“你有了这个权，有没有增加消费者义务？有没有排除或者限制消费者权利？”于是接踵而来的就是调查。所以商家不要动不动就宣称自己有权，不光是解释权，所以权利都是这样。记住，权利是你的就是你的，不宣称也是你的。

其次，要明确自己的目的。宣称有解释权的核心目的不就是希望一旦发生争议，以“我”说的为准吗？那就换个说法，把“有最终解释权”换成“以上说明如有不明之处，欢迎向我司咨询”。这样一来，显得又诚恳、又热情，还把责任推给了对方，“有纠纷是因为你没明白造成的”。如果再强硬一点，“以上信息如有不明之处，请在交易前务必向我司确认”，进一步把责任推给对方，“你的理解错误，应该向我们确认，但你没有向我们的确认”。

上面介绍的是商家在限制消费者权利方面常犯的错误，这些错误想想办法还能找到一些解决的方法。但是,还有一些低级错误,真的是没救了。

霍尔果斯市某名品店为了节省手续费,自 2015 年 11 月起,以收银台结账的消费者多,造成拥挤,办理小额刷卡不便为由,在店内收银机前摆放“消费低于 200 元不能刷卡”字样的提示牌。2016 年 1 月,霍尔果斯市工商局执法人员对该名品店检查时,发现该店的这一行为。工商部门认定,该名品店以提示牌的形式规定“消费低于 200 元不能刷卡”,违反了《消费者权益保护法》第 26 条第 2 款的规定,属限制消费者权利行为。工商部门依法作出了罚款 2000 元的行政处罚。

再看下面这个声明。某电商为了防止职业打假人利用绝对化用词和功能性用词索赔,发布了一个不予赔付的声明。这个电商不知道,这个声明从宣布不予赔付之时起,就是无效的,所以该赔还是要赔。不仅如此,就这个不赔付的声明本身,就是在限制消费者权利,职业打假人举报到执法部门,执法部门想不罚你都难。这个声明明显地在授人以柄。

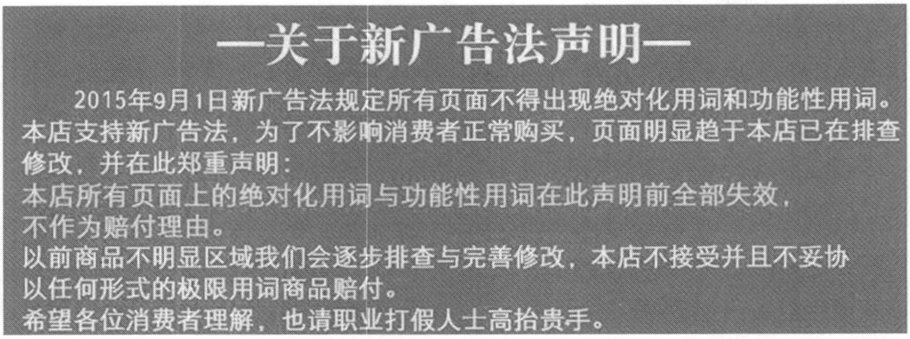
—关于新广告法声明—
2015年9月1日新广告法规定所有页面不得出现绝对化用词和功能性用词。
本店支持新广告法,为了不影响消费者正常购买,页面明显趋于本店已在排查修改,并在此郑重声明:
本店所有页面上的绝对化用词与功能性用词在此声明前全部失效,不作为赔付理由。
以前商品不明显区域我们会逐步排查与完善修改,本店不接受并且不妥协以任何形式的极限用词商品赔付。
希望各位消费者理解,也请职业打假人士高抬贵手。

2. 不得减轻或者免除经营者责任

限制格式条款的第二个方面,是禁止经营者利用格式合同减轻或者免除自己的责任。《合同违法行为监督处理办法》第 9 条规定,经营者与消费者采用格式条款订立合同的,经营者不得在格式条款中免除自己的下列责任:(一)造成消费者人身伤害的责任;(二)因故意或者重大过失造成消费者财产损失的责任;(三)对提供的商品或者服务依法应当承担的保证责任;(四)因违约依法应当承担的违约责任;(五)依法应当承担的其他责任。

《侵害消费者权益行为处罚办法》第12条规定,经营者向消费者提供商品或者服务使用格式条款、通知、声明、店堂告示等的……不得作出含有下列内容的规定:(一)免除或者部分免除经营者对其所提供的商品或者服务应当承担的修理、重作、更换、退货、补足商品数量、退还货款和服务费用、赔偿损失等责任。

贺州市某汽车销售公司在与消费者订立的《销售合约书》中,利用格式条款规定经营者不能按预定交车时,无息退还订金。2014年,贺州市工商局在合同违法行为专项检查中发现这一问题。贺州市工商局认定,该条款免除了经营者应当退回订金并支付订金利息的责任,违反了《合同法》《消费者权益保护法》等法律法规规定,属《合同违法行为监督处理办法》第9条第4项规定的合同违法行为,依法对该汽车销售公司给予了处罚。

2014年,北流市某客运中心货物物流服务部在其使用的"物流托运单"中利用格式条款免除快递服务部的货物查验责任和因自身原因造成货物破损应当承当的赔偿责任等。北流市工商局认定,该服务部违反了《合同法》《消费者权益保护法》等法律法规规定,属《合同违法行为监督处理办法》第9条规定的合同违法行为。北流市工商局依法对该物流服务部的违法行为进行了处罚。

3. 不得加重消费者责任

限制格式条款的第三个方面,是禁止经营者利用格式合同加重消费者责任。《合同违法行为监督处理办法》第10条规定,经营者与消费者采用格式条款订立合同的,经营者不得在格式条款中加重消费者下列责任:(一)违约金或者损害赔偿金超过法定数额或者合理数额;(二)承担应当由格式条款提供方承担的经营风险责任;(三)其他依照法律法规不应由消费者承担的责任。

2014年,桂林市某自来水公司制定新版的《委托银行代扣代交水费合同》时利用格式条款设定5‰的违约金标准,高于中国人民银行规定的金融机构计收逾期利息标准的20倍。桂林市工商局认定,该公司违反了《合同法》《城市供水条例》等有关规定,属于《合同违法行为监督处理办法》第10条第1项中规定的在合同中利用格式条款加重消费者违约金或者损害赔偿金超过法定数额或者合理数额的违法行为。桂林市工商局责令该公司立即改正违法行为，并对该公司处以罚款。

4. 不公平、不合理格式条款的责任

经营者制定不公平、不合理格式条款，限制消费者权利、免除自己义务、加重消费者责任，将产生两个方面后果：

一是该格式条款无效。《消费者权益保护法》第 26 条第 3 款规定，格式条款、通知、声明、店堂告示等含有前款所列内容的，其内容无效。《合同法》第 40 条规定，格式条款具有本法第 52 条和第 53 条规定情形的，或者提供格式条款一方免除其责任、加重对方责任、排除对方主要权利的，该条款无效。

二是将受到工商部门处罚。《合同违法行为监督处理办法》第 12 条规定，当事人违反本办法第 6 条、第 7 条、第 8 条、第 9 条、第 10 条、第 11 条规定，法律法规已有规定的，从其规定；法律法规没有规定的，工商行政管理机关视其情节轻重，分别给予警告，处以违法所得额 3 倍以下，但最高不超过 3 万元的罚款，没有违法所得的，处以 1 万元以下的罚款。

《侵害消费者权益行为处罚办法》第 15 条也规定，经营者违反本办法第 12 条、第 13 条规定，其他法律、法规有规定的，依照法律、法规的规定执行；法律、法规未作规定的，由工商行政管理部门责令改正，可以单处或者并处警告，违法所得 3 倍以下、但最高不超过 3 万元的罚款，没有违法所得的，处以 1 万元以下的罚款。

5. 有争议格式条款的理解

现实生活中，经常发生对格式条款理解的问题。在前面的案例分析中提到了这个问题，在此再强调一遍，《合同法》第 41 条规定，对格式条款的理解发生争议的，应当按照通常理解予以解释。对格式条款有两种以上解释的，应当作出不利于提供格式条款一方的解释。格式条款和非格式条款不一致的，应当采用非格式条款。

5.2.5 个人信息保护

网络经济的本质是信息经济。随着网络经济的兴起,消费者的个人信息被广泛采集、使用,然而消费者的个人信息也被大量侵权。对此,《消费者权益保护法》等法律法规明确规定对消费者个人信息加以保护。主要有三个方面。

一、不得擅自收集、使用消费者个人信息

《消费者权益保护法》第29条第1款规定,经营者收集、使用消费者个人信息,应当遵循合法、正当、必要的原则,明示收集、使用信息的目的、方式和范围,并经消费者同意。经营者收集、使用消费者个人信息,应当公开其收集、使用规则,不得违反法律、法规的规定和双方的约定收集、使用信息。

《侵害消费者权益行为处罚办法》第11条第1项规定,经营者收集、使用消费者个人信息,应当遵循合法、正当、必要的原则,明示收集、使用信息的目的、方式和范围,并经消费者同意。未经消费者同意,经营者不得收集、使用消费者个人信息。

2016年1月,群众举报某开发公司涉嫌违法收集使用个人信息。经查,某开发公司为促进其开发小区楼盘的销售,自制宣传彩页,以商函信件的形式邮寄给该开发小区周边的机关企事业单位工作人员,共计500件。以上个人信息的收集、使用、向个人发送广告均未征得消费者本人的同意。工商部门认为,该公司为推销小区楼盘,在未经消费者同意的情况下,收集、使用得到的个人信息,并邮寄商业性广告,其行为违反了《消费者权益保护法》《侵害消费者权益行为处罚办法》的有关规定,侵犯了消费者的合法权益,已构成未经消费者同意,非法收集、使用消费者个人信息的行为。依据相关规定,工商部门责令该公司立即改正上述违法行为,并处罚款3万元。

消费者个人信息不得随意收集、使用。那么哪些信息属于消费者个人信息呢?依据《侵害消费者权益行为处罚办法》第11条第2款规定:消费者个人信息是指经营者在提供商品或者服务活动中收集的消费者姓名、性别、职业、出生日期、身份证件号码、住址、联系方式、收入和财产状况、健康状况、消费情况等能够单独或者与其他信息结合识别消费者的信息。

经营者收集消费者信息需要注意三个方面。一是要遵循合法、正当、必要的原则,即不相关的信息不要收集。比如消费者给孩子报名参加美术班,美术班培训者可以收集消费者孩子姓名、年龄等信息,但收集家庭住址、收入状况等信息就超出了必要的范围。二是向消费者说明收集、使用信息的目的、方式和范围。三是也是最关键的,要经消费者同意。违反这三个方面,都可能被追究行政责任。

二、不得泄露、出售或者非法提供消费者个人信息

《消费者权益保护法》第 29 条第 2 款规定,经营者及其工作人员对收集的消费者个人信息必须严格保密,不得泄露、出售或者非法向他人提供。经营者应当采取技术措施和其他必要措施,确保信息安全,防止消费者个人信息泄露、丢失。在发生或者可能发生信息泄露、丢失的情况时,应当立即采取补救措施。

《侵害消费者权益行为处罚办法》第 11 条第 2 项规定,经营者收集、使用消费者个人信息,应当遵循合法、正当、必要的原则,明示收集、使用信息的目的、方式和范围,并经消费者同意。经营者不得泄露、出售或者非法向他人提供所收集的消费者个人信息。

三、不得擅自发送商业性信息

这是商家经营犯的错误。

《消费者权益保护法》第 29 条第 3 款规定,经营者未经消费者同意或者请求,或者消费者明确表示拒绝的,不得向其发送商业性信息。

《侵害消费者权益行为处罚办法》第 11 条第 3 项规定,经营者收集、使用消费者个人信息,应当遵循合法、正当、必要的原则,明示收集、使用信息的目的、方式和范围,并经消费者同意。未经消费者同意或者请求,或者消费者明确表示拒绝,经营者不得向其发送商业性信息。

此外,《广告法》第 43 条也规定,任何单位或者个人未经当事人同意或者请求,不得向其住宅、交通工具等发送广告,也不得以电子信息方式向其发送广告。

未经消费者同意,擅自向消费者发送广告的,依据《消费者权益保护法》第

56 条和《广告法》第 63 条规定，工商部门将进行行政处罚。

2017 年 4 月中旬，遂宁市城区多名消费者不断收到某装饰设计公司推销住房装饰装修服务电话和短信，影响了正常生活，于是向遂宁市保护消费者权益委员会投诉，要求该公司立即停止滥打电话和滥发短信行为。遂宁市消委会调查发现，该装饰设计公司有一本纸质信息表册，表册中有近年来遂宁市区 8 个较大楼盘购房者的信息，包括业主姓名、房号、面积、电话号码等个人信息 4141 条。这些信息是该装饰设计公司员工通过他们在一些售楼部当售楼服务员的朋友处获取购房消费者的个人信息。该公司未经消费者同意发送商业信息，影响了消费者正常生活行为，已构成了对消费者个人信息的侵犯，该公司应当承担相应的责任。经调解，双方达成一致意见，该公司立即停止侵害消费者个人信息的行为并向消费者赔礼道歉。同时，遂宁市消费者权益保护委员会启动了“诉转案”程序，遂宁市工商局责令该公司改正违法行为，并罚款 8000 元。

5.3 禁止欺诈

欺诈属于侵权的一种，但因为《消费者权益保护法》规定了惩罚性赔偿，许多职业打假人又利用欺诈进行索赔，使得欺诈不同于一般的侵权。因此，本节重点谈谈欺诈。

5.3.1 什么是欺诈?

《消费者权益保护法》第 55 条第 1 款规定，经营者提供商品或者服务有欺诈行为的，应当按照消费者的要求增加赔偿其受到的损失，增加赔偿的金额为消费者购买商品的价款或者接受服务的费用的 3 倍；增加赔偿的金额不足 500 元的，为 500 元。法律另有规定的，依照其规定。第 2 款规定，经营者明知商品或者服务存在缺陷，仍然向消费者提供，造成消费者或者其他受害人死亡或者健康严重损害的，受害人有权要求经营者依照本法第 49 条、第 51 条等法律规定赔偿损失，并有权要求所受损失 2 倍以下的惩罚性赔偿。

这就是《消费者权益保护法》著名的惩罚性条款，也是催生了大量职业打假人的激励条款，它既给广大消费者带来了福音，也给广大经营者带来了烦恼。然而，如果仔细研读一下，会发现《消费者权益保护法》只规定了欺诈的后果，却没有规定什么是欺诈。

什么是欺诈呢？按照最高人民法院《关于贯彻执行〈中华人民共和国民法通则〉若干问题的意见》第 68 条规定，一方当事人故意告知对方虚假情况，或者故意隐瞒真实情况，诱使对方当事人作出错误意思表示的，可以认定为欺诈行为。换句话说，就是经营者故意告知消费者虚假信息，或者故意隐瞒真实信息，从而使消费者作出错误判断并进行交易，这就是欺诈。

这是目前最权威的欺诈定义。许多商家就不明白了，怎么最高人民法院对贯彻执行《民法通则》出了一个意见，既没说这是法律、也没有说这是法规，怎么就成最权威了呢？这是因为《民法通则》是《消费者权益保护法》的母法，《消费者权益保护法》的许多规定就源于《民法通则》，最高人民法院对《民法通则》的解释同样适用于《消费者权益保护法》。此外，最高人民法院的这个意见属于司法解释，全国法院系统都要遵守，并按照这个意见进行裁判。全国执法部门、消费者和经营者也要遵守这个意见。如果某个执法部门、消费者和经营者不遵守这个意见，在司法审判中将被判败诉；要想不败诉，就要遵守按照这个意见来行事。因此，这个意见通过各级人民法院的裁判，间接影响到全国执法部门、消费者和经营者。

欺诈更多地是侵害了消费者的知情权，相对应的是经营者的如实告知义务。根据《消费者权益保护法》第 20 条、第 21 条的规定，经营者向消费者提供有关商品或者服务的质量、性能、用途、有效期限等信息，应当真实、全面，不得作虚假或者引人误解的宣传。经营者对消费者就其提供的商品或者服务的质量和使用方法等问题提出的询问，应当作出真实、明确的答复。经营者提供商品或者服务应当明码标价。经营者应当标明其真实名称和标记。租赁他人柜台或者场地的经营者,应当标明其真实名称和标记。

经营者能够遵守上述规定,基本上就能避免被认定为欺诈。当然《侵害消费者权益行为处罚办法》对欺诈还作了一些具体的认定。

一、告知虚假信息是欺诈

2015 年 9 月,海南州工商局对黄某经营的火锅店以鸭肉、鸭板肉冒充牛羊肉欺诈消费者的行为进行了立案调查。经查,黄某从西宁交通综合批发市场购进“香福隆精制肉卷”(鸭肉)和无标识的“二号鸭板肉”,经过分割后冒充高价位的“鲜小肥羊”(羊肉卷)和“优质肥牛”(牛肉卷)提供消费者就餐。截至案发,黄某已使用“香福隆精制肉卷”9 卷、“二号鸭板肉”6 板。黄某的行为严重侵害了消费者的知情权,扰乱了食品市场秩序,主观恶意明显,构成欺诈消费者行为。工商部门对此依法作出罚款 1 万元的行政处罚。

二、隐瞒真实情况也是欺诈

2014 年 2 月 22 日,消费者安某与广州某汽车公司签订合同,订购路虎汽车一辆。同年 3 月 15 日,安某从广州某汽车公司提车。2017 年 1 月,安某在 4S 店维修车辆时,从路虎全国车辆信息系统查询到该车曾在 2014 年 2 月 28 日更换过后档玻璃,右前门曾在 2014 年 3 月 10 日喷过漆。安某认为广州某汽车公司刻意隐瞒了上述维修事实,经与该公司多次沟通协商处理未果,于是到法院提起诉讼,请求撤销与被告广州某汽车公司签订的汽车销售合同,判决原告退还车辆给被告,被告立即退还原告购车款 105.8 万元及利息,被告赔偿原告车辆购置税 87435 元、后档玻璃维修费 850 元,被告加倍赔偿原告购车款 306.9 万元。经审理,法院判决广州某汽车公司向安某支付车辆后档玻璃维修费 850 元,并赔偿 40 万元。

这个案子,广州某汽车公司没有告知安某车辆交付前的维修情况,侵害了安某作为消费者的知情权。法院综合广州某汽车公司的侵权情节、车辆的价值、对原告的适当补偿等因素,没有判令该公司支付 3 倍价款的惩罚性赔偿,但也酌定该公司赔偿安某 40 万元。这是因为法院考虑车辆喷漆维修为非核心部件的普通维修,不会影响车辆的基本功能和安全性能,也不会影响车辆外观,所以按照购销合同的原理处理。如果是情节确实恶劣构成欺诈的,不排除按照消费者权益保护法,判令商家支付3倍价款的惩罚性赔偿。

2017年4月12日,王某在某通信设备经营部拟购买一部vivoX9手机,门店内标价为2598元。王某经与店员交涉,对方同意以2000元成交,王某遂刷卡支付了2000元购买手机。交钱后,店员告知王某其购买的手机是合约机,需要另行预存2699元话费才能使用,并打印了一张BBS运营特惠机型说明单给王某,末端处需要顾客确认并签名。王某不同意再另行支付2699元。此后,王某多次与该经营部协商退货、退款及赔偿事宜,均没有结果。于是,王某以该经营部欺诈为由向法院提起诉讼,请求该经营部返还购机款2000元并赔偿6000元。一审法院认为,该经营部故意隐瞒需要另行预存话费才可使用手机的情况,诱惑王某先行支付了2000元货款,其行为有违诚实信用原则,侵犯了王某知悉商品真实情况的权利及自主选择的权利,已构成欺诈。据此,判决王某退还TCL750手机给该经营部,该经营部向王某退还货款2000元并向王某赔偿6000元。该经营部不服,提起上诉。广州中院判决驳回上诉,维持原判。

三、主观没有过错不构成欺诈

还是前面提到过的例子。2015年12月25日,消费者魏先生在电商平台A商城上购买了一台某品牌43英寸2D智能LED液晶电视一台,安装调试后,发现电视机四角漏光。魏先生申请无理由退货,被A商城拒绝。魏先生诉至法院,要求解除其与A商城订立的买卖合同,A商城返还电视机款2088元外,还要求支付3倍赔偿款6264元。

法院经审理认为,《消费者权益保护法》第55条第1款第1分句规定,经营者提供商品或者服务有欺诈行为的,应当按照消费者的要求增加赔偿其受到的损失,增加赔偿的金额为消费者购买商品的价款或者接受服务的费用的3倍。魏先生3倍赔偿款的诉讼请求是否得到支持,前提是A商城是否存在欺诈行为。民法上说的欺诈是指一方当事人故意告知对方虚假情况,或者故意隐瞒真实情况,诱使对方当事人作出错误的意思表示。从本案看,A商城作为销售涉案品牌电视的经营者,负有向消费者提供有关商品的质量、性能、用途、售后等信息的义务,对该商品不得作出虚假或使人误解的宣传。A 商城在销售过程(包括广告)并未对该商品作虚假宣传,其提供的涉案品牌电视机显示器四角存在漏光的问题是属于合同履行过程中供方提供产品不符合合同约定的情形。魏先生作为买方,可以据此提出退货、更换以及相应的赔偿请求。A 商城支持 7 天无理由退货的承诺,其后来提出此单商品已开包使用,无法无理由退货,是不履行其承诺,是对《消费者权益保护法》第 25 条的限制使用,并不构成欺诈。因此,魏先生要求 A 商城支付 3 倍赔偿款的诉讼请求,缺乏合理依据,法院认为不应当予以支持。但考虑到魏先生因提起诉讼,存在一定经济损失,法院酌定 A 商城赔偿魏先生经济损失 500 元。

5.3.2 商品欺诈

《侵害消费者权益行为处罚办法》第 5 条规定:经营者提供商品或者服务不得有下列行为:(一)销售的商品或者提供的服务不符合保障人身、财产安全要求;(二)销售失效、变质的商品;(三)销售伪造产地、伪造或者冒用他人的厂名、厂址、篡改生产日期的商品;(四)销售伪造或者冒用认证标志等质量标志的商品;(五)销售的商品或者提供的服务侵犯他人注册商标专用权;(六)销售伪造或者冒用知名商品特有的名称、包装、装潢的商品;(七)在销售的商品中掺杂、掺假,以假充真,以次充好,以不合格商品冒充合格商品;(八)销售国家明令淘汰并停止销售的商品……

其中,第 1 项至第 6 项规定行为之一且不能证明自己并非欺骗、误导消费者而实施此种行为的,属于欺诈行为。第 7、8 项规定的行为,直接认定为欺诈行为。之所以这样规定,是因为商品不是经营者生产的,至于商品或者服务能否保障人身财产安全,是否失效、变质、伪造产地等,许多经营者也不知情。当然也有的经营者是知情的。怎么区分呢?《侵害消费者权益行为处罚办法》规定了推定原则,如果经营者不能证明自己并非欺骗、误导消费者而实施此种行为,就推定为欺诈。至于第 7、8 项规定的行为,掺杂、掺假是经营者自己实施的行为,明令淘汰并停止销售的商品有国家的规定,这些情况经营者再说自己不知情,显然不合理，因此《侵害消费者权益行为处罚办法》直接认定为欺诈。

一、以假充真是欺诈

2015年12月，消费者薛先生与某装饰装修公司签订协议，委托该装修公司制定、安装3扇实木门，并支付全部费用11190元。2016年4月30日，该装修公司制作完毕，并给薛先生安装了3扇门。2016年7月27日，其中一房间门套开裂，薛先生发现该门套不是当初承诺的实木门套，而是复合板材。薛先生当即要求该装修公司重新制作。2016年8月28日，薛先生再次发现定做的3扇门主体部分均非合同约定的实木门，全部是复合板材。薛先生要求该装修公司退还成品木门订购款11190元，并依法承担3倍欺诈赔偿责任。该装修公司只同意退还订购款，拒绝支付惩罚性赔偿。薛先生于是向工商部门投诉，请求维护消费者合法权益。经工商部门调查，薛先生反映情况属实。该装修公司承认材质不符合约定，同时表示是因为订单太多，工作人员失误，看错订单，导致订制错误。工商部门认为，工作人员失误是装修公司内部的管理问题，对外不论是何原因，只要用复合板材代替实木，就是以假充真，是欺诈。经调解，该装修公司退还薛先生成品木门订购款11190元，现有复合板材门套不再拆除，赠送给薛先生，并依法承担欺诈赔偿8810元。

二、以次充好是欺诈

为扩大市场竞争力，降低经营成本，2015年9月起，某经销处将消费者试用后退回的饮水机更换滤芯，并将饮水机内部冲洗擦拭后冒充新机继续销售。在销售的过程中，该经销处没有将真实的情况如实告知给消费者。工商部门认定，该经销处销售饮水机以次充好、以旧充新，其行为侵犯了消费者的合法权益，扰乱了市场正常经济秩序，违反了《消费者权益保护法》和《侵害消费者权益行为处罚办法》的有关规定。依据相关规定，工商部门对其作出责令立即停止违法行为，合计罚没金额5万元的行政处罚。

三、以旧充新是欺诈

2017年2月1日，马某在某通信公司购买了一部手机，价格为3099元。后来，马某发现手机屏幕出现烧屏，经检测表明机器故障，该机曾在2017年1月19

日被激活。因此,马某认为该通信公司存在以旧充新的消费欺诈行为,于是向法院起诉,请求该通信公司退还货款及利息,并赔偿3倍手机价款9297元。该通信公司解释称,涉案手机就是在验货时被激活了,但并非旧机。法院经审理后判决,马某将所购手机退还给该通信公司,该通信公司退还马某货款3099元,另赔偿9297元。

四、冒用清真标识是欺诈

2016年1月,群众举报某农贸市场牛羊肉批发行冒用清真标识销售肉类制品。经查,该批发行于2015年12月初开始,在未取得民族事务管理部门备案、领取清真标识的情况下,在经营过程中悬挂带有清真标识的牌匾,从事肉品经营。工商部门认定,其上述行为违反了《侵害消费者行为处罚办法》的规定,工商部门依法对其处以3.2万元罚款。

五、冒用他人注册商标是欺诈

2014年10月3日,消费者于女士在某装饰城内购买一套商标为"露水河"的橱柜,共花费5600元。使用1个多月后,发现该橱柜出现了漆面脱落、柜体开裂等现象。于女士怀疑该橱柜为假冒"露水河"商品,便将部分板材邮寄到吉林森林工业股份有限公司北京通州经营部进行鉴定。经鉴定,该板材为假冒"露水河"刨花板。据此,于女士以经销商出售假冒伪劣商品为由,要求退货并赔偿3倍货款,但经销商拒绝了于女士的要求。于是,于女士向消费者协会投诉。经调查,橱柜经销商仅可提供一份商品出库单的票据,无法提供出售该商品的授权书及进货凭证。经调解,经销商为于女士退货,并进行了3倍的赔偿。

5.3.3 食品欺诈

食品是特殊的商品,在涉及食品的欺诈上优先适用《食品安全法》。如果《食品安全法》没有规定,再适用《消费者权益保护法》等法律法规。《食品安全法》第148条第2款规定,生产不符合食品安全标准的食品或者经营明知是不符合食品安全标准的食品,消费者除要求赔偿损失外,还可以向生产者或者经营者要求支付价款10倍或者损失3倍的赔偿金;增加赔偿的金额不足1000元的,为

1000 元。但是,食品的标签、说明书存在不影响食品安全且不会对消费者造成误导的瑕疵的除外。

一、食品欺诈惩罚更重

普通商品或者服务欺诈,惩罚性赔偿是购买商品的价款或者接受服务的费用的 3 倍;增加赔偿的金额不足 500 元的,为 500 元。食品欺诈,惩罚性赔偿是支付价款 10 倍或者损失 3 倍的赔偿金;增加赔偿的金额不足 1000 元的,为 1000 元。食品的惩罚性赔偿力度远高于普通商品。

2016 年 7 月,付某从郑某经营的网店购买了 500 克散装牛肉干 2 袋,花费 170 元。付某在收到涉案产品 12 日后发起退货申请,理由是:包装三无不合格食品。郑某收到退货申请后退还付某 170 元。付某认为,涉案食品没有厂名、厂址,是三无产品,不符合食品安全法的规定,起诉要求郑某支付 10 倍价款的惩罚性赔偿金 1700 元。法院审理认为,付某提交涉案牛肉干实物照片、某网络购物平台交易日志等证据显示郑某经营的网店向付某出售的涉案食品外包装上没有标注生产经营者名称、地址、联系方式等内容,涉案食品属于不符合食品安全标准的食品,依照《食品安全法》的相关规定,应承担相应的民事责任。故判决郑某支付付某 10 倍价款的惩罚性赔偿金 1700 元。

二、不符合食品安全标准的认定

食品惩罚性赔偿的前提是不符合食品安全标准。何为不符合食品安全标准,请重点阅读本书第 3.2 节的内容。

2016 年 9 月 15 日,刘某从某商场购买 SBT 牌含气天然矿泉水 1 瓶,花费 7.9元,该矿泉水中文标注“生产日期见瓶盖,保质期 18 个月”,而矿泉水瓶盖上标注的日期为 2017 年 6 月 2 日。刘某认为某商场销售的矿泉水属于不符合食品安全标准的食品,起诉要求某商场退还货款及支付惩罚性赔偿金 1000 元。法院经审理认为,本案争议的焦点是矿泉水生产日期标识错误,是否影响食品安全以及对消费者造成误导。生产日期是食品是否安全、是否可食用的重要标识,消费者据此判断和安排食用的日期。生产日期标识错误极有可能会对消费者购买及食用食品造成误导,对消费者的身体健康造成危害。本案矿泉水生产日期标识错误，虽然水质本身可能没有问题，但存在超过真实保质期而被消费者购买饮用的可能，因此属于不符合食品安全标准的食品，刘某有权要求退货并按相关法律规定进行索赔。故判决某商场退还刘某货款 7.9 元，并支付惩罚性赔偿金 1000 元。

根据《食品安全法》第 148 条第 2 款规定，生产不符合食品安全标准的食品或者经营明知是不符合食品安全标准的食品，消费者可以要求支付惩罚性赔偿。但是食品的标签、说明书存在不影响食品安全且不会对消费者造成误导的瑕疵的除外。本案中，生产日期是消费者选择食品的重要参考，其标识错误将对消费者购买、食用产生误导，且有可能对消费者的身体健康造成危害，因此，本案矿泉水不适用《食品安全法》第 148 条第 2 款但书的例外规定，故法院判决该矿泉水不符合食品安全标准，该商场支付惩罚性赔偿。

5.3.4 计量欺诈

短斤少两是常见的欺骗行为，从分类上讲属于计量欺诈。根据《侵害消费者权益行为处罚办法》第 5 条第 9 项规定，经营者提供商品或者服务不得故意使用不合格的计量器具或者破坏计量器具准确度。《侵害消费者权益行为处罚办法》第 16 条第 2 款规定，经营者有本办法第 5 条第 7 项至第 10 项、第 6 条和第 13 条规定行为之一的，属于欺诈行为。

《计量法》第 27 条也规定，使用不合格的计量器具或者破坏计量器具准确度，给国家和消费者造成损失的，责令赔偿损失，没收计量器具和违法所得，可以并处罚款。

2015 年 8 月，德令哈市工商局根据消费者投诉对海西州某液化气供应站进行检查时，发现该站使用的计量器具检验已于 2015 年 4 月过期。经海西州质检所检测，该计量器具的误差额为每 500 克气少 100 克，属不合格器具。至案发时为止，该站违法所得 5482 元。工商部门认定，该液化气供应站使用不合格计量器具从事经营活动的行为，违背了诚实守信的商业原则，损害了消费者的合法权益，构成消费欺诈行为。工商部门依法没收该站违法所得 5482 元，并罚款16446 元。

一、定量包装的计量规定

非预制包装的商品或者服务容易短斤少两，预制包装的商品也常常短斤少两。

2017 年 3 月，安吉县市场监管局根据消费者举报，前往安吉某投资有限公司某超市检查，经德清县质检中心检测，该超市销售的“吉祥如意”袋装大米（标注广德县 × ×粮油购销有限公司生产，净含量为 10kg）、“百穗”袋装大米（标注盘锦 × ×米业有限公司生产，净含量为 15kg）、“五香泉”袋装大米（标注五常市 × ×米业有限公司生产，净含量为 10kg）三个批次的袋装大米实际净含量均小于其标注的净含量，被判为净含量不合格。经核算，该三批次净含量不合格大米总货值为 7515 元。依据《定量包装商品计量监督管理办法》第 18 条规定，安吉县市场监管局责令安吉某投资有限公司不得销售净含量不合格商品，并进行了罚款处罚。

以销售为目的，在一定量限范围内具有统一的质量、体积、长度、面积、计数标注等标识内容的预包装商品被称为定量包装商品。定量包装商品的计量是有规定的。按照《定量包装商品计量监督管理办法》，定量包装商品计量规定主要有三个方面。

二、法定计量单位的选择

根据《定量包装商品计量监督管理办法》第 5 条规定，定量包装商品的生产者、销售者应当在其商品包装的显著位置正确、清晰地标注定量包装商品的净含量。净含量的标注由“净含量”（中文）、数字和法定计量单位（或者用中文表示的计数单位）三个部分组成。法定计量单位的选择应当符合下表的规定。以长度、面积、计数单位标注净含量的定量包装商品，可以免于标注“净含量”三个中文字，只标注数字和法定计量单位（或者用中文表示的计数单位）。

	标注净含量(Q_n)的量限	计量单位
质量	$Q_n<1000$ 克	g(克)
	$Q_n\geq1000$ 克	kg(千克)
体积	$Q_n<1000$ 毫升	mL(ml)(毫升)
	$Q_n\geq1000$ 毫升	L(l)(升)
长度	$Q_n<100$ 厘米	mm(毫米)或者cm(厘米)
	$Q_n\geq100$ 厘米	m(米)
面积	$Q_n<100$ 平方厘米	mm^2(平方毫米) 或者 cm^2(平方厘米)
	1 平方分米$\leq Q_n<100$ 平方分米	dm^2(平方分米)
	$Q_n\geq1$ 平方米	m^2(平方米)

三、标注字符高度

根据《定量包装商品计量监督管理办法》第 6 条规定,定量包装商品净含量标注字符的最小高度应当符合下表的规定。

标注净含量(Q_n)	字符的最小高度(mm)
$Q_n\leq50g$ $Q_n\leq50mL$	2
$50g<Q_n\leq200g$ $50mL<Q_n\leq200mL$	3
$200g<Q_n\leq1000g$ $200mL<Q_n\leq1000mL$	4
$Q_n>1kg$ $Q_n>1L$	6
以长度、面积、计数单位标注	2

四、允许短缺量

根据《定量包装商品计量监督管理办法》第 8 条规定,单件定量包装商品的实际含量应当准确反映其标注净含量,标注净含量与实际含量之差不得大于下表规定的允许短缺量。第 9 条规定:批量定量包装商品的平均实际含量应当大于或者等于其标注净含量。

质量或体积定量包装商品的标注净含量(Q_n)g 或 ml	允许短缺量(T)* g 或 ml	
	Q_n的百分比	g 或 ml
0 ~ 50	9	—
50 ~ 100	—	4.5
100 ~ 200	4.5	—
200 ~ 300	—	9
300 ~ 500	3	—
500 ~ 1000	—	15
1000 ~ 10000	1.5	—
10000 ~ 15000	—	150
15000 ~ 50000	1	—
长度定量包装商品的标注净含量(Q_n)	允许短缺量(T)m	
$Q_n \leq 5$m	不允许出现短缺量	
$Q_n > 5$m	$Q_n \times 2\%$	
面积定量包装商品的标注净含量(Q_n)	允许短缺量(T)	
全部 Q_n	$Q_n \times 3\%$	
计数定量包装商品的标注净含量(Q_n)	允许短缺量(T)	
$Q_n \leq 50$	不允许出现短缺量	
$Q_n > 50$	$Q_n \times 1\%$ **	

注:1. 对于允许短缺量(T),当 $Q_n \leq 1$kg(L)时,T 值的 0.01g(ml)位修约至 0.1g(ml);当 $Q_n > 1$kg(L)时,T 值的 0.1g(ml)位修约至 g(ml);

2. 以标注净含量乘以 1%,如果出现小数,就把该数进位到下一个紧邻的整数。这个值可能大于 1%,但这是可以接受的,因为商品的个数为整数,不能带有小数。

如果定量包装商品计量违反以上规定,依据《定量包装商品计量监督管理办法》第 17 条规定,生产、销售定量包装商品违反本办法第 5 条、第 6 条、第 7 条规定,未正确、清晰地标注净含量的,责令改正;未标注净含量的,限期改正,逾期不改的,可处 1000 元以下罚款。第 18 条规定,生产、销售的定量包装商品,经检验违反本办法第 9 条规定的,责令改正,可处检验批货值金额 3 倍以下,最高不超过 30000 元的罚款。

5.3.5 价款欺诈

你付钱,我办事,是商家的道德底线。但有些商家却通过隐瞒信息,干起了只收钱不办事的生意,侵害了消费者权益。对此,根据《侵害消费者权益行为处罚办法》第 5 条第 10 项规定,经营者不得骗取消费者价款或者费用而不提供或者不按照约定提供商品或者服务。

自 2016 年 12 月起,湖州某汽车销售服务有限公司在销售汽车时,以新车出库需要进行 PDI 检测的名义向购买汽车的消费者收取出库费(PDI 检测费)。但实际上,该公司在接收新车后,已完成 PDI 检测,并以工时费的名义已向汽车生产厂家索赔了 PDI 检测费。该公司对消费者隐瞒了新车已进行 PDI 检测的情况,以此骗收消费者出库费(PDI 检测费)500 元/辆。2016 年 12 月至 2017 年 4 月,该公司共向消费者收取出库费(PDI 检测费)税后利润是 33011.13 元。此外,该公司以按揭抵押需要办理抵押公证的名义,向贷款购车的消费者收取公证费。但实际上,该公司并未向公证部门申请任何公证事项,也没有向任何行政事业单位交纳行政收费,同时隐瞒未公证的信息,以此骗收消费者贷款公证费。完税后,该公司实际收取公证费 30429.53 元。市场监管部门认定,该公司收取上述出库费(PDI 检测费)、公证费共 63440.66 元,构成骗取消费者价款的行为。依据《侵害消费者权益行为处罚办法》《消费者权益保护法》的相关规定,市场监管部门依法责令该公司立即改正违法行为,并处没收违法所得 63440.66 元,罚款 63440.66 元。

2016 年 6 月,消费者方某在太平区某营业厅办理宽带电话捆绑业务,合同内容为预存一年 50M 光纤网费 400 元(其中 100 元为即时话费),手机消费 45 元/月,宽带、手机执行同开同停合同规定,2016 年 7 月 1 日生效。但是消费者在 9 月缴纳欠费打印账单时发现,该营业厅每月实际收缴 195 元。2016 年 12 月 23 日,消费者与营业厅领导协商无效后,向太平区消费者协会投诉。太平区消协组织人员调查,经查消费者投诉问题情况属实。经过调解,该营业厅退回预存费用400元,并赔偿1000元人民币。

实际上,电商也会经常遇上价款欺诈的指控。有的电商因为标错了价格,导致卖一件赔一件,为了防止损失,于是采取不发货或者删单处理;有的电商促销活动前准备不充分,在活动开始后,发现没有足够的商品、赠品,无法按时发货。这些都是低级错误,没有什么好方法补救。一旦被职业打假人抓住,就会索要三倍赔偿。因此,电商应尽量避免出现这种情况。

5.3.6 宣传欺诈

在欺诈类型中,最常见的是作虚假或者引人误解的宣传。《侵害消费者权益行为处罚办法》第6条规定,经营者向消费者提供有关商品或者服务的信息应当真实、全面、准确,不得有下列虚假或者引人误解的宣传行为:(一)不以真实名称和标记提供商品或者服务;(二)以虚假或者引人误解的商品说明、商品标准、实物样品等方式销售商品或者服务;(三)作虚假或者引人误解的现场说明和演示;(四)采用虚构交易、虚标成交量、虚假评论或者雇佣他人等方式进行欺骗性销售诱导;(五)以虚假的"清仓价""甩卖价""最低价""优惠价"或者其他欺骗性价格表示销售商品或者服务;(六)以虚假的"有奖销售""还本销售""体验销售"等方式销售商品或者服务;(七)谎称正品销售"处理品""残次品""等外品"等商品;(八)夸大或隐瞒所提供的商品或者服务的数量、质量、性能等与消费者有重大利害关系的信息误导消费者;(九)以其他虚假或者引人误解的宣传方式误导消费者。

《侵害消费者权益行为处罚办法》第16条第2款规定,经营者有本办法第5条第7项至第10项、第6条和第13条规定行为之一的,属于欺诈行为。

2016年4月,消费者崔某等3人到某市消协投诉,称某电视台播出的"红桃k肝肾膏"广告称该药品疗效特别好、保证治愈率,并且有讲解说明、患者切身体会等。于是3人购买了2600元的药品,使用后病情加重,并出现很多副作用,消费者要求退款和赔偿。市消协接到消费者投诉后,立即展开调查,发现电视台播出的上述广告宣传存在扩大产品适用症、使用绝对化语言、夸大产品疗效等情况，且产品适用范围的宣传超出了药品监督管理部门批准的内容，使消费者盲目相信，造成错误的用药心理，导致购药消费纠纷。为保护消费者的合法权益，市消协根据《消费者权益保护法》第37条第1款第7项规定，支持消费者向人民法院提起诉讼。经法院依法调解，被告退还购药款、赔偿5000余元。

某焊接设备公司在其经营的某网络购物平台宣传"全网最全的最专业的焊机品牌""全网唯一厂家直销直营""网络销售冠军品牌""焊接设备网络销售领导品牌、第一品牌"。2015年12月29日，刘某在该焊接设备公司经营的某网络购物平台购买三台某型号电焊机，共计3624元。在使用过程中，三台电焊机中有一台损坏。2016年1月10日，刘某向质量技术监督部门投诉。质量监督部门对该焊接设备公司进行调查并对其产品进行抽检，认定该焊接设备公司在2015年8月25日至2016年1月18日没有有效的产品认证证书；百度搜索"十大品牌网"，在电焊机栏中没有某焊接设备公司的产品并作出行政处罚决定。刘某据此向该焊接设备公司主张3倍赔偿。双方协商未果，引起诉讼。法院经审理认为，本案产品为强制认证产品，质量监督部门的行政处罚决定，认定该焊接设备公司在刘某购买商品的期间内没有有效的产品认证证书；且该焊接设备公司在宣传页面中夸大宣传使刘某选择了该焊接设备公司的商品，该焊接设备公司的行为系告知对方虚假情况或故意隐瞒真实情况，诱使刘某作出错误的意思表示，构成欺诈。故判决解除合同，该焊接设备公司支付刘某3倍价款的惩罚性赔偿金。

5.3.7 服务欺诈

除了规定商品、计量、价款、宣传欺诈外，《侵害消费者权益行为处罚办法》还针对服务欺诈作了特别规定。第13条规定，从事服务业的经营者不得有下列行为：(一)从事为消费者提供修理、加工、安装、装饰装修等服务的经营者谎报用工用料，故意损坏、偷换零部件或材料，使用不符合国家质量标准或者与约定不相符的零部件或材料，更换不需要更换的零部件，或者偷工减料、加收费用，损害消费者权益的；(二)从事房屋租赁、家政服务等中介服务的经营者提供虚假信息或者采取欺骗、恶意串通等手段损害消费者权益的。

《侵害消费者权益行为处罚办法》第16条第2款规定，经营者有本办法第5条第7项至第10项、第6条和第13条规定行为之一的，属于欺诈行为。第15条规定，经营者违反本办法第12条、第13条规定，其他法律、法规有规定的，依照法律、法规的规定执行；法律、法规未作规定的，由工商行政管理部门责令改正，可以单处或者并处警告，违法所得3倍以下，但最高不超过3万元的罚款，没有违法所得的，处以1万元以下的罚款。

2013年7月，某消费者在柳州市某汽车贸易公司购买一辆速腾汽车，并在合同中要求加装DVD导航和真皮座椅套。使用后，该消费者发现座椅材质非"真皮"。据该汽车贸易公司解释，发生这样的事情是因为公司精品装饰部与销售部之间沟通的问题，造成了未按照与消费者签订的"购车协议"安装真皮座椅套，而是安装超纤皮座椅套。该消费者要求更换为真皮座椅，并赔偿3倍座椅费用。经工商部门调解，商家同意更换头层真皮座椅给消费者，并赔偿6000元。同时，工商部门认定，该公司违背合同协议约定的行为侵害了消费者的合法权益，违反了《侵害消费者权益行为处罚办法》的第13条规定。根据《侵害消费者权益行为处罚办法》第15条的规定，工商部门责令该公司停止侵害消费者权益的行为，并罚款3000元。

5.3.8 价格欺诈

利用虚假的价格欺骗消费者，也是部分不法商家的手段。《价格法》第14条第4项规定，经营者不得利用虚假的或者使人误解的价格手段，诱骗消费者或者其他经营者与其进行交易。

《价格法》第40条第1款规定，经营者有本法第14条所列行为之一的，责令改正，没收违法所得，可以并处违法所得5倍以下的罚款；没有违法所得的，予以警告，可以并处罚款；情节严重的，责令停业整顿，或者由工商行政管理机关吊销营业执照。有关法律对本法第14条所列行为的处罚及处罚机关另有规定的，可以依照有关法律的规定执行。第41条规定，经营者因价格违法行为致使消费者或者其他经营者多付价款的,应当退还多付部分;造成损害的,应当依法承担赔偿责任。

2016 年 6 月 17 日,湖州市物价局收到对某汽车用品公司价格欺诈的举报。经调查发现,该公司在某网络购物平台设有汽车用品网店。2016 年 5 月 20 日,该公司网店商品开展某款婴儿推车安全座椅聚划算促销活动,商品页面显示原价为 5386 元,日常促销价 2850 元,聚划算价 2550 元。经查,聚划算促销活动日期为 2016 年 5 月 20 日至 22 日,成交价为 2550 元/套;标示的日常促销价日期为 4 月 27 日至 5 月 19 日,成交价为 2850 元/套;标示原价 5386 元/套未销售过。物价局认定,该公司涉嫌不正当价格行为。2017 年 4 月 20 日,依据《价格法》第 40 条第 1 款、《价格违法行为行政处罚规定》第 7 条和《规范价格行政处罚权的若干规定》第 11 条第 2 款的规定,物价部门对该公司罚款 5000 元。

一、虚构原价属于价格欺诈

2016 年 8 月,荀某从某电子商务公司在某网络购物平台上经营的店铺购买指纹密码锁锁 1 套,价格为 5560 元。该电子商务公司在促销该商品时,宣传页面中标示原价为 12600 元,销售价为 5560 元。荀某查询涉案门锁历史价格走势发现,该商品近三个月日常销售价为 5560 元,有两次降价的记录。后荀某又咨询销售客服人员,客服人员答复该商品的正常销售价格为 5560 元,没有过 12600 元的售价。荀某认为该电子商务公司的行为构成欺诈,起诉要求该电子商务公司支付 3 倍价款的惩罚性赔偿金 16680 元。法院经审理认为,荀某在促销活动页面中宣传涉案商品原价为 12600 元,因促销而降价为 5560 元,而本案证据显示不存在原价 12600 元,该电子商务公司有虚构原价误导消费者的欺诈行为,应承担相应的民事责任。故判决该电子商务公司支付荀某 3 倍价款的惩罚性赔偿金 16680 元。

虚假价格在电商中是非常普遍的现象。一些电商为了促销商品,利用消费者喜欢打折、爱占便宜的心理,虚构原价并与现价做对比,以反映优惠力度,吸引消费者。这是违法的,消费者可以要求惩罚性赔偿。近年来,由于受到消费者的投诉较多,一些商家又有了变通方法,首先将原价称为指导价、成本价、划线价等，其次在网页最末尾做出声明，如下图。但无论怎么变都还是虚假价格。

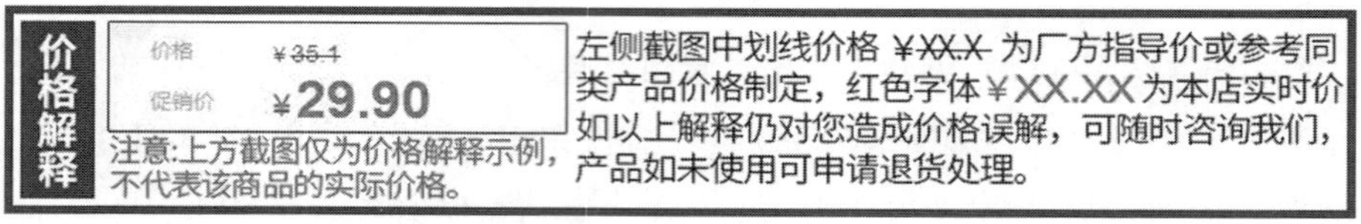

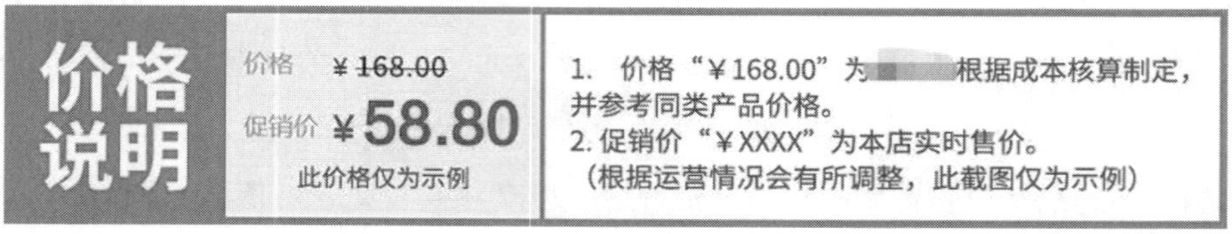

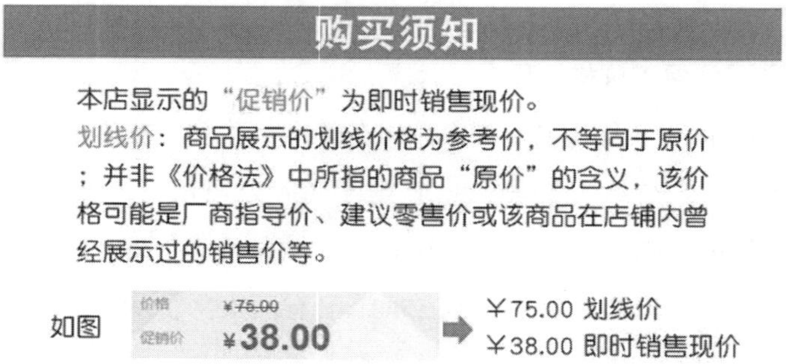

实际上，这些用指导价、成本价、划线价虚假标价，然后在网页下部再做声明的做法，都是“此地无银三百两”。职业打假人的手法与上面荀某诉某电子商务公司虚假标示密码锁的案子十分相似，就是做穷尽调查。只要指导价、成本价、划线价有一条声明内容被证伪，就是价格欺诈，最次也是虚假宣传，让你赔钱，一点没跑。至于网页最后的这些声明，如果仔细看过本章 5.2.4 格式条款的内容，就会知道这种免责声明没有任何效力，只能是商家掩耳盗铃的自我安慰罢了。相反，有了这些声明，往往说明价格有问题，反而容易引来职业打假人。所以看透这些，建议商家不要搞这种虚假标价，成事不足，败事有余。

二、不要犯低级错误

经常见到商家犯低级错误，包括价格的低级错误，而低级错误往往很难破解,只能尽量避免。

2016 年 12 月 28 日,消费者李某在阜新市太平区某大型超市买水果,标价每斤 2.18 元/斤,回家后发现结账单上是 3.98 元/斤。李某返回超市,再看一下价格还是 2.18 元/斤,于是找到超市负责人希望可以解决。负责人以服务忙没及时更换价签为由拒绝赔偿。李某于是到太平区消费者协会投诉。太平区消协调查了解情况后,认定消费者投诉的问题属实。经调解,超市负责人认识到自己的问题,对消费者赔礼道歉,并依据《消费者权益保护法》第 55 条规定给予李某 500 元赔偿。

5.4 消费者与经营者

在此之前,我们讨论的都是商品或者行为的相关规定。但是在实践,还有一种更为重要却往往容易被人忽略的内容,那就是身份。消费者因为消费者的身份而享有权利,经营者因为经营者的身份而承担义务。身份是消费者享有权利、经营者承担义务的基础,也是前面我们讨论商品或者行为的相关规定的前提。一旦失去身份,案件处理将改变走向。

5.4.1 消费者

按照《消费者权益保护法》的规定,消费者是指为生活消费需要购买、使用商品或者接受服务的自然人。

一、消费者的界定

在界定消费者的身份时,需要注意三个方面:

一是生活消费是指人们为了满足物质和文化生活的需要而消费物质产品或者劳动服务的行为。它既包括衣食住行等生存型消费,也包括学习培训发展型消费,还可以包括旅游娱乐等休闲性消费。

二是消费者既包括商品的购买者,也包括商品的使用者和服务的接受者,比如婴儿也是消费者,尽管奶粉、玩具等物品都是父母亲友购买的,但婴儿是使用者,因此也是消费者。

三是消费者原则是个人,单位一般不成为消费者,即使是购买商品或服务供个人生活消费的单位也不是消费者,真正的消费者是单位中的个人。

需要注意的是,胎儿不是消费者。成为消费者首先要具有民事权利能力,依据《民法总则》,胎儿还未出生,不是法律意义上的人,不具有民事权利能力,因而不是消费者。未出生的胎儿在消费活动中如果受到损害,主要不是以《消费者权益保护法》为法律依据,而是以《民法总则》《侵权责任法》中的侵犯身体健康权的规定为依据行使损害赔偿请求权。

以上是消费者身份的一般规定,但也有特殊情况。

二、农民也是消费者

农民购买、使用直接用于农业生产的生产资料不属于生活消费,而属于生产经营行为。但是由于农民属于弱势群体,为了保护农民的权益,《消费者权益保护法》第62条规定,农民购买、使用直接用于农业生产的生产资料,参照本法执行。即农民购买、使用直接用于农业生产的生产资料,也视为消费者,享受与消费者相同的待遇。

2017年3月,许某等四位农民在曹某的店里购买了37公斤某品牌水稻种子(每公斤价格为80元),种植在20余亩稻田里。到6月底,许某等人发现水稻苗叶尖开始发黄,本以为是染上了穗颈瘟,但先后打了三次农药均没有效果。至投诉时,稻穗刚刚灌浆不久,却已经全部干瘪,停止生长。许某等人曾与曹某交涉赔偿,但没有结果。8月22日,许某等四位农民向武宁县消协投诉。经过消协调解,曹某赔偿许某等四位农民6800元。在本案中,许某等四位农民即享受了消费者的权利。

5.4.2 经营者

按照《消费者权益保护法》的规定,经营者是指为消费者提供其生产、销售的商品或者提供服务的自然人、法人和经济组织。

一、经营者的界定

界定经营者身份主要考虑以下三个方面：

一是经营者是从事生产、销售商品或者提供服务等经营活动的民事主体。经营者通常是为从事一定的商业活动而存在，且从事的商业活动应具有持续性，偶尔、零星地售出商品或者服务，如出售自己的二手电脑等物品的，一般不认定为经营者。

二是提供商品或服务以营利为目的，在经营行为上体现为向消费者提供的商品或服务是有偿的。从事无偿行为的，如公立中小学，通常不应视为《消费者权益保护法》所指的经营者。

三是经营者不以公司等企业为限，凡是持续有偿向消费者提供商品和服务的法人、其他组织和自然人，都可以成为经营者。

这些是经营者的一般规定，但有些时候，从事交易的人不一定是经营者。

二、私人交易不属于经营者

2015 年 9 月，郭某与某汽车销售服务公司签订合同，约定郭某购买北京 40 越野车一辆，按北京 40 试驾车配置交付。此后，该汽车销售服务公司交付了汽车，这辆汽车原登记所有权人为该汽车销售服务公司开发区分公司。郭某购车后发现该车曾于 2014 年 6 月发生过侧翻交通事故。经协商，该汽车销售服务公司退还购车款。因后续赔偿事项双方未达成一致，郭某起诉至法院，要求该汽车销售服务公司支付 3 倍购车款的惩罚性赔偿金 27 万元。该汽车销售服务公司主张其仅是将自有车辆出售给郭某，并非经营行为，不应当适用《消费者权益保护法》惩罚性赔偿的规定。法院经审理认为，该汽车销售服务公司系北京汽车的经销商，营业范围内包含汽车销售，双方签订的系《北京汽车产品购销合同》而非《车辆转让协议》，购销合同中也约定了车辆的配置、售前检验及调试、质保等经销单位应承担的责任项目，可以认定该汽车销售服务公司系在经销车辆，而非私人间的车辆转让，应适用《消费者权益保护法》的相关规定。该汽车销售服务公司故意隐瞒该车是事故车的真相欺诈消费者，应承担相应的民事责任。故判决该汽车销售服务公司赔偿郭某3倍购车款的惩罚性赔偿金27万元。

看明白了没有？本案汽车销售服务公司主张，涉案车辆原登记所有权人是其下属开发区分公司的，也即是其自有车辆。按照该汽车销售服务公司的逻辑，这笔交易属于私人间转让车辆。如果是私人之间的转让，就不是经营者，不适用《消费者权益保护法》，进而不需要承担三倍赔偿的责任。但是法院审理认定，本案该汽车销售服务公司系北京汽车经销商，在其售车场所与郭某签订《购销合同》出售涉案车辆，还约定了车辆的配置、售前检测及调试、质保等经销商应承担的责任项目，与私人间转让车辆有明显区别。该汽车销售服务公司实质上实施了经销行为，也足以让郭某认为该汽车销售服务公司实施的是经销行为，因此，该汽车销售服务公司属于《消费者权益保护法》规定的“经营者”范畴，需要承担惩罚性赔偿责任。

三、跨境代购也可能不是经营者

2016年3月，许某通过某公司的网络商城购买美国进口健安喜牌高浓度辅酶Q10软胶囊50瓶，共花费7400元。随后，许某以涉案产品添加了属于药品的辅酶Q10，每日推荐食用量严重超标，不符合我国食品安全标准，且夸大宣传构成欺诈为由，起诉要求该网络商城公司退款并赔偿10倍货款及其因维权产生的交通费损失等。一审法院判决许某将涉案产品50瓶退还给该网络商城公司，该公司向许某退还货款7400元并一次性支付赔偿金7.4万元。该网络商城公司不服，提起上诉。

二审法院认为，本案中，许某通过跨境购物电子交易平台选购境外商品，填写包括真实姓名和身份证号码在内的个人信息，并通过跨境结算软件支付了跨境行邮税、跨境运费和商品价款等相关费用后，所购商品从保税区通关并以快递方式邮寄给许某。许某与该网络商城公司之间是一种跨境电子商务模式。该网络商城公司属于受托人，并非产品销售者，不应承担食品安全法中销售者的法律责任。即跨境电商平台出售的是服务，而非商品本身，平台与消费者之间是委托服务合同关系，并非买卖合同关系。最终，二审法院判决撤销原审判决，驳回许某的全部诉讼请求。

6 应对纠纷

从整体上说，应对职业打假人的知识和技能分为两大部分。第一部分是避免纠纷。前面四章介绍的广告宣传、商品质量、商业竞争和消费维权等内容就是告诉广大商家如何避免纠纷的。要想不惹上麻烦，就要知道哪些可以做、哪些必须做、哪些不能做，只有知道哪些是雷、哪些是坑，才能提前预防和避免。要想长久经营下去，而且越做越大，偷奸耍滑是不行的，只有诚信守法经营。打铁还需自身硬，守法经营是根本，这是内功，需要广大商家长期坚持。

第二部分是应对纠纷。正所谓智者千虑必有一失。法律规定那么繁杂，经营状况千变万化，再怎么谨慎，也难免有失误的时候。有失误就有纠纷，面对纠纷，选择什么样的途径解决，怎么样把损失降到最低，是本章重点介绍的内容。

涉及本章的法律依据主要是《消费者权益保护法》，其次是散见在《产品质量法》《食品安全法》等法律法规和配套规章中对纠纷处理的规定。

6.1 解决途径

应对纠纷的首要技巧就是要了解掌握并熟练运用解决纠纷的主要途径。正如兵法所说，知己知彼，百战不殆。如果连对手的进攻套路都搞不清楚，光讨论怎么进行应对都是空谈。所以，应对纠纷的第一重技能，就是摸清进攻套路。

由于职业打假人是以消费者身份进行索赔，所以职业打假人的进攻套路将会使用消费者解决纠纷的途径。按照《消费者权益保护法》第39条的规定，消费者和经营者发生消费者权益争议的，有五种途径解决：(1)与经营者协商和解；(2)请求消费者协会或者依法成立的其他调解组织调解；(3)向有关行政部门投诉；(4)根据与经营者达成的仲裁协议提请仲裁机构仲裁；(5)向人民法院提起诉讼。这五种途径可以合并成和解、投诉、诉讼三大类型。

6.1.1 和解

与经营者协商和解是《消费者权益保护法》规定的五种争议解决途径的首选。所谓和解，是指消费者与经营者按照平等自愿的原则，通过和平协商解决消费纠纷的方式。和解有两个方面特点。一是两方协商，只有消费者与经营者参与，消协组织、政府部门和人民法院等单位都不参与，效率高、速度快，能够有效节省社会成本。二是平等自愿，消费者与经营者两方平等自愿解决，不需要政府和法院参与，有利于社会和谐。正因为这两个特点，和解成为立法、执法和司法部门解决纠纷首要推荐的途径。实践中，大量的消费纠纷也确实是通过和解方式解决。

一、适用和解的情形

虽然和解是有关部门推荐解决消费纠纷的首选，但是从应对职业打假人的角度，和解应当是电商的最末选。原因有二，一是如果职业打假人只要提出索赔要求，商家就通过和解的方式解决。商家的和解不会被理解为谦让，只会被职业打假人认为软弱、好说话。这种和解是不会得到尊重的，只能换来更猛烈的进攻，而且是团队的轮番进攻。二是除下面我要谈到的特殊情况外，如果商家拒绝和解，职业打假人可能会向政府部门投诉，向人民法院起诉，无论是投诉还是起诉，最坏的结果最多也是职业打假人在和解中提出的诉求，而且还有可以达不到最坏的结果。所以，无论从哪个角度，电商都不要急于与职业打假人和解。

需要注意的是，有一种特殊情况，商家必须马上与职业打假人和解，即职业打假人向政府部门和人民法院投诉、起诉所产生的后果远远大于和解的后果。要知道，向政府部门和人民法院投诉、起诉，除了民事责任外，还可能产生行政责任和刑事责任。如果投诉、起诉能引起牢狱之灾、吊销许可证或者巨额罚款等后果，商家应当立即和解，然后赶紧自查整改、停止销售、下架召回，防止事态进一步扩大。就像前面提到的狐狸肉冒充牛肉案一样，生产厂家就是因为不愿意和解，导致职业打假人向政府部门举报，才引起牢狱之灾。再看下面的例子。

2016 年，呼和浩特执法人员接到投诉举报，称在玉泉区某经销部购买的“××全家福桂圆莲子八宝粥”（山东某食品有限公司制造，生产日期 2017/01/01）打开食用时发现有虫子。经调查，该经销部是“××全家福桂圆莲子八宝粥”在呼和浩特市的代理商，生产厂家山东某食品有限公司对投诉情况供认不讳。该经销部在购进上述产品时，索证索票齐全，能如实说明其进货来源，并积极配合调查工作，主动召回 3 件产品，符合减轻情节。依据相关规定，罚款 5000 元。

从这个案件已有的材料看，我感觉这个经销部在处理纠纷上存在失误。按照《食品安全法》的规定，食品安全不符合标准的，商家要支付 10 倍惩罚性赔偿，增加赔偿的金额不足 1000 元的，按 1000 元赔偿。如果经销商与消费者和解，经销商最多赔偿 1000 元，然后赶紧召回售出的其他商品，基本就可以防止损失进一步扩大。但是这个案件被执法部门罚了 5000 元。1000 元与 5000 元，孰多孰少，商家一定要清楚。遇到这种情况，一定要积极和解。

被迫和解确实很被动。但真出现这种情况，真的没有什么更好的办法。如果要避免这种情况的发生，还是前面讲到的，打铁还需自身硬，守法经营是根本。商家一定要把前四章内容熟读熟用，千万别去踩雷，让人抓住把柄。

二、也有走量的打假

如果到了最后，真是迫不得已需要和解了，也不要轻言放弃。有些商家往往走极端，要么坚决不赔，要么就按 3 倍赔偿。他们不知道赔偿数额也是可以谈的。

职业打假人给商家留下的印象是狡猾、冷血，一幅吃定你的样子。实际上，职业打假人也有他们的难处。前期调查、踩点的时间、精力、金钱已经投进去了，能不能收得回，还面临着风险。时间拖得越久，需要投入的精力就越多，打假成本就越高。尤其是赔偿额在三四千元以下的小案子，这笔赔偿能否覆盖时间、精力成本，这也是职业打假人要考虑的问题。同样是赔偿，一倍赔偿的难度要小于二倍赔偿，二倍赔偿的难度要小于三倍赔偿。难度越小，占用的时间越少，于是有些职业打假人也遵循经济规律，走薄利多销的路子，尽快地收回成本，赚取合理利润后，寻找下一个目标。

此外，和解有时候也是职业打假人不得已的选择。下面还要详细介绍其他解决纠纷途径的优点和缺点。有时候，表面看起来，职业打假人一幅志在必得的样子，实际上他们心里也虚得很，其他路子或者堵死了，或者不好走，不得已才选择和解。所以，无论从哪个方面说，对职业打假人来说，和解都是他们的最优选，也是他们渴望的。

正所谓有求则苦，无欲则刚。只要职业打假人有求，就会患得患失。在和解时，商家就可以与职业打假人重点谈其弱点，比如“你现在的证据不全，执法部门不会对我立案查处的”“这个案子数额太小，到法院打官司旷日持久，你也耗不起”“我不让你吃亏，我把货款退给你，再给你点补偿，就这样吧”，如此等等。职业打假人是远道而来，商家是以逸待劳，无论是时间还是金钱，职业打假人都耗不起。所以，抓住职业打假人的弱点，就能在和解谈判中占据主动。

三、打假也有人情在

许多商家给职业打假人贴的标签是冷血。但实际上，打假人也是有血有肉的人，也有恻隐之心。

电商李某是个体户，在网上销售小家电。2016 年，李某销售的一款小家电涉嫌假冒侵权，被职业打假人盯上了。职业打假人购买假货，提取证据后，向李某索赔。李某拒绝赔偿，双方争的面红耳赤。于是职业打假人向工商部门投诉，李某拒绝调解。工商部门也不客气，责令李某限期与职业打假人和解，否则就立案办他。李某没办法，只得与职业打假人协商，约定退一赔二，七日内退款。过了约定期限，职业打假人迟迟没有收到李某的退赔款，就打电话询问。李某说，家里老太太病情突然加重，前天晚上过世了，现在家里在办丧事呢，手头有点紧。职业打假人想了想说，“盗亦有道，我不是唯利是图的人，我们这行也有自己的规矩。即然你家里有白事，你把货款退给我，赔偿我就不要了，就这样吧。”就这样结束了！当初誓不两立的两个人，事情就这样戏剧性地结束了！

再讲一个例子，这个时间更早。2015 年，消费者王先生通过网络在某电商网店购买了一款黑色 UNIQLO（优衣库）羽绒马甲。收到货后检查，这款产品的整体质量不错，只是马甲的针脚比优衣库专卖店的同款要粗一些，再仔细一看耐水洗标签上标的是 UNJQLO。王先生是法律专业出身，在单位从事法务工作，马上意识到这款产品是假冒侵权产品，于是就和办公室同事说了。几个人一商量，又通过王先生的账户购买了两件同款。三天后，王先生通过旺旺与某电商沟通，直接点明了这款马甲是假冒侵权产品，要求该电商退一赔三。电商不同意，王先生就威胁要向工商部门举报，并把相关的法律依据发给电商看。法律规定的很明确，没有任何问题，王先生是学法律的出身，证据取得很标准。电商也明白了，只要举报到工商部门，受到的处罚就不是这几百元的事了。电商不再那么强硬，一再请求放他一马。就这样，断断续续从上午谈到下午两点，电商把电话打过来与王先生沟通，软磨硬泡就是不想赔钱。王先生虽然是玩票的，也被磨烦了，措辞很严厉，下达了最后通牒。没办法，电商只好同意了。就在他犹犹豫豫要答应的时候，王先生从电话里听到了婴儿的啼哭声。过了好一会儿，婴儿都在哭，没有人去哄。王先生就说，怎么没有人去哄哄孩子。电商说，“老婆去打工了，我在家里看孩子，我一会儿就去抱她。”婴儿的哭声离电话不远，从电话里，王先生还听到了锅里炖东西的噗噗声，说明房间不大，可能就是一间房，电商吃住都在这一间房里。王先生想起了自己家的小宝宝，心一下子就软了，最后说，“你把马甲钱退给我吧，你不用赔了，快去抱抱孩子吧。”

通过上面两个案例，我想说明一点，职业打假人不全是冷血的、不尽人情的。商家如果有难处，尽可以向职业打假人讲，他们有时候会网开一面的。当然，也要提醒一句，打苦情牌不一定每次都灵。

6.1.2 投诉

《消费者权益保护法》规定，消费者和经营者发生消费者权益争议的，可以向消费者协会投诉，也可以向有关行政部门投诉。消费者协会和有关行政部门受理投诉后都会进行调查和调解。调解就是第三方通过说服、疏导，促使当事人在平等协商的基础上，自愿达成调解协议，解决消费纠纷的方法。相对于和解，调解增加了第三方的参与；相对于仲裁和诉讼，调解的结果又不具有强制执行力。

一、向消费者协会等组织投诉

向消费者协会投诉就是向消费者协会反映问题，表达诉求，请求调解。《消费者权益保护法》第 39 条第 2 项规定，消费者和经营者发生消费者权益争议的，可以请求消费者协会或者依法成立的其他调解组织调解。其中依法成立的其他调解组织主要是指导有些地方的消费者委员会、消费者保护委员会和人民调解委员会。

2015 年 10 月，消费者齐某在阜新某公司购买“德光”电瓶车 1 辆，价格 3 万元。2016 年 3 月，齐某发现该电瓶车电机是国产电机，而购买电瓶车时商家给的宣传单有各种车型照片，标明了这些电瓶车的电机是韩国生产的。齐某认为这是欺诈行为，要求退货未果，于是向消费者协会投诉，要求退货。消费者协会受理了此案，经调查了解，消费者投诉的问题属实，商家承认虚假宣传。经过调解，商家最终将购车款 3 万元退给了齐某。

2017 年 1 月，德阳市保护消费者权益委员会市区分会（以下简称消委会）陆续接到 13 名消费者投诉，称德阳市区某通讯经营部开展的“参与分享活动、免费领手机”活动，因经营者宣称的返还现金可以足额抵扣贷款的承诺不能兑现，消费者认为自己的权益受到侵犯。消委会受理投诉后，经调查统计，共涉及的消费者人数为 35 人，涉案金额近 30 万元。经核实，2016 年 12 月，该通讯经营部开始与“某公益基金会”平台联合开展“免费领手机”活动，通过“消费返利平台 + 小贷公司按揭”的模式，吸引消费者贷款消费，但自 2017 年 1 月下旬开始，“某公益平台”每天返现金额不足以支付贷款本息，引发消费者投诉。消委会以贷款凭证以及平台返现资料等依据认定该通讯经营部未尽到向消费者提供真实信息的义务，未履行向消费者所作的承诺，应当承担责任。经调解，该通讯经营部与消费者达成协议，由消费者承担2000元平台费及6000元手机款，“某公益平台”继续返还的现金仍归消费者，由该通讯经营部承担400元平台费及消费者的贷款利息。针对经营者的虚假宣传行为，消委会立即启动“诉转案”程序，将相关线索移交工商部门查处。

二、向有关行政部门投诉

向有关行政部门投诉就是向有关政府部门反映问题，表达诉求。由于经营者不履行法定义务或者不适当履行法定义务，使消费者的合法权益受到侵害的，消费者有权向有关行政部门投诉。这里有关行政部门不是一个部门，而是根据不同的投诉对象确定的相应部门，如以前涉及商品质量的向工商和质监部门投诉，涉及食品、药品的向食药监部门投诉，涉及价格的向物价部门投诉。目前，国家行政机构改革，工商、质监、食药监、价监职能整合到市场监管部门，所以以后涉及商品、食品、药品、价格的问题统一向市场监管部门投诉。此外，涉及医院的向卫计部门投诉，涉及住宅的向住建部门投诉，等等。

2016年3月，某消费者与武汉某汽车租赁有限公司签订车辆租赁合同，合同约定支付4万元押金租赁电动汽车一辆，租赁期为1年。合同期满后消费者将车辆归还给商家，但是商家却未按合同约定时间退还车辆租赁押金。几经沟通无效后，该消费者向工商部门投诉，要求武汉某汽车租赁有限公司退还押金。经工商部门调查，消费者投诉情况属实，武汉某汽车租赁有限公司不退还押金已构成违约。在工商部门督促下，该公司于投诉当日就退还了消费者租车押金4万元。

三、向消费者协会和有关行政部门投诉的区别

向消费者协会和有关行政部门投诉，二者都会进行调查、调解。区别在于两点。一是受案范围不同。有关行政部门只能受理、处理本单位职责范围内的投诉。比如工商部门只能受理流通领域普通商品质量的投诉，不能受理对生产企业的投诉,也不能受理对食品销售商家的投诉,食药监部门只能受理食品、药品、医疗器械等生产、销售企业的投诉,但不能受理对家用电器生产、销售企业的投诉。而消费者协会不受这个限制,它几乎涵盖了所有行政部门的调解职能,只要是行政部门能受理的它都能受理,甚至行政部门不能受理的,它也能受理。

二是处理手段不同。消费者协会主要手段是调解,如果调解不成,也就调解不成了,也不会把经营者怎么着。当然消费者协会也有一种手段,即曝光和发布消费警示,但在实践中,一般不针对个案使用,尤其是调解不成时使用。但行政部门不同。行政部门也进行调解,但这只是辅助手段,行政部门的主要手段是查处。以市场监管部门为例,消费者如果对某商家不满意,向市场监管部门投诉。市场监管部门要先进行调查,认定商家确实存在不法或者不当行为时,再进行调解,如果调解不成,就立案查处。当然,有些时候即使调解成功了,执法部门也要进行查处,区别在于调解的内容作为悔过的情节,在处罚时可以从轻考虑。所以政府部门处理手段的特点是先礼后兵,后果可能是行政处罚。

2017 年 1 月,邻水县消委会接到长安乡大堰村农民群体投诉,反映曾某等人通过“免费”送茶壶、按摩器等方式聚集村民,夸大宣传销售某品牌中央净水器,很多老年人、贫困户村民购买后发现未起到净水作用,要求退货退款受阻,请求消委会帮助维权。经查,曾某等人通过免费赠送茶壶等小礼品聚集村民推销净水器,称该净水器是国家高新科技第四代产品,不仅节能省电还能处理水中的有害成分,宣称产品厂家卖价 5980 元/台,下乡优惠价 990 元/台。黄某等贫困村民借钱购买了 13 台。经送重庆市计量质量检测研究院对曾某等人所销售净水器进行抽样检验,结论为不合格。邻水县消委会责令曾某以最快的速度、便捷的方式全额退赔村民 13 台净水器款 12870 元,并退还每位村民 70 元的误餐费。同时,邻水县工质局对曾某等人涉嫌虚假宣传和销售不合格净水器行为罚款 1.4 万元。

这起案例是由消委会调解、执法部门进行查处的。再看两个执法部门处理投诉的案例,前一个受理投诉,直接处罚,后一个是赔完钱后,仍然处罚。

2017 年 2 月,柳州市工商部门接到消费者投诉,发现该消费者提供的与 ×

×健身馆签订的私人教练申请表上，有“1. 私教课程一经出售概不退款，也不可转为其他用途的费用，并请在期限内完成，未在期限内完成的课程将作废处理”“15. 本守则最终解释权归××游泳健身馆所有”的条款。工商部门认定，这两个条款排除了消费者依法变更或者解除合同的权利和消费者解释条款的权利，侵害了消费者的合法权益，违反了《合同违法行为监督处理办法》第11条第1项和第4项的规定。根据《合同违法行为监督处理办法》第12条的规定，工商部门对该健身馆罚款7000元。

2013年7月，某消费者在柳州市某汽车贸易公司购买一辆速腾汽车，并在合同中要求加装DVD导航和真皮座椅套。使用后，该消费者发现座椅材质非“真皮”。据该汽车贸易公司解释，发生这样的事情是因为公司精品装饰部与销售部之间沟通的问题，造成了未按照与消费者签订的“购车协议”安装真皮座椅套，而是安装超纤皮座椅套。该消费者要求更换为真皮座椅，并赔偿3倍座椅费用。经工商部门调解，商家同意更换头层真皮座椅给消费者，并赔偿6000元。同时，工商部门认定，该公司违背合同协议约定的行为侵害了消费者的合法权益，违反《侵害消费者权益行为处罚办法》的第13条规定。根据《侵害消费者权益行为处罚办法》第15条的规定，工商部门责令该公司停止侵害消费者权益的行为，并罚款3000元。

四、行政部门处理投诉的局限性

行政部门在处理投诉时，可以先礼后兵，一旦调解不成，直接运用行政程序处理。但是，有两种情况即使调解不成，也不能运用行政程序处理。

一是惩罚性赔偿。经常遇到职业打假人以欺诈为由向商家索要3倍赔偿不成，然后转向市场监管等部门投诉，要求市场监管等部门按照《消费者权益保护法》第56条第8项对商家进行处罚的。但是，几乎没有一个职业打假人能够如愿。这倒不是市场监管部门偏袒商家，而是实在是无权处罚。请仔细研读一下《消费者权益保护法》第56条第8项规定，“对消费者提出的修理、重作、更换、退货、补足商品数量、退还货款和服务费用或者赔偿损失的要求，故意拖延或者无理拒绝的”，工商行政管理部门或者其他有关行政部门责令改正，可以根据情节单处或者并处警告、没收违法所得、处以违法所得1倍以上10倍以下的罚款，没有违法所得的，处以50万元以下的罚款；情节严重的，责令停业整顿、吊销营业执照。注意，这里规定的是对于故意拖延或者无理拒绝退还货款和服务费用或者赔偿损失的，市场监管部门可以处罚。但是惩罚性赔偿不是损失，所以商家不支付惩罚性赔偿，市场监管部门无权强制商家赔偿，也无权处罚的。

二是损失不确定的赔偿。故意拖延或者无理拒绝退还货款和服务费用或者赔偿损失的，市场监管部门可以处罚。前提是这些损失或者费用是确定的，如果不确定，市场监管部门就无权处罚。最典型的是精神损害赔偿，市场监管部门无权强制商家赔偿。

6.1.3 诉讼

诉讼是指消费者按照民事诉讼法的规定，向人民法院提起民事诉讼，经人民法院裁判，解决消费纠纷的方式。诉讼的缺点是费用高、周期长，优点是受案范围广、判决有强制执行力，所以诉讼主要适用大额纠纷的解决。

2013年年初，王某等人发起成立某甜瓜专业合作社，选举王某担任该社法定代表人。在工商注册批准前，合作社即决定购进甜瓜苗用于社员种植，由王某先后五次从某农业科技公司购买了“大和蜜宝”嫁接甜瓜种苗。甜瓜种植后不断出现死秧，经种子管理站鉴定，结论为“大和蜜宝”嫁接甜瓜种苗使用的砧木品种不当，与甜瓜共生亲和力差易导致死苗，产量损失为261010.2公斤。后经价格认证中心评估，涉案甜瓜损失2244686元。王某起诉某农业科技公司要求赔偿经济损失。法院审理认为，因产品质量不合格造成他人财产、人身损害的，产品制造者、销售者应当承担民事责任。判决某农业科技公司赔偿王某等人经济损失2244686元。

惩罚性赔偿主要通过诉讼方式。

前面已经介绍，行政部门无权强制商家支付惩罚性赔偿。因此，索要惩罚性赔偿也只能选择诉讼方式。

2016年8月，荀某从某电子商务公司在某网络购物平台上经营的店铺购买指纹密码锁1套，价格为5560元。该电子商务公司在促销该商品时，宣传页面中标示原价为12600元，销售价为5560元。荀某查询涉案门锁历史价格走势发现，该商品近三个月日常销售价为5560元，有两次降价的记录。后荀某又咨询销售客服人员，客服人员答复该商品的正常销售价格为5560元，没有过12600元的售价。荀某认为该电子商务公司的行为构成欺诈，起诉要求该电子商务公司支付3倍价款的惩罚性赔偿金16680元。法院经审理认为：荀某在促销活动页面中宣传涉案商品原价为12600元，因促销而降价为5560元，而本案证据显示不存在原价12600元，该电子商务公司有虚构原价误导消费者的欺诈行为，应承担相应的民事责任。故判决该电子商务公司支付荀某3倍价款的惩罚性赔偿金16680元。

此外，《消费者权益保护法》第39条规定，消费者和经营者发生消费者权益争议的，还可以根据与经营者达成的仲裁协议提请仲裁机构仲裁。仲裁是指消费者与经营者根据事前或者事后订立的仲裁协议，自愿将其争议提交仲裁机构进行裁判，并受该裁判约束的一种制度。仲裁必须要有仲裁协议，没有仲裁协议的，仲裁机构不予受理。所以在实践中，通过仲裁解决消费者纠纷的很少，我们不再赘述。

以上是解决消费纠纷的主要途径，也是职业打假人的进攻路径。商家一定要熟知这些途径，途径不同，后果也不同。商家要学会根据纠纷来自的途径，预测案件的后果和走向，进而评估风险，采取相应的处理措施。

6.1.4 沟通

当前，许多商家面对职业打假人的索赔普遍采取鸵鸟战法——统统不理。这种做法是错误的。兵法常说，知己知彼、百战不殆。如果商家拒绝与职业打假人沟通，怎么知道他手里有什么证据，他告你的理由是什么？而且拒绝沟通，职业打假人就不索赔了吗？他前期的投入就不要了吗？拒绝沟通，职业打假人该怎么告还是怎么告，一点没影响，但对商家来讲，却少了获取信息的机会。所以要保持沟通，只有沟通，才能摸清对方的底牌、准备进攻的套路。沟通对商家有利无害。而实际上,职业打假人为了能够以和解的方式解决,基本上一开始就会把底牌亮出来,几乎没有保留的。商家可以从容不迫、以逸待劳地进行权衡,选择最有利的应对之策。只有一种情况下,商家可以对职业打假人不理不睬,即对案件证据和依据进行全面衡量评估,确信对职业打假人的进攻能够有效应对的情况下,可以对职业打假人不再理睬。

前面介绍了解决消费纠纷的主要途径。商家朋友就要问了,“这些途径各有优缺点,用哪种方法好呢?”兵法所云,兵无定势、水无常形。这些途径各有各的适用领域,没有一种一劳永逸、百战不败的方法。究竟选择那种途径,需要对当事人的诉求、依据、证据、执法人员的态度进行全面衡量和研究。在综合比较之后,选择对商家最为有利或者损失最小的途径。

6.2 证据证明

商家应对职业打假人采取什么样的途径和态度,取决于对案件的全面衡量和研究。而做出选择的基础,首先是对证据的审查。没有证据,或者没有过硬的证据,一切指控皆是空谈,商家可以不用理睬。

从证据角度,《消费者权益保护法》第 39 条规定的五种解决消费纠纷的途径可以分为两大类。一类是和解、调解、仲裁和诉讼四种,这类解决途径的证据从内容上讲是民事证据。如果有些区别的话,也仅限于仲裁和诉讼对证据质量的要求比和解和调解要高些,别的没有什么区别。另一类是投诉,这类证据属于行政证据,需要的证据内容相对要多些,对证据质量的要求也相对较高。

6.2.1 民事证据

按照《合同法》《侵权责任法》的规定,商家要承担责任,必须同时具备四个条件,缺一不可,否则商家就不需要承担责任:有违法行为、有损害事实的存在、加害行为与损害事实之间有因果关系、行为人主观上有过错。法院审判、消协调解时也要审查是否具备这四个条件，所以商家可以按照法院和消协的思路对这四个条件的证据进行重点审查，只要其中一个条件不成立，他就告不赢。

一、四个要件

1. 有违法行为

违法行为又分为违约行为和侵权行为。违约行为是经营者违反与消费者约定的行为，比如商家收取货款后，未按照约定的期限发货；或者商家提供的服务，不符合约定的要求等。侵权行为是经营者违反法律规定的行为，比如商家不遵守网络购物七天无理由退货的规定，或者对商品的性能作夸大宣传等。本书第2、3、4、5章对主要违约行为和侵权行作了详细的介绍，请仔细研读。

违法行为是承担民事责任的首要条件。经营者要承担民事责任，首先要有不法行为。如果没有违法行为，即使存在损害，也可以不承担责任。但是有违法行为也不一定要承担责任。因为有违法行为是一回事，有没有证据证明有违法行为是另外一回事。法律是讲证据的。

经常遇到这样的情形。消费者协会或者执法部门找到商家说，“你是不是卖过某某商品给某某人？这个商品质量有问题，人家现在来投诉了，你要承担赔偿责任。”商家回去一查，还真向某某人卖过某某商品，于是就认了，“对，我向某某人卖过某某商品”。然后就是调解、赔偿。这是大多数商家在实践中普遍采用的处理方法，大家已经习以为常了，但很少有商家对这个处理方法提出过质疑。

第一，某某人投诉商家，投诉人要承担举证责任，先证明商家卖过商品给他。商家没有先举证的义务。记住，这是法律规定的，学名叫“谁主张，谁举证”。如果投诉人不能证明商家卖过商品给他，商家可以不承认。当然，在与消费者协会或者执法部门沟通时还是要讲些策略，面子要给，话可以说的圆滑些，但原则要坚持：“我想不起来了，他有证据吗？”

第二，投诉人不仅要证明商家卖过商品给他，还要证明卖给他的就是这个商品。这句话比较拗口，翻译成口语，“我怎么知道这是我卖给他的那件商品，他没有调包?”估计100个商家有99个从没有考虑过这个问题,而这个问题基本上能把90%的职业打假人难死。“你说我的商品质量有问题,可以啊,但你必须先证明这是我卖给你的那一件。”

2. 有损害事实的存在

损害事实是违法行为造成的不利后果。对于侵权行为来讲,损害事实可能是商品质量不合格,也可能是给消费者造成的金钱、物质损失。对违约行为来讲,违约本身就是损害事实。无论损害事实是什么形式,必须要有损害事实,如果没有损害事实,就可以不承担民事责任。

2015年12月8日,丁某在某包子店购买了肉馅包子2个、豆浆1杯,价值4.5元。在食用时,丁某发现包子馅里藏有烟头,于是与包子店交涉,同时向食药监局投诉。食药监局对该包子店销售藏有烟头的包点的行为罚款5万元。丁某认为,由于藏有烟头的包子部分包馅已被其吃了,直接伤害了其健康,并且为了维权占用了至少6日的时间,损失至少9000元,故向法院起诉,请求判决包子店赔偿1000元、身体及精神损失费1万元、合理维权费用9000元。某包子店称丁某购买涉案包子时该店经营者不在现场,不清楚有烟头的包子是否是其销售的。

一审法院认为,丁某向某包子店购买食品,双方形成买卖合同关系。丁某主张某包子店向其销售混有烟头的肉馅包子的事实,已被生效的行政处罚决定书予以认定,且该店经营者刘某在食药监局的调查询问中也确认了该事实。鉴于此,法院对某包子店声称经营者不在场,不清楚涉案包子是否是其销售的抗辩意见不予采纳。某包子店作为食品生产者和销售者,应当保证其生产或销售的食品符合食品安全标准,其销售掺有异物的食品的行为违反了我国《食品安全法》第34条第6项的规定,应认定为生产和销售不符合食品安全标准的食品。丁某依据《食品安全法》第148条第2款的规定要求某包子店赔偿1000元,于法有据,应予支持。关于精神损害赔偿金,由于丁某未提交证据证明其健康、身体权等因此受到侵害,某包子店的销售行为也不足以达到造成丁某严重精神损害的程度,故对丁某该项请求不予支持。根据《消费者权益保护法》第49条的规定,误工收入是指消费者因人身受到伤害,为治疗和康复导致误工而减少的收入,并非指消费者因诉讼等误工而减少的收入。故丁某要求某包子店赔偿其因诉讼等而减少的收入,没有法律依据。最后,法院判决某包子店在判决生效之日起10日内赔偿1000元给丁某。某包子店不服,提起上诉。二审法院判决驳回上诉,维持原判。

和有违法行为的证据相似,有损害事实是一回事,能够证明是另一回事。如果仅有损害事实,而不能证明,法院也不会支持。所以商家面对职业打假人述说的"损害",一定不要忘记问一句,"您,有证据吗?"

3. 违法行为与损害事实之间有因果关系

违法行为与损害事实之间有因果关系是指损害事实是违法行为造成的。如果损害事实不是违法行为造成的,即使有违法行为,也有损害事实,经营者也不需要承担法律责任。

2016年2月23日,贾某在某商场购买"波尼亚意大利火腿"一份(生产日期2016年1月23日,保质期1个月),销售价16.9元。贾某主张该商场销售的"波尼亚意大利火腿"已过保质期,属于不符合食品安全标准的食品,起诉要求该商场退还货款16.9元,支付惩罚性赔偿金1000元,以及赔偿精神损失费5000元。在法院审理过程中,该商场提交了两段监控视频。第一段监控视频显示:2016年2月23日11时51分,一名白衣女子有向摆放涉案火腿的货架上放货的行为;第二段视频显示:当日14时50分,贾某来到涉案火腿货架白衣女子曾停留处,径直拿起涉案火腿,观看片刻后将火腿放回货架,掏出手机开始录像。青岛波尼亚食品有限公司区域销售业务经理朱某某出庭作证,证明从青岛波尼亚食品有限公司ERP系统数据导出的配货统计明细显示:青岛波尼亚公司未向该商场配送过2016年1月23日生产的"波尼亚意大利火腿"。

一审法院经审理认为,涉案"波尼亚意大利火腿"在贾某购买时已经超过保质期,应视为不符合食品安全标准的食品,判决该商场退还贾某购货款16.9元,并支付赔偿金1000元。该商场不服,提出上诉。二审法院认为贾某未经寻找、挑选,即径直从白衣女子曾停留处拿到超过保质期的火腿,结合商场监控视频资料内容,以及青岛波尼亚公司未向该商场配送过该生产日期火腿的相关证据,贾某有“以造假的方式打假”的重大嫌疑,对其主张不予支持。故判决驳回贾某某的诉讼请求。

在这个案子中,某商场之所以能胜诉,是因为他们提出两个有利的反证,一个是证明超过保持期的火腿有被调过包的视频,二是请青岛波尼亚公司工作人员证明未向其配送过这批货。这些证据阻断了违法行为与损害事实之间有因果关系。实践中,职业打假人在诉讼时也会提供一些存在购销关系的证据。如果商家不能提供有利的反证,不能阻断违法行为与损害事实之间有因果关系,将会处于不利的地步。

2016 年 3 月 16 日,陶某到马鞍山某超市购买了“双汇 10 支鸡肉肠”1 袋(价格为 9.3 元)、怡宝纯净水 1 瓶(价格为 1.8 元)等物品,合计价格 44.10 元,超市向陶某出具了购物机打发票。陶某购物后报警,称购买的“双汇 10 支鸡肉肠”系过期食品。马鞍山市公安局平湖派出所接警后出警,马鞍山某超市称陶某手持的过期食品不是在该超市购买的,并提供了监控录像,但是录像未能反映陶某存在调包的问题。陶某认为马鞍山某超市销售不符合食品安全标准的产品使其权益受到损害,且侮辱其调包诈骗,使其人格名誉受到侮辱,起诉要求超市赔礼道歉,并赔偿消费者权益损害 1000 元,人格侮辱、名誉损失 5000 元,共计 6000 元。

一审法院审理认为,陶某提供的证据能够相互印证,形成较为完整的证据链,马鞍山某超市未能提供相反的证据加以推翻,应当承担相应的法律后果,故认定陶某持有的“双汇 10 支鸡肉肠”系该超市销售。案涉“双汇 10 支鸡肉肠”生产日期为 2015 年 8 月 31 日、销售日期为 2016 年 3 月 16 日,保质期为 6 个月,系过期食品,陶某诉请该超市支付赔偿金 1000 元有事实和法律依据,依法予以支持。对于陶某诉请超市向其赔礼道歉、赔偿人格侮辱、名誉损失的依据不足,不予支持,判决马鞍山某超市支付陶某赔偿金 1000 元。马鞍山某超市不服,提出上诉,认为诉争产品并非其销售。二审法院审理认为,陶某提供了购买案涉鸡肉肠的发票,在发现产品质量有问题后马上报警,派出所接警后出警,并未发现陶某在购买案涉产品的过程中有调包的行为，超市的上诉理由不能成立。最终判决，驳回上诉，维持原判。

4. 主观上有过错

所谓过错包括两种情况，一是经营者存在故意，如虚假宣传、掺杂使假等。二是经营者存在重大过失，如食品、药品不履行进货查验，结果进的货来自非法渠道等。如果商家没有过错，也不承担责任。

2015 年 10 月，原告贾某在被告某网络购物平台购买了被告某手机公司的 2 部红米 note2 手机，单价 850 元，实付款 1700 元。某手机公司对该商品的宣传为"5.5 英寸夏普/友达，1080p 高清屏幕；三星 1300 万像素相机"。原告购买手机后，发现其购买的手机屏幕为国产"天马"屏、摄像头为欧光菲，配置与宣传内容不符，并非宣传中的三星相机。原告认为某网络购物平台和某手机公司二被告存在欺诈行为，起诉要求二被告退还货款 1700 元，并支付 3 倍价款的惩罚性赔偿金 5100 元。法院审理认为，被告某网络购物平台向原告提供了销售者的真实名称、地址和有效联系方式，且原告未提供证据证明某网络购物平台明知或者应知销售者利用其平台侵害消费者合法权益而未采取必要措施，故某网络购物平台不承担民事责任。被告某手机公司作为涉案手机的经营者，其销售的手机与产品宣传内容不一致，存在欺诈行为，应承担相应民事责任。故判决被告某手机公司退还原告手机款 1700 元，并支付 3 倍价款的惩罚性赔偿金 5100 元。

在这个案件中，某 B 手机公司销售手机且进行了虚假宣传，主观上有过错，构成欺诈，所以要承担法律责任。某 A 网络购物平台向原告提供了销售者的真实名称、地址和有效联系方式，且原告不能证明某网络购物平台明知或者应知某手机公司利用其平台侵害消费者合法权益而未采取必要措施，所以某 A 网络购物平台主观上没有过错，不承担民事责任。如果某 A 网络购物平台不能提供某手机公司的真实名称、地址和有效联系方式的，那么按照法律规定，该平台存在重大过失，主观上存在过错，该平台也要承担民事责任。

当然，这里主要讨论的是一般侵权行为。如果是特殊侵权行为，即使经营者主观上没有过错也要承担责任。

二、综合评估审查结果

将职业打假人提供的证据审查一遍，商家心里基本上就有数了。如果以上四个条件齐备，职业打假人打赢官司的可能性极大，剩下的只是时间问题。这时商家要做最坏的打算，此刻商家手里最大的筹码是时间，要综合运用法律以外的因素，积极和解或者参与调解，以节省对方的时间为对价，争取减少赔偿数额。

以上四个条件如果有一项不具备，商家基本上就可以放心了，这场官司职业打假人很难打赢。如果职业打假人通过和解、调解的方式解决纠纷，商家可以不予理睬，也可以直接怼脸上，“拿这样的证据也来打假，你不要辱没了打假这个行业”。如果是诉讼，人民法院会坚持“谁主张，谁举证”的原则，要求职业打假人提供证据。如果举证不能，职业打假人将承担败诉责任。虽然依据职能，人民法院也可以调取证据，但人民法院一般坚持中立的立场，很少行使这项职能。所以以上四个条件如果有一项不具备，职业打假人很难打赢这声官司。

但是商家也不能大意，在这场博弈中，还有一个配角随时可能成为主角，成为这场博弈的主导力量，并决定着这场博弈的走向，他就是执法部门。职业打假人向执法部门投诉，执法部门一般也是按照程序先进行调解。如果证据不全，执法部门有两种选择，一种是不予受理，或者不论结果如何，组织组织调解，走个过场了事。另一种是依据职能，进行调查取证。至于作何选择，执法部门一般是基于对多种因素进行综合考虑，其中商家的态度是一个重要因素。

三、不要节外生枝

曾经有这么一个案子，一个商家被职业打假人投诉了，执法部门按照程序规定到商家经营场所调查了解情况。职业打假人的证据不全，所以商家态度非常傲慢，以太忙为由对执法人员怠答不理的。执法人员等了一个多小时，商家也没人招呼，于是就正式留下了询问通知书（这说明执法人员已经不满，要公事公办了），要求商家于3日内到执法部门接受询问。商家过了期限也没去。执法人员打电话催促商家，商家认为职业打假人没有证据，执法人员是刁难、无理取闹，劈头盖脸地把执法人员熊了一通。其实，执法人员也知道证据不全，本想组织一次调解走个程序了事，没想到商家态度这么嚣张。于是执法人员以“多次通知拒不配合,怀疑有违法行为"为由,向领导请示立案调查。经调查,商家确有违法行为,于是执法部门对商家作出了行政处罚。职业打假人拿着行政处罚决定书和执法部门调查的证据向人民法院起诉,人民法院最终判决商家退还货款并承担3倍赔偿。

这个案子是非常典型的。在五种纠纷解决途径中,职业打假人之所以最喜欢向执法部门投诉举报,就是想利用执法部门的调查权和处罚权,调取证据和作出处罚,然后再向法院起诉赔偿,以降低他们的索赔成本。所以职业打假人向执法部门投诉举报时,商家一定要打起精神来,按照"外松内紧"的原则,做好相应的配合工作。所谓外松是指态度一定要端正,所谓内紧是指说话、做事一定要低调、严谨,不要节外生枝、引起不必要的麻烦。

6.2.2 行政证据

如果执法部门启动了调查程序,商家就要打起十二分的精神了,执法部门可能要动真格的。按照《行政处罚法》《行政诉讼法》的规定,执法部门对商家作出行政处罚也要有证据。没有证据或者证据不全的,不得作出行政处罚。

一、执法部门查办案件的要求

目前,法律法规对执法部门查办案件提出了六个方面的要求,即事实清楚、证据确凿、定性准确、处罚适当、主体适格、程序合法。这六个方面齐备,才是一个合格的案件。其中,定性准确、处罚适当属于法律适用,不涉及证据问题,我们将在第三节讨论,除此以外的四个方面都直接与证据有关。

1. 事实清楚

事实清楚是查办案件六项要求的第一项。一个行为之所以应当受处罚,是因为这个行为违反了法律规定,而这个行为之所以能够受处罚,前提必须是执法部门调查清楚了违法事实。如果事实不清,怎么能说明行为违法?因此,《行政处罚法》第30条明确规定,公民、法人或者其他组织违反行政行政管理秩序的行为,依法应当给予行政处罚的,行政机关必须查明事实;违法事实不清的,不得给予行政处罚。

事实清楚中的“事实”主要是指反映案件性质、决定案件能否成立的主要违法事实。与案件无关,或者不能反映案件性质的事实,不是查办案件所指的事实。“清楚”是指经营者实施违法行为的时间、地点、人物、动机、目的、手段、后果以及其他有关情况必须确定、明晰。以虚假宣传案件为例,违法事实应当包括参与虚假宣传的策划、制作、发布的人员,发布的时间、地点和内容,虚假宣传商品的生产或进货及数量,销售的详细成本、售价、获利、库存,经营者是否有账目及上缴税费等内容。上述内容齐全、确定、明晰,才能算事实清楚。

2. 证据确凿

事实清楚也需要证据加以充分证明。没有证据证明或者证据不确凿的事实不能作为定案处罚的依据。《行政诉讼法》规定,行政行为主要证据不足的,判决撤销或者部分撤销。事实清楚除需要证据充分证明外,证据本身也要达到确凿的要求。

按照证据标准,证据确凿包括三个方面要求。一是证据真实,是指证据所反映的内容是真实的,客观存在的。因此法律规定,书证应当提交原件,物证应当提交原物,一切证据材料必须经过查证属实,才能作为定案的依据。

二是证据关联,是指证据必须与需要证明的案件事实之间存在客观联系。证据与案件事实的联系是多种多样的,有因果联系,条件联系,时间联系,空间联系,必然联系和偶然联系等。其中,因果联系是最主要的联系。与案件情况没有联系的证据材料,不能起到证明案件真实情况的作用,不能作为定案的依据。

三是证据合法,是指提供证据的主体、证据的形式和证据的收集程序或提取方法必须符合法律的有关规定。具体包括,收集证据的主体、程序要合法,只有合法收集的证据才能作为裁判的依据。通过违法侵犯人的身体、住所或者函件等其他通讯方法所获得的证据不能采用。证据形式要合法,我国《民事诉讼法》规定的证据形式有八种:当事人的陈述、书证、物证、视听资料、电子数据、证人证言、鉴定意见和勘验笔录。凡是不符合我国《民事诉讼法》规定的证据形式就不能视为合法证据。证据来源要合法,如果证据的来源不合法,就不能用作定案的根据。

3. 主体适格

主体适格又称为执法主体资格合法，主要是指执法部门以及执法人员要具备执法资格。具体包括两层含义：一是执法部门适格。即执法部门对某种违法行为要具有管辖权。这里管辖权包括职能管辖权，如食药监部门对食品安全案件有职能管辖权，但对食品价格没有管辖权；包括地域管辖权，如北京的食药监部门对北京的食品安全案件有地域管辖权，但对天津的食品安全案件不能管辖；包括层级管辖权，如对反垄断案件，只有省级以上的政府部门可以管辖，市、县级政府部门无权管辖。

二是执法人员适格。即执法人员要有二人以上，且都有执法资格。具有执法资格的表现就是要有当地法制部门或者上级主管部门颁发的执法证件。有执法证件就有执法资格，没有执法证件就没有执法资格。实践中，基层执法基本能保证二人以上，但是不是都具有执法资格，就不一定了。由于基层有执法资格的人员人手紧缺，有些部门经常让有执法资格的人员带着协管人员一起执法，表面上看是二名执法人员，实际上只能算一人执法。这种情况下，执法主体就不适格，属于行政违法。

4. 程序合法

程序合法是指执法部门和执法人员在调查处理案件的整个过程中必须符合法律、法规、规章规定的程序。否则，即是程序违法。《行政诉讼法》第 70 条第 1 款第 3 项规定：行政行为违反法定程序的，应当予以撤销或者部分撤销。根据《行政复议法》第 28 条第 1 款第 3 项规定，行政行为违反法定程序的，应当予以撤销、变更或者确认违法。

实践中，有以下四个环节执法人员容易程序违法，商家要注意。一是在调查阶段，执法人员要有二人以上，且出示证件、表明身份。二是商家有陈述、申辩、申请回避的权利，执法人员应当在每次调查时都要向商家告知。三是在采取强制措施如查封、扣押前，或者作出处罚前，执法部门要书面通知商家，说明理由，同时告知商家有陈述、申辩的权利。如果符合条件，商家有获得免费听证的权利。四是商家要求听证的，应当在执法部门告知后三日内提出。三日内，执法部门不得作出处罚决定。行政机关举行听证,应当在听证的七日前,通知商家举行听证的时间、地点。这两个期间都不能缩短。违反这些规定,执法部门就是违反法定程序。

从证据角度看,以上四个方面可以分为两大部分,前两个是违法证据,包括证明经营者违法行为、违法后果以及影响处罚轻重情节的证据。后两个是程序证据,主要是证明执法部门依法行政,遵守处罚程序的证据。无论是违法证据,还是程序证据,这些证据只有同时具备,执法部门才能作出处罚,否则执法部门就不得处罚。因此,商家一方面要关注执法部门收集的涉及自己违法行为的证据,另一方面也要注意收集执法部门程序违法的证据。

二、执法部门的工作模式

按照行政程序,执法部门作出行政处罚要经过四个阶段,一是调查取证阶段,主要任务是调查案情,收集证据。二是定性裁量阶段,即根据收集的证据,研究确定属于什么违法行为、适用什么法律规定以及准备怎么处罚。三是告知听证阶段,即执法部门会将前期调查的证据、商家违反的法律和即将作出的处罚依据告知商家,听取商家意见。如果商家要求并且符合条件,执法部门还会为商家组织一次免费的听证会。商家根据执法部门的证据、依据的法律和拟处理决定可以提出自己的意见。当然,商家提出的反对意见,执法部门不一定全部采纳,但商家提出意见有道理,执法部门也会采纳。四是作出决定阶段,即执法人员履行内部程序,经过层层审查、批准后,将内部机构的意见转变成执法部门的意见,作出最终的处罚决定。这个决定是有法律效力的,必须执行。

三、综合评估

从调查取证到作出决定的整个过程中,执法人员会把一些行政证据展示给商家,最主要有两个节点。一是在第一阶段,执法人员可能会向商家展示部分证据。但是出于保密的需要,此时提供的证据有限,不会很全面。二是在第三阶段,执法部门必须向商家展示证据,此时是全面的。有的朋友可能注意到了,这时展示证据,不是晚了吗?证据都收集完了,马上要处罚了,再展示证据,不是晚了吗?是的,是有点晚了,但商家也不要轻言放弃,仍应抓住这两个节点,做好对证据的审查。事实表明,尽管执法人员的水平很高,但仍有不少案件,因为证据、定性等问题,无法通过审查而被撤案。当然,作为补救,商家应在第一阶段就与执法人员沟通,尽可能地了解处罚的事实和理由。

根据证据的情况,商家要区分以下种情况处理:

一是违法事实不能成立的,包括证据不能证明的,积极争取执法部门撤案处理。

二是有违法行为,但情节轻微,依法可以不予行政处罚的,积极整改,并争取执法部门免予行政处罚。

三是违法行为确应受行政处罚的,根据情节轻重及具体情况,积极争取执法部门从轻、减轻处罚。

6.3 适用法律

即使事实清楚,证据确凿,执法部门要进行行政处罚了,也有回旋的余地。此时商家要积极参与,主动配合,充分利用法律的规定,按照大事化小、小事化了的思路,争取把处罚降到最低。

6.3.1 法定减免处罚

一个行为之所以受到处罚,是因为主观上有过错,客观上有行为,实际上有损害,法律才要追究。但是社会生活纷繁复杂,用"一刀切"的方法,肯定有不公平的,因此法律在制定惩罚规定的同时也留下活口,对于具有某些特定情形的行为,可以免除、减轻或者从轻处罚。

商家一定要牢记这些规定,在日常经营中注意保留相关的证据。一旦遇到执法部门进行调查、追究责任时,也不用客气,要依据这些规定,据理力争。记住这是法律规定的,谁的人情你也不用欠。

一、食品不符合安全标准可以免予处罚的情形

《食品安全法》从第122条到第135条，规定了14大类食品安全违法行为。但是《食品安全法》第136条又规定可以豁免的情形，即食品经营者履行了本法规定的进货查验等义务，有充分证据证明其不知道所采购的食品不符合食品安全标准，并能如实说明其进货来源的，可以免予处罚，但应当依法没收其不符合食品安全标准的食品；造成人身、财产或者其他损害的，依法承担赔偿责任。

2016年，济南食药监部门接到投诉，称深圳某A百货零售有限公司济南分店销售的某B奶粉营养成分不符合专供婴幼儿食品安全标准。经进一步调查证实，该分店被投诉的某B奶粉，是由该公司总部统一配送，某B奶粉2段较大婴儿及幼儿配方粉共配送了6盒，某B奶粉3段幼儿配方粉共配送了4盒，销售了6盒，库存奶粉共6盒，已被执法部门查封扣押。该分店提供了该商品供货商及生产企业的相关资质证明、购销存台账和该批次商品的合格证明文件等相关证据复印件（由单位盖章），以及该分店的《食品流通许可证》《营业执照》复印件。执法部门认定，深圳某A百货零售有限公司的行为已违反了《食品安全法》第34条第5项的规定，构成经营营养成分不符合食品安全标准的专供婴幼儿的主辅食品的行为。

在调查过程中，食药监部门提取了若干证据，其中2组是由该分店提供的证据并被食药监部门采纳，一是询问调查笔录和该分店提供的该批次商品的购销存台账，证明了该分店进货来源及营业性收入和货值金额，违法所得共计1316元。二是该商品供货商及生产企业的相关资质证明、该批次商品的合格证明文件，证明了该分店履行了食品安全法规定的进货查验义务和其不知道所采购的食品不符合食品安全标准。

食药监部门认为，鉴于该分店在经营过程中，按照《食品安全法》的规定履行了进货查验、索证索票等义务，有充分证据证明其不知道所采购的食品不符合食品安全标准，并能如实提供其进货来源及渠道，又能主动配合调查取证，未造成严重后果；依据《食品安全法》第136条的规定，决定没收被扣押的不符合食品安全标准的食品，对该公司免予处罚。

二、销售或者使用假药、劣药可以免予处罚的情形

《药品管理法实施条例》第75条规定，药品经营企业、医疗机构未违反《药品管理法》和本条例的有关规定，并有充分证据证明其不知道所销售或者使用的药品是假药、劣药的，应当没收其销售或者使用的假药、劣药和违法所得；但是，可以免除其他行政处罚。

2004年3月，某药店从外地一药品批发公司购入一批“前列星胶囊”，后经执法部门查实，该“前列星胶囊”为假药，拟对该药店处罚。该药店申辩称，为确保不出意外，药店负责人专门到该外地药品公司实地考察，而且对方已通过了GSP认证，才决定从该公司购入药品，绝没有销售假药的故意，而且按规定对该药品作了入库验收记录。因此，该药店要求依照《药品管理法实施条例》(2002年)第81条(2019年修订的《药品管理法实施条例》第75条)的规定，免除没收违法所得和违法药品之外的其他行政处罚。

执法部门认为，该药店要适用《药品管理法实施条例》(2002年)第81条，就要同时符合“未违反《药品管理法》和本条例的有关规定”和“有充分证据证明其不知道所销售或者使用的药品是假药、劣药”两个条件。但从实际看，该药店有三处不符合要求：

一是未严格履行进货检验制度。《药品管理法》第17条规定，药品经营企业购进药品，必须建立并执行进货检查验收制度，验明药品合格证明和其他标识；不符合规定要求的，不得购进和销售。这里，药品包装、标签、说明书上的标识内容都应当是其他标识的范畴。根据《药品管理法》第49条的规定，标签或者说明书上必须注明药品的通用名称、成份、规格、生产企业、批准文号、产品批号、生产日期、有效期、适应症或者功能主治、用法、用量、禁忌、不良反应和注意事项。因此，这些内容都应当是需要“验明”的。本案中，“前列星胶囊”内外包装和说明书上均标示通用名为“力醇罗”、商标名“前列星”，通篇没有标示“诺氟沙星”的字样。但使用说明书上的化学成份却标示着诺氟沙星的分子式，使用说明书上标示的适应症超出了诺氟沙星的适应症范围。该药店没有严格执行进货检查验收制度，没有验明上述药品包装和说明书中明显的不符合规定之处。

二是未严格执行购销记录制度。《药品管理法》第 18 条规定，药品经营企业购销药品，必须有真实完整的购销记录。购销记录必须注明药品的通用名、剂型、规格、产品批号、有效期、上市许可持有人、生产企业、购销单位、购销数量、购销价格、购销日期及国务院药品监督管理部门规定的其他内容。该药店的药品入库验收记录却只登记了其商品名“前列星”，没有登记其所谓的通用名“力醇罗”。事实上，并没有“力醇罗”这种药品通用名。

三是主观上存在过失。所谓不知道，分为应当知道而不知道和不应当知道而不知道。前者属于过失，而《药品管理法实施条例》(2002 年)第 81 条显然要求涉案当事人不能有过失，只能是不应当知道而不知道。本案中，该药店负责人亲赴实地考察供货公司、记录了入库验收登记，只能在一个方面作为证明自己没有违法的主观故意的证据。但作为特殊行业的药品经营企业，应当知道药品入库验收的有关程序和规定，应当知道药品包装、说明书必须符合国家的有关规定，其必须聘用药学技术人员保证其拥有相应的专业技能，必须履行认真全面审核药品的法定义务。该药店对“前列星”仅仅是做了形式上的入库验收记录，却在实质上的验收中，疏忽大意而没有认真、全面地审核药品，应当识别而未识别出不得购进的假药，明显存在过失，导致假药在本店销售，对社会造成一定危害。

综合上述情况，前两条说明该药店违反了《药品管理法》和《药品管理法实施条例》的有关规定，第 3 条说明该药店不能证明其不知道所销售或者使用的药品是假药、劣药，执法部门据此认定，该药店不符合适用《药品管理法实施条例》(2002 年)第 81 条的条件，不得免除相应的行政处罚。

三、医疗器械不符合安全要求可以免予处罚的情形

《医疗器械监督管理条例》第 66 条第 1 款规定，有下列情形之一的，由县级以上人民政府食品药品监督管理部门责令改正，没收违法生产、经营或者使用的医疗器械；违法生产、经营或者使用的医疗器械货值金额不足 1 万元的，并处 2 万元以上 5 万元以下罚款；货值金额 1 万元以上的，并处货值金额 5 倍以上 10 倍以下罚款；情节严重的，责令停产停业，直至由原发证部门吊销医疗器械注册证、医疗器械生产许可证、医疗器械经营许可证：(一)生产、经营、使用不符合强制性标准或者不符合经注册或者备案的产品技术要求的医疗器械的；（二）医疗器械生产企业未按照经注册或者备案的产品技术要求组织生产，或者未依照本条例规定建立质量管理体系并保持有效运行的；（三）经营、使用无合格证明文件、过期、失效、淘汰的医疗器械，或者使用未依法注册的医疗器械的；（四）食品药品监督管理部门责令其依照本条例规定实施召回或者停止经营后，仍拒不召回或者停止经营医疗器械的；（五）委托不具备本条例规定条件的企业生产医疗器械，或者未对受托方的生产行为进行管理的。

第66条第2款进一步规定，医疗器械经营企业、使用单位履行了本条例规定的进货查验等义务，有充分证据证明其不知道所经营、使用的医疗器械为前款第1项、第3项规定情形的医疗器械，并能如实说明其进货来源的，可以免予处罚，但应当依法没收其经营、使用的不符合法定要求的医疗器械。

这条免责条款是2017年5月国务院在《关于修改〈医疗器械监督管理条例〉的决定》新增加的。医疗器械经营者在适用这一条款时，需要注意把握以下几点：

一是免责条款的适用主体，只能是医疗器械的经营和使用单位，不适用于医疗器械生产企业。医疗器械生产企业对其生产的医疗器械的质量具有主动掌控性，其生产的医疗器械的质量如果不合格，该生产企业主观上不是故意，就是过失，不符合该免责条款设立的目的，所以对生产企业不适用。当然，该免责条款对经营和使用单位适用，也是有条件的，经营和使用单位适用应当具有相应资质，不具备相应资质擅自经营或使用医疗器械，主观上具有违法的故意，当然不能适用免责条款。

二是履行了进货查验等义务。即《医疗器械监督管理条例》第32条至第39条关于进货查验、运输贮存、检验等规定。其中第32条是最主要的义务，医疗器械经营企业、使用单位购进医疗器械，应当查验供货者的资质和医疗器械的合格证明文件，建立进货查验记录制度。记录事项包括：（1）医疗器械的名称、型号、规格、数量；（2）医疗器械的生产批号、有效期、销售日期；（3）生产企业的名称；（4）供货者或者购货者的名称、地址及联系方式；（5）相关许可证明文件编号等。

对那些不查验供货者资质、医疗器械合格证明、产品注册证书、生产企业名称、生产批号、有效期、名称、型号、规格的经营和使用单位是不适用免责条款的。

三是主观上不能有过错。免责条款要求经营和使用单位要“有充分证据证明其不知道所经营、使用的医疗器械为前款第一项、第三项规定情形的医疗器械”,如果通过履行了进货查验等义务应当发现“前款第一项、第三项规定情形的医疗器械”而未能发现的,主观上存在故意或者过失,因而不在免责之列。

四、商标侵权可以免予处罚的情形

《商标法》(2019 年修订)第 60 条第 2 款规定,工商行政管理部门处理时,认定侵权行为成立的,责令立即停止侵权行为,没收、销毁侵权商品和主要用于制造侵权商品、伪造注册商标标识的工具,违法经营额 5 万元以上的,可以处违法经营额 5 倍以下的罚款,没有违法经营额或者违法经营额不足 5 万元的,可以处 25 万元以下的罚款。对 5 年内实施两次以上商标侵权行为或者有其他严重情节的,应当从重处罚。销售不知道是侵犯注册商标专用权的商品,能证明该商品是自己合法取得并说明提供者的,由工商行政管理部门责令停止销售。第 64 条第 2 款规定,销售不知道是侵犯注册商标专用权的商品,能证明该商品是自己合法取得并说明提供者的,不承担赔偿责任。

根据上述规定,如果商家销售了商标侵权商品,申请免予行政处罚和不承担赔偿责任,必须满足两个条件:

一是主观上没有过错,不知道销售的商品侵犯他人商标专用权。一般情况下,不知道分为应当知道而不知道和不应当知道而没有知道。这里的不知道只能是不应当知道而没有知道。应当知道而不知道是过失。那么,怎么认定不应当知道而没有知道呢?非常遗憾,没有直接明确的规定,但是通过司法解释和国家部委对知道做出的界定,可以反推什么是不知道。

2002 年,公安部经济犯罪侦查局、国家工商行政管理总局商标局、公平交易局和国家知识产权局协调管理司召开了第一次工作联席会议,《会议纪要》第 4 条明确,有下列情形之一的,可以判定为《行政执法机关移送涉嫌犯罪案件的规定》第 62 条“销售明知是假冒注册商标的商品”中所指的“明知”:(1)更改、掉换经销商品上的商标而被当场查获的;(2)同一违法事实受到处罚后重犯的;(3)事先已被警告,而拒不改正的;(4)有意采取不正当进货渠道,且价格大大低于已知正品的;(5)在发票、账目等会计凭证上弄虚作假的;(6)专业公司大规模经销假冒注册商标商品或者商标侵权商品的;(7)案发后转移、销毁物证,提供虚假证明、虚假情况的;(8)其他可以认定当事人明知的。

2004年,最高人民法院、最高人民检察院发布《关于办理侵犯知识产权刑事案件具体应用法律若干问题的解释》第9条第2款规定,具有下列情形之一的,应当认定为属于刑法第二百一十四条规定的"明知":(一)知道自己销售的商品上的注册商标被涂改、调换或者覆盖的;(二)因销售假冒注册商标的商品受到过行政处罚或者承担过民事责任、又销售同一种假冒注册商标的商品的;(三)伪造、涂改商标注册人授权文件或者知道该文件被伪造、涂改的;(四)其他知道或者应当知道是假冒注册商标的商品的情形。

以上两个规定是对明知,即知道的界定。如果不属于上述两个规定中列举的12种情形,可以反推不知道。

二是证明该商品是合法取得并说明提供者。商家在进货时要履行进货查验义务,查验供货商的营业执照和相关的许可证并留存复印件,没有这些材料说明供货渠道不合法;要索取并留存产品合格证和进货发票的原件,或者与该商品相关的资金流向、账号等;还要索取具体经办人的授权委托书、身份证复印件、联系方式等,以便结合营业执照能说明提供者。

2014年4月,无锡北塘区工商部门接到黑龙江绥化市稻香村米业有限公司投诉,称稻香村米业为"天×康"注册商标在第30类商品上的专用权人,北塘区某粮油经营部有销售侵犯其注册商标"天×康"专用权大米的行为。执法人员对该粮油经营部进行检查,发现该经营部内存放有待售的标注黑龙江绥化市天×康米业有限公司生产的袋装大米16.9吨,该批大米包装袋正面印有显著的"天×康"字样(未使用注册标记)。

经查,该粮油经营部从2010年起在无锡地区代理经销天×康米业生产的带有"天×康"字样大米。2014年3月中旬,稻香村米业在无锡地区拓展业务时,发现该粮油经营部经销的带有“天×康”字样大米,侵犯了该公司注册商标专用权,当即告知该粮油经营部并要求其停止销售侵权商品。该粮油经营部得知该情况后与天×康米业取得联系询问情况,天×康米业表示会与稻香村米业进行沟通,该粮油经营部可以继续销售。该粮油经营部随后以2.7元/斤的价格分两批从天×康米业购进该公司生产带有“天×康”字样纯天然长粒香米52吨,在无锡市场上以2.8元/斤的价格出售,至案发已售出35.1吨。在调查取证过程中,该粮油经营部向工商部门提供了进销货凭证、运输单据、账册以及天×康米业营业执照复印件、工业产品生产许可证复印件。天×康米业也向工商部门提供了一份情况说明,表示其以前不知道“天×康”商标已经被他人注册,保证以后的产品不会再突出使用“天×康”字样。

工商部门认为,2014年3月中旬该粮油经营部被告知销售天×康米业生产的带有“天×康”字样大米的行为前,由于其不知道是侵权商品,同时能证明合法来源,说明提供者,适用2013年修订的《商标法》的规定更符合新《商标法》的立法精神,因此根据《商标法》(2013年修订)第60条第2款的规定,责令该粮油经营部停止销售,不予行政处罚。

2014年3月中旬被告知后,该粮油经营部明知天×康米业生产的带有“天×康”字样大米为侵权商品,仍然继续销售,已经构成商标侵权行为。根据《商标法》(2001年修订版)第53条(现第60条)“有本法第五十二条所列侵犯注册商标专用权行为之一的……工商行政管理部门处理时,认定侵权行为成立的,责令立即停止侵权行为,没收、销毁侵权商品和专门用于制造侵权商品、伪造注册商标标识的工具,并可处以罚款”之规定,对其进行处罚。

“天×康”是稻香村米业的注册商标,也是天×康米业的字号。这个案子是典型地突出字号冒充注册商标的案例。工商部门以该粮油经营部知道的时间为界,根据不同情况进行区别处理。2014年3月中旬以前,该粮油经营部不知道销售的是商标侵权大米,所以只是责令停止销售,不予处罚。2014年3月中旬以后,该粮油经营部已经知道销售的是商标侵权大米,仍然销售,因此按《商标法》进行了处罚。

有一个问题，不知有没有注意到。与《食品安全法》《药品管理法实施条例》《医疗器械监督管理条例》明确规定不予处罚不同，《商标法》对于销售不知道是侵犯注册商标专用权的商品，能证明该商品是自己合法取得并说明提供者的，只是规定由工商部门责令停止销售。这条规定虽然没有明确说不予处罚，但理论界和实务界一致公认，可以不再处罚。但是，侵权商品怎么处理？这个问题很重要，直接涉及商家的经济利益。如果对侵权商品收缴，那么和没收没有什么区别。由于法律对此也没有明确规定，实践中执法部门一般采取以下几种处理方法：

一是经销商将侵权商品退回供货商，执法部门对该供货商进行处罚。这种方法对经营商是最有利的。

二是由经销商剥离侵权标识后再次销售。这种方法对经销商肯定有影响，标识一旦被剥离，尤其是知名品牌标识被剥离，商品的价值就大打折扣了，但是剥离后的商品还在，这种方法对经销商的影响相对较小。有些情况标识不好剥离，把标识遮盖、破坏掉也是可以的。

三是由经销商自行销毁。对于有些标识不易剥离，或者破坏标识成本较大而商品的实际价值不高，或者商品带有一定的危害性，如假冒白酒，经营者可以自行销毁。

四是由执法部门收缴销毁。对于标识不易剥离，经销商又不愿销毁的，有的执法部门会收缴侵权商品。

五是由人民法院处置。最高人民法院《关于审理商标民事纠纷案件适用法律若干问题的解释》（法释〔2002〕32 号）第 21 条第 1 款明确规定，人民法院在审理侵犯注册商标专用权纠纷案件中，依据《民法通则》第 134 条、《商标法》第 53 条的规定和案件具体情况，可以判决侵权人承担停止侵害、排除妨碍、消除危险、赔偿损失、消除影响等民事责任，还可以作出罚款，收缴侵权商品、伪造的商标标识和专门用于生产侵权商品的材料、工具、设备等财物的民事制裁决定。罚款数额可以参照《中华人民共和国商标法实施条例》的有关规定确定。

2014 年 8 月 20 日，某县工商部门根据牛栏山商标权利人举报，依法查获某商店经销的假冒42度牛栏山酒20箱（每瓶500ml，每箱12瓶），货值2600元。经过调查，工商部门认定该商店在主观上不知道其经销的牛栏山酒为假酒，且能证明该酒是其合法取得并能说明提供者，因此按照《商标法》第60条第2款规定，责令该商店停止销售该酒，对已扣押的20箱假冒牛栏山酒予以没收、销毁，不再对其罚款。

这是一个对侵权商品没收、销毁的案例。再看一个剥离侵权标识的案例。

王某是新疆昌吉州一家白酒商行的负责人。2014年6月，王某分别以每件43元的价格从新疆某A酿造厂购进“古域老窖”白酒80件，以每件43元的价格从新疆某B酒业有限公司购进“大漠古城窖”白酒438件。

新疆某A酿造厂是“古域”商标的注册人，该商标核定使用商品为第33类，图案整体为圆形，内有“古域”二字。该酿造厂生产“古域老窖”白酒，古域注册商标在包装箱侧面和酒瓶标签右下角，所占位置非常小，却把“古域老窖”4个字作为酒名在外包装箱和瓶贴显著位置突出使用，其中“古域”二字与新疆第一窖古城酒业有限公司的“古城”注册商标在字体、色彩及整体设计风格等方面近似。

新疆某B酒业有限公司是“大漠古城”商标的注册人，该商标核定使用商品为第33类，图案整体为圆形，圆形内上方有“大漠古城”4个楷体汉字，下方有骆驼和沙丘图案与圆形边缘连接。该公司生产的“大漠古城窖”白酒，大漠古城商标在包装箱正面上方和酒瓶标签左上角，所占位置较小，却把“大漠古城老窖”6个字作为酒名在外包装箱和瓶贴显著位置使用，且“古城”二字突出，并与新疆第一窖古城酒业有限公司的“古城”注册商标近似。

新疆第一窖古城酒业有限公司生产的“古城”牌白酒投入市场使用时间较长，具有较高的市场知名度，其“古城”注册商标于2008年11月8日被认定为新疆著名商标，2011年5月27日被认定为驰名商标。该公司另有以华文行楷、手写体文字申请注册的两件“古城”商标，分别于2011年4月14日和2012年2月28日获得核准，核定使用商品为第33类。

至被查获时，王某购入的“古域老窖”白酒和“大漠古城窖”白酒已销售20

件，剩余498件。剩余白酒被执法人员依法扣押，违法经营额共计22274元。经鉴定，扣押的白酒为质量合格产品。在调查过程中，王某如实提供了新疆某A酿造厂和新疆某B酒业有限公司的进货发票、商标注册证、委托书等材料，并得到两家企业的确认。

执法部门认为，王某在主观上没有销售侵权商品的故意，依据《商标法》第60条第2款的规定，责令王某停止销售，免予罚款、没收侵权商品的行政处罚。在工商执法人员的监督下，将518箱侵权白酒的外包装箱销毁，涉案白酒在瓶贴撕下后退还王某。此外，工商部门依法对A、B两个生产厂家分别罚款2万元和1.5万元。

五、质量违法可以从轻、减轻处罚的情形

食品、药品、医疗器械都是特殊商品，法律对这些特殊商品的责任豁免作出了特别规定。对于普通商品而言，如果违法，也有可以从轻、减轻处罚的规定。《产品质量法》第55条规定，销售者销售本法第49条至第53条规定禁止销售的产品，有充分证据证明其不知道该产品为禁止销售的产品并如实说明其进货来源的，可以从轻或者减轻处罚。

所谓从轻处罚，是在法定处罚范围内适用处罚种类较轻或处罚数额较小的处罚。所谓减轻处罚，是指在法定处罚范围以下适用处罚。以《产品质量法》第49条为例。一个经销商销售产品不符合保障人体健康和人身安全要求，按照《产品质量法》第49条规定，执法部门可以按其货值金额处以等值以上3倍以下的罚款。如果执法部门按等值金额罚款，就叫作从轻处罚；如果执法部门在等值金额以下罚款，就是减轻处罚。

2016年4月，永州市工商局依法对辖区内某网络有限公司销售的高清数字电视机顶盒进行抽查检验。经检验，机顶盒为不合格商品。经查，不合格商品系该公司分别从两家公司购进，货值金额631500元，均以打包的方式全部售出（包括机顶盒、收视费、网络维护费），无违法所得。依据《产品质量法》第49条、第55条之规定，责令改正违法行为，并处罚款18万元。

这个案件中，货值金额63万元，罚款18万元，罚款金额不足货值金额的一半，说明执法部门对这家公司适用了减轻处罚。

适用《产品质量法》第55条，申请从轻、减轻处罚，有两点需要注意：

一是减轻处罚可以到0。与食品、药品、医疗器械直接免予处罚不同，《产品质量法》只规定了减轻处罚，没有规定免予处罚，但在实际操作中，减轻处罚可以直接将处罚数额减轻到0，0处罚就是免予处罚。

二是要有充分证据证明其不知道该产品为禁止销售的产品并如实说明其进货来源。这一点的要求和前面介绍的食品、药品一样，不再赘述。

六、怎样充分证明

如前面所说，《产品质量法》《食品安全法》等法律都提到了，免责的前提之一是“有充分证据证明”，那么什么叫“充分”，做到什么地步才能叫“充分证明”？实践中经常遇到这样的情况，因为销售质量不合格的商品，被执法部门查到了。商家也能提供营业执照、发票，也能指认是谁供的货，但最后执法部门还是处罚了，而且也没有从轻。为什么呢？其中一个最重要的原因，就是证据质量不过关，不能有效地帮助执法部门把责任追到供货商。《产品质量法》《食品安全法》等法律之所以免除经营者的责任，其原理是责任转移，即经营者的责任转移由供货商承担。如果经营者指认了供货商，但由于证据的原因，责任没有转移，经营者仍然要承担责任。那么，怎么确保责任能够转移呢？我们在这里小结一下前面的规定，商家在履进货检验时要注意以下两点，这些对所有商品，包括食品、药品等都通用：

一是索证索票。具体包括：(1)索取供货商的营业执照和相关的许可证；(2)索取供货人员的授权委托书、身份证复印件，并与之签订供货合同；(3)审查商品的合格证明文件，如合格证、检验报告等；(4)索取供货发票。

二是进货检验。光索证索票还不够，还要进货查验，这是最关键的。具体要做到以下要求：(1)营业执照、许可证、授权委托书、供货合同中供货商的名称必须一致；(2)授权委托书、身份证复印件、供货合同中供货人员的姓名必须一致；(3)供货合同、商品、合格证、检验报告、供货发票中商品的名称必须一致，且要符合国家相关命名规定，尤其是供货发票要用标准名称，不要随意用简称；

(4)商品的包装要符合国家相关产品的标识规定。这四个要求,只要有一个做不到,执法部门很有可能会认定“不能充分证明”。

七、可以从轻、减轻、免除处罚的通用情形

前面介绍了几种可以从轻、减轻、免除处罚的规定,这些规定具有两个局限性,一是仅限于这几种特定的领域,二是对适用的情形要求严格,不符合这两个条件就不能适用。那么有没有超越这些领域和情形的通用规定呢,答案是有的。

《行政处罚法》第 27 条规定,当事人有下列情形之一的,应当依法从轻或者减轻行政处罚:(一)主动消除或者减轻违法行为危害后果的;(二)受他人胁迫有违法行为的;(三)配合行政机关查处违法行为有立功表现的;(四)其他依法从轻或者减轻行政处罚的。违法行为轻微并及时纠正,没有造成危害后果的,不予行政处罚。因此,只要具备这四种情形之一,就可以申请执法部门从轻或减轻处罚。在实践中,有两种情形商家很容易做到。

一是主动消除或者减轻违法行为危害后果。

2016 年 3 月起,上海某网络科技公司在其 App 销售“德国爱他美 AptamilPre 初段奶粉”,在商品说明中该公司使用了“AptamilPre 适合初生婴儿,营养成分和母乳无限接近,可与母乳混合喂养”“只含有乳清蛋白,不含蔗糖和淀粉,成分酷似母乳”等产品宣传用语。工商部门认为,广告中所使用的“AptamilPre 适合初生婴儿,营养成分和母乳无限接近,可与母乳混合喂养”“只含有乳清蛋白,不含蔗糖和淀粉,成分酷似母乳”的宣传用语暗示该奶粉可以全部或部分替代母乳,误导了消费者,违反了《广告法》第 20 条“禁止在大众传播媒介或者公共场所发布声称全部或者部分替代母乳的婴儿乳制品、饮料和其他食品广告”之规定,构成发布违法广告的行为。同时工商部门认定,该公司在案发后主动将 App 发布“德国爱他美 AptamailPre 初段婴儿奶粉”广告中的涉嫌违法的内容予以删除整改,积极配合调查,社会危害较小,情节轻微,不属于重大违法行为。根据《行政处罚法》第 27 条第 1 款第 1 项的规定,对该公司依法从轻处罚。因此,根据《广告法》第 57 条第 3 项的规定,责令停止发布违法广告,罚款 20 万元。

2017年,温州某影视文化公司在其微信公众号上发布广告。广告画面为一对男女抱着枕头相互依偎靠在床上,广告词为“未来床上看电影,这才叫做爱”。文字结合画面,广告内容歧义十分明显,造成不良影响。2月28日,在市场监管部门现场检查后,该公司即将该广告页面予以删除,并在3月3日在该微信公众号上发布“致歉信”,对该广告存在歧义所造成的不良影响表示歉意。市场监管部门认定,该公司的行为违反了《广告法》第9条第7项“广告不得有下列情形:妨碍社会公共秩序或者违背社会良好风尚”等的规定。鉴于该违法广告受众群体少,时间短(从发布到删除只有4天),且当事人认错态度良好,积极配合调查,事后发布致歉信,具有《行政处罚法》第27条第1款第1项规定的情节,即“当事人有下列情形之一的,应当依法从轻或者减轻行政处罚:(一)主动消除或者减轻违法行为危害后果的”,决定减轻处罚。最终,市场监管部门责令该公司停止发布广告,并处罚款2万元。

这是两个主动消除危害后果的案例,而且都是根据《广告法》第57条应当处20万元以上100万元以下罚款。在第一个案例中,执法部门认定当事人有主动消除或者减轻违法行为危害后果情节,给予的从轻处罚,按照下限罚款了20万元。第二个案例,执法部门也认定当事人有主动消除或者减轻违法行为危害后果情节,但是认定消除后果明显,给予的减轻处罚,在下限以下只罚款了2万元。

二是配合行政机关查处违法行为。先看两个案例。

2016年3月25日,裕华区××房产中介服务中心委托河北龙度贸易有限公司设计、制作背部印有“××房产”字样的校服60套,制作费用1800元。当月30日,该中心将制作好的60套校服全部捐赠给裕华区兴国小学。2016年3月31日,有群众向工商部门举报。执法人员调查发现,在该学校的一年级学生校服上有举报人所描述的“××房产”字样。工商部门认定,该中心的行为违反了《广告法》第39条的规定。根据《广告法》第58条第12项的规定,对该中心罚款3000元。

2015年,上海某文化传播公司在淘宝上订购了1000个文具垫板,上面印有

“某文化中心晚托、寒暑托、幼小衔接、语数外辅导、毛笔书法国画、硬笔书法素描、创意美术”等广告内容，订购费用为658元。2015年9月，该公司员工在闸北区童园实验小学进行派发，截至11月案发，1000个印有广告的文具垫板全部派发完毕。工商部门认定，该公司违反了《广告法》第39条的规定，根据《广告法》第58条第12项的规定，应当处广告费用1倍以上3倍以下的罚款。鉴于该公司违法行为情节较轻，违法广告发布时间较短，且在案件查处过程中积极主动、如实提供证据资料，积极配合案件查处，根据《行政处罚法》第27条的规定，决定对当事人从轻处罚，罚款658元(1倍广告费用)。

这两个案件性质相同，都是违反《广告法》第39条的规定，利用与中小学生、幼儿有关的物品发布广告。但是因为情节不同，最后的处理结果也不同。在第二个案件中，因为经营者主动配合、如实提供证据，工商部门认定为情节较轻，因此给予从轻处罚，即按照1倍广告费用予以罚款。而第一个案件，没有从宽情节，因而给予了1倍以上的处罚。

商家如果希望执法部门能适用《行政处罚法》第27条规定从轻或者减轻处罚，一定要提出书面申请，而且诉求一定要明确。由于立场不同，执法部门在调查取证时，往往重视商家违法的证据，而忽视对商家有利的证据。因此商家对自己有利的证据一定要及时提出来。不仅如此，还要书面提出来。

按照规定，当事人提出申辩意见可以口头提出。但是实际操作中，执法人员对当事人提出的口头申辩意见经常有没有记全、理解错误的情形，甚至由于手头事务多而忘记的情况也时有发生，以至于在下达处罚决定书后，当事人又提出曾经提出过申辩意见。此时，执法人员为避免追责，一般会主张当事人提出的申辩不成立或者不予采纳，从而坚持最初的处罚决定。所以，商家一定不要怕麻烦，在提出申辩，要求从轻、减轻处罚时，使用书面申请。除非商家能确保自己提出的口头申请已经被执法人员记录在案。

2017年3月，河南某大药房健康管理股份有限公司印制了一批印刷品广告，组织下属门店向社区住户发送广告。该广告中含有硝苯地平缓释片(Ⅱ)和苯磺酸氨氯地平片两种药品宣传内容。经新乡市食药监局认定，上述两种药品为处方药。据该公司的委托代理人陈述,这次宣传活动没有方案,不清楚在哪儿印刷的,不清楚印刷费用多少。工商部门责令该公司立即将发送的涉嫌违法广告收回。该公司即向所属门店下发《关于停止发放、收回"2017 年 3 月 24 日 ~ 26 日约惠春天好礼惠全城"广告宣传页的通知》,要求各门店停发、收回涉嫌违法广告,截至 2017 年 4 月 10 日前收回并统一销毁了 6500 份宣传页。

工商部门认定,该公司以发送印刷品广告的方式发布处方药广告的行为,已违反了《广告法》第 15 条第 2 款之规定,构成以印刷品广告形式发布处方药广告的违法行为。该公司针对社区住户,通过插在门缝或者门把手的方式发送印刷品广告的行为,已违反了《广告法》第 43 条第 1 款之规定,构成未经当事人同意或者请求向其住宅发送广告的行为。

在调查过程中,该公司向工商部门提交了《减轻处罚申请书》,提出以下减轻处罚的理由:"一、我公司属于首次违法。我公司一贯守法经营,证照齐全并按期准时进行年报。从无任何违法经营行为,从未受到过工商部门处罚,也无任何用户投诉。二、我公司积极接受并配合贵局对我单位的查处。我公司认错态度较好,积极配合贵局对我公司的立案调查工作,对违法事实无任何隐瞒并及时采取措施,主动及时收回违法广告,最大限度地减少负面影响,对贵局要求提供的证据积极提供。并且,对贵局执法无任何异议,绝对服从贵局对我公司的违法行为认定。希望贵局抱着治病救人态度作出处理。同时,由于市场竞争激烈,企业效益低下,已存在严重的亏损。综上所述,鉴于我公司有依法减轻情节和经营极端困难的现状,希望贵局从以人为本、打造和谐社会出发,柔性执法,给我公司一个减轻处罚的机会。"

根据该公司违法的事实、性质、社会危害程度,同时考虑该公司组织各门店停发、收回涉嫌违法广告并统一销毁的事实,依据《行政处罚法》第 4 条第 2 款"设定和实施行政处罚必须以事实为依据,与违法行为的事实、性质、情节以及社会危害程度相当"和第 27 条第 1 款"当事人有下列情形之一的,应当依法从轻或者减轻行政处罚:(一)主动消除或者减轻违法行为危害后果的……(四)其他依法从轻或者减轻行政处罚的"之规定,工商部门认定符合减轻处罚的情节。

依据《广告法》第57条第2项之规定,对该公司以印刷品广告形式发布处方药广告的行为,罚款2.8万元。依据《广告法》第63条第1款之规定,对未经当事人同意或者请求向其住宅发送广告的行为,罚款2000元。

大家可以查一下,《广告法》第57条第2项和第63条第1款。按照两个法条规定,发布处罚药广告的,应当处于20万元以上100万元以下的罚款;未经当事人同意或者请求向其住宅发送广告的,应当处5000元以上3万元以下的罚款。换句话说,如果不减轻处罚,这家公司至少要罚20.5万元,而不是3万元了。这家公司之所以受到减轻处理,不仅有积极主动改正的行为,最关键的是提出了减轻处罚的申请,而且是书面申请。对于书面申请,执法部门一般比较重视,普遍会认真研究。

舟山市某电子商务公司在淘宝网开设网店销售海蜇等农副产品、食品。2016年4月,该公司在其网店的网页上发布含有"海蜇的营养极为丰富……海蜇还是一味治病良药。祖国医学认为,海蜇有清热解毒、化痰软坚、降压消肿之功效"等涉及疾病治疗功能用语的商业广告。2016年11月,工商部门根据举报将其查获。查获时,该公司发布违法广告的广告费用无法计算。2017年3月,工商部门认定,该公司发布涉及疾病治疗功能的广告的行为,违反了《广告法》第17条"除医疗、药品、医疗器械广告外,禁止其他任何广告涉及疾病治疗功能,并不得使用医疗用语或者易使推销的商品与药品、医疗器械相混淆的用语"的规定,已构成发布违法广告行为,依据《广告法》第58条第1款第2项规定,拟对其罚款5万元,并向该公司送达了《行政处罚听证告知书》。同日,该公司提出陈述申辩意见,请求减轻处罚。经复核研究,工商部门认为,鉴于该公司能够积极配合调查,如实提供相关证据材料,且主动纠正违法行为,该公司的陈述申辩意见基本属实,予以采纳,根据《行政处罚法》第27条第1款第4项的规定,可予以从轻处罚。最终,工商部门责令该公司停止发布违法广告,在相应范围内消除影响,并处罚款2万元。

这个案件中提到一个概念——听证。按照《行政处罚法》第31条、第32条规定,行政机关在作出行政处罚决定之前,应当告知当事人作出行政处罚决定的事实、理由及依据，当事人有权陈述和申辩，行政机关必须充分听取当事人的意见，对当事人提出的事实、理由和证据，应当进行复核；当事人提出的事实、理由或者证据成立的，行政机关应当采纳。同时，为了保障当事人的权益，《行政处罚法》赋予了当事人一项特别的权利，即要求举行听证会进行陈述、申辩的权利。按照《行政处罚法》第 42 条的规定，行政机关作出责令停产停业、吊销许可证或者执照、较大数额罚款等行政处罚决定之前，应当告知当事人有要求举行听证的权利；当事人要求听证的，行政机关应当组织听证。听证从性质上讲属于行政处罚前的特别调查程序。

听证中的陈述、申辩不同于一般的陈述、申辩。首先，举行听证的机构是执法部门的法制机构，不是具体办案机构，听证主持人一定不是参与办理此案的执法人员，所以从机构和人员上保证了相对公正、客观。其次，只要符合法定条件，当事人要求听证，不论有没有理由，执法部门都得举行听证，听取意见。最后，听证是免费的，当事人不用缴一分钱。执法部门对听证都很重视，对商家在听证中提出的意见也很重视。因此，如果商家希望从轻或者减轻处罚，一定要抓住这次机会。当然，无论商家是否要求听证，如果想申辩或者从轻、减轻处罚，最好用书面形式提出。

6.3.2 酌定从轻处罚

社会生活纷繁复杂，违法行为林林总总，为了避免“一刀切”带来的不公平，法律法规在规定对违法行为进行处罚时，对处罚做了弹性的规定，设定了一定的幅度。比如《广告法》第 55 条第 1 款规定，对于发布虚假广告的，处广告费用 3 倍以上 5 倍以下的罚款，广告费用无法计算或者明显偏低的，处 20 万元以上 100 万元以下的罚款。《产品质量法》第 49 条规定，对于生产、销售不符合保障人体健康和人身、财产安全的国家标准、行业标准的产品的，没收违法生产、销售的产品，并处违法生产、销售产品货值金额等值以上 3 倍以下的罚款。这里 3 倍以上 5 倍以下、20 万元以上 100 万元以下，等值以上 3 倍以下，都是处罚幅度。至于最终处罚多少，由执法部门酌情决定，执法部门拥有裁量权。

有裁量权也不可以为所欲为。按照《行政处罚法》第 4 条前两款规定，行政处罚遵循公正、公开的原则。设定和实施行政处罚必须以事实为依据，与违法行为的事实、性质、情节以及社会危害程度相当。因此，执法部门在确定最终处罚数额时，要考虑违法行为的事实、性质、情节以及社会危害程度。在事实、性质既定的情况下，除前面介绍的法定从轻、减轻情节外，重点考虑以下因素：

一、社会影响

上海某信息技术公司是英语在线培训机构。2015 年 8 月起，该公司在其官方网站发布了该公司学生家长对其英语在线培训的感受和效果的肯定评价。2015 年 9 月，该公司在其官方网站先后发布了刘某某、陆某某等十名小明星的形象，以及上述小明星或者其监护人在新浪微博发布的截图，截图内容为小明星正在接受该公司在线英语培训的照片以及对该公司培训的评价等。该公司在其官方网站发布相关宣传内容时，上述小明星年龄均不满 10 周岁。该公司在其自设网站发布宣传内容，没有为其网站发布内容而向小明星监护人、经纪公司或学生家长支付费用，广告费用无法计算。

工商部门认为，刘某某、陆某某等十人系参加过一些综艺节目或者广告演出并具有一定知名度的小明星，以小明星自己的名义对该公司提供的青少儿英语在线培训作推荐、证明，构成了《广告法》第 2 条第 5 款所称的广告代言人。该公司广告发布期间，刘某某、陆某某等十人年龄均不满 10 周岁。该公司在广告中利用不满 10 周岁的未成年人作为广告代言人，违反了《广告法》第 38 条第 2 款的规定，构成利用未满 10 周岁的未成年人作为广告代言人的违法行为。该公司在其网站还发布了接受其英语在线培训学生家长的肯定评价，违反了《广告法》第 24 条第 3 项的规定，构成利用受益者的名义或者形象作推荐、证明的违法行为。鉴于该公司的网站广告构成教育培训利用受益者的名义或者形象作推荐、证明，以及利用未满 10 周岁的未成年人作为广告代言人的违法行为，且利用了多达十名的未成年人广告代言人，情节严重，根据《广告法》第 58 条第 6 项和第 10 项的规定，责令该公司停止发布违法广告，在相应范围内消除影响，罚款 40 万元。

二、危害后果

2008 年 9 月,申某从一不知姓名的推销员处按每片 100 元的价格购买了 720 片"正兴"牌汽车辐板。2008 年 10 月 2 日,这个推销员将 720 片"正兴"牌汽车辐板销售给申某,总货款 7.2 万元。由于市场价格调整,申某按每片 90 元的价格销售"正兴"牌汽车辐板 155 片,销货款 13950 元,其尚未销售的 565 片"正兴"牌汽车辐板,经"正兴"商标注册人正兴车轮集团有限公司鉴定为假冒产品。工商部门认定,申某的销售行为违反《商标法》有关规定,鉴于申某能及时终止违法行为,违法行为对社会的危害后果不大,工商部门没收申某侵犯"正兴"注册商标专用权的汽车辐板 565 片,罚款 3 万元。

按照《商标法实施条例》(2002 年)第 52 条规定,对侵犯注册商标专用权的行为,罚款数额为非法经营额 3 倍以下;非法经营额无法计算的,罚款数额为 10 万元以下。本案中,罚款 3 万元,相当于全部非法经营额的 0.46 倍,属于从轻处罚。

三、悔过态度

2017 年 9 月,长沙某广告文化传播有限公司与一熊姓客户签订了"茅台镇原浆酒"专题广告代理合同,广告内容出现"饮酒动作"镜头。2017 年 9 月 24 日,该公司又与湖南教育电视台签订广告合同,合同约定共播出 34 天,该公司在播出的广告三天后已纠正违法广告内容。至查获时止,该公司于 2017 年 9 月 27 日至 29 日六次播放含有"饮酒动作"镜头的"茅台镇原浆酒"专题广告,查实该公司收取广告代理费 1320 元。工商部门认为,该公司代理的"茅台镇原浆酒"专题广告内容出现"饮酒动作",违反了《广告法》第 23 条第 2 项的规定,属于在酒类广告中出现饮酒动作的违法行为。工商部门认定,该公司在调查取证过程中,积极配合工商部门调查,主动提供有关资料、证据,认识到违法行为的危害后果,积极消除影响,并主动改正违法行为,因此可以对该公司给予从轻的行政处罚。依据《广告法》第 58 条第 1 款第 5 项和第 3 款的规定,工商部门决定,没收广告费用 1320 元,处罚款 1380 元,两项合计 2700 元,上缴国库。

配合行政机关查处违法行为有立功表现的,属于法定从轻情节,积极配合调查，但没有立功的，属于酌定从轻，是否从轻以及从轻的幅度由执法部门决定。本案中，罚款 1380 元是广告费用的 1 倍，说明执法部门是按照下限处罚的，从轻的力度还是比较大的。

四、从旧兼从轻

从旧兼从轻是一种特殊情况，一般适用于违法行为发生时法律还没有修改，而执法部门进行处罚时，法律已经修改且处罚幅度小于修改前的情形。按照依法行政原则，执法部门应当按照旧法进行处罚，但由于新法已经修改，且处罚比旧法轻，此时适用新法更能符合当前的立法精神，因而适用新法从轻处罚。

前面介绍的无锡北塘区工商部门查处某粮油经营部销售侵犯注册商标“天×康”专用权大米的案件，就是典型地从旧兼从轻案例。2013 年修订的《商标法》是 2013 年 8 月 30 日颁布的，拟于 2014 年 5 月 1 日施行，这个案件发生在 2014 年 4 月，正好处于 2013 年《商标法》施行的前夕。按照 2013 年《商标法》第 60 条第 2 款规定，销售不知道是侵犯注册商标专用权的商品，能证明该商品是自己合法取得并说明提供者的，由工商行政管理部门责令停止销售。而旧《商标法》(2001 年版)则没有这方面的规定，因此工商部门为体现立法精神，进行了分段处理。

2014 年 3 月中旬该粮油经营部被告知销售天×康米业生产的带有“天×康”字样大米的行为前，由于其不知道是侵权商品，同时能证明合法来源，说明提供者，适用 2013 年修订的《商标法》的规定更符合新《商标法》的立法精神，因此根据《商标法》(2013 年修订)第 60 条第 2 款的规定，责令该粮油经营部停止销售，不予行政处罚。

2014 年 3 月中旬被告知后，该粮油经营部明知天×康米业生产的带有“天×康”字样大米为侵权商品，仍然继续销售，已经构成商标侵权行为。根据《商标法》(2001 年修订版)第 53 条“有本法第五十二条所列侵犯注册商标专用权行为之一的……工商行政管理部门处理时，认定侵权行为成立的，责令立即停止侵权行为，没收、销毁侵权商品和专门用于制造侵权商品、伪造注册商标标识的工具，并可处以罚款”之规定，对其进行处罚。

有一点需要注意,适用从旧兼从轻,没有直接的法律依据,更多的是采用了法律原理,因此是否适用由执法部门决定。

6.3.3 适用较轻法律

法律原则上应当以某一特定行为为调整对象,分门别类地加以制定,以避免冲突和遗漏。但是实际上,由于社会关系错综复杂,经常出现两部或两部以上法律同时对某一行为加以规定,而且规定的还不一致的情况。这种冲突,法理上称为法律的竞合,俗称法律打架。

法律竞合是最让商家迷惑的。经常有商家不解,为什么两个相似的行为,因为地域不同,处理的结果也不同呢?这主要原因是法律竞合,因为法律有竞合,各地在适用法律时不统一,导致结果有差异。法律竞合的现象非常普遍,《广告法》《反不正当竞争法》《消费者权益保护法》在虚假宣传和侵害消费者个人信息上有竞合,《产品质量法》《商标法》《反不正当竞争法》《消费者权益保护法》在市场混淆上有竞合等。对于商家而言,法律竞合的原理只要略为知道即可,不明白也没有关系,重要的是要学会运用,当两个法律打架时,争取适用对自己最有利或者处罚最轻的法律。

一、广告法与反不正当竞争法竞合

北京某信息技术有限公司是大型电商,通过其网站上发布广告、销售商品。2015 年 5 月 21 日,该公司在其网站上销售某牌蓝牙耳机,宣称通话时长 9 小时,消费者实际使用不到 9 小时,经核实该公司仅提供了公司内部测试数据但无法提供法定检测机构检测数据依据。2015 年 7 月 16 日,销售某牌置物架,宣称该产品毛重为 6.85 公斤、净重为 6.2 公斤,实际该产品重量为毛重 5.9 公斤、净重为 5.5 公斤,与宣传内容不符。2015 年 3 月,销售某牌笔记本电脑,宣称的电池、处理器等与实际不符。2015 年 1 月 31 日至 2 月 6 日,销售商品编号为 1108788、889017 产品宣传产地为德国,实际产地为中国台湾地区。2015 年 7 月 7 日,销售某牌手机时宣称该产品支持陀螺仪功能,实际该产品并不支持该功能。2015 年 8 月 18 日,销售某牌移动硬盘,页面宣传"传输一部高清影片仅需几分钟"。

2015年9月2日，销售某牌火腿肠网页宣称“中国最大的肉类加工基地”。2015年9月2日，销售某牌玩具，网页宣传“万代是全日本最大的综合性娱乐公司之一，品种之全世界第一”。2015年8月30日，销售某牌内存条，网页宣传“世界最强超频厂商”。2015年9月2日，销售某牌滋润霜，网页宣传“纯天然植物成分、纯天然植物配方”。2015年9月2日，销售某牌耳机，网页宣传“超长待机26天624小时”。2015年8月2日，销售某牌浴巾，网页宣传“抗疲劳、抗衰老、抗菌”等功效。实际上均没有宣传依据。

工商部门认定，该公司的上述行为违反了《反不正当竞争法》第9条第1款的规定，已构成虚假宣传的违法行为。依据《反不正当竞争法》第24条第1款的规定，责令该公司停止违法行为、消除影响，并罚款20万元。

这个案例中有多项违法行为，依据《广告法》和《反不正当竞争法》都可以进行处罚。从《广告法》的角度，这些行为构成虚假广告、绝对化语言行为。现行《广告法》是于2015年4月24日修订通过，自2015年9月1日起施行。因此该公司9月2日发布的4则广告可以适用新版的《广告法》处罚。如果适用《广告法》，对于发布虚假广告的，依据第55条规定，处广告费用3倍以上5倍以下的罚款，广告费用无法计算或者明显偏低的，处20万元以上100万元以下的罚款。对于使用绝对化语言的，依据第57条规定，对广告主处20万元以上100万元以下的罚款。

从《反不正当竞争法》角度，这个案例中的行为构成虚假宣传行为。依据《反不正当竞争法》(1993年)第24条规定，对商品作引人误解的虚假宣传的，可以根据情节处以1万元以上20万元以下的罚款。显然《反不正当竞争法》处罚的要轻。执法部门适用了较轻的法律，从宽处理。

二、广告法与消费者权益保护法竞合

未经消费者允许，擅自向消费者发送广告的行为，《消费者权益保护法》和《广告法》也都有规定，因而也会产生竞合。

《消费者权益保护法》第56条规定，经营者有下列情形之一，除承担相应的民事责任外，其他有关法律、法规对处罚机关和处罚方式有规定的，依照法律、法规的规定执行；法律、法规未作规定的，由工商行政管理部门或者其他有关行政部门责令改正，可以根据情节单处或者并处警告、没收违法所得、处以违法所得1倍以上10倍以下的罚款，没有违法所得的，处以50万元以下的罚款；情节严重的，责令停业整顿、吊销营业执照：……（九）侵害消费者人格尊严、侵犯消费者人身自由或者侵害消费者个人信息依法得到保护的权利的……

《广告法》第63条第1款规定：违反第43条规定发送广告的，由有关部门责令停止违法行为，对广告主处5000元以上3万元以下的罚款。

从这两部法律的规定来看，如果违法所得在500元以下，适用《消费者权益保护法》则处罚的较轻；如果违法所得在3万元以上，适用《广告法》明显较轻。

三、食品安全法与药品管理法竞合

2015年10月，刘某在未申办任何证照的情况下，在利川市清江大道设立"××保健店"，从事避孕套、保健器具、消毒用品、性保健品等四大类产品的经营活动。2016年11月，利川市执法部门在进行性保健品专项检查时，在该店现场查获质量可疑的虫草鹿鞭王（标示生产企业：西藏某生物技术有限公司），经检验，该胶囊含西地那非691.4mg/kg，胶丸含西地那非856.8mg/kg。经查，该店销售的上述产品，均为该店负责人刘某从一上门推销的个体商贩手中购进的，在购进上述产品时未进行索证索票和进货查验，由此导致上述产品的具体进货数量、销售数量、销售单价等情况无法进行准确核实。2016年12月，利川市食药监局组织召开鉴定会，食品、医学、药学专家一致认为，在保健食品中非法添加药品西地那非，尤其是在脱离医生指导下使用该品，足以对服用者的健康和生命安全造成严重危害，属于销售有毒有害的保健食品。利川市食药监局将此案移送公安机关查处。2017年11月，利川市人民法院依法判处刘某有期徒刑1年，并处罚金1000元。

2017年，阜城县食品和市场监管局查处了周某某销售虫草鹿鞭王等假药案，经查周某某销售的产品虫草鹿鞭王中含有西地那非等药品成分并宣称疗效，依法按假药论处。阜城县食品和市场监管局联合公安机关进一步巡线追踪，一举捣毁了位于吉林省的制售窝点，此案涉案金额达50余万元。周某某犯销售假药罪，被判处拘役6个月，并处罚金2000元。

前面已经介绍过，西地那非就是伟哥，治疗阳痿药。"产品中含有西地那非等药品成分并宣称疗效"，从不同的法律角度处罚后果是不同的。从《食品安全法》角度，属于食品中加入药品，依据《食品安全法》第123条规定，尚不构成犯罪的，由县级以上人民政府食品药品监督管理部门没收违法所得和违法生产经营的食品，并可以没收用于违法生产经营的工具、设备、原料等物品；违法生产经营的食品货值金额不足1万元的，并处10万元以上15万元以下罚款；货值金额1万元以上的，并处货值金额15倍以上30倍以下罚款；情节严重的，吊销许可证，并可以由公安机关对其直接负责的主管人员和其他直接责任人员处5日以上15日以下拘留。

从《药品管理法》角度，属于以非药品冒充药品的假药，按照《药品管理法》第116条规定，生产、销售假药的，没收违法生产、销售的药品和违法所得，并处违法生产、销售药品货值金额15倍以上30倍以下的罚款并责令停产停业整顿；情节严重的，吊销药品生产许可证、药品经营许可证或者医疗机构制剂许可证……

四、食品安全法与商标法竞合

2017年10月，利川市食药监局接投诉举报，称在利川市清源大道某副食店销售的"国窖1573"白酒系伪造中国泸州老窖股份有限公司厂名厂址，要求进行查处。利川市食药监局执法人员于当日对邓某某经营的该副食店进行了现场检查，发现3箱（共计18瓶）待售的"国窖1573"白酒，并实施了查封扣押。后经泸州老窖股份有限公司鉴定，该批产品是伪造泸州老窖公司厂名厂址的假冒产品。当事人涉嫌经营假冒"国窖1573"白酒的行为，违反了《食品安全法》第34条第1款第13项的规定，利川市食药监局依法取缔其经营行为，没收假冒白酒并处以货值金额10倍的罚款。

2017年3月，渠县工商质监局接消费者举报，称在渠江镇某副食经营部购买的52度"国窖1573"白酒疑似假冒商品。经泸州老窖股份有限公司鉴定，该白酒被判定为假冒产品。经查明，该经营部负责人张某某从私人处以500元/瓶的价格购进52度“国窖1573”白酒6瓶，以660元/瓶价格销售给消费者。根据《商标法》的规定，执法部门没收了侵犯“国窖1573”注册商标专用权白酒6瓶，并处罚款1万元。

国窖1573是泸州老窖股份有限公司一款白酒产品的注册商标。假冒国窖1573从《食品安全法》的角度，属于假冒泸州老窖股份有限公司厂名厂址的行为，从《商标法》的角度，属于商标侵权行为。依据《商标法》第60条第2款的规定，构成商标侵权行为的，违法经营额5万元以上的，可以处违法经营额5倍以下的罚款，没有违法经营额或者违法经营额不足5万元的，可以处25万元以下的罚款。相比之下，《商标法》处罚的力度要轻一些。

6.3.4 适用较轻法条

除了法律与法律之间存在竞合外，同一部法律中法条与法条之间也会“打架”，理论界称为法条竞合。出现法条竞合的情况，主要是不同法条对同一事物规定的不一致，由此导致在处罚的结果上有的轻，有的重。电商经常遇到的法条竞合主要有以下几种：

一、虚假广告与数据不准确

《广告法》第8条第1款规定，广告中对商品的性能、功能、产地、用途、质量、成分、价格、生产者、有效期限、允诺等或者对服务的内容、提供者、形式、质量、价格、允诺等有表示的，应当准确、清楚、明白。第28条第2款第2项规定，广告有下列情形之一的，为虚假广告：商品的性能、功能、产地、用途、质量、规格、成分、价格、生产者、有效期限、销售状况、曾获荣誉等信息，或者服务的内容、提供者、形式、质量、价格、销售状况、曾获荣誉等信息，以及与商品或者服务有关的允诺等信息与实际情况不符，对购买行为有实质性影响的。

如果广告中对商品的性能、功能、质量、成分等表述的含糊，究竟是不准确还是虚假广告，不同的认定，后果就会截然不同。

某公司为电子商务公司，通过其旗下网站销售商品。2015年8月至2016年4月，该公司在其销售的戴尔LatitudeE525012.5英寸笔记本电脑宣传页面发布

“欧美最受欢迎的笔记本电脑”等内容的宣传用语，实际想表达为欧美最受欢迎的笔记本电脑之一；在蓝漂洗衣液宣传页面使用“蓝漂手洗 500 瓶 + 500 袋洗衣液”等内容的宣传用语，实际想表达为 500g/瓶 + 500g/袋；在商品编号 2245974、1941647、2245854、1941578、2246523、2245984、1941593 等家纺四件套宣传页面发布“每满 399 减 100 或者满 2 件 8 折”等内容的宣传用语，未明确告知如果客户没有勾选任何促销选项，将不会享受优惠及出现满减的结果；在雪莱特小太阳智能升降式紫外线杀菌消毒台灯时的宣传页面发布“一般其它品牌紫外线灯的强度是 75um/cm2，杀菌率只达 64.82%”等内容的宣传用语，实际想表达为企业内部其他品牌紫外线灯，只是同企业不同产品的比较；在 TCLLED 吸顶灯时的宣传页面发布“照射面积比同类产品更大”等内容的宣传用语，实际想表达为企业内部不同产品的比较。经核实，当事人在广告中对上述商品的性能、功能、产地、用途等允诺和服务的内容，未做出准确、清楚、明白的表示。工商部门认定，该公司的上述行为违反了《广告法》第 8 条第 1 款的规定，已构成发布违法广告行为。依据《广告法》第 59 条第 1 款第 1 项的规定，对该公司罚款 10 万元。

本案中，“欧美最受欢迎的笔记本电脑”中“最受欢迎”属于绝对化用语，但被解读成“实际想表达为欧美最受欢迎的笔记本电脑之一”；“一般其它品牌紫外线灯的强度是 75um/cm2，杀菌率只达 64.82%”等内容的宣传用语，“一般其它品牌”被解读成实际想表达为企业内部其他品牌紫外线灯，只是同企业不同产品的比较等。通过厘清经营者初衷，绝对化用语、产品比较、虚假宣传等行为变成了表述不清、数据不准的行为，依据《广告法》第 59 条第 1 款第 1 项的规定，对该公司罚款 10 万元。而如果认定绝对化语言，不算其他的，仅此一条，依据《广告法》第 57 条第 2 项规定，至少要罚 20 万元。所以适用不同的法条，处罚的后果是不一样的。

二、虚假广告与未标明出处

2017 年 6 月，某地工商部门接到举报信，称中国移动 × × 分公司违法虚假宣传。经调查，2017 年 6 月 21 日该公司利用微信公众号“ × × 移动”推送广告，视频信息中有“移动光宽带 8000 万家庭正在使用”的内容，其使用的“8000 万”

引证数据未标明出处。《广告法》第11条第2款规定，广告使用数据、统计资料、调查结果、文摘、引用语等引证内容的，应当真实、准确，并表明出处。引证内容有适用范围和有效期限的，应当明确表示。工商部门认为，该公司违反了《广告法》第11条第2款的规定，应当依据《广告法》第59条第1款规定处罚。鉴于该公司违法行为社会危害性较小且能主动配合行政机关开展案件调查，根据S省工商行政管理机关《规范行政处罚自由裁量权办法(试行)》第16条之规定，责令该公司停止发布该微信公众号广告，罚款0.5万元。

这个案件中，关键点在于“8000万”。如果确实有“8000万家庭正在使用”，则按未标明出处处理，依据《广告法》第59条第1款规定，处10万元以下的罚款；如果没有证据表明有“8000万家庭正在使用”，则属于虚假宣传，依据《广告法》第55条的规定，处广告费用3倍以上5倍以下的罚款，广告费用无法计算或者明显偏低的，处20万元以上100万元以下的罚款。

三、虚假广告与在广告中谎称取得专利权竞合

2016年，永康市某工贸公司为提高其商品的美誉度及市场竞争力，在没有取得专利权的情况下，在其经营的天猫商城“××居家日用专营店”店铺网页上发布虚构“实用新型专利证书”“外观专利证书”“拥有国家实验室标准的检测实验室”等内容的图片资料进行虚假宣传。工商部门认定，该行为违反了《广告法》第12条第2款的规定，同时构成了第28条所指的内容，属发布虚假广告的行为。市场监管部门根据《广告法》第55条、第59条规定，对该公司作出责令停止发布、罚款1万元。

未取得专利权的，在广告中谎称取得专利权，本质是虚假广告，违反了《广告法》第28条规定。但是《广告法》第12条第2款对此又作了特别规定，即未取得专利权的，不得在广告中谎称取得专利权。如果按照虚假广告，处罚的相对较重，如果认定为谎称取得专利权，处罚的后果相对较轻。本案中，执法部门在处罚时定性为谎称取得专利权，按照《广告法》第59条规定从轻进行了处罚。

四、虚假广告与违法招商广告

2016年，青岛某电子商务有限公司利用宣传单、微信公众号等方式对提供服务的可靠性、稳定性、合法性等进行与客观实际情况不符的宣传，广告含有“资金池资金流是永续增加的，保证消费者100%分红权……有完善的财务管理制度，资金由第三方工商银行监管，专款专用，保证资金无意外损失”等内容，违反了《广告法》第3条、第4条、第28条等规定。2017年2月，市场监管局作出行政处罚，责令停止发布违法广告，在相应范围内消除影响，罚款20万元。

一个公司发布招商等有投资回报预期的商品或者服务广告，对未来效果、收益或者与其相关的情况作出保证性承诺，明示或者暗示保本、无风险或者保收益等，如果与实际情况不符，则属于虚假广告；如果不能证实，则违反《广告法》第25条第2项规定，属于违法招商广告。如果是虚假广告，按照《广告法》第55条规定，处广告费用3倍以上5倍以下的罚款，广告费用无法计算或者明显偏低的，处20万元以上100万元以下的罚款。如果是违法招商广告，按照《广告法》第58条第7项规定，处广告费用1倍以上3倍以下的罚款，广告费用无法计算或者明显偏低的，处10万元以上20万元以下的罚款；情节严重的，处广告费用3倍以上5倍以下的罚款，广告费用无法计算或者明显偏低的，处20万元以上100万元以下的罚款。两相比较，按照违法招商广告处罚的较轻。

本案中，执法部门按照虚假广告进行的处罚。

五、不符合保障财产安全和产品质量不合格竞合

《产品质量法》第49条和第50条也容易发生竞合。《产品质量法》第49条第1分句规定，生产、销售不符合保障人体健康和人身、财产安全的国家标准、行业标准的产品的，并处违法生产、销售产品（包括已售出和未售出的产品，下同）货值金额等值以上3倍以下的罚款。第50条第1分句规定，在产品中掺杂、掺假，以假充真，以次充好，或者以不合格产品冒充合格产品的，并处违法生产、销售产品货值金额50%以上3倍以下的罚款。从处罚力度来年看，第50条处罚的力度较轻。在实践中，一个产品质量不合格是不符合保障人体健康和人身、财产安全，还是以不合格产品冒充合格产品，真的很难说，更多地取决了执法部门的理解。

2017年2月，执法人员接到某村民的举报电话，怀疑其购买的标注为广西某生态肥有限责任公司生产的“××”牌有机肥料为不合格产品。接到举报后，执法人员对举报者购买的“××”牌有机肥料进行抽样送检。2017年2月18日，执法人员又对该公司另一批次“××”牌有机肥进行抽样送检。经质检机构检验，以上两个样品检验结论均为不合格。市场监管部门认为，两个送检的有机肥料样品按行业标准NY 525－2012标准判定，均为不合格。该公司的行为违反了《产品质量法》第13条第1款和第2款的规定，属于销售不符合保障财产安全的行业标准的化肥的违法行为。根据《产品质量法》第49条的规定，责令该公司停止销售不合格有机肥料，没收违法所得3260元，并罚款2万元。

在此案例中，执法部门按照不符合保障人体健康和人身财产安全的国家标准处罚的。我最初没想明白，化肥质量不合格与不保障人身财产安全有什么关系？后来想通了，执法人员很有可能认定，化肥不合格将会影响农民收成，进而给农民造成财产损失，因而认定该化肥不保障财产安全，所以按照《产品质量法》第49条的规定处理。而按照《产品质量法》第49条的规定处罚，结果相对较重。

6.3.5 合并处罚

前面介绍了法定减免、酌定从轻、适用较轻的法律和法条的情形。介绍这些情形的前提多是一个违法行为。在现实生活中，尤其是一些电商平台或者较大的电商，经常遇到同时受到多起投诉举报的情况。这时怎么处理呢？一般有两种方式，一种是一个投诉一个投诉处理，另一种是几个投诉一起并案处理。显然第二种方式对商家更为有利。先看以下两个案例。

2015年9月，某电子商务公司在其网络平台上举办“白拿iPhone6s专享活动”，活动举办日期为2015年9月21日17时至24日24时。该公司宣称，在活动期间消费者购买一份199000元的理财产品，每天购买成功的前50名消费者除可享受一年4%的收益外，还可获得iPhone6s手机一部（实际上是理财收益的一部分）。由于该公司在网上宣传时使用“白拿”一词，没有清楚、准确的表明活动相关情况，易使消费者误认为iPhone6s手机是免费获得。工商部门因此认定，该公司的行为违反了《广告法》第 8 条第 1 款的规定，已构成发布违法广告行为。依据《广告法》第 59 条第 1 款第 1 项的规定，对该公司罚款 3 万元。

2015 年 7 月至 11 月，某电子商务公司通过其旗下网站销售商品，其中在某薰衣草精油网页宣传发布“缓解头痛、月经疼痛、肌肉酸痛、调解内分泌、促进细胞再生”等广告内容；在某蓝牙音箱网页宣传发布“2013 年最佳音箱、Stuff 数字时代最佳便携音箱、数码精品世界最佳无线音箱、MacworldAsia2013 最佳无线音箱”等内容广告；在某航拍飞行器网页宣传发布“满足您空中影像创作所需的一切”等内容；在某手串网页宣传发布“绿松石”等内容；在某路由器网页宣传发布“提供最低的总成本”等内容；在某爱普森打印机网页宣传发布“全球领先品牌，全球市场份额超 50%”等内容；在某豆浆机网页宣传发布“可以减肥塑体、可以瘦身的豆浆、调解肠道等功效”等内容；在某粉底乳网页宣传发布“买一赠一”等内容；在某播放器网页宣传发布“14888 元，规格 3.31 寸”等内容；在某小黄瓜水网页宣传发布“控油祛痘、控油淡斑”等内容，对广告内容未做出准确、清楚、明白的表示；在某面膜网页宣传发布“美白淡斑、排水肿”等内容。经工商部门核实，对于上述商品的性能、功能、产地、用途等允诺和服务的内容，该公司在广告中均未做出准确、清楚、明白的表示。工商部门认定：该公司的上述行为违反了《广告法》第 8 条第 1 款的规定，构成发布违法广告行为。依据《广告法》第 59 条第 1 款第 1 项的规定，对该公司罚款 10 万元。

这两个案例都是违反了《广告法》第 8 条第 1 款的规定，广告中对商品的性能、功能、用途、质量、成分等表示，不准确、清楚、明白，都是依据《广告法》第 59 条第 1 款第 1 项进行的处罚。区别在于第一个案例，一个行为就处罚了 3 万元；第二个案例，12 个行为顶格处罚才罚了 10 万元，平均一个行为不到 9 千元。如果按照第一个案例的标准，一个行为一个行为处罚，第二个案例将被处罚 36 万元。所以合并处罚，实际上处罚变轻了。

之所以能够合并处罚，原因在于法律规定有漏洞。法律在制定时，侧重于行为的性质，而忽略了行为的数量，即侧重于规定禁止某某行为，如有违反如何如何处罚，而忽略了处罚的对象是一个行为，还是一类行为。由此导致不同人有不同的理解。反正法律没有明确规定,怎么理解都对,于是按照一个行为处罚是正确的,将数个行为合并处罚也没有错。

数个行为合并处罚对电商平台和大型电商非常有利。但是请商家注意,适用合并处罚有两个限制。

一是执法部门对是否合并处罚有决定权。正如前面所说,对于是否应当合并处罚,法律没有明确规定,不同的执法人员有不同的理解。所以,前面介绍了现实中存在合并处罚的情况,并不意味着商家面对的执法人员认同合并处罚。商家在面对行政处罚时,是否合并处罚,最终由执法人员决定。商家要有思想准备,并有一个好的心态,如果执法人员不同意合并处罚,一定不要用上面的案例强加说教,更不要对执法人员横加指责。因为执法人员对是否合并处罚有决定权,取决于他的理解。强加说教,横加指责,只能引起执法人员的反感,最终反而对商家不利。

二是按照货值计算罚款的处罚适用合并处罚没有意义。先看下面两个案例。

2017 年 8 月 7 日,执法人员对内蒙古某 A 药房有限公司进行监督检查时,发现"阿托伐他汀钙片"等药品共计 6 个品种 297 盒。该公司无法提供上述药品的合法有效的购进票据、验收记录和供货企业资质。经调查,该公司经营的"阿托伐他汀钙片"等药品从非法渠道购进,货值金额 13788.50 元。该公司的行为违反了《药品管理法》(2015 年)第 34 条的规定,依据《药品管理法》第 79 条的规定,没收上述从非法渠道购进的药品,并处货值金额 4 倍罚款 55154.00 元。

2017 年 8 月 7 日,执法人员对内蒙古某 A 药房有限公司进行监督检查时,发现"佐匹克隆片"药品共计 70 盒。该公司无法提供上述药品的合法有效的购进票据、验收记录和供货企业资质。经调查,该公司的《药品经营许可证》经营范围不包括二类精神药品,且上述药品从非法渠道购进,货值金额 2660.00 元。该公司的行为违反了《药品管理法》(2015 年)第 34 条和《药品流通监督管理办法》第 17 条第 2 款的规定,依据《药品管理法》(2015 年)第 79 条和《药品流通监督管理办法》第 32 条第 4 项的规定,没收上述违法购进的药品,并处药品货值金额 4 倍罚款 10640.00 元。

这两个案例是同一个执法部门、同一天对同一家医药公司进行检查并作出的处罚,虽然违法行为和适用法律依据略有差别,但处罚倍数相同。这两个案件没有合并处罚,但是就算合并处罚,结果也没有什么差别。如果分开处罚,第一个案件按照药品货值金额 4 倍罚款 10640 元(2660 元 ×4 倍),第二个案件按照药品货值金额 4 倍罚款 55154 元(13788.5 元 ×4 倍),合计 65794 元。如果合并处罚,两个案件按照药品货值金额 4 倍罚款也是 65794 元[(2660 元 + 13788.5 元) ×4 倍]。所以对于以货值为基数,按照倍数的处罚,合不合并没有什么影响。

合并处罚对结果影响大的是只规定数额幅度的处罚条款。如《广告法》第 57 条第 1 分句明确规定,“有下列行为之一的,由工商行政管理部门责令停止发布广告,对广告主处二十万元以上一百万元以下的罚款,情节严重的,并可以吊销营业执照,由广告审查机关撤销广告审查批准文件、一年内不受理其广告审查申请”,《反不正当竞争法》第 20 条规定,“经营者违反本法第八条规定对其商品作虚假或者引人误解的商业宣传,或者通过组织虚假交易等方式帮助其他经营者进行虚假或者引人误解的商业宣传的,由监督检查部门责令停止违法行为,处二十万元以上一百万元以下的罚款;情节严重的,处一百万元以上二百万元以下的罚款,可以吊销营业执照”。像这样不按倍数的处罚规定,几个行为合并处罚对商家才有意义。

7 争取支持

应对纠纷是一项复杂的系统工作，需要多项技能综合运用。经常有人问，在这些技能中，哪项最重要？对这个问题，不同的人有不同的回答。有的人说，广告宣传、商品质量、商业竞争、消费维权等这些实体法律规定最重要，正所谓强基固本，百病不侵，把这些实体性的法律规定做到位了，就没有人能抓住把柄了。有的人说，适用法律最重要，熟练运用这项技能，能四两拨千斤，大事化小、小事化无。还有的人说，审查证据最重要，一切没有证据的投诉举报都是耍流氓。这些说法都有道理，这些技能都很重要，但要说到最重要的，应当是争取执法人员的支持。

在商家与职业打假人的博弈中，执法人员往往被人所忽略。而实际上，执法人员的作用非常重要，争取到执法人员的支持，商家与职业打假人的博弈就是二对一；职业打假人争取到执法人员的支持，商家与职业打假人就是一对二。因此，谁能够争取到执法人员的支持，谁就能在战略上处于主动。商家与职业打假人的博弈，说到底是能否正确处理与执法人员的有关系。正所谓知己知彼，百战不殆。商家要争取执法人员支持，就要知道他们的潜能、顾虑和喜好。

7.1 能做什么

既然想争取执法人员支持,首先要知道这些潜在的盟友能做什么?超出盟友的能力范围提出要求,就是强人所难,不仅不能如愿,反而适得其反。所以商家寻求支持,一定要在执法人员的能力范围以内。根据执法部门的职能和执法人员的裁量权,执法人员在合法的范围内,可以做五个方面工作。

特别说明,本书不传授违法知识,以下内容都在合法范围内。

7.1.1 告知被诉内容

一、告知投诉举报的内容

关于能不能向商家告知投诉举报内容,许多执法人员也拿不准。为了避免惹麻烦,多数执法人员是不告知的,但是在实践中,也有一些执法人员告知投诉举报内容。

2017 年,职业打假人张某向驻某县工商部门纪检监察机构投诉,反映该县工商部门执法人员李某将其投诉举报内容告知了某商家。经了解,2017 年 7 月,张某从电商徐某开设的网店上,购买了一款自行车,后以该款产品曾被天津执法部门抽检不合格为由,要求徐某退还货款并支付 3 倍赔偿。徐某拒绝赔偿,于是张某向徐某所在地的工商部门投诉举报。工商部门执法人员李某承办了这个案件。李某要求张某到该县工商部门调解。张某不愿意到该县来,但仍要求工商部门向徐某施加压力。李某遂将包括张某的联系方式在内的投诉举报内容告知了电商徐某,并要求徐某尽快与张某沟通,协商解决纠纷。在电话沟通中,张某坚持要求徐某退 1 赔 3,否则让工商部门对其罚款。经反复沟通,张某始终不让步且态度嚣张,徐某很恼火,与张某发生了口角,双方谩骂起来。张某也很恼火,于是向纪检机构投诉李某出气。

纪检机构调查时询问李某，为什么向徐某告知投诉举报内容。李某解释，处理投诉首先要告知被投诉人投诉事实和理由，并听取其申辩和意见。如果不告知投诉举报的内容，徐某都不知道被投诉的是什么，怎么进行处理？纪检机构又问，为什么将张某的联系电话告知徐某？李某解释，曾经通知张某来当地调解，但张某不来。现在三方两地，为了提高效率，让徐某与张某先协商沟通，也是符合法律规定的。纪检机构认为，李某解释合理，于是没有再追究责任。随后，李某责令徐某 7 日内达成协议，否则将依法办理。最终，徐某向张某退还货款并支付 2 倍赔偿。

举这个案例，想说明两个问题。第一，执法人员可以向被投诉举报的商家告知被投诉举报的内容。法律法规对是否告知投诉举报的内容既没有明确规定可以，也没有明确规定禁止，但是从法律的规定可以推导“可以”出来。根据《行政处罚法》第 30 ~ 32 条规定，行政机关必须查明事实，才能给予行政处罚，在作出行政处罚决定之前，应当告知当事人作出行政处罚决定的事实、理由及依据，当事人有权进行陈述和申辩。正所谓兼听明、偏听暗，告知当事人被投诉举报的内容，是执法人员听取双方意见查明事实的关键途径，是执法人员履行法定告知义务的必然要求，也是当事人进行陈述、申辩的重要前提。因此，执法人员可以向被投诉举报的商家告知被投诉举报的内容。

第二，当心职业打假人的离间记。实践中，许多职业打假人也知道由于种种原因执法人员偏向被投诉的商家。为了实现自己的目的，职业打假人会采取多种手段离间执法人员和商家，其中之一就是利用纪检机构。在本案中，执法人员最初是偏向电商徐某的，这些帮助很微妙，得细心体会：先是给张某出了个小小的难题，让张某到当地参加调解。其次是调解不成之后，把投诉举报内容告知电商徐某，让电商徐某与张某沟通和解，其实是将主动权交给张某。所有的这些，都在合法的范围内，让张某直接挑不出毛病。但是电商徐某把一手好牌给打烂了，先是利用投诉信息里的联系方式直接与张某联系，再是与张某相互谩骂，导致张某向纪检机构投诉李某。虽然李某没有被追究责任，但也等于李某被徐某给“卖”了，由此逼迫李某必须表明中立立场，责令徐某限期和解。从策略上看，张某与徐某吵架不是目的、向纪检投诉李某也不是目的，逼迫李某向徐某施压才是目的，而终极目的是赔偿。所以，这个案子中职业打假人张某才是真正的赢家。

二、告知的时间和程度

执法人员可以向被投诉举报人告知投诉举报的内容，至于什么时候告知以及告知到什么程度由执法人员根据案情决定。而告知的时间和程度恰恰反映了执法人员对此案的态度。实践中，有三种程度的告知。

第一种情况，在收集到证据前什么也不说。这种情况多出现在食品、药品等涉及人身财产安全的领域。执法人员在这种情况中又有两种表现：一是直奔特定商品。执法人员到店里出示证件、表明身份后，并不说明来意，而是直奔特定商品。二是声东击西。执法人员里出示证件、表明身份后，也不说明具体来意，只说是“例行检查”或者“随便看看”。对第一种表现，说明职业打假人投诉举报内容非常清楚，不仅指出了商家有争议商品，而且指出了具体的存放位置。对于第二种表现，说明职业打假人投诉举报的内容不是很清楚，执法人员还不知道确切位置。这两种情况执法人员都不说明来意，说明有办案倾向。要知道执法人员工作很繁重，不会有时间“随便看看”，只要看看，绝不会随便。

怎么确定执法人员办案的决心呢？主要有四点。一是要求提供特定商品，包括前面提到的两种表现都没有找到商品。二是对商品仔细检查、拍照、清点、记录。三是对商品查封、扣押。四是要求提供账册。这四项中有一项，就说明执法人员有办案的想法。四项内容具备的越多，说明执法人员办案的可能性就越大。有时候执法人员会出具《询问通知书》，要求在几日内到执法部门接受咨询。这个不代表执法人员决心办案。最关键的是前四项，最能说明办案意图。

如果确定执法人员办案意图后，不要紧张，商家一定要积极配合。原因有四个：一是只要执法人员想查案，没有查不了的，商家不配合没有多大作用，只不过增加一些麻烦罢了。二是许多法律都规定，仅拒不配合检查这一行为本身，执法部门就可以处罚。三是有些法律规定，对违法所得无法计算的，处罚的更重。比如根据《广告法》第 55 条规定，发布虚假广告的，处广告费用 3 倍以上 5 倍以下的罚款,广告费用无法计算或者明显偏低的,处 20 万元以上 100 万元以下的罚款。商家如果不配合,执法人员就更省事了,广告费用都不用计算,直接按照无法计算处理,反而处罚更重。这是最要命的。四是积极配合可以争取从轻或者减轻处罚,而拒不配合,只能导致从重处罚。所以积极配合是上上策。

有些商家对提供账册有顾虑。实践中,有些商家的工作人员未得到负责人的同意,不敢提供账册,但也不敢拒绝执法人员,往往会找一些客观理由,如"负责管账的会计有事请假了,我给老板汇报一下,让她赶紧来,我们把账册给你们送去"。对于这些伎俩,执法人员都很明白,也理解,一般会留下《询问通知书》,限定期限提供账册,不把这些作为不配合的行为。但是,如果工作人员说未得到负责人的同意,不能提供账册,那就不行了。只要账册在,负责人同不同意,都得提供。

第二种情况,投诉举报内容都告知。这种情况多出现在不涉及人身财产安全的领域,主要涉及消费者个人情况的领域,并且举报内容多是如果商家不承担惩罚性赔偿,就要求执法部门查处之类的,就像前面举报的那个案例。对于这种情况,执法人员会把投诉举报内容都告诉商家,让商家主动处理纠纷。一般情况下,执法人员不会再办案了。商家要做的是尽快处理纠纷,给执法人员反馈处理结果。但是商家也不可掉以轻心,如果商家处理不好,执法人员仍然会介入,那时就比较麻烦了。

第三种情况,只告知投诉内容,不告知举报内容。这种情况比较少,但也存在,多出现在不涉及人身财产安全且不要求商家承担惩罚性赔偿的领域。执法人员只告知投诉内容,而不告诉举报内容,说明执法人员在犹豫,是否办案取决于商家对投诉的处理情况。同时也说明,商家与执法人员并没有建立信任关系,这时商家要打起精神,积极处理投诉。

7.1.2 考虑从宽情节

从理论上讲,执法部门作出行政处罚决定前,应当全面考虑案情。《行政处罚法》第 4 条第 2 款规定,设定和实施行政处罚必须以事实为依据,与违法行为的事实、性质、情节以及社会危害程度相当。但在实践操作中，由于受到时间、精力、经费等因素的影响，执法人员更偏重对于违法行为事实、性质和社会危害程度的认定，而忽略了情节，尤其是对当事人有利情节的调查。当然，这只是一般情况，也有相当一部分执法人员会全面考虑情节，尤其是商家积极配合且一贯表现良好时，执法人员会主动考虑商家有无从轻、减轻处罚的情节。

执法人员全面考虑情节，从有利于商家的角度，主要是考虑从轻、减轻处罚的情节，具体分为两大类。

一、法定裁量情节

法定裁量情节是指法律法规明文规定在裁量时必须予以考虑的情节。它既包括《行政处罚法》和部分法律法规总则中规定的对各种违法行为共同适用的情节，也包括各种法律法规对特定违法行为适用的情节。法定裁量情节主要有：

一是应当免除处罚的情节。主要有两项：(1)《行政处罚法》第27条第2款规定，违法行为轻微并及时纠正，没有造成危害后果的，不予行政处罚。(2)《反不正当竞争法》第25条第2分句规定：(经营者)违法行为轻微并及时纠正，没有造成危害后果的，不予行政处罚。

二是可以免予处罚的情节。主要有四项：(1)《食品安全法》第136条第1分句规定：食品经营者履行了本法规定的进货查验等义务，有充分证据证明其不知道所采购的食品不符合食品安全标准，并能如实说明其进货来源的，可以免予处罚，但应当依法没收其不符合食品安全标准的食品。(2)《药品管理法实施条例》第75条规定：药品经营企业、医疗机构未违反《药品管理法》和本条例的有关规定，并有充分证据证明其不知道所销售或者使用的药品是假药、劣药的，应当没收其销售或者使用的假药、劣药和违法所得；但是，可以免除其他行政处罚。(3)《医疗器械监督管理条例》第66条第2款规定：医疗器械经营企业、使用单位履行了本条例规定的进货查验等义务，有充分证据证明其不知道所经营、使用的医疗器械为前款第1项、第3项规定情形的医疗器械，并能如实说明其进货来源的，可以免予处罚，但应当依法没收其经营、使用的不符合法定要求的医疗器械。(4)《商标法》第60条第2款第3句规定：销售不知道是侵犯注册商标专用权的商品，能证明该商品是自己合法取得并说明提供者的，由工商行政管理部门责令停止销售。

三是应当从轻、减轻处罚的情节。主要有两项：(1)根据《行政处罚法》第27条第1款规定：当事人有下列情形之一的，应当依法从轻或者减轻行政处罚：主动消除或者减轻违法行为危害后果的；受他人胁迫有违法行为的；配合行政机关查处违法行为有立功表现的；其他依法从轻或者减轻行政处罚的。(2)《反不正当竞争法》第25条第2分句规定：经营者违反本法规定从事不正当竞争，有主动消除或者减轻违法行为危害后果等法定情形的，依法从轻或者减轻行政处罚。

四是可以从轻、减轻处罚的情形。主要有一项：《产品质量法》第55条规定：销售者销售本法第49条至第53条规定禁止销售的产品，有充分证据证明其不知道该产品为禁止销售的产品并如实说明其进货来源的，可以从轻或者减轻处罚。

有两点内容需要说明，一是“应当”和“可以”的区别。法定裁量情节从对执法部门的约束力上分为应当和可以两类，前者如应当免除处罚，应当从轻、减轻处罚等，后者如可以免除处罚，可以从轻、减轻处罚等。这里“应当”的含义是，只要符合法律法规列举的情节，执法部门必须按照规定减免处罚，不允许不减免、不允许打折扣。这里“可以”的含义是，如果有符合法律法规列举的情节，执法部门可以减免处罚，也可以不减免处罚，是否减免由执法部门综合各方面因素决定。

上海某电子商务公司通过其旗下网站销售商品。2016年1月至3月，该公司陆续开展了不同品类商品的打折促销活动。其中，生活家电打折活动的“生活家电5折疯抢区”中所罗列的部分商品并非5折销售；三洋家电打折活动主要宣传“三洋帝度年货节三洋制造精工品质全场7折开抢”，但是在打折活动相关页面内的商品并非全部7折销售；服饰类商品打折活动主要宣传“新年新衣暖心特惠活动3折暖心价”，其中有一款棉衣并非按照宣传的3折进行销售；在开学季配件9.9元起打折活动的5折专区，有一款蓝牙耳机并非按照5折价格销售；在1元风暴手机配件1元购活动中，有一款移动电源并非按照1元的价格销售；

在“新年焕新机”好货低至1元活动中有个1元专区,其中有一款手机贴膜并非按照1元价格销售;在儿童家纺3折优惠活动中,有多款商品没有按照3折价格销售。2016年4月,工商部门认定该公司打折促销价格与网页宣传不符的行为,属于违反《广告法》第28条第2项规定的虚假广告。根据《广告法》第55条的规定,同时鉴于当事人案发后积极配合承办人员的调查,并及时下架相关产品,消除影响,符合《行政处罚法》第27条第1项:“主动消除或者减轻违法行为危害后果的”的规定,对该公司处2万元的罚款。

《行政处罚法》第27条第1项规定,当事人有下列情形之一的,应当依法从轻或者减轻行政处罚:主动消除或者减轻违法行为危害后果的。因为法律规定的是“应当”,本案中该公司具备了积极配合调查,及时下架相关产品,消除影响的条件,所以执法部门必须从轻、减轻处罚。

二、酌定裁量情节

酌定裁量情节是指法律法规没有明文规定,根据立法精神从执法实践经验中总结出来的,反映违法行为的社会危害性程度和违法行为人的人身危险性程度,在裁量时酌情适用的情节。如果有酌定裁量情节,执法部门可以考虑从轻处理,但不会低于法定处罚下限。低于法定处罚下限的处罚,叫减轻处罚。有法定减轻处罚,但没有酌定减轻处罚。

2015年9月,北京某电子商务公司在其网络平台上举办“白拿iPhone6s专享活动”,活动举办日期为2015年9月21日17时至24日24时。在活动期间消费者购买一份199000元的理财产品,每天购买成功的前50名消费者除可享受一年4%的收益外,还可获得iPhone6s手机一部(实际上是理财收益的一部分)。由于该公司在网上宣传时使用“白拿”一词,没有清楚、准确的表明活动相关情况,易使消费者误认为iPhone6s手机是免费获得。工商部门认定,该公司的行为违反了《广告法》第8条第1款的规定,已构成发布违法广告行为。依据《广告法》第59条第1款第1项的规定,对该公司罚款3万元。

这个案件中,某电子商务公司违反了《广告法》第8条第1款的规定,执法部门依据《广告法》第59条第1款第1项的规定进行的处罚。该条规定:有下列行为之一的，由工商行政管理部门责令停止发布广告，对广告主处10万元以下的罚款：广告内容违反本法第8条规定的。因此，只要处罚10万元以下，无论处罚1000元，还是9万元，都符合法律规定。至于最终处罚数额，由执法部门来决定，这就是酌定裁量。本案中，执法部门对该公司处罚3万元，显然是从轻处理了。

从理论上讲，执法部门在酌定裁量时要考虑以下情节：(1)违法行为的手段；(2)违法行为的时空及环境条件；(3)违法行为的侵害对象；(4)违法行为造成的危害结果；(5)违法行为的动机；(6)违法行为后的态度；(7)违法行为人的一贯表现；(8)前科。

但在实践中，如果执法部门准备从轻处理，会重点考虑商家有没有以下情节：(1)一贯表现；(2)首次违法；(3)损害后果；(4)立功表现；(5)自首；(6)失误；(7)公益活动；(8)经济状况。其中，一贯表现是最重要的情节。如果有这些情节，执法部门不一定会写入处罚决定书中的说明理由部分，但在作出处罚决定时，会自然选择一个较轻的处罚幅度。

7.1.3 适用较轻处罚

执法部门对于一些一贯表现良好、偶有失误或者能够及时纠正违法行为、损害后果不大的商家，往往会网开一面，除在事实、情节上从宽认定外，在适用法律法规上，也会从轻适用。先看一个案例。

北京某信息技术有限公司通过其旗下网站宣传销售公司商品。2016年，执法部门经调查，发现该公司存在以下违法行为：

(1)销售的“明基”KX890天机镜键盘，宣传内容含有“最专业游戏娱乐键盘功能”文字内容；(2)销售的“朗仁”牌MINIPS2汽车测试仪，宣传内容含有“全球性价比最高的汽车检测仪”文字内容；(3)销售的银鹭八宝粥，宣传内容中含有“世界最大的八宝粥生产基地”文字内容；(4)销售的铁摩图偏光镜夹片，宣传内容含有“降低车祸发生率80%、100%滤除有害光线偏光效果堪称绝佳”文字内容；(5)销售的联想电脑Y430P，宣传内容含有“全能游戏机皇”文字内容；

(6)销售的纽曼微影 X77 行车记录仪,宣传内容含有“采用全球最先进硬件设施,画质更清晰”文字内容;(7)销售的好唯他玛咖粉玛咖胶囊,宣传内容中含有“25 年来,已经由一家名不见经传的小型工厂,一举成为全球最大的软胶囊生产工厂”文字内容。上述宣传内容无宣传依据,宣传内容与实际不符,对商品作引人误解的虚假宣传。

(1)销售的投影机,宣传内容中含有“2005H27 首创全球第一台光触媒空气清净功能投影机”“采用最新一代高阶整合型影像处理器”文字内容;(2)销售的日立(HGST)1TB 硬盘,宣传内容含有“业界最高水平,MTBF 高达 200 小时”“HGST 第一块硬盘发明者”“全球第一款 4TB 容量且 7200 转的企业级硬盘”文字内容;(3)销售的戴尔 XPS13R 笔记本,宣传内容含有“全世界最小的 13 寸笔记本电脑”“采用康宁强化玻璃屏幕,坚韧耐磨,抗划伤能力是普通玻璃屏的 10 倍”文字内容;(4)销售的 2080 清凉牙膏,宣传内容中含有“韩国第一牙膏品牌”“韩国最受欢迎口腔护理品牌”文字内容。上述宣传广告使用的数据、统计资料、调查结果、文摘、引用语等引证内容,未表明出处。

执法部门认定,(1)该公司的上述行为,违反了《反不正当竞争法》第 9 条第 1 款的规定,属于不正当竞争行为。依据《反不正当竞争法》第 24 条第 1 款的规定,责令该公司停止违法行为,消除影响,并罚款 10 万元。(2)该公司的上述行为,违反了《广告法》第 11 条第 2 款的规定,属于在商品宣传广告中使用数据、统计资料、调查结果、文摘、引用语等引证内容,未表明出处的行为。依据《广告法》第 59 条第 1 款第 2 项的规定,责令该公司停止发布广告,并罚款 10 万元。

以上各种违法行为是一份处罚决定书认定的事实。如果泛泛读一遍,不会发现什么特别之处,如果深究一下,就会感受到执法人员对商家暖暖的呵护。主要有三个方面。

一是从适用法律来看,适用了处罚较轻的法律。对这家公司第二大类违法行为,执法部门按照《广告法》的规定进行处理的,但对这家公司第一大类违法行为,执法部门却按照《反不正当竞争法》第 9 条的规定,即虚假宣传进行的处罚,而如果也按照《广告法》认定虚假广告,则这家公司应当处广告费用 3 倍以上5倍以下的罚款，广告费用无法计算或者明显偏低的，处20万元以上100万元以下的罚款。换句话说，新《广告法》已经施行了，执法部门没有选择适用处罚较重的《广告法》处理第一大类违法行为，却选择适用处罚力度较轻的《反不正当竞争法》进行处理。

二是从适用法条来看，适用了处罚较轻的法条。对于第二大类违法行为，执法部门虽然适用了《广告法》，但没有依据第9条规定，认定为绝对化语言，而是依据第11条规定，认定为引证数据不准确。在第二大类行为中，多次出现了最新一代、最高水平、最受欢迎、第一块、第一款等“最××”“第一×”的表述。如果认定为绝对化语言，最少要罚20万元。但是执法部门却认定为引证数据不准确，合并处罚了10万元。

这些处罚经过了执法部门法制机构审核，虽然没有在公示的处罚决定书中说明理由，但相信一定有依据的。毕竟作出处罚决定是以执法部门的名义作出的，不是某个或某几个执法人员决定的。但是，在仔细分析这个案例之后，我们仍然明显会有一种执法部门放其一马的强烈感觉。

当然，希望适用较轻的规定处理，在调查阶段与执法部门进行积极的互动引导是必不可少了的。即使执法人员有放你一马之心，商家也要有妥贴应对之技。上面这家公司如果在执法人员调查时，一口一个说自己做的是“广告”，那就完了，执法人员想放一马也放不了。相反，如果说做的是“宣传”，执法人员记录在案，就可以顺水推舟、因势利导按照虚假宣传处理。所以，在与执法人员沟通中有很多技巧，必要时可以适当引导，同样的事实用不同的话表述出来，后果可能就截然不同。

7.1.4 合并同类处罚

上面一个案例提到了能明显感受到执法人员对商家暖暖的呵护，先分析了两个方面，第三个方面就是合并同类行为处罚。

同样以上面那家公司为例，依据1993年版的《反不正当竞争法》第24条第1款规定，经营者利用广告或者其他方法，对商品作引入误解的虚假宣传的，监督检查部门应当责令停止违法行为,消除影响,可以根据情节处以 1 万元以上 20 万元以下的罚款。那家公司第一大类行为中有 7 项具体行为,如果一个行为一个行为处罚,处罚幅度应当在 7 万元至 140 万元。执法部门将 7 个行为合并处罚了 10 万元,平均一个行为罚款还不到 1.5 万元。

同样,对第二大类违法行为,执法部门合并处罚 10 万元。虽然是顶格处罚,但依据 2015 年版《广告法》第 59 条规定,对于广告引证内容不准确、未标明出处的,由工商行政管理部门责令停止发布广告,对广告主处 10 万元以下的罚款。如果一个行为一个行为处罚,4 个行为应当处罚 40 万元以下。执法部门将 4 个行为合并处罚 10 万元,平均一个行为罚款 2.5 万元。

可以感受到执法人员对商家的关照了吧。执法人员这三个方面的处理措施都在自由裁量权的范围内,都符合法律的规定,但确实将对商家的影响降到了最低。从处罚本意上讲,这也是体现了处罚与教育相结合的立法精神。

7.1.5 调解消费争议

前面介绍过,职业打假人解决纠纷可以向执法部门投诉。对于投诉,执法部门一般会组织调解。不过,这种调解是没有法律效力的,也就是说,即使调解成功了,也没有强制执行力。既然没有法律效力,那么执法部门的调解还有什么意义?当然有意义,执法部门的调解可以促使双方达成和解,防止争议进一步扩大。

商家首先必须清楚,调解不是执法人员的法定职能。调解本身既占用时间,又牵扯精力,把双方约到一起,可能一天也谈不出个结果来,所以对于多数执法人员来讲,并不喜欢调解。有些执法人员为了走个形式,会征求争议双方意见,是否愿意调解。如果一方拒绝调解,执法人员心里巴不得呢。但是,如果执法人员想帮助商家,会认真组织调解,而且还会降低职业打假人预期。执法人员组织调解具有两种优势:一是执法人员是第三方,具有中立性,有些商家不方便说的话,执法人员可以站在中立的立场上讲;二是执法人员具有专业性,对法律的解释和争议的处理意见,职业打假人不得不考虑。

一、降低预期第一式——提壶灌顶

出于留下更多谈判空间的目的,十个职业打假人有九个会漫天要价、狮子大开口。一个2元的面包,要求赔偿10万元也是有的,什么交通费、误工费、住宿费、精神损害赔偿费等,统统计算在内。对于这种情况,执法人员会直接告知职业打假人,执法部门无法强迫商家承担这些赔偿。

2016年,一位新入行的打假人刘某在网上看到外地某工商部门发布的流通领域电器商品质量抽检信息,其中某品牌某款料理机被判定质量不合格。刘某于是乐颠颠地跑到当地某商场买了一台该款料理机,付款2000余元。次日,刘某向该商场提出,该款料理机质量不合格,危及其人身财产安全,要求退1赔3,并赔偿其精神损失1万元。商场表示可以退货,但不同意任何赔偿。刘某不满意,双方争吵起来。

刘某气呼呼地跑到当地市场监管部门投诉,要求退1赔3,并赔偿其精神损失10万元,"原来要求赔偿精神损失费1万元,现在把我气着了,要赔10万元"。执法人员告诉他,"执法部门可以责令商场退款,但无权责令商场承担惩罚性赔偿和精神损失赔偿。"刘某说:"你们这是不作为啊!如果你们也不管,我就到商场门前拉横幅,在网上发帖子,搞臭他们!"执法人员问,"你这是要威胁商场,逼他们给钱吗?"刘某说,"对,不给我10万元,我就没完!"执法人员给刘某倒了一杯水,"我建议你最好别这么干。你精神损失有证据吗?作鉴定了吗?没有证据就让人家给10万元,这是敲诈勒索,可是要判刑的"。

刘某当场就愣住了,"那他们得退1赔3,不然我就拉横幅、发帖子,宣传商场买假冒伪劣产品"。执法人员问,"这款料理机质量不合格你有证据吗?""有,某省工商部门已经发公告了,这款料理机质量不合格。""工商部门发公告,只是说抽样的那批料理机质量不合格。你有证据证明,你买的这款料理机也有质量问题吗?如果没有,你还拉横幅、发帖子,宣传商场买假冒伪劣产品,可就是损害他人名誉和产品声誉了,人家也能告你,可能也会构成犯罪的。"刘某愣在当场,半天没有说话。执法人员接着说,"你现在有两个选择权,一是对料理机做检验,如果不合格,向法院诉讼退1赔3。二是现在退货,我们可以帮忙协调。"最后,刘某选择了退货。

二、降低预期第二式——釜底抽薪

2017 年,职业打假人李某在某商场购买了 3 套高档服装,价值 6000 余元。然后李某自行将高档服装送检,以该批服装质量不合格为由,向执法部门投诉,要求该商场退 1 赔 3,并承担交通费、误工费等各项损失,共计 4 万元。执法人员组织了调解。在介绍完双方之后,执法人员直接告知双方,"为了消除争议、化解纠纷,我们组织这次调解,也希望你们双方秉持真诚、负责的态度积极配合,尽可能的达成和解。必须说明啊,3 倍惩罚性赔偿和交通费、误工费等各项损失由你们自行协商。执法部门没有权力强迫一方承担这种赔偿,也没有权力限制一方不承担这种赔偿。如果协商不成,你们只能去法院诉讼解决……"

职业打假人当场就蒙了。辛辛苦苦到执法部门投诉,就是想借执法部门的权势,拉大旗做虎皮,狐假虎威地压一压商场。现在执法人员直接把底牌给亮了,而且早不说晚不说,单等双方到场一起说,这简直就是釜底抽薪,还吓唬什么呀。尤其是"执法部门没有权力强迫一方承担这种赔偿,也没有权力限制一方不承担这种赔偿",明面上,执法部门不偏不倚,一碗水端平,实际上,只要人不傻,谁都能听出来,这是执法部门在明白地告诉商场"执法部门不会强迫他们承担惩罚性赔偿"。职业打假人的气势当场就消了。最后双方和解,连退加赔,商场给付职业打假人 9000 元。

必须说,这家商场很会审时度势。这个案子如果职业打假人坚持起诉的话,要到 4 万元的可能性不大,但退 1 赔 3 是没有问题的,只不过需要耗费些时间。商场借着职业打假人气势被削减的机会,当场决定给予 9000 元赔偿,非常明智。一是迅速了结此事,不用在这件事上再耗费过多的精力。二是防止损失扩大。9000 元退赔费,实际上相当于退 1 赔 0.5。如果拖延下去,很难说会有比这更好的结果,而且穷则生变,很难说职业打假人转过弯来又要求增加赔偿。三是可以承执法人员的情,让执法人员的工作没有白做。了结此案,还可以增加执法人员的结案率,也不必再给执法人员添麻烦,符合执法人员的想法。所以,当断时,一定要果断。

当然这个执法人员说话也很有水平,我非常佩服,明明偏向商场,但从他的话里还真挑不出一点毛病。

三、降低预期第三式——无法处罚

执法部门手中的"势",说到底是行政处罚权。正是因为看在处罚权的面子上,商家对执法部门的调解都会尊重。如果没有处罚权,谁会在意没有法律效力的调解。职业打假人想借执法部门的"势",也正是想借处罚为要挟。而有些执法人员恰恰把这点看透了,就是不被当枪使。

2016 年,职业打假人李某根据其团队提供的线索,在某家电商场购买了 5 台同款小家电。此后,李某以产品质量不合格为由,向商场要求赔偿,被商场拒绝。李某于是向执法部门投诉,要求执法部门责令商场退还货款并赔偿 3 倍损失,否则要求执法部门对商场予以查处。执法部门将此案交由基层所办理。两位执法人员先到商场调查情况,得知该款小家电已经没货了,李某买走的是最后 5 台。随后执法人员询问李某,"你说产品质量不合格有什么依据?"李某回答:"有依据。我们送去检验了,质量不合格,有检验报告。"执法人员问,"你们送检的时候,商场派人跟着了吗?"李某答,"商场不知道,是我们自己送去检的。"执法人员又说,"你们自行送检,商场没有参加,人家对这个结果可以不认可。"李某说,"我们这里还有 4 台,还可以再检。"执法人员问,"这 4 台有商场的封条吗?"李某答,"没有封条。"执法人员问,"没有封条,你们怎么证明没有调包?"李某:"……"执法人员说:"你们提供的证据不足,这个案子没法处罚的。"没法处罚,就意味着对商家就没有威胁。最后这个案件调解结案。

四、降低预期第四式——直接处罚

还有一种情况,货值不大,但职业打假人反复纠缠。为了帮助商家,执法人员会对商家直接处罚。你看得没错,是为了帮助商家,而对商家处罚。

2016 年,职业打假人王某在某地踩点时,发现某地移动公司某营业厅某款手机价格牌和宣传海报上将 5 吋写成了 5 寸。吋是英美长度单位,1 吋即为 1 英寸,约等于 2.54 厘米,而寸是中国传统长度单位,1 寸约等于 3.33 厘米。王某买了一台手机,货值 5000 余元,随后向执法部门举报,称该移动公司欺诈,要求该移动公司退还货款并承担3倍赔偿。

执法人员随即询问双方当事人是否同意调解。移动公司表示只能退货,不承担3倍赔偿。王某表示不能接受移动公司的解决方案。于是移动公司拒绝调解。王某反复纠缠执法人员,一会要求执法部门对移动公司施加压力,一会要求查处该移动公司虚假宣传,一会又要求对移动公司不赔偿的行为进行处罚,并威胁执法人员要向纪检部门反映其不作为等。执法人员不胜其烦,报领导同意后对移动公司进行调查,最后认定该移动公司发布虚假广告,应按照《广告法》第55条规定处罚,同时考虑该公司存在工作失误、认错态度较好并及时纠正、违法行为轻微,没有造成明显危害后果,决定从轻处罚,最终罚款2000元。

处理过后,王某发现没人管理他了。王某不服,认为执法人员不作为。执法人员表示,已经对该公司处罚了。王某说,执法人员没有组织调解。执法人员解释,调解必须双方自愿,移动公司拒绝调解,所以无法组织调解。王某又说,移动公司违反了《消费者权益保护法》第56条第8项规定,构成对消费者提出的修理、重作、更换、退货、补足商品数量、退还货款和服务费用或者赔偿损失的要求,故意拖延或者无理拒绝的行为。执法人员表示:移动公司同意退回货款,王某你拒绝接受,所以不适用《消费者权益保护法》第56条第8项规定。至于3倍惩罚性赔偿,不属于《消费者权益保护法》第56条第8项规定的损失,执法部门无权强制经营者赔偿。如果王某主张3倍惩罚性赔偿,建议向人民法院起诉。

王某考虑到货值总共5000余元,如果提起诉讼,旷日持久且执法部门已经认定该公司存在过失,法院是否支持3倍赔偿还两说,最终王某同意退货。

客观地说,执法人员对该移动公司处罚,主要目的不是帮助该公司,而是快刀斩乱麻,迅速了结此事。同时,对移动公司进行处罚,避免责任追究。在此基础上,捎带着帮了该移动公司一把。“你”不是想利用处罚相要挟吗?“我”现在就处罚。处罚完了,职业打假人手里也没牌了。

7.2 攻心为上

前面介绍了执法人员可以帮助商家的5个方面,举了不少现实中的例子,但是商家别高兴的太早,举这些例子只是说明现实中有这种情况,并不是说所有的执法人员都会这样做。实际上,十个案件有三成能网开一面,这个比例就算不低了。可以做不等于一定做。但是现在中有这样做的,说明做有做的道理,其中最主要的是执法人员的心理。商家要想获得执法人员的支持,一定要知道执法人员心里是怎么想的。

7.2.1 别被追责

基层执法人员也是普通人,看起来这个所长、那个科长的,表面很风光,其实也是辛苦命。天天忙里忙外,整天加班,干好了没有奖金,干坏了很容易被追责。所以基层执法人员普通有一种心理,不求有功,但求无过。别被追责是所有执法人员最关心的问题。

一、底线思维

如果问执法人员,在查办案件面临追责风险、当事人权益、从宽处理、礼金等多重问题时,如何选择。百分之百的执法人员会选择避免追责风险。追责关系到执法人员的身家性命,是他们的底线,请一定理解和尊重。正是因为怕被追责,执法人员普遍有底线思维,具体表现在以下四方面:

第一,对于特殊商品案件绝不姑息。这里特殊商品主要是指食品、药品、医疗器械、家用电器、电线电缆等关系人身安全、社会安全的商品。近几年来,各级政府非常重视生产安全、生活安全,只要出现安全事故,必定追责。在这种高压形势下,各级执法部门也非常重视安全工作。执法部门对于涉及人身安全、社会安全商品的投诉举报,一定会处理,很少有例外。

第二,对于特定行为案件绝不姑息。这里特定行为案件又分为三类。一是涉及政治的,如散布反动言论、传播政治笑话、歪曲领导人形象等。对于这些行为，执法部门一般是从重从快处理，绝不姑息。二是涉及国家、军队和国家主权的，如不当使用国旗、国歌、国徽，破坏民族团结等，执法部门也会严肃处理。三是涉及社会稳定、精神文明的，如2018年某公司在校园开展公益活动，给日本女佩戴红领巾事件，被执法部门顶格处罚。这些特定行为或者关系党和国家形象，或者社会影响强烈，执法部门一定会处理，绝无例外。

第三，存在从重处理倾向。对于上述商品和行为，执法部门不仅一定会处理，而且一般会从重处理。表现在两个方面，一是移送给公安部门。有些案件，可移送可不移送，执法部门有时候也拿不准。对于这样的案件，执法人员为避免挂一漏万，一般会移送公安部门。移送公安部门意味着要追究刑事责任。如果公安部门明确表示不立案，执法部门才会按行政程序进行处罚。二是从重定性。有些案件，存在法条竞合，执法人员为避免追责，往往会选择性质较重的法条。比如，家用电器质量不合格，既可以适用《产品质量法》第49条的规定，认定为不符合保障人体健康和人身、财产安全的产品，也可以适用第50条规定，认定为以不合格产品冒充合格产品。但是执法人员普遍会有一种倾向，认定为不符合保障人体健康和人身财产安全的产品。如果说家电涉及人身财产安全，这样认定有情可原，那么有些商品适用第49条的规定，就有些重了。比如，前面章节举的案例，化肥质量不合格，执法人员也会认定为不符合保障人体健康和人身财产安全的产品。

第四，对于减免情节从严掌握。对于所有的案件，执法人员一般不会轻易减免处罚，对于特殊商品和特定行为案件，申请适用减免更是难上加难。请注意，这里所说的是一般情况，对于特殊情况还是可以减免的，一是要有减免的情节，二是要有证据。

此外还有一些情况，执法人员也会认真处理。一是上级部门督办的案件。督办不是交办，督办案件一般是限时处理完且要上报处理结果的，下级执法部门都很重视，一定会认真处理。二是媒体曝光的案件。媒体曝光案件社会影响大，执法部门普遍重视，也会认真、从快处理。至于投诉举报案件，需要区分不同情况。一般情况下，因为有投诉举报人的监督，执法部门会认真处理。但是有些职业打假人的投诉举报书写的实在不专业，对于这样的投诉举报，执法人员在处理时往往会打折扣。

因此，商家如果涉及的案件有上述情况，要有心理做准备了，除非有特殊情况，否则执法人员从宽处理的可能性不大。如果执法人员不从宽处理，商家要多理解，没必要再多纠缠，纠缠的意义不大。

二、不要贿赂

有一种情况，执法人员比较忌讳。有些商家为了争取执法人员支持、获得好感，往往托关系、找门子，给执法人员送礼或者宴请执法人员。商家的心情是可以理解的，但他们不知道，中央出台“八项规定”以后，这些都是不允许的。执法人员不论是否秉公执法，只要接受礼金或者宴请都是违纪。近年来，各级纪检监察部门查处了不少这样的案件，现在执法部门和执法人员都很注意这个问题，也很忌讳这样的行为。有些商家不理解，以为执法人员是客气，甚至有的商家见不收礼品，放下东西就走。实际上，这是给执法人员添麻烦。执法人员是很反感这种做法的。

7.2.2 不要强迫

追责是所有执法人员的禁忌，还有一种因素是让执法人员反感的，就是强迫。先看个例子。

2017 年 4 月，一位男士通过朋友的朋友找到我，请教几个消费维权的问题。他说，“2017 年 3 月，我买了苹果手机，后来发现经销商存在虚假宣传，就向执法部门投诉要求退 1 赔 3，但是执法部门好像不怎么帮我，现在一直拖着。”我问他，“这没有道理，执法部门为什么不帮你？是你没有讲清楚吗？”他说，“我有投诉举报材料。”我让他把投诉材料传给我。投诉举报材料内容如下：

“投诉举报请求：(1)依据《工商行政管理部门处理消费者投诉举报办法》受理，并以电子邮件或者 EMS、电话、书面等方式告知投诉举报人。(2)依法责令被投诉举报人退还手机款 11576 元，并依法按照消费者购买的价款的 3 倍赔偿 34728 元。(3)对被投诉举报人的违法行为依法处罚，并书面告知受理结果。

“事实及依据:投诉举报人于 2017 年 3 月 2 日,在被投诉人××家电商场购买其所宣传全市最低价的手机苹果 7Plus 两部。事后投诉举报人发现被投诉举报人宣传全市最低价涉嫌虚假宣传,欺骗误导消费者,违反了《侵害消费者权益行为处罚办法》第 6 条,应当按照《消费者权益保护法》第 55 条对消费者赔偿,若被投诉举报人故意拖延或者无理拒绝的,请贵局依据《广告法》第 57 条,对该广告主处以罚款。

“望贵局依法受理,投诉举报人对贵局回复不满意、包庇企业玩忽职守等不作为行为,有权利提起行政复议或者行政诉讼!举报人对于本次举报过程中遭遇不法、不公处理,将逐级实名向检察和纪委、反贪局反映,举报贵局领导和有关同志失职渎职、玩忽职守、不作为、乱作为、贪污受贿、收受财物、徇私舞弊、包庇纵容违法行为等行为。

“附:《行政处罚法》有关条文,第 62 条,执法人员玩忽职守,对应当予以制止和处罚的违法行为不予制止、处罚,致使公民、法人或者其他组织的合法权益、公共利益和社会秩序遭受损害的,对直接负责的主管人员和其他直接责任人员依法给予行政处分;情节严重构成犯罪的,依法追究刑事责任。”

最初,我以为这是某个执法部门不作为的案件,但看了材料,才知道这位男士不是普通消费者,而是职业打假人。看在朋友的面子上,我最后还是点拨了他。为什么执法部门不帮他呢,有两个原因。

一是从材料形式看,这个投诉举报材料写的太标准了,是职业打假的标准格式,有诉求、有事实、有依据、有责任。执法人员见过太多的投诉举报材料,看到这种格式的材料,基本能猜出是出自职业打假人的手笔,心理上容易失去同情心,一般不会像普通消费者那样尽心维护。

二是从材料内容看,投诉举报表述的都很正确,但问题也就在这儿,第三段、第四段明显有威胁、强迫的味道。要知道,一个人想请别人为其办事,有三种方式,一是求人办事,二是和气协商,三是威胁、强迫。查处违法行为是执法部门的职责,虽然职业打假人请执法部门帮忙不用低声下气,也但不能威胁、强迫啊,威胁、强迫是效果最差的沟通方式。执法人员什么还没干呢,威胁他们如果不干就怎么怎么着,他们心里能乐意吗?

所以与人沟通,包括与执法人员沟通一定要和气协商,要尊重对方,千万不要指使颐气,更不能威逼胁迫。

7.2.3 便捷高效

别被追责是底线问题,这种情况下执法人员不敢帮忙;威逼胁迫是态度问题,这种情况下执法人员不愿帮忙。但是即使商家没有这两类问题,执法人员也不一定提供帮助。因为还缺少动力。现实中,影响到执法人员提供帮助的因素很多,其中之一就是便捷高效。

执法人员的工作量是非常大的,尤其是基层执法人员事无巨细、千头万绪,加班加点是家常便饭。在这种高负荷的环境下,执法人员普遍形成一种心理偏好——喜爱便捷、高效的工作方式。所以商家如果能从这个角度揣摩执法人员的心思,并与之打交道,往往能获得意想不到的效果。

一、不要老是被人告

与便捷相反的就是麻烦。对于一个一贯表现良好,偶尔被诉的商家和一个三天两头被诉的商家,执法人员的心态是不一样。对于前者,属于初犯或者失误,执法人员一般会帮忙,而对于后者,从小里说叫添麻烦,往大里说,是经常违法。对于这类商家,执法人员开始时会帮助指导一两次,但次数多了,再一再二不能再三,肯定会严肃处理。

二、提高应对投诉举报的质量

执法部门接到投诉举报后,一般会对商家调查。此时,商家的应诉就非常关键了。一个吞吞吐吐、半天说不清来龙去脉的商家,先不说能不能维护自己的权益,仅给执法人员留下的印象也不会多好。执法人员的事情很多,没有太多时间听商家这样絮叨,你浪费了他的时间,他还有多大可能帮你?

好的应诉应该是这样,有问有答,言简意赅,来有源、去有踪,有误解的能解释清楚,有违法行为的能坦诚相认,有减免情节的能及时提出。对于这样"痛快"的商家,执法人员普遍会留下"真诚"的印象,后期的处理反而好协商。

还有的商家会做的更好，除了口头解释，还提供书面说明和电子版。书面说明的好处，一是会引起执法部门重视，二是避免执法人员遗漏减免情节，三是如果执法部门采纳，说明可以做证据使用，执法人员可以堂而皇之以此为依据从宽处理。尤其是重点突出、语言条理、逻辑清楚的说明，不仅给执法人员留下深刻的印象，而且执法人员会在其调查报告和处罚决定中直接引用，从而节省执法人员时间（提供电子版的目的就是让执法人员直接复制粘贴，连打字都省了）。执法人员心里高兴，还会不帮忙吗？

再说一遍，书面说明很重要，尤其是有些商家，如果觉得自己说不明白，最好请专业人士写一个说理充分、透彻的说明。

三、洼地效应

洼地效应是指通过创造理想的经济和社会人文环境，使之对各类生产要素具有更强的吸引力，从而形成独特竞争优势，吸引外来资源向本地区汇聚、流动，促进本地区经济和社会的快速发展。

洼地效应本来是经济学家从“水往低处流”这种自然现象引申出的经济学概念，但现在也延伸到这个领域。如果某地区职业打假容易获得赔偿，就会吸引更多的职业打假人。职业打假人增加就意味着执法人员工作量增加，同时也间接反映执法人员辖区问题较多，所以有些执法人员对职业投诉举报从严审查，防范洼地效应的发生。有些商家（其实主要是他们的律师）在申辩时，也会利用执法人员的心理，暗示这个问题，以希望执法人员对其从轻处理。当然，这种暗示上不得台面，是不能写在纸上的。

7.2.4 正确沟通

前面介绍了执法人员的好恶，下面谈谈怎样与执法人员沟通。

一、尊重

尊重绝对是第一位的，无论有没有理，也无论是否受到冤枉，商家都要尊重执法部门和执法人员。尊重体现以下几个方面：

一是做好配合。执法人员是人民公仆，恪尽职守、履职尽责是他们的本分，商家对于执法人员不需要提供特别的接待,但给予配合、协调还是必要的。现实中,有些商家不重视,安排一些小职员配合执法人员,经常是一问三不知,啥都干不了,浪费执法人员时间,给执法人员留下不好的印象。更有甚者,对执法人员怠答不理,就像前面讲的例子,本来想应付一下职业打假人了事,结果发现商家更可恶,最后不准备办的案子也立案办了。所以,对于执法人员调查,商家一定要重视,最好安排中层以上管理人员配合,一则显得尊重,二则中层以上管理人员了解情况相对多一些,便于解答和协调。

二是态度和气。态度一定要和气,无理要和气,有理更要和气。商家最容易犯的错误是得理不饶人。由于商家是被投诉举报对象,执法人员思维上多少带有有罪推定的倾向,言语上有时可能无意识地带有质问的意思。商家对此一定要谅解,和气把事情解释清楚,千万不要硬顶。经常有这样的情况,商家认为自己有理,执法人员的质疑是冤枉自己,就和执法人员怼了起来,场面弄得很僵。执法人员面子上过不去,坚持商家就是有错,然后找商家的过错给自己下台阶。争执的最后结果是,执法人员又发现了商家的其他违法行为并进行了查处。其实有些时候很难说清对和错,尤其是在法律规定不明确的情况下,这种无谓的争执只能激起执法人员怒火,逼着执法人员找商家过错。所以,面对执法人员的质疑,一定要和气,得理更要饶人。

三是适当让步。得理要饶人,得理也要让步。不是说所有的争议都要让步,主要是在调解的时候。有时候执法人员调解是有压力的,或者是受人之托,这时可能商家没有过错,但如果可以,在不影响商家权益的情况下,可以让让步,让执法人员完成任务。比如,有些商家承诺七天无理由退换货,如果有消费者第八天要求退货,这时商家可以不退,因为商家没有过错,但如果商家退了,执法人员可能嘴上不说,但心里一般会领情的。

四是点到为止。执法人员也是普通人,也有七情六欲,也有犯错误的时候。如果执法人员有做的不对的地方,即将影响商家的权益,怎么办呢?在和气沟通的前提下,点到为止。

举一个我与执法人员打交道的例子。2016 年 7 月,一位朋友李某与某装修公司签订了家庭装修合同。合同签订后即开始施工,1 个月后按计划完成了厨房防水、地板砖铺贴工程。就在铺贴工程完工不久,楼下住户发现有水流沿燃气管道从李某的厨房漏下,水流较大。此后水流逐渐减少,后呈水滴状渗下,至两日后结束。漏水第二天,某装修公司组织人员查找漏水原因及漏水点,只是发现楼下住户厨房东南角、西南角各有 1 个较大的渗水区域,部分墙皮被浸透后已脱落,但一直未找到确切原因及准确漏水点。漏水事件发生后,李某多次要求装修公司找出漏水原因、提出解决方案,装修公司一直推诿、躲避。2017 年 10 月,李某向我请教这件事怎么处理。漏水事件已经过了近 2 个月,装修公司一直推诿,足以表明其没有诚意,与其再谈没有意义,于是我就代李某起草了一份《投诉书》,向市场监管部门正式提起投诉。

《投诉书》写的很规范,包括诉求、事由、依据及经营者责任等内容(没有像职业打假人那样写如果执法部门不处理,就怎么怎么样),尤其是把李某主动与装修公司沟通、装修公司推诿的前后过程进行了详细地描述,一看就是专业水准(特别声明,本人不是职业打假人),市场监管部门很重视。头天下午提交《投诉书》,第二天上午装修公司家装部刘经理就亲自打电话,说市场监管部门接到投诉了,要求他们尽快解决问题。他们想约李某晚上一起去装修的房屋看看情况,并一起商量怎么解决问题。李某欣然同意。这是积极的信号,装修公司第一次主动和他联系。

刘经理的电话放下没一会儿,辖区市场监管所王所长的电话就打了过来,说“我们已经接到投诉了,也通知装修公司尽快解决问题”。我告诉他,“装修公司已经打过电话了,约今天晚上看看漏水情况,商量怎么解决。”王所长说,“那就好,怎么解决你们商量吧,我们就不跟进了。”

基层执法人员工作量非常大,不是每个案子都得跟进,这很正常。但是,不跟进也可以理解为是要“撂挑子”“不参与”。我不能让他们“跑”了,于是我说,“非常感谢市场监管部门的关心、支持,给你们添麻烦了(这是先客套客套,热热场)。这个案子之所以拖到今天是装修公司一直在推诿(把祸水向装修公司向上引,麻烦是由装修公司引起的,你们要烦就烦它,别烦我),拖了 2 个月了都没有解决，足以说明装修公司没有诚意，今晚能否谈成还很难说（先埋下一个伏笔），还请领导多关心、多支持（你们先别想‘跑’）。”王所长说，“我们已经要求装修公司了，他们应该会积极解决（这是给我们吃‘宽心丸’，绝对地套话）。这个案子是民事纠纷，主要靠你们协商解决，只要你们能达成协议就可以了，我们不便多参与”（还是想“跑”啊）。

王所长的话也对也不对，这个案子是民事纠纷，但民事纠纷执法部门就没有什么可做的了吗？我还是不能让他“跑”。我说，“防水工作是工程质量的重要组成部分，地板铺贴后 1 个区域漏水、2 个区域渗水，不管装修公司做何解释，都属于工程质量严重不合格（先说明纠纷的性质，是服务质量不合格）。而且漏水发生后，我们向多家工程验收机构咨询，专家们都表示使用堵漏灵等补救措施，受使用方法、条件多重影响，不一定能达到整体防水层的效果（这是说明装修公司提出的方案不可行）。而且《装饰装修合同》也约定了，因乙方原因造成工程质量存在问题的，返工费用由乙方承担，给甲方造成损失的还应予以赔偿，工期也不得顺延。所以，我们一直要求装修公司返工重作，承担全部返工费用，并赔偿损失（表明我们的诉求是清楚的，不是模糊的，而且有依据，已经符合执法部门查处条件）。装修公司一直拖着不办，就是因为返工重作费用太高。如果今晚还是达不成协议，超过 15 天，咱们市场监管部门是否可以按照《侵害消费者权益行为处罚办法》认定为故意拖延，并对其处罚？”这段话最后用了询问的语气，但潜台词是明确的，即虽然这是个民事纠纷，但纠纷的解决方式是确定的——返工重作。如果装修公司不返工重作，就不仅仅是民事纠纷的问题了，而且是行政违法，政府部门可以对其查处。这段话的作用是提醒王所长，“你们是有责任的，我们很清楚，你们别想‘跑’”。

电话那头静了几秒，王所长在考虑。过了一小会儿，王所长接着说，“是否立案调查涉及多种因素，这个不是你考虑的，你们先谈谈看看吧。”这段话含义是，王所长不想查，又不能直接说不查，所以先给自己找个台阶下。同时表明，不希望我们再提这件事。最后那句话说明，他已经知道我们知道他们是有责任的，他没有再把自己撇出去，所以留了句活话，走一步看一步吧。

我说,“那是,那是,我们也不希望对他们处罚(先顺一下王所长的意思,同时表明不想给他们再添麻烦)。但是如果今晚装修公司既不拿出解决方案,又不返工重作(先埋下一个伏笔,如果今晚达不成协议,责任就是装修公司的),还请咱们执法部门依法处理。昨天我们就算正式投诉了,还请做个见证。(所谓做个见证,就是提醒他记住日期,从今天已经开始起算了,超过15天如果不对装修公司处罚,市场监管所就要给一个不查处的理由)。”

晚上一见面,装修公司家装部刘经理就说,“今天下午一上班,我们公司副总就被市场监管所请去约谈了。市场监管所要求今天必须拿出解决方案,否则明天就对我们立案查处。咱们今天一定得商量一个解决方案啊!”必须说,市场监管所第二天就对其立案查处是有些苛刻,但效果是明显,装修公司态度转变非常显著,虽然最后没有返工重作,但是装修公司赠送了5000元美缝服务,采取多种预防漏水措施,并提供了5年质保。

这个案例虽然描述的是消费者与执法部门的沟通过程,但对商家也有借鉴意义。括号里的话是潜台词,就不多解释了。这个案子市场监管所之所以重视,是因为一开始就提供了一份书面投诉举报材料,里面的事实翔实、依据充分、条理清楚,执法部门不能不重视。但重视归重视,执法人员最初还是想牵个线、搭个桥然后就退出来,怎么处理由双方当事人协商。针对执法人员这种有点想推卸责任情况,我们没有指责执法人员“你们应当怎样怎样”,也没有威胁“你们如果不办,将会怎样怎样”,而采取了一种咨询、请教的语气,外柔内刚,点到为止,让他知道我们知道他们的责任所在。最终,执法人员还是帮助了我们。所以请记住,箭威力最大的时候,不是射出去,而是在弓张满时。对待对手是这样,争取盟友也是如此。

最后再说一句,这个案件涉及多个法律知识。如果里面的逻辑关系没有看明白,建议再重点对本书第5、6章回顾一下。

二、沟通

尊重是态度问题,目的是争取获得执法人员好感,至少不让人讨厌,但真正解决问题还是要靠沟通。与执法部门沟通注意以下几个方面。

一是注意表述。执法部门依法调查处理案件,商家与执法部门沟通也要在法律法规的框架内进行。依法归依法,也是有技巧的。比如为了抓“眼球”,作广告使用了一个数据,有点夸大了,按照《反不正当竞争法》虚假宣传处理,最少处罚20万元;按照《广告法》虚假广告处理,处广告费用3倍以上5倍以下的罚款,广告费用无法计算或者明显偏低的,处20万元以上100万元以下的罚款;按照《广告法》引证内容违法处理,处10万元以下的罚款。商家要算好,按哪种方式处理,罚款最少。如果希望执法部门按照《反不正当竞争法》处罚,在调查时,一定要表述自己的行为是“宣传”,不要说是“广告”;如果想适用《广告法》处罚,一定要表述是“广告”,而不是“宣传”;如果想适用《广告法》的引证内容违法条款,措辞一定要说使用的数据不准确,千万不能提“夸大”两字。商家这样说,执法人员不一定采纳,因为执法人员可以独立做出判断,但是如果商家不这样说,执法人员想帮忙都帮不了。

二是学会陈情。这里的情是指从宽处理的情节。实现中经常有这样的情况,商家有违法行为,执法人员指出后,立即整改了。停止违法行为并积极整改是标准的从宽处理情节。商家积极地整改完后就把这个从宽情节给忘了,有的以为这是理所应当的,有的以为执法人员看到了,结果在后期处理时,执法人员事情太多,把商家这个积极的行为给忽略了。因此,商家一定要学会陈情,要把整改的结果向执法人员反馈,把自己其他积极的行为向执法人员报告。最好形成一个书面说明或者陈述,既可以详细说明自己有哪些从宽情节,同时可以提出从宽处理的请求。当然还是那句话,商家陈情,执法人员不一定采纳,但是如果执法人员想从宽处理,没有陈情,商家就少了一次机会。

三是据理让步。这种情况主要适用于调解。前面提到商家有时可以适当让步,适当让步要说清道理再让步、明确责任再让步。只有明确责任再让步,才能让出友情、让人领情。

7.3 长期维护

前面介绍了执法人员的心理，利用这些心理偏好争取在纠纷处理中占有优势，只是短期的权宜之计，虽然见效快，但成功率相对还是低的。从长远看，商家应当重视维护与执法部门的关系。

7.3.1 长期维护的意义

一说到关系，很多人都庸俗化，认为只有请客送礼才能维护关系。我在此声明，我反对用这种庸俗手段维护关系的方法，也不会教授商家任何违法的方法。我在本书中列举的例子和讲授的方法，都是在现有法律框架内的，可能不一定都正确，但至少不违法。实际上，用请客送礼的方法维护关系，一方面会引起执法人员反感，另一方面即使成功收到的效果也是暂时。而在大量的实践中，一些积极的、正能量的方法，反而更能长期、稳固地维护商家与执法部门的关系。

2017 年 4 月，食药监执法人员根据举报，对“××红糖”网店进行检查时，发现该网店销售的某款红糖产品，产地为武宣县，外包装未标注生产厂家名称，生产许可证为 SC1214×××××，而网店网上刊载的该款红糖产品的信息，生产厂家为柳州市×××××，生产许可证为 SC10645×××××。据此，食药监部门认定，该网店网上刊载的红糖产品信息与销售的红糖外包装标识不一致，违反了《网络食品安全违法行为查处办法》第 17 条第 1 项的规定，根据《网络食品安全违法行为查处办法》第 39 条的规定，应给予相应的行政处罚。食药监部门认为，因本局于 2017 年 1 月 3 日对该网店经营网上刊载的食品生产者名称、地址等信息与食品标签标识不一致的红糖食品的行为给予过警告，该网店的行为属拒不改正的行为；鉴于该网店积极主动配合调查，且所经营的产品来源合法，无证据证明是不合格产品，秉着教育与处罚相结合、过罚相当的原则，根据《行政处罚法》第 4 条、第 5 条、第 27 条第 1 款第 4 项和《网络食品安全违法行为查处办法》第 39 条的规定，决定对该网店罚款 4000 元。

这个案子看起来简单,但通过研读,我们可以读出几层含义:

一是执法部门给予了减轻处罚。根据《网络食品安全违法行为查处办法》第39条规定,入网食品生产经营违反本办法第17条禁止性规定的,由县级以上地方食品药品监督管理部门责令改正,给予警告;拒不改正的,处5000元以上3万元以下的罚款。本案当事人某网店被处罚4000元,在处罚下限以下,属于减轻处罚。说明执法部门对其从宽处理的幅度比较大。

二是从宽的理由是当事人积极主动配合调查,且所经营的产品来源合法,无证据证明是不合格产品。说明该网店日常履行了索证索票和进货查验制度,且该网店在本次调查中态度较好,积极主动。

三是本案当事人的违法行为是网上刊载的食品生产者名称、地址等信息与食品标签标识不一致,不涉及食品质量问题。因此,当事人履行了索证索票和进货查验且积极主动配合调查,不构成法定减轻处罚的事由,能够在酌定裁量时按照下限从轻处罚就很不错了,但执法部门依据《行政处罚法》第27条第1款第4项规定,在下限以下给予了减轻处罚。

四是本案当事人本来可以不受处罚,之所以受处罚是因为2017年1月3日执法部门对其经营网上刊载的食品生产者名称、地址等信息与食品标签标识不一致的红糖食品的行为给予过警告,但当事人没有整改,因此被执法部门认定为网上刊载的信息与食品标签标识不一致且拒不改正的行为。

五是这次被处罚的导火索是因为当事人又被举报了,执法部门对其不得不处罚。

至此,通过分析研读,我们可以得到上述案情以外的信息:“××红糖”网店是销售食品的网店,一贯表现良好,建立并执行了索证索票和进货查验制度,与执法部门建立了长期良好的关系。2017年1月,因销售的红糖网页网上刊载的信息与食品标签标识不一致,该网店被执法部门警告过,但该网店没有整改,2017年4月被再次举报,执法部门对其处罚。但考虑该网店建立并执行了索证索票和进货查验制度,一贯表现良好,且与执法部门建立了长期良好的关系,执法部门为其找了好几个理由,进行了从宽处理。

看出与执法部门维护长期关系的重要性了吧。

7.3.2 守法诚信经营

守法诚信经营既是执法部门的监管目标,也是商家的法定义务。商家要想与执法部门建立良好的关系,首先要守法诚信经营。如果商家三天两头违法,不仅是给执法人员添麻烦,而且是否定执法人员的工作成绩。因此,违法失信的商家是很难获得执法部门信任的。信任的基础都没有,何谈维护长期关系?商家守法诚信经营要重点做好以下三个方面。

一、不犯低级错误

经过改革开放40年的发展,我国的法律体系逐步健全,其中涉及经营的法律法规非常多,要求广大商家全面掌握是不现实的,即使是执法人员和律师也不一定都全面了解。虽然法律规定繁多,但是常用的就那二十几个,这是广大商家可以掌握并做到的。商家应当加强对业务人员的教育、培训,把这些法律规定变成常识,融入到日常经营活动中,尽可能不犯、少犯低级错误,减少不必要的责任风险。

二、认真索证索票

商品市场鱼龙混杂,商品质量参差不齐,即使商家再谨慎,进货时也难免有失误的时候。我国法律针对商家的偶然失误已经作了责任豁免的规定,而责任豁免的前提就是要建立并执行索证索票制度。

建立并执行索证索票制度,要索取以下证票:(1)索取供货商的营业执照和相关的许可证;(2)索取供货人员的授权委托书、身份证复印件,并与之签订供货合同;(3)审查商品的合格证明文件,如合格证、检验报告等;(4)索取供货发票。

三、严格进货查验

光索证索票还不够,还要进货查验,这是最关键的。具体要做到以下要求:(1)营业执照、许可证、授权委托书、供货合同中供货商的名称必须一致;(2)授权委托书、身份证复印件、供货合同中供货人员的姓名必须一致;(3)供货合同、商品、合格证、检验报告、供货发票中商品的名称必须一致,且要符合国家相关命名规定,尤其是供货发票要用标准名称,不要随意用简称;(4)商品的包装要符合国家相关产品的标识规定。这四个要求,只要有一个做不到,执法部门很有可能会认定"不能充分证明"。

商家加强法律法规学习,认真索证索票,严格进货检验,能够提升商家经营更加诚信、规范水平。不仅能够减少执法人员的工作量,让执法人员腾出精力用在其他商家上,而且在上级部门检查时,能够体现执法人员的监管成效,给执法人员长面子,执法人员关键的时候怎能不帮忙。

7.3.3 及时整改问题

商家即便一贯守法经营,也难免偶有失误的时候。有失误就要整改,而且一定要及时。

一、及时首先是个态度问题

商家遇到违法问题一定要及时整改,尤其是执法人员指出后,及时首先反映了商家的态度,一是说明对违法行为重视,立说立改,与一贯表现良好保持一致,给执法人员留下积极的印象。二是表明对执法人员的尊重,闻过则喜、从善如流,有助于维护与执法人员的良好关系。

此外,及时整改还可以避免发生连锁反应。就像前面案例样,"××红糖"网店之所以被处罚就是没有及时整改,被人又举报了,执法人员为了对其从宽,可是费了不少的劲。一次两次这样还可以,试想一下,如果老是这样,执法人员对其还会从宽处理吗?

二、整改要有结果

商家整改不仅要及时,而且要有结果。这里结果包含三个含义:一是违法行为要立即停止,并采取下架、召回、警示措施消除影响。二是针对发生的问题,举一返三,查漏补缺,完善制度,防止以后类似问题再发生。三是要把整改的情况反馈给执法部门,做到来有音,去有声,有始有终。

7.3.4 积极参加活动

维护良好的市场秩序需要监管执法,但是监管执法绝对不是唯一的手段,也不是效果最好的手段。维护良好的市场秩序最有效、最根本的方式是经营者自律,因此执法部门在加强监管执法的同时,非常重视教育引导作用,经常开展一些活动,指导经营者依法诚信经营。商家要积极参加这些活动。

一、积极参加培训

执法部门每年都要举办一些培训,尤其是在新法颁布以后和"3·15"期间。在培训会上,执法部门一般会解读新的法律法规和国家政策,通报近期处理的违法案件,告知下一步执法部门的工作动向。对于这些培训,建议商家要尽量参加。通过参加培训,商家一是可以了解、掌握新的法律规定。有人免费解读,总比自己一个人瞎琢磨强,既节省的费用,又节省的时间。二是前车之鉴,引以为戒。执法部门近期查处的违法案件往往是热点问题,通过总结他人的教训,反省自身,引以为戒,可以避免重蹈覆辙。三是做好配合准备。执法部门的工作动向往往是下一步工作重点,而且执法部门在培训班上告知,很有可能与商家有关,需要商家后续配合的。商家通过培训,了解这些情况后,可以结合自身提前做好准备。

对于配合执法部门工作,有些商家不是很重视。这里再说一句,配合执法部门工作,分为强制性的和自愿性。对于强制性,不论商家是否愿意,都得配合;对于自愿性,商家可以不参加。但是要说明,无论强制性的和自愿性的,商家配合与不配合、做好与做完,其后果绝对是不一样。

二、勇于介绍经验

有些商家诚信经营、制度完善、守法严格,会被执法部门邀请参加培训或者会议介绍经验。这种情况商家最好不要拒绝,这是对商家和执法部门双赢的好事。一是商家通过言传身教介绍经验,可以提高其他商家的守法经营水平,对执法部门而言,这是对其最重要的帮助。二是有时介绍经验的场所超出了本县、本市范围,甚至到了外市、外省,这时介绍经验的意义已经不仅是介绍经验,而且是对当地执法部门工作的宣传，对执法部门是好事，执法部门都很看重。三是请商家介绍经验本身就说明了执法部门对商家的信任。

三、积极参加宣传

有些时期，比如"3·15"、食品安全周、产品质量月等，执法部门为了营造良好的社会氛围，形成一呼百应、群起响应的效果，需要发动社会参与，进行广泛宣传。建议商家尽量积极参与，一是有利于提升商家的形象。这种宣传多是公益性，商家开展这类宣传有利于提升商家正面的、积极的形象。二是配合执法部门工作。虽然社会宣传参与数量没有考核要求，但这类活动结束后，一般都要总结。如果商家参与数量较少的话，会显得执法部门工作不力，执法部门面子上过去。因此，积极参与这类活动就是对执法部门的支持。

支持都是相互的，支持执法部门就是将来支持自己。商家在经营中如果遇到问题，执法部门还会不指导、帮助吗？因此，商家一定要积极参加活动。

写到这里，已经接近本章和本书的尾声。与前面内容不同，本节内容显得有些空洞和说教。没办法，这样案例真的非常难找。长期维护是体现在日常生活、经营中的，是点滴、春雨润无声的。即使有些案件有从宽情形，也很难看出与长期维护有因果联系，如果问经营者和执法人员："你们的关系很好吗？"为了避嫌，经营者和执法人员也不会承认。

但是我要说，就像阳光、空气、水一样，越是司空见惯的东西，越是没有价值的东西，反而越重要。本书第7.3节长期维护是所有商家最应当重视的内容。有太多的商家与执法人员，进而与执法部门建立了长期、稳定、良好的关系，并因这种关系而受益，即使商家经营存在失误，执法人员也会提供指导、帮助。而这种长期关系绝不是请客、送礼就能够建立起来的。酒桌上的交情只能换来酒桌上的利益，一个偷鸡摸狗、坑蒙拐骗的商家是不会得到执法人员真心帮助的。建立并维护这种关系，只能靠商家长期的守法诚信经营、长期的自我修养。

致　谢

今天上午当我将本书修改稿交付顺丰快递之后，心里突然有了莫名的轻松和兴奋，尽管才8点半，但却很想撸个串、小酌一杯。这本书凝聚了我的心血和付出，但更凝聚了家人的支持和朋友的帮助。我需要感谢很多！

首先要感谢我的爱人。去年春节过后，当我决定为电商写一本手册时，我的爱人给予了坚定的支持。此后她在承担繁重的医务工作、科研任务的同时，还承担了照顾、接送、辅导女儿的重任，使我可以从日常生活中脱离出来，全身心地投入写作。爱人给予我的支持是全方位的，可以肯定，没有她的支持就不会有这本书的面世。

我要感谢我的女儿，她给予我很多精神上的支持和鼓励。她经常带着崇拜的目光询问我写作的进度，"鞭策"我不断前行；她还制作书签、和妈妈送我大麦，用种种方式预祝这本书能够"大卖"；而且聪明伶俐的她已经学会安排好自己的学习和生活，并用实际行动尽可能地不打扰我写作。

我要感谢我的岳父岳母，两位年逾古稀的老人，放着老家舒适的生活不过，不辞辛苦地支持我们的事业，无微不至地帮我们照顾女儿，解除我们后顾之忧。我很感激、感动、感谢。

我要感谢朱海波先生。这本书在今年5月已经成稿，但在投稿的过程中却一路坎坷。感谢朱海波先生认可了这部书稿，让她得以面世，结束了她的漂泊之旅。我还要感谢朱海波先生对这部书稿的认真审读,他做了大量的修订、校对、标记工作。书稿中大量的错误让我发自内心地感到歉意,给他添了不少麻烦,而他的认真、细致和耐心,让我感受到他的敬业和真诚。我非常感动!没有他的付出,这本书不可能有今天这么好。

我还要感谢机械工业出版社的华蕾女士,她对这部书稿价值的认可坚定了我的信心。由于出版范围的限制她不能出版法律类书籍,但她在已经决定不予出版的情况下仍然认真地试读了部分章节,并敬业地从编辑角度对这部书的完善及投稿提出了大量的、富有建设性的建议,我很感动。

还有很多朋友在本书的筹备和写作过程中给予了我无私的帮助,他们有为我提供专业知识的同事,有为我提供生动案例的基层执法人员,有向我咨询的经营者、消费者和职业打假人。由于篇幅的限制,我无法一一列出他们的姓名,但他们的帮助我不能忘记,在此一并感谢!

舒 乎

于 2019 年冬至